Malte Dahrendorf · Literaturdidaktik im Umbruch

Studienbücher Literaturwissenschaft

Malte Dahrendorf

Literaturdidaktik
im Umbruch

Aufsätze zur Literaturdidaktik, Trivialliteratur,
Jugendliteratur

Bertelsmann Universitätsverlag

„Für Susanne, Matthias und Katharina"

© 1975 Verlagsgruppe Bertelsmann GmbH / Bertelsmann Universitätsverlag, Düsseldorf
C. Bertelsmann, Vertretung für Wien, Gesellschaft mbH
Umschlaggestaltung: studio für visuelle kommunikation, Düsseldorf
Satz: Margit Seifert, Erkrath
Druck u. Buchbinderei: Mohndruck Reinhard Mohn OHG, Gütersloh
Printed in Germany

ISBN 3-571-19072-6

Inhalt

I. Zur Literaturdidaktik 7

1. Leseerziehung oder literaturästhetische Bildung? 7

2. Voraussetzungen und Umrisse einer gegenwartsbezogenen
   literarischen Erziehung 29

3. Eine neue Lesebuch-Generation: Das Lesebuch als Antwort auf eine konkrete gesellschaftliche Situation 49

II. Zur Trivialliteratur und ihrer Didaktik 81

1. Trivialliteratur als Herausforderung für eine literaturdidaktische Konzeption 81

2. Literaturdidaktik und Trivialliteratur 95

3. Modelle zur Interpretation trivialer und nichttrivialer
   Literatur 104

III. Zur Jugendliteratur, ihrer Soziologie und Didaktik . . . 131

1. Gesellschaftliche Probleme im Kinderbuch 131

2. Das moderne Mädchenbuch in soziologischer und pädagogischer Analyse 157

3. Mädchenbücher der DDR 174

4. Kinderliteratur, Rezeption und Rezeptionsbeeinflussung
   als interdisziplinärer Forschungszusammenhang 189

5. Zur Situation der Jugendbuchkritik heute 212

6. Soziologische Aspekte der Kinder- und Jugendliteratur . 234

7. Anmerkungen zum gegenwärtigen Stand der Kinder- und
   Jugendliteratur in der BRD 259

Liste der in Teil III erwähnten Kinder- und Jugendbücher
(außer DDR) 279

Nachwort 285

Abkürzungen 299

Literaturverzeichnis 300

Bibliographie des Verfassers 315

Register 317

1. Leseerziehung oder literarästhetische Bildung? *

Zwei Feststellungen bedrängen den kritischen Beobachter der literarischen Erziehung und des literarischen Unterrichts: ihre volkspädagogische Unwirksamkeit und die Verstiegenheit ihres theoretischen Anspruchs. Auf der einen Seite reißen die Klagen über die mangelnde Effektivität der schulischen Leseerziehung nicht ab[1], auf der anderen waren die Erwartungen der Didaktik noch nie so hochgeschraubt wie heute. Sollten möglicherweise beide Erscheinungen — nach dem Gesetz der Polarisation — etwas miteinander zu tun haben?

Während die lesetechnischen Fertigkeiten im Laufe der letzten hundert Jahre erheblich gewachsen sind[2], ist die Zahl der Menschen immer noch gering, die ihre Lektüre auszuwählen vermögen und denen sie dann auch einmal mehr bedeuten kann als bloße Unterhaltung[3]. Die Schule trägt in der Leseerziehung noch nicht genügend der Tatsache Rechnung, daß der selbständige Bildungserwerb, zu dem sie den Menschen heute befähigen muß, ohne das Buch nun einmal nicht zu denken ist.

Heute nicht mehr zu denken ist; denn die Spatzen pfeifen es von den Dächern, daß in einer technischen Kultur die Arbeit allein den Menschen nicht mehr auszufüllen vermag, daß der Mensch sich auch in der Freizeit verwirklichen kann und muß, ja, daß sich die Bildung eines Menschen in Zukunft auch darin zeigen wird, was er mit seiner Freizeit anzufangen weiß[4]. Die Entwicklung zu einem solchen, auch für politische Entscheidungen so wichtigen personalen Verhalten, das auf Vorurteile, Denkschemata und dumpf-infantile Regressionen Verzicht leisten kann, wird erschüttert durch zivilisatorische Prozesse. Massenkommunikationsmittel und vor allem auch Trivialliteratur verlocken immer wieder und nur zu leicht zu einer bloß genießenden literarischen Konsumeinstellung.

Auf diesem, hier nur angedeuteten soziologisch-ökonomischen Hintergrund sind die Bemühungen einer Lese- und literarischen Erziehung um eine stärkere Effektivität zu verstehen. Die Schule aber neigt dazu, die gesellschaftlichen Bedingungen zu übersehen. So nimmt

* In: Westermanns Pädagogische Beiträge 21 (1969), H. 5, S. 265—277.

Anmerkungen zu diesem Beitrag auf S. 26—28.

sie es für ihr eigenes Handeln zum Beispiel kaum zur Kenntnis, daß sich die Leseentwicklung ihrer Schüler zu Hause getrennt und fast unbeeinflußt von der Schule vollzieht. Zumeist nimmt die Schule dieses häusliche, das heißt vornehmlich bedürfnis- und lustbestimmte Lesen nur hin und begnügt sich damit, ihm erfolglos eine „eigentliche" Literatur entgegenzusetzen, ohne für eine intensive Wechselwirkung zu sorgen.

Dies belegt auch das Ergebnis einer Befragung, die der Verfasser im April 1967 unter 438 Volks- und Realschülern Hamburgs durchgeführt hat, sowie der Auswertung von 264 anonym geschriebenen Aufsätzen zu den Fragen: „Warum ich gern / nicht gern lese" und „Wie ich zum Lesen gekommen bin"[5].

1. *Als die wichtigsten Lesemotive werden genannt:*

Spannung und Abenteuer	41,3 Prozent
Lernen, gut für Hobby	34,5 Prozent
Langeweile und Zeitvertreib	31,5 Prozent
Freude und Spaß	30,3 Prozent.

2. *Die Kinder trennen klar das Lesen in der Schule von ihrem Privatlesen.* Im Hause wird gelesen, was den persönlichen Wünschen und Interessen entspricht, in der Schule, was einem aufgezwungen wird. – Einige Kinderaussagen:

   „Ich lese nur dann gerne, wenn mich die Themen der Bücher auch wirklich interessieren. Wenn es mich aber interessiert, lese ich so lange, bis ich das Buch durch habe." (Mädchen, 14 J., R 9.)

   „Ich suche in den Büchern Spannung, denn bei uns ereignet sich selten etwas in der Umwelt." (Mädchen, 14 J., H 9.)

   „Ich lese nur dann gerne, wenn ich es nicht unbedingt muß." (Mädchen, 14 J., R 9.)

   „Ich lese gerne, weil es mir Spaß macht, etwas Neues zu erfahren. Ich finde, es ist mal was anderes, als immer wieder die Bücher der Schule in den Händen zu halten." (Mädchen, 15 J., R 9.)

   „Manchmal habe ich in der Schule keine Lust zum Lesen, weil es immer so langweilig ist." (Mädchen, 14 J., H 9.)

3. *Viele Kinder bescheinigen der Schule dankbar, durch sie Lesen gelernt zu haben.* Die Anregung jedoch, sich ein Buch vorzunehmen, entscheidende Anregungen zum Buchlesen haben (in den literarischen Entwicklungsberichten) weniger als zehn Prozent auf die Schule, Lehrer oder Schülerbüchereien zurückgeführt. In den Fragebögen wurde nach den buchanregenden Personenkreisen direkt gefragt; das Ergebnis:

Freunde/Bekannte:	64 Prozent	(Volksschule 55, Realschule 81)
Eltern:	47 Prozent	(Volksschule 39, Realschule 60)
Lehrer:	20 Prozent	(Volksschule 7, Realschule 42)

   Diese Ergebnisse werden bestätigt durch eine punktuelle Befragung von 134 Hamburger Studenten der Pädagogik im Sommer-Semester 1966. Auf die Frage, von welcher Seite sie die stärksten Anregungen zum Lesen erhalten hätten, nannten 69 Prozent die Eltern, 52 Prozent Freunde und

Bekannte, 31 Prozent Geschwister, aber nur 25 Prozent ihre Lehrer. Als Ort ihrer nachhaltigsten Leseerlebnisse gaben an: 82 Prozent Privatsphäre, 34 Prozent das Theater und 28 Prozent die Schule.

Zwei Beobachtungen sind an den vorstehenden Angaben aufschlußreich:

1. Offen wird immer wieder gesagt, daß die Lektüre Spaß bringen und interessieren muß: „Wenn ich merke, daß es immer langweiliger wird, höre ich einfach auf zu lesen." (Junge, 1 2 J., V 6.) Jedoch, das Kind erfährt, daß in der Schule, in der es auf den „gebildeten" Leser ankommt, solche natürlichen Leseantriebe wie Spaß, Neugier und Spannung eher verdächtig sind.

2. Obwohl es sich um eine Lektüre handelt, die vor allem stofflichen Anreiz bietet, deren formale Qualitäten meist nicht bewußt werden und die nicht „ausgewertet" wird, wirkt sie oft nachhaltiger als die intensive Schullektüre[6].

Im folgenden sei der Versuch unternommen, die möglichen Gründe zu skizzieren, warum die Schule bei ihrer Aufgabe, auch die aus einem „einfachen Lese-Milieu" kommenden Schüler zu motivieren und zu geschmacklich gebildeten Lesern zu erziehen, versagt.

Den Kindern wird die fehlende „primäre Identifikation" mit einem buchaufgeschlossenen Elternhaus in der Schule selten durch eine „sekundäre" ersetzt.

Lesen als isolierte lesetechnische Übung ohne Nutzung der Impulse, die von interessanten Inhalten ausgehen.[7]

Unsicherheit der Beurteilungsmaßstäbe des „guten Lesens", dessen äußere Lautgestaltung allein bewertet wird[8].

Kontrollsucht des Lehrers führt oft zu unsinnigen und unnötigen Aufgaben, die der Lesefreude Abbruch tun[9].

Schematismus der Behandlung ohne Rücksicht auf die Eigenart der Lesestücke.

Nicht altersgemäße Lesestücke erzwingen ausgeklügelte Methoden der Hinführung und Vertiefung: „Verfrühung" als didaktisches Prinzip[10].

Arbeit in gleicher Front ohne Rücksicht auf persönliche Interessen und Unterschiede in der Leseentwicklung.

Nichtbeachtung der natürlichen Leseinteressen, für die das Lesen primär eine andere Art des Erfahrens und Erlebens ist. Überdehnung der Auslegungsphase und Perfektionismus in der Auswertung[11]. Es kommt nicht so sehr darauf an, Lesefreude zu wecken, als dem Stück Literatur gerecht zu werden.

Einseitigkeit der Auswahl erzwingt Überbewertung der Methode des gehobenen kulturellen Umgangs mit Schrifttum und verhindert stärkere Einbeziehung des Hauses zum vorbereitenden Lesen. Beschränkung auf Kleinformen, wie das Lesebuch sie anbietet. Sie können die Erfahrung des

9

allmählichen Sicheinlesens nicht vermitteln[12]. Es fehlt an eingespielten, zeitsparenden Formen des Umgangs mit der Großerzählung.

Lesestimulierende und bildende Funktionen der mittleren Literaturbereiche, auch der unterhaltsam-realistischen Jugendliteratur, werden nicht gesehen[13].

Fehlende Verknüpfung mit dem „literarischen Markt"[14].

Auf der einen Seite setzt man alle Kraft darein, die literarische Erlebnisfähigkeit und das Literaturverständnis zu entwickeln, auf der anderen bleiben die Fähigkeiten des geübten Buchumgangs, der sinnvollen, autonomen Auswahl der Lektüre (man hat immer „angeboten", aber nie frei wählen lassen) sowie der Nutzung einer Bibliothek völlig ungeschult und verkümmern[15]. Angesichts solcher Fakten gilt es kritisch zu fragen, ob die Fähigkeit, „Wechselbeziehungen zwischen Gehalt und Gestalt" zu erkennen und ob das „freudige Erlebnis der Schönheit lebendigen Wortklangs" Entscheidendes zu der pädagogisch wünschenswerten Leseeinstellung beizutragen vermögen.

Gegenwärtige literaturpädagogische Leitvorstellungen

Die Diskussion um die literarische Erziehung ist geprägt durch das schroffe Gegeneinander zweier „Schulen", von denen die eine auf Konformität mit der zur Zeit auf den Universitäten vertretenen Fachgermanistik und Wissenschaft von der Dichtung achtet und Inhalt und Ziele der literarischen Erziehung auf das „Ranghohe" (*Wolfgang Kayser*) ausrichtet[16]. Ihr Grundsatz ist: „Nur das Beste bildet, nicht das Bequemste"[17].

Ihr gegenüber stehen Pädagogen, die vom Wert der „Jugendliteratur" und vergleichbaren Schrifttums überzeugt sind und es sich zum Ziel gesetzt haben, vermittels einer zugleich unterhaltenden wie wirklichkeitsnahen Literatur die Jugend zu Lesefreude und Leseerfahrung zu führen[18].

Beide Auffassungen neigen dazu, ihre Positionen zu verabsolutieren. Diese Neigung mag durch den unterschiedlichen Standort der beruflichen Tätigkeit, welche die Vertreter beider Richtungen innerhalb des Erziehungsbereichs ausüben, bedingt sein. Die Fachdidaktik meint vielerorts durch ihre enge Verbindung zur Fachwissenschaft die „eigentliche" Wissenschaftlichkeit erst dokumentieren zu müssen — eine Verflechtung, die häufig schon dadurch präjudiziert ist, daß Fachwissenschaft und Didaktik der deutschen Sprache und Literatur in Personalunion vertreten werden. Auf der anderen Seite wird eine Didaktik, welche den Blick auf die soziologisch-psychologischen Bedingungen mit pädagogischen Intentionen verbindet, vornehmlich von Erziehungswissenschaftlern und Lehrern mit Volksschulpraxis vertreten. Am Einzelfall deutet sich an, was Lehrerbildung heute nicht nur erschwert, sondern auch gefährdet: die sogenannte Spaltung von „Theorie des Faches" und „Praxis der pädagogischen Wirklichkeit"; diese Spaltung aber ist zu überwinden. In diesem Zusammenhang sollten auch die Bestrebungen der Studenten nicht übersehen werden, die gerade in der Germanistik auf eine stärkere Beachtung der gesellschaftlichen Bedingungen zielen.

Im folgenden seien zunächst einige Prinzipien der „Literaturdidaktik" dargelegt[19]. Als Schwerpunkt der literarischen und der Leseerziehung wird die Hinführung zur *Dichtung* herausgestellt. Die zentrale Stellung der Dichtung wird wohl nicht mehr mit romantischen Definitionen der Seinsweise und Bildungsfunktion der Dichtung zu begründen sein, wie sie noch in den fünfziger Jahren üblich waren.

Dichtung schlicht als „Wortkunstwerk" zu definieren und Bezüge zur Gesellschaft herzustellen, vermied man sorgfältig, statt dessen setzte man sie pauschal gleich mit „Metaphysik" und erhob sie zu einer Art Religionsersatz: unter Berufung auf das messianische Bild des Dichters, wie Hölderlin und die Romantiker es entwarfen, fand man den Dichter „aufgefordert und ermächtigt, das Heilige innerhalb einer Welt der nur humanen Bildung zu vertreten"[20]. Allemal rührt er an die letzten Dinge und die „ewigen Ordnungen"[21]. Er habe „mit dem Geheimnis des Seins überhaupt" zu tun[22], mit den Urgründen der menschlichen Existenz und des Weltlebens überhaupt[23]. Wer das Gedicht zu lesen vermag, „findet dort mehr als nur die Spuren der Götter"[24]. Bei solcher hehren Auffassung, die ihre Nähe zur „volkhaften" Irrationalität nazistischer Lebensdeutung oft kaum verbergen kann, nimmt es nicht wunder, welche *Wirkungen* man sich von der Dichtung verspricht: sie führe den Menschen zum Besseren in sich selber[25] helfe dem Menschen, „Ziel und Sinn seines Daseins" zu erschließen[26].

Obwohl man heute vielfach nüchterner urteilt, wirken solche Bestimmungen doch nach. Statt sich mit schlichten Befunden zu begnügen, meint man dekretieren zu müssen, daß „alle sprachliche und literarische Bildung ein wesentlicher Bestandteil aller sittlichen Bildung sei, die „zu einer Formung des eigenen Selbst" führe, welche „das Innerste des menschlichen Wesens ergreift"[27].

Auch die zur Zeit gültigen Bildungspläne der Bundesrepublik stellen den Wert der Dichtung heraus:

„Aufgabe des Leseunterrichts ist es . . . , zur Dichtung zu führen."[28] Seine Krönung findet der Leseunterricht in der Hinführung zur Dichtung . . . Für das Erleben von Dichtungen ist der jugendliche Mensch innerlich vorzubereiten *durch die gesamte schulische Erziehungsarbeit.*"[29]

Die Einseitigkeit, mit der sich die Leseerziehung auf Dichtung stützt, hat methodische Konsequenzen. Sie bestimmt die Art des Umgangs mit Schrifttum in der Schule: Pflege des kultivierten, interpretierend-distanzierenden Lesens, hinter dem eine Skepsis gegenüber den Begriffen wie „Erlebnis" und „Freude" aufscheint[30]. Die Didaktik bezieht sich damit auf die zur Zeit gültigen Ergebnisse der Fachwissenschaft, zugleich damit aber auch auf ihre Versäumnisse und Einseitigkeiten.

So hat die Literaturwissenschaft, trotz rühmlicher Ausnahmen unter ihren jüngeren Vertretern[31], immer noch eine Scheu vor der Anwendung eines *extensiven* Literaturbegriffs[32], der es erlauben würde, sich auch der tatsächlich gelesenen und das allgemeine Bewußtsein ausdrückenden und beeinflussenden Literatur zuzuwenden. Trotz *Conradys* Ruf: „Der literarhistorisch Arbeitende, dem es um die Erkenntnis einer Epoche, um literatursoziologische Fragen u. ä. geht, muß auch hinabsteigen in niedrigere Landschaften. Dort ist nicht selten mehr zu spüren und zu fassen vom ‚Geist der Zeit' als auf den Höhen"[33], hat sich daran wenig geändert. So findet der Volksschullehrer, der es vor allem mit den unteren sozialen Schichten und damit auch mit deren *Lese*wirklichkeit zu tun hat, in den offiziellen didaktischen Leitvorstellungen nichts Greifbares über diese Bereiche der Literatur, weder literaturkritische Analysen, noch didaktische Hinweise[34].

Freilich wäre es ungerecht zu behaupten, daß das Problem der Trivialliteratur heute nicht gesehen wird; aber es wird nicht recht als *Problem* gesehen. In den von der Didaktik angebotenen Gegenmitteln ist man über *Wolgast,* dessen Wirken immerhin siebzig Jahre zurückliegt, kaum hinausgekommen[35]. Welche sind es?

Nur durch die Hinführung zur Dichtung „können wir dem Heranwachsenden helfen, Maßstäbe zur Beurteilung des minderwertigen Schrifttums zu gewinnen"[36]. Ein tieferes Verstehen des literarischen Werkes weckt „das Gefühl für die Besonderheiten eines literarischen Stils" und wirkt sich „auch auf die Ausdrucksfähigkeit des Schülers aus". „Er wird dadurch angeregt werden, sich um seinen eigenen Stil zu bemühen; auch wird er sich dann nicht mehr zufrieden geben mit schlechter Literatur."[37]

Aus Bildungsplänen: „Geeignete Lesestoffe werden die Schüler in ihren Bann ziehen . . . Sie werden wertvolles Schrifttum erkennen und würdigen lernen; es wird ihnen helfen, Schundschriften zu meiden."[38]

Die „Erziehung zum guten Buch" soll „dem Lesen von minderwertigen Schriften vorbeugen"[39].

Die am Trivialen entzündete Lesefreude aber kann durch Wertbewußtsein allein nicht aus dem Felde geschlagen werden. Solange es die Leseantriebe gibt, auf die diese Literatur antwortet, und solange die Literatur nicht verhindert werden kann, die solchen Leseantrieben Nahrung gibt, wird sich daran nichts ändern. „Es ist nicht möglich, gegen die triviale Literatur mit Hilfe der höchsten Kunstdichtung anzugehen; sie muß vielmehr mit ihren eigenen Waffen geschlagen und auf ihrer Ebene bekämpft werden", schreibt *Dorothee Bayer*[40]. Der Grund für die Fehleinschätzung des Kindes liegt u. a. darin, daß das Kind und der literarisch gebildete Erwachsene unterschiedliche Begriffe von „gut" und „schlecht" haben. Gut ist dem einfachen Leser, was gefällt[41]. Darauf könnte erwidert werden, daß es ja gerade darauf ankomme, den Menschen von der schlichten Gleichung „gut ist, was gefällt" abzubringen oder ihn sogar so weit zu führen, daß für ihn gut/schlecht mit interessant/langweilig zur Deckung kommen. Die Literaturpädagogik wird von der entwicklungsbedingten, ja vielleicht sogar entwicklungsnotwendigen Gleichung „interessant und spannend = gut" *ausgehen* müssen; man muß sie erst einmal ernst nehmen und darf sie nicht durch die einfache Entgegensetzung des „wirklich" Guten diskreditieren, sonst wird man erreichen, daß der Leser zu der Gleichung „gut = langweilig und uninteressant" gelangt und sich von jeder Möglichkeit, das Schul- mit dem Hauslesen in einen gewissen Einklang zu bringen, abgeschnitten sieht[42].

Wenig lesemotivierend für das Kind wirkt sich auch aus, wenn es im Grunde gar nicht um den konkreten Text geht, sondern um seinen Anteil am Exemplarischen der Gattung oder Art[43] sowie um eine Einübung der Formen des Umgangs und der Erschließung am Beispiel dieses Textes[44]. Auch hier stehe ich wieder vor einem Dilemma, daß ich nämlich das Interesse der Kinder um so stärker enttäuschen muß, je fühlbarer ihnen wird, daß es mir eigentlich gar nicht um diesen Text hier geht, sondern daß er nur literarerzieherischer Vorwand ist. Wenn Bauer meint, daß die bildende Wirkung eines Textes um so größer sei, je stärker — mit Schillers „ästhetischer Erziehung" gesprochen — Welt-Stoff durch die dichterische Artikulation getilgt sei[45], so meint das im Grunde dasselbe. Wie kann ein junger Mensch an dem Anteil eines Textes am Typischen seiner Art oder Gattung, an dem Grad, in dem der Stoff dichterisch „getilgt" erscheint, interessiert sein — ein „Stoff", mit dem er sich zu füllen trachten muß, um daran zu wachsen und an Welt-Erfahrung zuzunehmen? Formung setzt immer einen Stoff *voraus,* an dem sie sich realisiert, und Stoff, das ist für den jungen Menschen Lebenserfahrung, die dem Verständnis für Formqualitäten und die eigentümlichen Bedingtheiten von Stoff, Gehalt und Form im literarischen Kunstwerk vorausgeht. Der junge Mensch spürt wiederum den Gegensatz zwischen seinen eigenen Intentionen und denen der Schule.

Die Jugendliteratur ist der didaktische Versuch einer Antwort auf Lebens- und Lesehaltung des jungen Menschen[46]. Zugleich macht die Einbeziehung der Jugendliteratur in die literarische Erziehung es mög-

lich, einer Verfrühung von „stoffvernichtender" Dichtung aus dem
Wege zu gehen und die Kinder dadurch nicht in eine Opposition zur
Hochliteratur zu drängen[47]. Der oben herausgestellte Gesichtspunkt
der *Anknüpfung* korrespondiert mit dem pädagogischen Axiom einer gleichmäßigen Berücksichtigung des Gegenwarts- *und* des Zu-
kunftsaspektes[48].

Mißverständlich und gefährlich in ihrer Konsequenz ist schließlich
auch die Behauptung, je mehr man das Kind durch echte Kunst über-
fordere, um so ernster nehme man es[49]. Niemand leugnet die Tatsache, daß Kunst oft schwierig ist, obwohl der Grad ihres Kunstcharak-
ters gewiß nicht durch ihren Schwierigkeitsgrad definiert ist. Aber die
Spannung, die zwischen der bildenden Herausforderung durch Kunst
und der Gefahr einer Verfrühung im Hinblick auf eine Erziehung zur
Lesemotivation und Lesefreude liegt, wird niemand wegdisputieren.
So wird deutlich, daß nur im Miteinander von anspruchsvoller Kunst
und lesestimulierender Unterhaltung so etwas wie eine „Lesemündigkeit"[50] entstehen kann, daß folglich das konkurrierende Gegeneinander, unter dem unsere Leseerziehung leidet, überwunden werden muß.

Zur Überbewertung der Dichtung in der Leseerziehung der Volksschule

(1) Die einseitig an der Hochliteratur orientierte Dichtungswissen-
schaft wirkt heute um so stärker in den Raum der Volks- und Hauptschule hinein, als sich die Abgeschlossenheit der Volksschule aufzulösen und der Begriff der „volkstümlichen Bildung" heute fragwürdig
zu werden beginnt[51]. Wenn man jedoch Helmers Einteilung der muttersprachlichen Bildungsarbeit in „Bildungsstufen" unabhängig von
den besonderen Voraussetzungen und Bedingungen der traditionellen Schulgattungen betrachtet, wird deutlich, daß noch erhebliche
Anstrengungen erforderlich sind, um in einem zur *Gesamtschule*
drängenden System *alle* Kinder zu ihrem Recht kommen zu lassen.
Es geht nicht an, die Anforderungen einfach zu nivellieren oder nach
den Möglichkeiten einer *Gruppe* auszurichten. Vor allem müssen differenzierende Methoden auf der Basis einer differenzierten Didaktik
entwickelt werden.

(2) Ferner spielt ein humanistisch-elitärer Bildungsbegriff in den Zusammenhang der didaktischen Überlegungen zur literarischen Erziehung des Volksschülers hinein. Man vergißt jedoch, daß dieser Bildungsbegriff schichtbezogen war (und ist). Zwar haben sich die Massen im Laufe der letzten hundert Jahre alphabetisiert und in den Besitz der für jede ästhetische Bildung konstituierenden Freizeitmuße

gesetzt: dennoch sind die Voraussetzungen, die sie mitbringen, schon deshalb ganz anders als die des Bildungsbürgertums des 19. Jahrhunderts, weil sich die Umwelt gewandelt hat und die Lebensanforderungen heute andere geworden sind. Es geht daher nicht an, den traditionellen Bildungsbegriff einfach auf die Gesamtheit aller Mitglieder unserer Gesellschaft zu übertragen oder aus ihm auch nur ein Maß für die Bildungsziele der Allgemeinheit zu beziehen[52].

(3) Die Überbewertung der Dichtung ist Konsequenz einer didaktischen Haltung, die sich auf den Entwicklungsstand einer Fachwissenschaft beruft, die soziologischen Fragestellungen weitgehend ausweicht. Die Folge ist, daß die Didaktik zu wenig der Frage nach Wirkung und Bildungsfunktion unserer Literatur nachgeht[53]. So ist auch die Jugendliteratur für sie immer noch eine quantité negleable. Während man sich unablässig um die Kriterien des Dichterischen bemüht und die Literaturhistorie auf Dichtungsgeschichte einengt, bleibt das Durchschnittsniveau des vom Volke tatsächlich Gelesenen außerhalb der Betrachtung. „Indem man den Unverstand der lesenden Massen beklagt, überantwortet man sie resigniert dem ästhetischen Bankrott der Schundliteratur – und zugleich überantwortet man damit die Kunstdichtung dem Bankrott der sozialen Isolierung." So warnte 1947 *Klaus Ziegler,* ohne Gehör zu finden[54].

(4) Die Hochschätzung der Kunstdichtung hängt mit einem Katalog schwer beweisbarer Behauptungen über ihre subjektiven Wirkungen und kulturellen Funktionen zusammen, die darauf hinauslaufen, daß Menschsein im wahren Sinne nicht möglich sei, ohne daß man auch Dichtung „in sein geistiges Zuhause" aufgenommen habe, weil sie das „wahrhaft Wirkliche", das „eigentliche Sein" repräsentiere.

Nun steht es außer Zweifel, daß sich viele Menschen ihr Leben ohne Dichtung nicht vorzustellen vermögen. Man kann wohl annehmen, daß Literaturtheoretiker im allgemeinen dieser Gruppe angehören und aus dieser Einstellung die seelische Kraft für ihre Arbeit beziehen. Anders aber sollte es bei den Didaktikern sein, denen es nicht nur um die Sache, sondern um den Menschen geht und in der Regel wohl um Menschen ganz anderer Art, als sie es selber sind. Liest man ihre Schriften, hat man häufig den Eindruck einer unzulässigen Übertragung eigener Erfahrungen auf eine Menschengruppe völlig anderer Struktur[55]. Vor einer Übertragung der Leseerfahrungen Hochgebildeter auf die Lesewirkung ganz anders strukturierter Menschen ist jedoch nachdrücklich zu warnen. Da direkte Aussagen über literarische Wirkungen nicht möglich sind, schließt man vom Grad der Gestaltung auf den Wirkungsgrad, wobei außer acht gelassen wird, daß es von der Reife, dem Bildungsgrad und der Lesemotivation eines Menschen abhängt, *wie* er liest, *wieweit* er dem Werk und dem in ihm Angelegten gerecht werden kann.

(5) Der vermeintliche Gegensatz zwischen „Dichtung" und „bloßer Unterhaltung", zwischen einer Literatur im „eigentlichen", „engeren" Sinne und einer Literatur im „weiteren" Sinne sollte gemildert werden[56]. Eine Einteilung, deren Folgen noch dadurch verschlimmert werden, daß man nur der „eigentlichen" Literatur einen Bildungswert zuspricht[57]. „Wir haben die Pflicht, auch zu erkennen und zu sagen, wo Literatur das Inhumane mitbefördern hilft", schränkt Conrady den Ausschließlichkeitsanspruch ästhetischer Kriterien ein und findet die These, daß „gelungene künstlerische Formung . . . jegliches Inhumane auf(hebe)", zwar „betörend", aber „für gefährlich und für nicht stimmig"[58]. Also sind die Inhalte nicht ganz gleichgültig, aber sie sind es am wenigsten für den jungen Menschen in seinem Stoffhunger.

Leseerziehung zwischen Pädagogik und Psychologie

Ist das Kind auf jeder Stufe seiner Entwicklung literarästhetisch ansprechbar, wie *Alexander Beinlich* behauptet[59], und zwar so, daß mit der Freude am Sprachkunstwerk auch die Neigung zunimmt, sich freiwillig und initiativ mit dieser Literatur zu beschäftigen? Gewinnt das Kind dadurch an *Lese*motivation und *Lese*fähigkeit? Eine Erörterung der Diskussion zwischen *Elisabeth Schliebe-Lippert* und A. Beinlich über die literarische Entwicklung des Kindes soll uns das pädagogische Problem verdeutlichen.

E. Schliebe-Lippert sah sich in ihrer Darstellung „Der Mensch als Leser"[60] aufgrund jahrzehntelanger Beobachtungen gezwungen, eine *außerästhetische* Entwicklungsphase des Kindes bis etwa dreizehn Jahren anzunehmen. Zwar räumte sie die Möglichkeit „urästhetischer" Erlebnisse in der Frühphase und „vorästhetischer" Erlebnisse bis zu einem Alter von etwa dreizehn Jahren ein, betrachtet sie jedoch als von Begabung und Beeinflussung abhängige Ausnahmen. Mit dieser These von dem „Grabenbruch" in der literarästhetischen Entwicklung forderte Schliebe-Lippert den Widerspruch Beinlichs heraus, der ihr eine Kapitulation des Pädagogischen vor der Psychologie und Soziologie vorwarf. „Ein solcher Grabenbruch ist nicht entwicklungstypisch."[61]

„Wo er in dieser krassen Form auftritt, ist er schon *Ergebnis* einer verfehlten (ästhetischen) Erziehung. Der Heranwachsende ist in jedem Entwicklungszeitpunkt, wenn auch individuell verschieden, vom Schönen ansprechbar." –
„Meine Erhebungen und die Beobachtungen anderer beweisen tatsächlich, daß hier eine *echte Chance der Führung zur Dichtung selbst für die Volksschule* besteht."[62]

16

Beinlich wartet mit einer Fülle treffender Beobachtungen auf; seine Bemerkungen über die pädagogisch relevante Schichtung der Literatur sowie über die fatale deutsche Neigung, Kunst und Nichtkunst scharf zu trennen, sind erfreuliche Lichtblicke. Was er aber über die literarästhetische Erlebnisfähigkeit sagt, scheint mir derselben pädagogischen Perspektivverkürzung zu entspringen, wie sie auch an so vielen anderen Äußerungen zur literarischen Erziehung beobachtet werden mußte. Doch Beinlichs Aussagen geben zugleich einen Fingerzeig, wo die Wurzel des Mißverständnisses zu suchen ist. Schliebe-Lippert und Beinlich meinen im Grunde etwas ganz Verschiedenes, wenn sie von der literarischen Entwicklung sprechen. Schon Schliebe-Lippert hat nicht deutlich genug die *Ansprechbarkeit durch das lebendige Wort* und die *Entwicklung zum Leser* voneinander geschieden, bezieht aber ihre Lesephasen vor allem auf *diesen.* Sie hat ihre Folgerungen aus der Beobachtung des *Leseverhaltens* gezogen, während Beinlich, wenn er von der literarästhetischen Erlebnisfähigkeit spricht, unmißverständlich die Ansprechbarkeit durch Rhythmus, Klang und lebendiges Wortschöne meint.

„Freude an Rhythmus und Reim . . . in jedem Lebensalter", eine „vitalästhetische Grunderlebnisfähigkeit" fehle „keiner Altersstufe", das klingende Wort sei für das Kind „Voraussetzung für ein stärkeres Erleben des Wort-Schönen". „Das Erleben des Wortschönen ist im Grunde immer noch an das klingende Wort gebunden" (Altersstufe 6–8). „Das Erleben des Wort-Schönen ist noch vorwiegend an das kraftvolle, lebendige gesprochene Wort gebunden" (Altersstufe 9–12/13)[63].

Es ist jedoch nicht recht einzusehen, was solche – sicher zutreffenden – Feststellungen mit der Entwicklung des jungen Menschen zum *Leser* zu tun haben. Der lebendige Wortklang ist immer an die Vermittlung durch – zumeist wohl – Erwachsene gebunden und meint gar nicht den aufgrund selbständigen Zugriffs *frei* gewählten Lesestoff. Jedenfalls gibt es bis heute meines Wissens keine Untersuchung darüber, wie und ob und in welchem Ausmaß lebendiges Sprechen die Lesefähigkeiten und Leseneigungen zu beeinflussen vermag.

Nun gibt Beinlich der *„Buchschule"* und einer mangelnden literarischen Führung die Schuld an dem „Grabenbruch", der deswegen zumindest nicht zwangsläufig sei. Damit vereinfacht Beinlich den Zusammenhang erheblich; denn es sind doch *allgemeine schriftkulturelle* und *soziale* Einflüsse, die das „Erlöschen" der Empfänglichkeit für Kunst im Kindesalter herbeiführen, Einflüsse, zu denen die Schule sich nur hinzugesellt. Wenn Beinlich einmal vom „Abschirmen" des Kindes gegen Kitsch und Schund spricht[64], so wird eine Position in der Nachfolge Wolgasts, auf den er in diesem Zusammenhang hinweist, deutlich. „Das stille Fürsichlesen bleibt ein Notbehelf (ähnlich schon Wolgast . . .).”[65]

Offenbar wird also nur ein Kind den Erwartungen Beinlichs entsprechen können, das von früher Kindheit an durch ein dem Schönen aufgetanes Elternhaus in Sprechen und Singen dem Wortkunstwerk begegnet, dessen derart initiierte literarische Entwicklung in der Schule sich fortsetzt durch Umgang mit der Schönheit des lebendigen Wortes. Und diese Entwicklung wird durch Zwang oder gar Neigung zum stillen Lesen, durch den Konsum von billigen Heftchen, von denen das Kind tunlichst „abzuschirmen” ist, nicht gestört. So bereits Wolgast: „ . . . das Ideal . . . steht und fällt mit der Annahme einer in absoluter Notwendigkeit sich vollziehenden Zurückdrängung der privaten Lektüre der Kinder.”[66] Entsprechend empfiehlt Wolgast bei Mädchen, deren Lesegeschmack durch das „Backfischbuch” bereits völlig „verdorben” ist, eine radikale Entziehungskur[67].

Auf derselben Ebene liegt *Theodor Rutt*s Feststellung, daß das Kind „kein ursprüngliches Verhältnis” zum Buch habe (wie sollte es das auch?); alle Bücher erwüchsen aus der Distanz von Ding und Sprache, das entspräche aber nicht dem kindlichen Weltbild, so daß das Buch erst spät, etwa von zehn Jahren an, in Funktion treten könne[68]. Denn: „Lesen scheidet das Hören aus.”[69]

Offenbar wird nur bei Bewahrung vor den negativen außerschulischen Einflüssen eine durchgehende literarästhetische Entwicklung für möglich gehalten, unter Bedingungen also, die weithin nicht gegeben und auch nicht wiederherstellbar sind. Die Schule hat ihre Arbeit unter der Voraussetzung, daß das Kind heute von frühauf dem Bild und der Schrift ausgesetzt ist, auf sich zu nehmen. — Fassen wir unsere Kritik an Beinlichs Thesen über die literarästhetische Entwicklung des Kindes zusammen:

1. Der Unterschied zwischen der Aufnahmefähigkeit für das Wortschöne und der Fähigkeit, Gelesenes gebührend zu beurteilen und zu werten, ist nicht genügend berücksichtigt.
2. Hinter Beinlichs optimistischer Einschätzung des durch gute Führung Erreichbaren steht ein Bedauern, daß die Schriftkultur zu früh vom Menschen Besitz ergreife, sowie die Erwartung, daß man daran etwas ändern sollte oder könnte.
3. Die außerschulischen Einflüsse, die das Ergebnis des kulturellen und gesellschaftlichen Gesamtzustandes sind, werden bagatellisiert. Es wird die Illusion geweckt, es hänge nur vom Geschick der Schule ab, ob die Kinder zur Kunst gelangen oder nicht[70].

Welche Folgerungen sind daraus zu ziehen?

Die literarische Entwicklung des Menschen in der Jugend vollzieht sich auf zwei Ebenen: der des lebendigen Wortes und des freien Lesens. In dem Augenblick, da die Schule ihren Kindern das Lesen beibringt, reagiert sie auf die Anforderungen unserer schriftkulturellen Leistungsgesellschaft und fördert damit eine Entwicklung, die unausweichlich zum Teil auf Kosten einer nur unter Schonraumbedingungen vorstellbaren Erziehung zur Kunst vor sich geht. Sie kann nicht verhindern, daß die Kinder ihre neugewonnene Lesefähigkeit auf ihre Weise nutzen, entsprechend dem Angebot der Gesellschaft und der Reifestufe der Kinder. Es entstehen notgedrungen Leseinteressen, die weit unter den Intentionen der Schule liegen.

Unter Berücksichtigung dieser Tatsachen beginnt die Schule mit ihrer *Erziehungs*arbeit:

a) Im Sinne ihrer Aufgabe, die Empfänglichkeit der Kinder für Kunst zu fördern im Vertrauen auf ihre spezifischen Wirkungen.

b) Im Dienste an der Weiterentwicklung der Lesefähigkeit und zur Stärkung der Organe des Literaturverstehens[71].

c) Zur Bewahrung, Verstärkung und wenn möglich Anhebung der Leseantriebe und Leseansprüche – mit dem Endziel, die unterschiedlichen, sich aus der gesellschaftlichen Situation ergebenen Aufgaben schließlich wieder zusammenmünden zu lassen.

Es gilt, *neben* der ästhetischen Erziehung in den Prozeß der Einpassung in die Schriftkultur einzugreifen, unter anderem durch die Anerkennung einer zwischen Schulanspruch und häuslicher Lesewirklichkeit stehenden und daher *vermittelnden* Literatur, welche die Lesemotive des freien Hauslesens ernst nimmt, auf ihnen aufbaut und die Lesefähigkeit allmählich zu differenzieren und zu vertiefen sucht. Wenn man aber von dem Lesen in der freien häuslichen Lesesituation Kenntnis nimmt, wird es nicht mehr möglich sein, die von *Schliebe-Lippert* konstatierte ,,apsychologisch-sensations-gesteuerte" Lesephase mit Hilfe eines wirklichkeitsfremden Bildes vom Kinde wegzudiskutieren. Natürlich *muß* das Kind nicht so sein, wie es heute ist, aber es *ist* heute so, und es ist so geworden durch Elternhaus, Umwelt, Gesellschaft, Kultur, und nur durch eine Beeinflussung und Wandlung dieser Bedingungen wäre auch das Kind zu einem ,,brauchbareren" Objekt der Erziehung zu machen. Die Entwicklung des Kindes läßt sich nicht auf die Schule beschränken.

Ästhetische Erlebnisfähigkeit und ein Organ für sprachliche Echtheit und Wahrhaftigkeit entwickeln sich erst allmählich im Zuge der

Entfaltung der Sprachkräfte und der kritischen Intellektualität, denn die „vital-ästhetische Grunderlebnisfähigkeit" (*Beinlich*) ansprechen bedeutet etwas ganz anderes als das Vermögen, die Aussagekraft einer Prosa aufzunehmen. Der Sinn für Form bei lebendiger Sprache läßt sich verhältnismäßig leicht bewahren und entwickeln; das Erkennen von Sprachschönheit und -klarheit und der Gehalt-Gestalt-Ganzheit sowie die kritisch wertende Einstellung gegenüber der Prosaerzählung, der lebensbedeutsamsten literarischen Gattung, bedarf einer sorgfältigen, jahrelangen Förderung[72], um sich endlich, bei einigen wenigen – auch auf das freie Leseverhalten auszuwirken. Dazu gehört die ohnehin in der Sprachentwicklung des jungen Menschen liegende zunehmende Fähigkeit und Bereitschaft zu rationaler Distanzierung vom Gelesenen, so daß das Kind, das sich anfangs noch identifiziert, mitlebt und in das Geschehen seiner Lektüre naiv einbezieht[73], sich auseinanderzusetzen und kritisch Stellung zu nehmen lernt. Reflektierende und psychologische Einstellung sind auch eine wesentliche Bedingung ästhetischer Akte, da sie die Verfehlung des im ästhetischen Gebilde Angelegten verhindern und die Befreiung des Menschen von der Genußabhängigkeit ermöglichen[74]. Von pädagogischem Interesse ist aber, daß es auch verschiedene Abstufungen zwischen Genuß und vollästhetischem Verhalten gibt, entsprechend der geschichteten Mannigfaltigkeit zwischen Kitsch und Kunst, so daß auch psychologisch die Alternative „Kunst oder Nicht-Kunst" der Wirklichkeit nicht gerecht wird.

Die wachsende Fähigkeit zu kritischem Verhalten und psychologischem Verstehen gilt es behutsam zum Ästhetischen hin zu erweitern, indem sie auf Sprachstil, Aufbau, Erzählhaltung, Sinnbildlichkeit eines Textes gelenkt werden. Innerhalb dieser Entwicklung jedoch geht es nicht ohne Zugeständnisse, ohne Anerkennung der lesestimulierenden Funktionen der subliterarischen Schichten, die auch für eine weitergehende literarische Entwicklung grundlegende Lesemotive aufbauen helfen und vermittels des „Stoffhungers" des Kindes dessen Erfahrungswelt systematisch erweitern. Lesen ist zunächst eine andere Form des Lebens, unmittelbar lebensbezogen. Die Tatsache, daß das Gelesene das Produkt eines einzelnen Menschen ist, ein „Werk" mit eigener Gesetzlichkeit und in der Schwebe zwischen Realität und Fiktion, ist ihm noch nicht aufgegangen[75].

In der Spannung zwischen der Gegenwart des Kindes und dem Entwurf seines Zukunftsbildes, zwischen Verstehen und Psychologie auf der einen und pädagogischen Intentionen auf der anderen Seite steht die Literaturpädagogik. Nicht auf eine Entscheidung für die eine oder andere Seite kommt es an, sondern darauf, die Spannung auszuhalten. *E. Schliebe-Lippert* warnt mit Recht „vor einem vorzeitigen Hinübergleiten in literaturpädagogische Forderungen"[76], und sicher führt uns auch eine Kapitulation vor Psychologie und Soziologie nicht weiter, um im Sinne *Beinlichs* zu sprechen. Aber wir haben siebzig Jahre Literaturpädagogik hinter uns, die − unter Berufung auf die Kunsterzieher und *Wolgast* − aus pädagogischem Elan heraus immer mehr dazu geneigt waren, der Pädagogik (den Zielen, der Zukunft) einen Vorrang gegenüber den Realitäten einzuräumen.

Dieser Aufsatz möge als Ausdruck der Hoffnung verstanden werden, die beiden Pole der literarischen Erziehung, die sich allzuweit voneinander entfernt hatten − Kind und Literatur − einander wieder anzunähern.

Didaktischer Entwurf einer zeitgemäßen literarischen Erziehung

Grundsätze und Ziele

Entsprechend der Heterogenität der zu Erziehenden und der Vielfalt individueller Voraussetzungen und Möglichkeiten hat die Schule die ganze Mannigfaltigkeit des Schrifttums „zwischen Kunst und Kitsch" zu berücksichtigen, dabei die im Hause gelesene Literatur mitzusehen und die Leseantriebe, auf die sie anspricht und die sie beeinflußt, in Rechnung zu stellen und auf ihnen aufzubauen. Die Ziele der literarischen Erziehung sind demnach so zu formulieren, daß sich keine soziale Gruppe ausgeschlossen fühlen muß. Literarische Erziehung hat immer zugleich eine Leseerziehung zu sein, weil anders an ein aktives, initiatives Literaturverhalten nicht zu denken ist. Folgende Merkmale einer „Lesemündigkeit" sind dabei herauszustellen:

a) eine entwickelte *Lesetechnik,* das heißt die Fähigkeit zu müheloser äußerer oder innerer Artikulation des Gelesenen,
b) ein Optimum an *Verstehensfähigkeit,*
c) ein *Vergnügen* am Lesen, entstehend aus der Erfahrung des Leseerfolgs und der subjektiven *Bedürfnisentsprechung* des Gelesenen,
d) eine aus dem Zusammenwirken von Technik, Verstehen und Vergnügen sich entwickelnde allgemeine *Lesemotivation,* die jedoch fortwährender Verstärkung bedarf und deren Ergebnis,
e) die für die Lesemündigkeit konstituierenden Tugenden der *Initiative* und *Selbstbestimmung* im Hinblick auf die Lektüre sind[77].
f) Initiative und Autonomie gründen sich auf eine Fähigkeit zu *kritische Reflexion* über das Gelesene, die sich mit bloßer Identifikation, mit Erleben und Mitfühlen nicht begnügt, sie jedoch nicht ausschaltet, sondern ergänzt und gegen Täuschung und Verführung absichert. Eine solche Haltung zielt auf *Urteil* und *Geschmack,* wobei Geschmack mehr das Ergebnis der Gewöhnung an gute Texte, Urteil das Ergebnis eines durch rationalen Umgang

geförderten höheren Anspruchs ist. Aber auch in diesem Teilziel gilt es, mit zu weit gesteckten Erwartungen zurückzuhalten, da es nur individuell verschiedene Annäherungen gibt.

g) Dasselbe muß zur ästhetischen Einstellung der Lektüre gegenüber gesagt werden. Sie zeichnet sich aus durch eine Fähigkeit, Erlebnis mit distanzierender Kritik zu verbinden und das Erlebnis an die Bedingungen der Form zu knüpfen. Die solche Erfahrung anbahnende Literatur wird den Kindern angeboten nicht im Sinne einer Kontrastliteratur zum Zwecke der Abqualifizierung freier „niederer" Lesegewohnheiten und eines trivialen Konsumschrifttums, sondern als „neutrales Angebot eines Literaturgutes eigener Art, das seinen Stellenwert im Gesamtschrifttum beansprucht.

Hinzu kommen einige grundlegende Kenntnisse der Gattungen und Formen sowie formaler und stilistischer Einzelzüge, ein elementares Begriffssystem, das die Erkenntnis der Literatur als eines „Gemachten" mit Werk-Charakter erleichtert und damit im Sinne des Exemplarischen weitere Werke zugänglich macht. Die Begründung eines möglichst breiten Angebots an Gattungen und Formen ergibt sich nicht nur aus der Idee der verschiedenen „Weltsichten", der verschiedenen Möglichkeiten des Welt-Zugriffs[78], sondern der Anbahnung individueller Wege in die Literatur und individueller Vorlieben und Schwerpunkte. Es kann – wenigstens in der Volksschule – nicht darum gehen, die Kenntnis eines wie auch immer umfassenden Systems von Formen und Stilen zu vermitteln.

Damit ist der entscheidende Punkt individueller Ausprägung der Lesemündigkeit angesprochen. Sie ist nach zwei Seiten hin zu bestimmen: individuell im Sinne persönlicher Neigungen und Vorlieben und individuell im Sinne dessen, was an Verstehensfähigkeit, Geschmack und Urteilsfähigkeit erreichbar ist.

Die allgemeine Zielsetzung bestimmt den Weg. Die Lesefreude ist nicht nur das Fundament der späteren Lesemündigkeit, sondern Ausgangspunkt und Antrieb jeder Leseentwicklung. Sie gilt es bei allen literaturerzieherischen Bemühungen im Auge zu behalten, wenn auch einzuräumen ist, daß in der Praxis Abstriche unvermeidlich sind. Die Lesetechnik entwickelt sich nur aus durch ihren Inhalt zum Lesen verlockende Texte – isolierte lesetechnische Übungen und Schema-Lesestunden abstrahieren von den Inhalten, töten die Lesefreude und verringern durch Verbreitung von Langerweile den technischen Lesefortschritt. Die Organe des Verstehens und Eindringens und die kritische Reflexion bedürfen der Pflege und systematischen Fortentwicklung. Jedoch, so trainierbar die kritische Einstellung ist, so wenig ist die ästhetische methodisch herbeizuführen. Ihr kann nur durch das rechte Angebot und die rechte Art des Literaturumgangs Vorschub geleistet werden.

Die literarische Erziehung und des Lesen unter spezifischen Aufgabenstellungen werden begleitet und ergänzt durch regelmäßige Anregungen:

a) in Richtung der literarischen Öffentlichkeit und des „Buchmarktes" mit ihren Gesetzmäßigkeiten und Institutionen (Öffentliche Büchereien, Autor-Verlag-Vertrieb, Sortiment und Kiosk, Buchgemeinschaften, das Buch als Gegenstand, Kritik, Kataloge und Verzeichnisse);
b) in Richtung auf Erlernen von Methoden des Umgangs mit dem Buch, der Auswahl des Buches je nach gewünschtem Zweck, der schnellen Orientierung über einen Buchinhalt (Klappentext, Inhaltsverzeichnis, Vor- und Nachwort usw.), der sinnvollen Nutzung einer Bücherei (Aufbau, Kataloge);
c) in Richtung auf freie Lektüre, sei es im Sinne von Sachinteressen, sei es zur Unterhaltung und zum Vergnügen.

Diese Arbeit reicht weit über das hinaus, was bisher unter einem „literarischen Unterricht" verstanden wurde, und ist daher als „Unterricht" im herkömmlichen Sinne nicht zu realisieren. Sie ist eine Sache mehr der Atmosphäre als von einzelnen „Literaturstunden". Dies führt zur Verlebendigung, Individualisierung der literarischen Erziehung, zu ihrer Befreiung aus der Bevormundung durch einen engen, nur gruppenrelevanten Literaturbegriff und damit auch aus der Enge der Schulstube, auf die man die literarische Erziehung bisher beschränken zu können meinte. Unter Ausschluß der literarischen Öffentlichkeit läßt sich aber nicht zur Literatur erziehen.

Die Inhalte

Die einer zeitgemäßen Leseerziehung zugrunde zu legenden Texte differenzieren sich nach Art, nach Gestaltungsqualität und nach dem Rahmen, in dem sie angeboten werden.

Art:
Literarische Kleinformen in gattungsmäßiger Gliederung (Märchen, Sage, Legende, Fabel, Kalendergeschichte, Kurzgeschichte, Gedicht, Ballade usw.).
Literarische Großformen (Novelle, Drama, Roman als Klassiker und als Jugendbuch).
Sachtexte in Klein- und Großform.
Zeitung und Zeitschrift, als heute wesentliche Objekte des literarischen Alltags.

Gestaltungsqualität:
Von den Comics über das Romanheftchen und die verschiedenen Stufen des Jugendbuches (Karl May, E. Gündel, K. Held, K. Lütgen, H. Kaufmann) zu den Klassikern in der Jugend zugänglichen Ausgaben; von der Umwelterzählung zur modernen Kurzgeschichte usw.

Rahmen:

Lesebücher mit ihrem gattungsexemplarischen Angebot an literarischen Kleingut; Ganzschriften mit Drama, größerer Erzählung, Novelle und Sammlung von Zusammengehörigem (Lyrik, Geschichten, Märchen, Zusammenstellungen von Werken eines Autors u. ä.); Buch, meist mit romanhafter Großerzählung.

Eine an heutigen Lebenserfordernissen orientierte Leseerziehung kann weder an der Großform des Romans, an der Tatsache des Vorrangs der Prosaerzählung[79] noch an der Bedeutung von Sachschrifttum und Zeitung/Zeitschrift achtlos vorübergehen. All diese Formen weisen über das schuleigene Angebot des Lesebuchs in entscheidender Weise hinaus.

Die Methoden

1. Die eingespielten Formen des Umgangs mit Kleingut und Literaturausschnitten behalten ihre Gültigkeit.
2. Sie sind zu ergänzen durch Formen des Umgangs mit der Großerzählung, wozu *A. Krüger* und *R. Geissler* Vorarbeit geleistet haben[80].
3. Die aufgrund des didaktischen Leitbildes notwendige Differenzierung macht individuelle Angebote, Stilleseübungen mit gleichen oder verschiedenen Texten, Gruppenvorhaben mit gleichen Texten, aber verschieden schweren Aufgabestellungen oder verschieden schwierigen Texten notwendig. Interessens- und Leistungsgruppen erlauben individuelles Ansprechen.
4. Buch- und Büchereistunden führen die Kinder in eine sinnvolle Nutzung von Bibliotheken ein, überlassen ihnen die Wahl aus Beständen der Klassen- oder zentralen Schülerbücherei, regen zu freiem Vortrag über Leseerfahrungen und über Bücher an.
5. Die häusliche Buchlektüre wird durch Anlesen in der Klasse, Buchempfehlungen, Betrachtung von Titel und Titelbild, Buchausstellungen, Autorenlesungen angeregt.
6. Die Lektüre von Zeitung und Zeitschrift dient neben dem kritischen Leseverhalten der gesellschaftspolitischen Erziehung; Sachtexte und Sachbuch werden als Quellen zur Bereicherung sachunterrichtlicher Aufgaben herangezogen (Vorbereitung eines Themas, zur Ergänzung und Nacharbeit), und zwar so, daß der Lehrer von seiner Rolle als alleiniger Sachvermittler zurücktreten kann[81], das Sachbuch wird als heute unentbehrliches Mittel der Selbstbildung erfahren. Auch die übrige Literatur kann auf Sachinformation hin durchmustert werden; es gibt viele Jugendbücher, welche die Mitte zwischen Erzählung und Sachbuch halten.

Grundsätzlich lassen sich aus den Vorschlägen drei verschiedene Formen des Umgangs herauslösen: die Arbeit in gleicher Front, differenzierende und individualisierende Formen der Klassenarbeit, Anregungen zur Beeinflussung des häuslichen Lesens. Voraussetzung für eine zum Buchmarkt offene, lebensbezogene literarerzieherische Arbeit der Schule ist eine gut ausgebaute Schulbücherei entweder als Klassenbücherei, als zentrale Bücherei oder als Kombination beider Organisationsformen. Allerdings, ohne einen entsprechend vorgebildeten Lehrer wird auch die bestausgerüstete Bücherei ihren Zweck verfehlen.

Anforderungen an den Lehrer und die Lehrerbildung

Überlegungen wie die vorliegenden, lassen meist außer acht, daß jenseits aller didaktischen Systeme der Lehrer immer derjenige ist, der über Erfolg und Mißerfolg der Unterrichts- und Erziehungsarbeit entscheidet. Der künftige Lehrer muß einige Voraussetzungen gewinnen, wenn ein Umdenken in der Leseerziehung auch konkrete Folgen haben soll.

1. Vertrautheit mit den Lesesituationen der Masse, das heißt Einsichten in soziologische und literatursoziologische Zusammenhänge.
2. Einbeziehung der mittleren und unteren Schichten der Literatur in das Deutschstudium; sie sind didaktisch oft von größerem Interesse als eine Kenntnis der Literaturgeschichte.
3. Kenntnis von der Bedeutung des Buches und des selbständigen Lesens für den selbsttätigen Bildungserwerb.
4. Einsicht in die Wichtigkeit einer Leseatmosphäre in der Klasse. Methodische Maßnahmen zu ihrer Herstellung. Die literarische Erziehung läßt sich nicht auf spezielle Literatur- und Lesestunden beschränken.
5. Vermittlung von Techniken des Umgangs mit dem Buch und der Bibliotheksnutzung.
6. Der Lehrer sollte die häuslichen Lesegewohnheiten der Kinder a) ständig im Auge behalten (durch Gespräch mit den Kindern, Befragungen und freie Berichte der Kinder) und b) tolerieren; Verzicht auf Druck, Zwang, Verbot und Vorschrift.
7. Er sollte sich bemühen, jedem Kind individuell gerecht zu werden durch gezieltes Buchangebot.
8. Die eigene Motiviertheit des Lehrers setzt gewisse Kenntnisse auf dem Gebiete der Jugendlektüre und der kindlichen Triviallektüre voraus.

1 Maier 1965, S. 127, Ivo 1965, S. 460, Schulz 1966, Doderer 1965, S. 4.
Ferner bieten reiches Zahlenmaterial zur heutigen Lesewirklichkeit:
Fröhner 1961; Girardi 1965; Rosenmayr/Köckeis/Kreutz 1966; Schmidt-
chen 1968.

2 Langenbucher 1964, S. 56.

3 Langenbucher, a. a. O., S. 38. Vgl. Einleitung zu Girardi 1965.

4 Dahrendorf 1967 (b), S. 385. Vgl. Klafki 1965, S. 98. Siehe auch: Weber
1967 (b), S. 7 ff.

5 Der Verfasser hat darüber ausführlich referiert in seinem Aufsatz: Das
Leseverhalten Hamburger Volks- und Realschüler und die Ziele der literarischen Bildung, in: Hamburger Lehrerzeitung, H. 10–12/1967.

6 Vgl. Doderer, a. a. O., S. 5; Baumgärtner 1968, S. 112.

7 K. Singer o. J., S. 51.

8 Der heute verbreiteten Annahme widerspricht Singer (a. a. O., S. 29, 91).

9 Singer, a. a. O., S. 46. Vgl. zum Prüfen des Verständnisses Helmers 1966
(a), S. 116.

10 Geißler 1962; Pielow 1965, S. 38 f. u. a.; Gerth 1967, S. 109.

11 Singer, a. a. O., S. 39, 108.

12 Wolgast 1950, S. 273.

13 Baumgärtner, a. a. O., S. 114.

14 Schmitt 1965, S. 39.

15 Dahrendorf 1968 (b), S. 17.

16 Die bedeutendsten Namen sind: Gerth, Helmers, Pielow, Geißler, Bauer.

17 Das Zitat stammt von Killy. Vgl. W. Henze 1963, S. 354.

18 Vor allem: Bamberger, Maier, Weber, Baumgärtner.

19 Es sei besonders verwiesen auf: Gerth 1966, Helmers 1966, Bauer 1968;
ders. o. J. (1968).

20 Kemp 1965, S. 144.

21 Nentwig 1962, S. 158.

22 Reumuth/Schorb 1966, S. 293.

23 Ibel 1964, S. 96.

24 Ibel, a. a. O., S. 98.

25 Nentwig, a. a. O., S. 162.

26 Reumuth/Schorb, a. a. O., S. 291. – Siehe auch Giesz 1960, S. 22. Giesz
prangert mit Recht die fragwürdige Emphase an, mit der vielerorts das
Lob der Dichtung gesungen wird („kitschige Schwärmerei für hohe
Kunst").

27 Bauer o. J., S. 5.

28 Vorläufige Arbeitsanweisungen für die Hauptschule Baden-Württembergs,
1967, S. 76.

29 Stoffpläne für die Volksschulen des Landes Nordrhein-Westfalen, 1966,
S. 14. (Auszeichnungen durch den Verfasser.)

30 Mündliche Äußerung Bauers während der Diskussion seines Referats, dem
der Aufsatz „Literarische Bildung in der Hauptschule" zugrundeliegt.
Vgl. dazu: Geißler 1968 (a). Dagegen fordert Singer eine „Erziehung zur
Lesefreude" (a. a. O., S. 107). Vgl. auch Weber, a. a. O., S. 41. Zum Er-
lebnisbegriff siehe das Kapitel „Zur Pädagogik des Abenteuers", in: Tröger 1968, S. 107 ff.

31 Vgl. Greiner 1964, Conrady 1966, bes. S. 29 f., 104, Krauss 1968, S. 36.

32 Krauss, a. a. O., S. 24 f., K. O. Conrady, a. a. O., S. 29.

33 Conrady, a. a. O., S. 30.
34 Trotz der oben erwähnten Ausnahmen stammt die bisherige Literatur über
   das Trivialschrifttum im wesentlichen von Außenseitern, z. B. W. Nutz
   1962; G. Schmidt-Henkel 1964; D. Bayer 1963.
35 Wolgast, Das Elend unserer Jugendliteratur, zuerst 1896.
36 Gerth, a. a. O., S. 11.
37 Bauer o. J., S. 4.
38 Bildungsplan für die Oberschulen praktischen Zweiges. Berlin 1957, S. 9.
39 Stoffpläne für die Volksschulen des Landes Nordrhein-Westfalen. 1966,
   S. 14.
40 Bayer, a. a. O., S. 174.
41 Während eines Gespräches über „Schanghai 41" von Foreman-Lewis in einer 9. Klasse der Hauptschule erwähnte ein Mädchen auf die Frage, was besonders gefallen habe, die unwahrscheinliche Rettung eines Jungen aus
   höchster Gefahr — eine Rettung, die der kritische Leser gerade als literarisch
   unbefriedigend empfinden muß.
42 Dahrendorf 1967 (a), S. 329.
43 Klafki, a. a. O., S. 95, 148 ff.
44 Vgl. Bauer o. J., S. 10.
45 Bauer o. J., S. 6.
46 Dahrendorf 1967 (b), S. 396 f.
47 Baumgärtner 1968, S. 117.
48 Klafki 1965, S. 10, 21, 136 u. a. Vgl. zum Begriff der „Ausgangslage"
   Roth 1966, S. 275.
49 Geißler, a. a. O., S. 794, Bauer, a. a. O., S. 6.
50 Weber, a. a. O., S. 38 ff.
51 Vgl. die Empfehlungen zum Aufbau der Hauptschule (1964) des Deutschen
   Ausschusses für Erziehungs- und Bildungswesen, in: Schulaufbau und Schulorganisation, 1968, S. 92.
52 Wilhelm 1967, S. 198, 224 ff.
53 Baumgärtner, a. a. O., S. 114.
54 Ziegler 1947, S. 566. Auch Giesz beklagt die Kluft zwischen Konsum- und
   repräsentativer Literatur (a. a. O., S. 90).
55 Zu beobachten etwa bei Steitz 1952, S. 11; Pielow 1965, S. 50, 63 u. a.
56 Vgl. Wellek/Warren 1963, S. 19. Helmers unterscheidet entsprechend eine
   literarische Bildung im „engeren" und im „weiteren" Sinne (a. a. O., S. 256).
   Vgl. dazu Baumgärtner, a. a. O., S. 113.
57 Dahrendorf 1967 (d). Die vereinfachende Zweiteilung wird besonders deutlich bei Krämer-Badoni, in: H. P. Richter 1965, S. 158.
58 Conrady, a. a. O., S. 71.
59 Beinlich, in: Handbuch des Deutschunterrichts, 2. Bd., 1963.
60 Schliebe-Lippert, in: Begegnungen mit dem Buch, 1950, S. 47.
61 Beinlich, a. a. O., S. 753.
62 Beinlich, a. a. O., S. 749, 753.
63 Beinlich, a. a. O., S. 752, 753, 757, 761, 765.
64 Beinlich, a. a. O., S. 743.
65 Beinlich, a. a. O., S. 761. Vgl. dagegen Singer, a. a. O., S. 90.
66 Wolgast 1950, S. 8.
67 Wolgast, in: Vom Kinderbuch; 1905, S. 105.
68 Rutt 1961, S. 9, 47 f.
69 Rutt, a. a. O., S. 50. Der Gegensatz der Positionen wird deutlich bei
   Singer (a. a. O., S. 10): Lesen sei eine „Sache des Denkens", nicht des
   Sprechens. Auch Helmers (a. a. O., S. 117) verweist auf den Unterschied
   der Hör- und Lesesituation.

70 Wolgast dachte im Grunde schon weiter, wenn er in diesem Zusammenhang auf die Notwendigkeit einer gesellschaftlich-kulturellen Revolution
   verwies (a. a. O., S. 8 f.). – Vgl. Weber, a. a. O., S. 44.
71 Vgl. Bauer, a. a. O., S. 10.
72 Das räumt – in einem gewissen Widerspruch zu seinen übrigen Ausführungen – sogar Beinlich ein, wenn er sagt, daß in der Übergangszeit vor dem
   Gewinn einer literarästhetisch-kritischen Einstellung eine „Gewöhnung"
   an das Gute stattfinden müsse, die schließlich, wenn die Reife vorhanden
   ist, Früchte trage (a. a. O., S. 744).
73 Vgl. Dahrendorf 1967 (b), S. 395, 397. Schliebe-Lippert, a. a. O., S. 54.
74 Giesz, a. a. O., S. 40, 78 f.
75 Ingarden 1965, S. 365 f.
76 Schliebe-Lippert, a. a. O., S. 59.
77 Weber, a. a. O., S. 39.
78 Bauer, a. a. O.
79 Geißler/Hasubek 1968, Krauss, a. a. O., S. 77 ff.
80 Siehe Anm. 10. Krüger 1963.
81 Probleme des Sachbuchs für die Jugend, Wien 1968.

2. Voraussetzungen und Umrisse einer gegenwartsbezogenen literarischen Erziehung*

I. Was im voraus zu bedenken ist

Jede Verlautbarung zu Bereichen spezieller, fachbezogener Lehre und Erziehung sollte sich zuvor mit dem Standort der speziellen Lehre und Erziehung im Gesamtgefüge gegenwärtiger Erziehungsvorstellungen auseinandersetzen, wie sie auf Grund einer Analyse gesellschaftlicher Tatbestände und Entwicklungstrends heute allgemein als notwendig erachtet werden. Da es jedoch gerade im Umkreis literarischer Erziehung schwer ist, sich von traditionellen Mustern des Denkens und − oft ideologisch belasteten − Erwartungen und Zielvorstellungen freizumachen und wahrscheinlich auch diejenigen noch Gefangene überkommener Denkschemata sind, die gegen sie aufbegehren, sollte ein erster Schritt darin bestehen, sich solche Einengung bewußt zu machen und von vornherein keine Denkweise zu tabuisieren.[1]

Auf kaum einem Gebiet der Erziehung und Lehre ist es jedoch so schwer, Bestehendes und scheinbar Gesichertes in Frage zu stellen, wie auf dem der literarischen Erziehung, erstreckte es sich doch auf Kulturobjektivationen, die sich infolge einer allgemeinen, normierten Wertschätzung aller Gebildeten nur allzuleicht jeglicher Kritik entziehen, im Gegenteil oft das Signum religiöser Weihe annehmen, die von vornherein jede Kritik zum Sakrileg stempelt[2].

Begriffe wie „Interpretation", „literarische Bildung" und „Dichtung" werden als fraglos Seiendes, das lediglich dienende Bemühung gestattet, hingestellt. Es ist jedoch zu fragen, welche Gültigkeit sie für eine zukunftweisende literarische Erziehung beanspruchen können. Die Bedenken sollten auch vor jener Forderung nicht haltmachen, welche die Didaktik an die Einsichten und den Stand der Fachwissenschaft bindet[3], denn auch eine Wissenschaft ist durch ihre Vertreter fehlbar, kann einseitig und Fehlentwicklungen unterworfen und durch Vorurteile gefährdet sein, so daß sie nicht unbesehen die verbindliche Grundlage didaktischen Denkens zu sein vermag[4]. Oder ist

---

* In: Baumgärtner, A. C. und M. Dahrendorf (Hrsg.), Wozu Literatur in der Schule? Braunschweig, Westermann 1970, S. 27−50 (Westermann Taschenbuch 76).

Anmerkungen zu diesem Beitrag auf S. 47−48.

die Didaktik nicht gar selber an der Schöpfung ihres Gegenstandes beteiligt?[5] Gewiß ist Didaktik nicht „frei", aber es sind vielerlei Faktoren, die sie bedingen, und die Fachwissenschaft ist nur einer von ihnen. Es kann z. B. gefragt werden, wieweit eine immer noch einseitig an der Hochliteratur orientierte und damit an idealistische Bildungsideen[6] gebundene Literaturwissenschaft den bindenden Maßstab für eine Didaktik der literarischen Erziehung hergeben kann, die von ihren pädagogischen Intentionen her und durch Rezeption sozio-kultureller Tatbestände nicht umhin kann, Literatur auch als schichtenspezifisches Phänomen zu betrachten[7]. Bezieht man ferner neben pädagogischen und soziologischen Kategorien auch lerntheoretische ein, so muß das zwangsläufig zu einer Kritik an mit dem Gestus der Allgemeingültigkeit auftretenden Definitionen dessen führen, was das Ziel der literarischen Bildung sei, ja am Begriff der „literarischen Bildung" selber. Lassen sich Ziele der Bildung überhaupt *inhaltlich* allgemeinverbindlich formulieren, ohne gefährliche Implikationen mit in Kauf zu nehmen? Auch die Diskussion um das Verhältnis von inhaltlicher und formaler Bildung ist nach Klafkis Bemühungen um Synthetisierung des Formalen und des Inhaltlichen durch das Kategoriale und Exemplarische durchaus noch nicht abgeschlossen und neuerdings wieder aufgelebt[8]. Liegt das Ziel mehr in der Fähigkeit zur Aufnahme bestimmter Literaturschichten und poetologisch differenzierter Literaturbereiche oder mehr im Verhalten und in Einstellungen, wie es etwa Webers Begriff der „Lesemündigkeit" meint?[9] Mit welchem Recht wird in fast allen didaktischen Leitvorstellungen eine „eigentliche" Literatur von den mittleren und unteren Literaturschichten abgesetzt? Besteht hier nicht die Gefahr der methodischen Konsequenz eines „Geschmackterrors"[10], der wiederum gegenwärtigen pädagogischen Grundforderungen widerspricht, weil er anders als autoritär und doktrinär nicht denkbar ist? Und: Wo hört die wissenschaftliche Relevanz aller Erörterungen zur literarischen Erziehung auf und beginnt die Ideologie einer „Bildung", die sich aus überkommenen, geschlossenen Gesellschaftsstrukturen herleiten läßt?[11] Darf sich literarische Erziehung, wie schon eingangs betont, in ihrem Anspruch von „Erziehung überhaupt" isolieren? Ist das, was „literarische Erziehung" meint, so eigentümlich und eigenwertig, daß ein unersetzbar eigener Anspruch gerechtfertigt ist? Stehen hinter isolierenden Bildungs-Forderungen, zumal angesichts des Literatur-Phänomens, nicht überholte pädagogische Autonomie-Vorstellungen? Werden nicht auch bei Hervorhebung einer „eigentlichen" Literatur bestimmte Wirkungen unterstellt[12], die weniger empirischer Forschung als traditionellen Schemata zu verdanken sind und von Bedingungen, welche Wirkungen beeinflussen oder gar erst ermöglichen, einfach absehen? Bildungsbedingte Bedeutsamkeit von Literatur wird nur allzugern verallgemeinert, und selbst wo auf pseudoreligiöse Begründungen und Werthaltungen verzichtet wird, schimmern sie in Begriffen wie „hohe Dichtung", „Literatur im engeren, eigentlichen Sinn" immer noch durch.[13] Kann ferner eine Didaktik der literarischen Erziehung vorbeigehen an neueren Überlegungen, das Fach „Deutsch" in den Kanon der Fächer zurückzunehmen, es von seiner überragenden Bedeutung und Stellung zu entlasten, ja den traditionellen Fächerkanon angesichts unserer gesellschaftlichen Entwicklung selber in Frage zu stellen?[14] Muß davon nicht auch der Deutschunterricht betroffen sein, der in vielen Teilaufgaben kaum noch von politischer Bildung oder von Konsumerziehung trennbar ist? Es ist demnach zu fragen, welchen Standort die literarische Erziehung in einem Deutschunterricht beanspruchen kann, der sich im Gesamtgefüge des Unterrichts relativiert sieht. Und zuletzt sei auch noch zu bedenken gegeben, ob sich aus den Tendenzen zur Gesamtschule und unter Beachtung der durch sie zu fördernden Demokratisierung der Bildungschancen und sozialen Mobilität ganz neue Ansätze für eine Didaktik der literarischen Erziehung ergeben[15].

Die vorstehenden Überlegungen sollten den Denkrahmen abstekken, innerhalb dessen das Folgende gesehen werden muß, das von zwei Grundentscheidungen ausgeht:

1. Literatur wird als gesellschaftliches Phänomen betrachtet und das Leseverhalten des Menschen, insofern er ein soziales, auf Gesellschaft angewiesenes Wesen ist, selbst dort als gesellschaftlich bedingt angesehen, wo es keine unmittelbare gesellschaftliche Funktion hat.
2. Literarische Erziehung sollte mit allgemeinen Erziehungszielen korrespondieren, über die heute in der Gesellschaft und der auf sie bezogenen Erziehungswissenschaft ein relativer Konsens besteht.

Erkennt man beide Prämissen an, so wird es nicht mehr möglich sein, Literatur didaktisch zu betrachten, ohne gesellschaftliche Bedingungen und Voraussetzungen mit zu reflektieren. Aus den Befunden sind dann Folgerungen auf Erziehung und Schule zu ziehen, die einerseits zur Gesellschaft hin offen sind und deren Impulse aufnehmen, andererseits auf sie zurückwirken und zu ihrer Veränderung beitragen.[16] Es ist deutlich, daß es dem Verfasser nicht darauf ankommt, die Chancen einer individuellen geistigen Kultur auf Grund literarischer Bildung in unserer Massengesellschaft abzuwägen, sondern die sich aus gesellschaftlichen und pädagogischen Voraussetzungen und Erfordernissen ergebenden Konsequenzen für eine literarische Erziehung aller zu entwickeln.

II. Das gegenwärtige Gesellschaftsbild als Folie

(1) Unsere Gesellschaft ist — wenigstens tendenziell — horizontal und vertikal (sozial) dynamisch, das heißt offen und nicht auf lokale und soziale Fixierung des einzelnen angelegt. Ihre progressiven Kräfte dringen darauf, die Lebenschancen möglichst gerecht zu verteilen, und verwerfen jegliche Festlegung des einzelnen auf eine bestimmte Rolle in der sozialen Hierarchie und auf einen bestimmten, durch „Begabung" fixierten Beruf als unzulässig.[17] Sie bekämpft alle Anschauungsweisen und Einstellungen, die einer Reproduzierung bestehender Verhältnisse dienen, als Vorurteil, hinter dem handfeste Herrschaftsinteressen stehen.[18] Bildung und Aufstieg sollen allen ermöglicht werden, und „Gerechtigkeit" soll kein bloßer Verfassungsartikel bleiben, sondern gesellschaftliche Wirklichkeit werden.

(2) Unsere Gesellschaft unterliegt dem Gesetz des Fortschritts, das heißt, daß kein erreichter Status, sei es ökonomisch-technisch, sei es sozial, sei es in der Herstellung der Chancengleichheit, bereits als vollkommen angesehen werden kann und darf. Keine Gesellschaft ist denkbar, die bereits als Idealzustand zu betrachten ist.

(3) Unsere Gesellschaft unterliegt dem Gesetz der Verwissenschaftlichung, der Rationalisierung und Kritik, ohne die ein Fortschritt, auf welchem Gebiet auch immer, gar nicht vorstellbar ist.

(4) Die Gesellschaft wird von divergierenden, kontroversen Interessen bestimmt, die mit- und gegeneinander um Einfluß, Macht und Durchsetzung ringen. Kein Interesse ist denkbar, das die Belange aller und der Gesamtheit vertritt; es würde im Moment seiner Entstehung auf dem Wege der Polarisation ein Gegeninteresse hervorrufen, das die Pluralität wieder herstellt. In totalitär-monolithischen Systemen werden solche Interessen nicht überbrückt, sondern nur verschleiert.

III. Konsequenzen für Bildungssystem und Erziehung

Daß solche Entwicklungstendenzen durch Ideologien verschiedener Art und andere Widerstände[19], zum Beispiel Vorurteile über das „Wesen des Menschen", das „Wesen der Frau", „gottgewollte" Unterschiede und soziale Privilegien gehemmt werden, macht die Aufgabe der Pädagogik deutlich, nämlich Maßnahmen zu treffen oder zu fördern, welche das Fortschreiten zu einer gerechten Gesellschaft sichern, in der das Glück der einen Gruppe nicht zu Lasten der anderen geht, und Einrichtungen und Maßnahmen abzubauen, welche bestehende Ungerechtigkeiten und Vorrechte perpetuieren. Ideologiekritisch sind sogenannte „ewige" Ordnungen und Werte auf ihre Interessenverflechtungen hin zu analysieren: Wem verschaffen sie gesellschaftliche Vorteile? Zu den pädagogischen Konsequenzen sei eine Übersicht versucht:

1. Alle pädagogischen Institutionen und Handlungen sind daraufhin zu überprüfen, ob sie geeignet sind, Bildungs- und damit Sozialchancen gerecht zu verteilen und den Menschen nicht auf Schicht und Lage zu fixieren. In diesem Sinne werden heute das dreigliedrige Schulsystem und der humanistische Bildungsbegriff kritisch in Frage gestellt und neue Formen entwickelt, welche möglicherweise dem progressiven Gesellschaftsbild besser zu entsprechen vermögen (Gesamtschule, Vorschulerziehung, Lerntheorien).

2. Eine auf Erhaltung und Erzeugung von Eliten und elitären Privilegien ausgerichtete Pädagogik hat einer fortschrittlichen Erziehung Platz zu machen, welche die Akzente gleichmäßig und gerecht verteilt.[20]

3. Autorität ist wie nie zuvor in der Geschichte angefochten. Wo sie sich nicht begründen kann und jeder Nachprüfbarkeit entzieht, ist sie abzubauen. Rational betrachtet, verliert sie jede höhere Weihe und ist sie nur noch einerseits als eine „verdiente" und andererseits pragmatisch-funktionelle zum Zwecke der Regelung des Zusammenlebens denkbar. Die Pädagogik tut sich naturgemäß schwer in der Verarbeitung des Autoritätsschwundes in der Gesellschaft.[21] Die dynamische Gesellschaftsentwicklung hat zu einer Verunsicherung erzieherischer Autorität geführt, die allerdings oft nicht einmal mehr die funktionell notwendige Autoritätsform anerkennen will. Die Konsequenzen sind noch nicht abzusehen, doch liegen hier zweifellos auch bedeutsame Chancen im Sinne einer Erziehung zur Mündigkeit.[22] Schwierig wird es sein, trotz der Autoritätsauflösung die historische Kontinuität zu wahren. In der Erziehung ist die temporäre Funktion des Leitbildes neu zu durchdenken, wie es G. Bittner bereits getan hat[23], und zu fragen, ob die Dichotomie von Leitbild- und Mündigkeitserziehung nicht wieder aufgelöst werden sollte zugunsten einer gleichmäßigen Akzentuierung auf Leitbild und Internalisierung von Normen auf der einen und Verselbständigung auf der anderen Seite.

4. Als spezielle Aufgaben der Schule sind die Erziehung zur Berufsfähigkeit und zu angemessenem Freizeitverhalten zu betrachten.
    a) Statt Erziehung zu einem Beruf auf Grund einer als unveränderlich-statisch und biologistisch zu verstehenden „Begabung" geht

es heute darum, entsprechend dem dynamischen, Fortschritt implizierenden Gesellschaftsbild den Menschen zur Beweglichkeit, zur Fähigkeit selbständiger Um- und Weiterbildung, zur Einsicht zu erziehen, daß *lifelong learning* unvermeidbar ist. Nur so kann auch heute noch „für die Zukunft" erzogen werden, denn niemand vermag abzusehen, welche Berufe die Gesellschaft morgen und übermorgen noch braucht und welche von der Zeit überholt werden.

b) Der so zu verstehenden Berufsbildung steht die Erziehung zu einer Freizeitfähigkeit gegenüber, welche das Freizeitangebot zum Zwecke geistiger Erweiterung und erholsamer, regenerierender und kompensierender, aber optimal differenzierter Unterhaltung zu nutzen versteht.[24] Die Erziehung *in* diesem Bereich und *für* diesen Bereich wird in der Zukunft eine immer größere Rolle spielen müssen. Dabei geht es um schrittweise Anhebung des Anspruchs, um initiative Auswahl, Befähigung zu differenziertem Genuß und um eine rechte Mitte zwischen Anpassung und Abwehr (selektives Verhalten).[25]

5. Die Schule kann nicht mehr davon ausgehen, daß die Phasen der Bewahrung und Bewährung säuberlich aufeinander folgen. Sie ist längst nicht mehr der einzige Informant und Bildungsvermittler. Der Begriff der „Miterzieher"[26] hat heute ebenso einen festen Platz in der Erziehungstheorie wie Th. Wilhelms „Was sonst noch geschieht"[27]. Wie heute eine von den Gesellschaftsansprüchen befreite „autonome" Pädagogik der Vergangenheit angehört[28], so auch eine „Schonraum"-Pädagogik und damit das romantische Bild vom unberührten, heilen Kinderleben. Das bedeutet: Die Schule muß wissen, daß außer ihr noch vieles andere auf das Kind wirkt, daß dieses andere durchaus nicht immer ihren „pädagogischen" Intentionen entspricht, das Kind aber Hilfe braucht, die Zumutungen des gesellschaftlichen Lebens zu bestehen. Darum ist es heute nicht mehr möglich, die Schularbeit auf ausgewählte, „bildungs"-relevante Kulturgüter zu beschränken[29], es sei denn, man beschließt, den Begriff der Bildung mit einem völlig neuen Inhalt zu füllen. Der Mensch muß sich heute in so vielen Situationen zurechtfinden und behaupten, deren Bedingungen und Objekte von einer Bildungspädagogik im herkömmlichen Sinne nicht mehr erfaßbar und vor ihr zu rechtfertigen sind (z. B. Verkehrsverhalten, Konsumverhalten, Rechtschreibung).

6. Fortschreitender Aufmerksamkeit erfreut sich bei uns die pädagogische Bedeutung sozio-kultureller Determinanten.[30] Der Sachverhalt weist auf einen Zusammenhang hin, dessen Aufklärung zum Abbau der Widerstände, die einer Demokratisierung und Bildungschancen im Wege stehen, beitragen kann. Es ist mit an Sicherheit grenzender Wahrscheinlichkeit zu vermuten, daß Lernen, allgemei-

ne geistige Aktivität, verbale Intelligenz und das, was man gemeinhin früher als „Begabung" bezeichnete, entscheidend durch die Art der aufgenommenen Sprache und die Weise ihrer Aneignung und damit sozial bedingt sind. Der Mensch lernt Sprache als eine Möglichkeit des Zugriffs auf Welt und verarbeitender Abstraktion („formale Sprache") oder bleibt auf eine „öffentliche Sprache" beschränkt, die über kollektive Gefühls- und Denkschemata kaum hinauskommt.[31] Die verschiedenen Codices tragen zu einer unterschiedlichen Lernmotiviertheit bei, die den späteren Bildungsgang präjudiziert und an der die bisherige Schule kaum etwas zu ändern vermochte.[32]

7. Die moderne Pädagogik hat die fundamentale Bedeutung des Politischen als Bedingung und Aufgabe des Menschen erkannt und daraus ihre Folgerungen gezogen.[33] So sagt beispielsweise Mollenhauer, daß Allgemeinbildung heute nicht mehr esoterisch-selbstzweckhaft, sondern „politisch" zu verstehen sei[34], und fordert ein Erziehungssystem, das die Fähigkeit zu kritischer Analyse, zur Artikulation des eigenen Interesses und zur politischen Solidarisierung ausbilde. Zur politischen Bildung gehört der Verzicht auf Totalanspruch bei allen Vorschlägen zur Lösung von Konflikten. Das setzt die Fähigkeit zur Selbstrelativierung und zur Toleranz im Sinne einer Einsicht voraus, daß auch andere Lösungsvorschläge möglich, ja notwendig sind. Nur so können Ideen miteinander in Wettstreit und Konkurrenz treten. Wenn Sozialverhalten sich mit einer kritischen Reflexion der Zwecke (der Zielsetzungen der Gruppe u. ä.) verbindet, ist auch das im weiteren Sinne als politisch zu verstehen. Es setzt die Fähigkeit zur Einfühlung in den anderen voraus, auf deren Bedeutung für Mündigkeit und Gesellschaftsfähigkeit Alexander und Margarete Mitscherlich in ihrem Buch „Die Unfähigkeit zu trauern"[35] hingewiesen haben. Politische Bildung zielt darüber hinaus auf ein selbstverantwortliches Verhalten, das als „Freiheit" den sozialen Zwängen zur Anpassung die Waage zu halten hat, ferner auf das Durchschauen der sozialen und sozialpsychologischen Bedingtheit von Vorurteilen und auf die Befreiung von physischer und manipulatorischer Unterdrückung, wodurch ein Abbau von Aggressionsbereitschaft stattfinden kann. Von großer Bedeutung ist allerdings die Entwicklung einer „Frustrationstoleranz", des Vermögens, Versagungen und Verzichte in einem gewissen Rahmen ohne Aggression und handgreifliche Reaktion zu ertragen.

8. Ein Blick auf die Didaktik-Diskussion der letzten Jahre zeigt, daß man heute mehr und mehr dazu übergeht, den Begriff der „Bildung" durch den des Lernens zu ersetzen[36] und damit Erziehung stärker an Erkenntnisse der modernen Anthropologie zu binden[37]; der Mensch als instinktarmes Mängelwesen ist auf Lernen ange-

wiesen. Statt Spekulationen über Fernziele der Bildung anzustellen, rückt der Lernprozeß in den Blick der Forschung, werden die Bedingungen, unter denen optimal gelernt wird, untersucht und ein neues Bild des Lehrers als eines „Lernorganisators" entworfen. Das Lernen zielt auf ein qualifiziertes Endverhalten und vollzieht sich über eine Serie von Lernschritten durch die Erfahrung von Lernwiderständen, Motivation und ein bestätigtes und dadurch verstärktes Endverhalten, das einen neuen Lernprozeß in Gang setzt. Gelernt werden muß, was zur Existenzsicherung in unserer Gesellschaft erforderlich ist und was zugleich ihren Fortschritt sichert (Kritikfähigkeit und Kreativität). — Die lerntheoretische Wendung der Didaktik ist wie kaum etwas anderes geeignet, „Bildung" zu entideologisieren und zu vernüchtern. Der Streit zwischen einer Didaktik, die sich normativ versteht, nach dem Bildungsgehalt ihrer Gegenstände fragt und von deren Kulturwert ausgeht, dabei aber die gesellschaftlichen Zwänge nicht in den Griff bekommt, und einer Didaktik, die auf den anthropologisch begründeten Lernzwang des Menschen verweist und die Gesetze des Lernprozesses in das Zentrum ihres Interesses hebt, ist auch erhellend für das Problem der literarischen Erziehung. Es führt zu ganz unterschiedlichen Folgerungen auf Inhalte und Ziele der literarischen Erziehung, je nach dem, ob die Literaturdidaktik sich an die Ergebnisse ihrer Fachwissenschaft, der Literaturwissenschaft, hält, zumal wenn diese noch einen sehr engen Literaturbegriff pflegt, oder ob sie mehr von der Frage ausgeht, was an Lese- und Literaturfähigkeit zur Existenzsicherung in der Gesellschaft und zur Wahrung der Bildungschancen gelernt werden muß. Dabei geht es in der fachbezogenen Didaktik nicht nur um Inhalte, denn diese bedingen zugleich ihre spezifische Methode, und in der lerntheoretischen nicht nur um Methode, denn die Methode bedingt auch ihre spezifischen Inhalte.[38]

IV. Literarische Erziehung in einer offenen Gesellschaft

Die breit angelegte Vorarbeit erschien uns nötig, um die Aufgaben der literarischen Erziehung stärker, als es bisher zu geschehen pflegte, an „Erziehung überhaupt" zu orientieren und zu verhindern, daß ihr eine ungerechtfertigte Sonderstellung eingeräumt wird, die nur eine elitäre Minderheit anspricht.

Der folgende Teil soll in eine kritische Diskussion traditioneller Ziel- und Inhaltsvorstellungen der literarischen Erziehung und in einen zweiten Abschnitt untergliedert werden, der die nach Auffassung des Verfassers notwendigen Haltungen des Erziehungssystems,

Ziele, Inhalte und Methoden der literarischen Erziehung thesenartig zusammenfaßt.

1. Traditionelle Leitvorstellungen

(a) In Anlehnung an einen engen, von der Literaturwissenschaft gepflegten Literaturbegriff wird die Aufgabe der Schule vor allem darin gesehen, zur „Dichtung" zu führen, das heißt in einer ästhetischen Erziehung zur Literatur als Kunst und der Fähigkeit zu angemessener Aufnahme dieser Literatur. Soziologisch gesehen handelt es sich hierbei jedoch um eine Literatur und ein Literaturverhalten, die ihr Prestige mittelständischen Bildungsvorstellungen verdanken. Diese Einseitigkeit wird durch die Unterscheidung einer Literatur im „engen", „eigentlichen" Sinne von einer Literatur im „weiteren" Sinne nicht aufgehoben, sondern nur verschleiert.[39]

(b) Janpeter Kob hat mit Recht darauf hingewiesen, daß eine einseitige Ausrichtung der literarischen Erziehung auf gehobene Belletristik die Einübung und Pflege elementarer Formen des Umgangs mit Schrifttum und Bibliotheken voraussetzt und dadurch verhindert. Vermittelt werden daher Normvorstellungen, die in den unteren Schichten zu einem Auseinanderfall von Denken und Handeln führen.[40] Es ist überhaupt die Frage, ob ästhetische Erlebnisfähigkeit und Verständnis für Hochliteratur ein primäres Bildungsziel zu sein vermögen und ob die Schule sich nicht auf das rational Lehrbare zu beschränken hat, das sicher als eine wesentliche Voraussetzung ästhetischen Auffassens anzusprechen ist. Das ästhetische Erlebnis ist ebensowenig methodisierbar wie andere, viel handfestere Wirkungen (zum Beispiel „Lebenshilfe")[40]. Erlernbar ist das Lesen, sind die Techniken des Umgangs, der Analyse, das Vergleichen und Kritik; dagegen hängen Wirkungen, unter anderem die ästhetische, von so vielen, oft kaum überschau- und erfaßbaren Bedingungen situativer und anthropogener Art ab, daß von einem bestimmten Gegenstand nie auf eine bestimmte Wirkung geschlossen werden kann.[42]

(c) Die Zielvorstellungen beruhen auf einem traditionellen, idealistischen Bildungsbegriff, der elitärmittelständisch ist und auf die Kinder der unteren Schichten wenig stimulierend und motivierend wirkt. Er weckt Assoziationen kultureller Exklusivität und impliziert ein Moment der Diskriminierung derjenigen Literaturen und Verhaltensweisen, die typisch sind für die Unterschicht, schon durch die Art der Tätigkeit ihrer Mitglieder und ihre Fixierung auf die unteren Stufen der sozialen Hierarchie.[43]

(d) Aus dieser Einstellung heraus gewinnt die Literaturdidaktik leicht einen Zug zum Autoritären; hierarchische, sozialregulierende Erziehungsleitbilder werden in ihr erkennbar, die mitmenschliche Kommunikation zwischen Lehrer und Schüler in Frage stellen. Ein fertiger Kanon wird angeboten und dieser nicht etwa dem initiativen Zugriff der Kinder überlassen, sondern generell zugleich mit definitiven Interpretationen, die jedes selbständig-kreative Fragen lähmen.[44] So werden die Schüler nicht zu Kritik erzogen, sondern zu bereitwilliger Unterordnung, Bewunderung des ,,Vollkommenen" und zu Anpassung. Es wurde oben bereits darauf hingewiesen, daß die Begriffe ,,Kanon" und ,,Interpretation" mit einem geschlossenen Bild von Erziehung und Gesellschaft korrelieren. Der Unterricht ist in Inhalt und Form vorschreibend und verbreitet einen ,,Geschmacksterror" dem sich die Kinder nur durch Anpassung oder äußerliches Mitspielen entziehen können.

Exkurs über das Lesebuch

Aus dieser Sicht ist auch die Lesebuchdiskussion wieder aufzunehmen. Dabei kann man ruhig ausgehen von der Voraussetzung, daß Lesebücher nun einmal da sind, seit es literarischen Unterricht gibt, und daß offenbar jenseits alles Für und Wider ein Bedürfnis danach besteht. Das enthebt uns jedoch nicht der Verpflichtung zu infragestellender Reflexion, weil nur diese uns einen Weg zu einer sinnvollen und optimalen Nutzung weisen kann.

Der praktische Nutzen des Lesebuches für den Leselehrgang und eine elementar-exemplarische Formenkunde steht außer Frage. Es bietet ein System der Literatur in der Nuß und ist in seiner Überschaubarkeit und inneren Ordnung ein Hilfsmittel der Lehre. Es nimmt überdies dem Lehrer eine Menge suchender (Vor-)Arbeit ab und kann von Fachleuten zusammengestellt werden, deren Qualifikation der einzelne Lehrer unter Umständen nie erreicht.

Ein erstes Gefahrenmoment deutet sich darin an, daß Erleichterung für den Lehrer nicht in jedem Fall ein Gewinn ist, wenn er nun nämlich selber nicht mehr ausgiebig als Wählender in Aktion tritt, der zugleich die Bedingungen seiner Schüler reflektiert. Die Gefahren mehren sich, wenn der Lehrer nicht genügend über Möglichkeiten und Grenzen des Lesebuchs reflektiert und es nicht bewußt als Instrument einer modernen literarischen Erziehung nutzt.

Das Lesebuch ist in mehrfacher Hinsicht einseitig; das macht einerseits seinen didaktischen Wert aus, hat aber auch negative Konsequenzen:

1. Es ist einseitig in Hinsicht auf den Umfang der Lesestücke und anthologisiert in erster Linie literarisches Kleingut, weil anders eine paradigmatische Gattungs- und Formenkunde gar nicht denkbar ist. Es stellt sich aber damit zugleich – wohlgemerkt aus didaktischen Gründen – außerhalb des literarischen Marktes, der weder Kleinformen in diesem Maße goutiert noch auch die vom Lesebuch suggerierte Geschlossenheit aufweist. Das

Problem wäre weniger scharf, wenn die Aufgabe einer Verzahnung mit umfangreicheren, im Lesealltag stärker interessierenden Formen bereits gelöst wäre. Doch kann weder die Aufnahme von Roman-, Dramen- und Hörspiel-Ausschnitten noch ein beigefügtes Verzeichnis von Jugendbüchern und Romanen überzeugen, da solche Ansätze den Kindern nicht notwendigerweise einen weiteren Rahmen abstecken, innerhalb dessen sich literarische Erziehung zu vollziehen hätte. Das Lesebuch nimmt sich mit solchen Verzahnungen noch nicht automatisch in einen solchen Rahmen zurück, sondern entfaltet durch seine Existenz leicht eine Art von Selbstherrlichkeit, die weitere Literatur und Formen ihrer Vermittlung zwar erlaubt, aber nicht erzwingt. Auch neuere Lesebücher sind in diesem Sinn noch viel zu sehr „geschlossen", als daß sie den Benutzer (Lehrer und Schüler) nötigten, sie lediglich als ein Instrument unter anderen zu nutzen, zumal sie oft bereits durch die Fülle ihres Angebots dazu verleiten, sich ausschließlich auf dieses zu stützen.

2. Einseitig ist das Angebot auch durch den Anspruch, einen mindestens relativ verbindlichen Kanon im Sinne literarischer Werthaftigkeit bieten zu können. Hier ist das zusammengefügt, was nach Auffassung der Herausgeber Lehrer und Schüler für maßgeblich halten sollen. Damit korrespondiert das Lesebuch mit einer Bildungspädagogik, welche die heutige Offenheit der Lesesituation negiert. Ein Lesebuch jedoch, dessen Inhalt sich auf unter ganz bestimmten Gesichtspunkten „ausgewählte" Literatur im Sinne des „Gültigen" oder gar „Vollendeten" beschränkt, ist nicht in der Lage, eine Brücke zum literarischen Lesen „draußen" zu schlagen, und entwikkelt die dort nötigen kritischen Fähigkeiten kaum. Im „Nichtmögen" des Angebots erfährt sich der Leser nur im Widerspruch mit den herrschenden Normen, und die Art des Angebots läßt es gar nicht zu, daß er lernt, sich kritisch zu distanzieren. Solange das Lesebuch durch eine „unangreifbare" Literatur tabuisiert ist, von der unbewiesen angenommen wird, daß sie ihre spezifischen Wirkungen habe, leistet es keinen Beitrag zu einer „prospektiven", den Lesealltag beeinflussenden Literaturpädagogik.[45]

3. Hinzu kommt das noch ungelöste Problem der Alterszuordnung von Texten, da die Herausgeber die sozialen Bedingungen, den Reifegrad, die Lernstufe der konkreten Klasse, die das Buch in die Hand bekommt, nicht kannten und die Zusammenstellung auf einen imaginären Durchschnitt, meist jedoch auf einen Idealen, von anthropogenen Bedingtheiten nicht eingeschränkten Leserkreis bezogen. Damit wird die oben apostrophierte Erleichterung für den Lehrer zur Versuchung, den Unterricht nicht mehr sachgemäß zu planen.

Man muß trotz allem erkennen, daß das Lesebuch in der literarischen Erziehung einen relativen Stellenwert hat, jedoch nur, wenn es durch seine eigene Struktur oder durch einen entsprechend vorgebildeten und reflektierenden Lehrer von seinen Einseitigkeiten befreit wird, so daß der Benutzer nicht umhin kann, seine Relativität, seinen speziellen Zweck zu erkennen und danach zu handeln. Ein solches Lesebuch gibt es meines Wissens bisher nicht. Einen Teil der Einwände könnte ein solches Lesebuch durch veränderten inhaltlichen Aufbau und durch eine neue innere Organisation entkräften. Es wäre zu überlegen, ob nicht jeder Bildungsstufe ein eigener Band zugeordnet werden sollte (außer einem gesonderten Lesebuch für die zweite Klasse also: für die 3./4., für die 5.–7. Kl., für die 8.–10. Kl.), der sich im Stoffangebot derart zurückhält, daß er auf jeden Fall nicht ausreicht und die Heranziehung weiterer Literatur erzwingt. Der exemplarische Charakter des Angebots sollte über das bisher Übliche hinausgehen und *alle* literarischen Schichten einbegreifen, so daß das Lesebuch ein tatsächliches Abbild des literarischen Markts im kleinen darstellt. Nur dadurch werden Bezüge und Verhältnisse geklärt und gewinnt der Benutzer eine Hilfe für seinen Alltag, in dem er ebenfalls dem Literarischen in seiner Breite gegenübersteht. Das bedeutet den Verzicht auf ein doktrinäres Wert-Angebot, denn die literarische Erziehung hat sich in ihren Inhalten auf das tatsächlich Vorhandene und Wirkende einzustellen und ist primär auf eine Formung der Lesefähigkeit und -einstellung aus und betrachtet die „Anhebung" des Anspruchs als ein sekundäres Ergebnis des Leselehrgangs. Kurze, einer Wertung durch die Leser nicht vorgreifende Anmerkungen und Fragen zu den Texten nötigen zu Vergleichen und strukturellen Feststellungen, welche den Aspekt Struktur im Verhältnis zur Funktion unbefangen mit einbeziehen. Dadurch sind die Techniken des Umgangs und die analytischen und kritischen Fähigkeiten anzusprechen und zu schulen. Diskriminierung von Literatur fällt hier aus, sie muß es in der literarischen Erziehung mehr und mehr, da sie eine Diskriminierung ihrer Leser bedeutet und somit die Entwicklung eines unbefangenen Verhältnisses zur Literatur im weitesten Sinne verhindert. Die Leser sollen erkennen, daß Literatur sinnvollerweise geschichtet ist und die Schichten unterschiedlichen, aber legitimen literarischen Funktionen entsprechen. (Das Lesebuch wird also außer dem bisher Üblichen Ausschnitte aus der Heftenliteratur, aus Comics, aus Zeitschriften verschiedener Absicht, aus der Sachliteratur, Lyrik verschiedenen Anspruchs, Poesiealbenverse, Reklamelyrik, politische Songs und Protestlieder und Beispiele aus der Jugendliteratur enthalten.)

(e) Die Literaturdidaktik hat ihren Gesichtskreis erfolgreich durch die unheile Dichtung einer unheilen Zeit erweitert, und zwar mit dem Argument, daß man den Schüler nicht von wesentlichen, zeiterhellenden literarischen Aussagen fernhalten dürfe.[46] Aber nicht nur die Literatur der wenigen ist Zeitausdruck, sondern auch die der vielen oder gar der Massen, und sei es im Sinne des Komplementären und der milieubedingten, eskapistischen Gegenwelten. Auch die wirklichkeitsnahe, umgangssprachliche Unterhaltungsliteratur gehört dazu und schließlich die gesamte, das Literaturgefüge widerspiegelnde Jugendliteratur. Die Aufgabe der Literatur lediglich darin zu sehen, zu verunsichern und allen Lebensmut als unbegründet zu entlarven, ist zu einseitig und führt zu einer Dichotomie des Literarischen als unüberbrückbaren Gegensatz der Literatur der Wenigen und der Massen. Man läßt auch außer acht, daß ökonomisch und sozial verunsicherte Leserschichten nicht noch zusätzlich in ihrem Kultur- und Konsumverhalten verunsichert werden wollen. Giesz macht, wie 1947 bereits Kl. Ziegler und viele nach ihm die soziale Selbstisolierung der Kunst mitverantwortlich für den Stand der Massenkunst.[47] Wenn schon nichts ferngehalten werden soll, dann auch nicht die mittleren und unteren Literaturlagen, Bereiche, die man zwecks Abwehr bisher als „Schmutz und Schund" zu bezeichnen liebte. Auch sie sind Ausdruck unserer unheilen Welt; sie negieren, heißt einen unübersehbaren Teil der Umwelt von der Erziehung zu dispensieren, in dem sich der Mensch gleichwohl einmal zurechtfinden muß.[48]

(f) Die geringe Aufmerksamkeit für lernpsychologische Vorgänge und Begriffe wie Motivation, Widerstand, Verstärkung usw. offenbart, daß die Literaturdidaktik keinen genügenden Kontakt zur allgemeinen Didaktik-Diskussion hält. Besonders verhängnisvoll wirkt sich das im Vorstellungszusammenhang von Motivation und Erfolgsbestätigung aus, die idealspekulativen Zielsetzungen immer wieder geopfert werden.

Exkurs über Lesemotivation

Da es unseres Erachtens eine wesentliche Aufgabe der literarischen Erziehung ist, das freie Leseverhalten zu beeinflussen, ist den Motiven, aus denen heraus gelesen wird, besondere Beachtung zu schenken. Die Lesepädagogik beschränkte sich bisher darauf, sich über die auszuwählende Literatur und die Befähigung zum verstehenden Lesen Gedanken zu machen, überging aber die Antriebe, die in Verbindung mit gewonnenen Fähigkeiten Lesen erst möglich machen.

Grundsätzlich sind zwei Lesesituationen zu unterscheiden: die Situation der äußeren Notwendigkeit (Schulaufgabe, beruflicher oder anderer situativer Druck) sowie die Situation, in der sich der Leser auf Grund eines eigenen, inneren Antriebs und aus freien Stücken einem Text zuwendet. Im folgenden soll uns die zweite interessieren, wenn auch einzuräumen ist, daß die Fähigkeit, äußeren, auch gesellschaftlichen (Lern- und Lese-)Zwang wahrzunehmen, bei den Menschen verschieden stark ausgebildet sein kann und wahrscheinlich auch in diesem Bereich die freie Motivation eine Rolle spielt. Die innere Motivation kann man sich in folgende Spielarten gegliedert denken:

1. Sie kann durch äußeren Anlaß bedingt sein: Man möchte mitreden können, liest ein Buch, weil andere es auch tun, vor allem Bezugspersonen, weil es ein Bestseller ist oder aus ähnlichen Gründen. Das Ziel ist hier Anpassung oder Kommunikation, wobei Prestigedenken durchaus eine Rolle spielen kann. Es handelt sich hier um eine Motivationslage, die als „sekundär" anzusprechen ist, die aber während der Lektüre durchaus in eine „primäre" umschlagen kann.[49]
2. Wenn das Interesse sich auf den literarischen Gegenstand als solchen richtet, haben wir eine Primärmotivation vor uns. Zu unterscheiden wären aber

ein mehr objektgerichtetes und ein mehr subjektives Verhalten dem Text gegenüber.

Objektgerichtet: Interesse am Thema und Inhalt des Textes, am Autor und seiner besonderen, aus früherer Lektüre bereits bekannten Schreibart, Interesse an der besonderen Gattung und Form, denen das Werk angehört, oder an der historischen Epoche, aus der es stammt; schließlich literarisches oder ästhetisches Interesse im engeren Sinne: Freude an der Kunst der Darstellung, Schilderung, Charakterisierung, an der Sprache, an der Fügung der Teile, an der spezifischen Beleuchtung, unter der der Verfasser die Dinge erscheinen läßt. Zum Bereich des „objektiven" Lesens muß auch alles sachorientierte, auf bestimmte Sachinteressen zurückgehende Lesen gerechnet werden. Man kann diesem informierenden Neugier-Lesen sogar die Bedeutung einer Elementarfunktion zuerkennen, da sich über den Wert dieser Lesemotivation ganz allgemein, also auch in den niederen Sozialschichten, Übereinstimmung erzielen läßt. Subjektbezogen: Man liest, um bestimmte Wirkungen zu erfahren, zum Beispiel zum Zwecke des Zeitvertreibs, um Spannung und Abenteuer zu erleben, die der Alltag versagt (Eskapismus), zum Ausgleich subjektiver oder sozialer Frustration (kompensierendes Lesen), zur Entspannung und Unterhaltung, aber auch, um Rat in schwierigen Situationen zu finden, und zu erfahren, wie andere Personen in bestimmten Situationen sich verhalten; man sucht nach Vor- und Leitbildern normengerechten Verhaltens (Erbauung), möchte lesend auch über sich hinausgreifen und sucht nach zusätzlicher (sekundärer) (Phantasie-)Erfahrung. Man will sich vergnügen und sich dadurch vom Alltagsdruck entlasten, sich befreien von Energien und Kräften, deren Anwendung und Betätigung das gesellschaftliche Dasein nicht erlaubt, sei es aus Mangel an Gelegenheit, sei es aus Tabu-Gründen (Aggressionen, Emotionen). Schließlich sucht man lesend Kommunikation und Bestätigung, um dadurch Sicherheit zu gewinnen und sich in einem allgemeinen Konsensus geborgen fühlen zu können. Diese Motive sind selbstverständlich nie alle bewußt, wie auch wahrscheinlich immer ein ganzes Bündel davon am Werke ist, wenn ein Mensch liest; so können subjektbezogene und objektgerichtete Motive zugleich wirken und werden es wohl auch zumeist. An den Motiven sind ein „naives", sich identifizierendes, unkritisches, erlebnishaftes und unreflektiert für wirklich nehmendes Lesen sowie ein kritisches, distanzierendes Lesen unterschiedlich beteiligt, wobei wohl im ganzen am subjektiven das naive und am objektbezogenen das distanzierende stärker beteiligt sind. Doch da angenommen werden kann, daß Literatur generell entweder Wirkung beabsichtigt oder unabsichtlich hat[50], wird auch das differenziertere Leseverhalten durchaus mit dem niederen, naiven vereinbar sein.

Es kann auch angenommen werden, daß das objektgerichtete Lesen im allgemeinen mit stärkerer Motivation korreliert als das subjektbezogene, das leicht durch andere Formen der Anregung und Unterhaltung (wie zum Beispiel Fernsehen) ersetzt werden kann.

Die Tatsache der Motivabhängigkeit des Lesens ist von erheblichem pädagogischem Interesse.[51] Denn wenn ohne Motivation nicht gelesen wird, reicht es nicht aus, bei der Leseerziehung nur an die Bildung von Fähigkeiten zu denken, da sie sich ohne Motivation nicht aktualisieren und realisieren. In das von der Erziehung intendierte Leseverhalten müßten demnach auch die Motive als notwendiger Bestandteil mit eingehen. Die Leseerziehung kommt daher nicht umhin, die milieu- und altersbedingten Leseerwartungen und -interessen in ihr Kalkül aufzunehmen, bei ihnen anzuknüpfen und sie Schritt für Schritt zu differenzieren. Die Lesepädagogik sollte ihre Maßnahmen aber nicht treffen im Sinne einer Abwertung der milieubedingten oder altersbedingten Lesemotive, sondern sie als tragendes Fundament für alle weitere Leseentwicklung anerkennen. Grundlage für eine allgemeine und starke Motiviertheit zum Lesen sind eine Reihe von Leistungs- und Könnenserlebnissen, die Gewonnenes erhalten, bestätigen und damit sichern. Daher sind für eine normale Leseentwicklung Forderungs- wie Bestätigungserlebnisse gleich wichtig; im idealen Falle stellen sie sich anläßlich desselben Textes ein. Jedoch läßt sich die verbreitete Forderung, daß der Text immer ein „wenig" über dem Sprachstand des Kindes liegen müsse, so allgemein nicht aufrechterhalten. Einmal widerspricht das der praktischen Erfahrung, zum andern ist der Leselehrgang nicht in einem Maße planbar, das dafür erforderlich wäre, und drittens kann fast jeder Text mit unterschiedlicher Intensität und Aufnahmefähigkeit gelesen werden. Aber sicher ist, daß ein Text in seiner Wirkung nur dann über den Augenblick hinausreicht und die Motivation beeinflußt, wenn er im Motivationshorizont der Kinder liegt. Man kann sagen, daß jede (subjektiv) erfolgreiche, weil motivierte Lektüre Motivation zugleich bestätigt und verändert. Sozial gesehen, motiviert ein Kind derjenige Text, der Relevanz für die gesellschaftliche Erwartung der Gruppe hat, der das Kind angehört. Daher ist Literaturerziehung der mittelständischen Schule oft so wenig effektiv für Kinder der Unterschicht (s. darüber unten den Exkurs über Massenliteratur). Ob durch Lektüre und Leseerziehung unmittelbar an solcher sozialen Disponiertheit etwas geändert werden kann, muß nach den bisher vorliegenden Untersuchungen als völlig offen bezeichnet werden.[52] Es gibt sicher Einzelfälle, die solche Möglichkeiten der Schulerziehung zu bestätigen scheinen, obwohl es immer schwierig sein wird, die bewirkenden Faktoren eines solchen Prozesses im einzelnen bloßzulegen. Das Problem ist aber festzuhalten, daß die Einwirkung eines Textes auf die Motivation erheblich in Frage gestellt ist, wenn er in der Sozialwelt des Kindes keinerlei Funktion hat.[53]

(g) Zusammenfassend kann man sagen, daß es der Literaturpädagogik unserer Tage weitgehend an Soziologie fehlt. Sie sollte verstärkt zur Aufnahme von Einsichten der pädagogischen wie der literarischen Soziologie bereit sein. Dazu gehört 1. Einsicht in die Diskrepanz zwischen der Schule und ihrer Sprache einerseits und den Kindern der Unterschicht andererseits mit ihrem ganz andersartigen sprachlichen und literarischen Verhalten[54], 2. Einsicht in die Funktion der sozialen Bestätigung und ihre Bedeutung für die literarische Erziehung. Eine effizientere Gestaltung der literarischen Erziehung wäre erst denkbar, wenn vorurteils- und verurteilungslos erkannt würde, was sozial vorgegeben ist und welchen Bedingungen das Verhalten des Menschen unterworfen ist. Es sollte eingesehen werden, wie stark unser literarischer Unterricht durch sozial-kulturelle Determinanten belastet ist und daß jedes selbstgefällige Herabblicken auf die ja so primitiven Verhaltensweisen der „breiten Massen" nur dazu angetan ist, die Verhältnisse zu konservieren. (Ein — allerdings besonders abstoßendes — Beispiel findet sich in Feldhaus/Böhmer[55], dessen dünkelhafte Bildungsarroganz genau dem Geist entspricht, der in der Vergangenheit so ausgezeichnet sozialregulativ funktioniert hat.)

Exkurs über Massenliteratur

Um der massenhaft verbreiteten Literatur besser gerecht zu werden, mache man sich ihre sozialintegrative Funktion deutlich. Sie bewirkt Kommunikation und ermöglicht Bestätigungserlebnisse, die Sicherheit verschaffen. Solche kommunikative Sicherheit ist in den Unterschichten um so bedeutsamer, als diese in einem kompensatorischen Verhältnis zur notorischen wirtschaftlich-sozialen Unsicherheit der breiten Massen steht. Jeder Mensch braucht als soziales Wesen Resonanzgruppen, deren Normen er teilt, die wiederum seine Normen teilen und bestätigen („Bezugsgruppen")[56]. Es ist nun aufschlußreich daß die Sozialforschung einen stärkeren sozialen und familiären Zusammenhalt in den Unterschichten entdeckt hat, so daß man den qualitativen Zusammenhang: je niedriger der soziale Status, um so stärker der Zusammenhalt, unterstellen kann[57]. Sozialer Status, Ausbildungsgrad und allgemeine Lebensanschauungen korrelieren miteinander. Das wirkt sich wiederum auf die Lesenormen, die Stärke der allgemeinen Lesemotivation und das Kulturverhalten überhaupt aus. Der soziale Zusammenhalt der Familie, ihr Status, ihre Lebenserwartung, die aus der Tatsache resultiert, daß man sich schicksalhaft an die untersten Sprossen der sozialen Leiter gekettet sieht, wirkt sich auf die geistige und damit die Leseentwicklung der Kinder aus (empirische Befunde[58]). So muß das Lesen die Funktion der Kompensierung sozialer und geistiger Unsicherheit aufnehmen. Insofern Unsicherheit und Frustration und die Erfahrung menschlicher Unzulänglichkeit und Bedürftigkeit anthropologisch bedingt sind (der Mensch als instinktarmes Mängelwesen), gehört kompensierendes Lesen zu den schichtenunabhängigen Verhaltensweisen. Aber man muß nun erkennen, daß sich die Situation in den Unterschichten verschärft durch zusätzliche soziale Existenzunsicherheit, die das Verhalten ihrer Menschen stark beeinfluß Während sich der intellektuell geschulte Mensch der Mittelschicht den prickelnden Genuß verunsichernder Lektüre leisten kann, wären Menschen der Unterschicht ihr ziemlich ausgeliefert. Sie entwickeln eine stärkere Bereitschaft zur Übernahme von Gruppennormen, um durch Anpassung das an Sicherheit zu gewinnen, was sie durch ihren Status an Sicherheit entbehren müssen. Das Problem ist, daß durch solche Anpassung eine Änderung der Lage zugleich erschwert wird. Hier liegt die Wurzel der politischen Kritik an den Massen-Unterhaltungsmitteln, die aber oft den sozialen Konflikt übersieht, aus dem heraus konsumiert wird. Befragungen haben ergeben, daß Lesen mit individueller Absonderung und Einsamkeit assoziiert wird[59], so daß es sozial nur dort gefördert wird, wo Absonderung und individuelles Verhalten von der Umwelt begrüßt und unterstützt werden. Werden Individualität und individuelle Interessen sozial verstärkt, so handeln die Leser, indem sie sich absondern, gruppen

44

konform und individuell zugleich. Kinder der Unterschicht aber handeln eher kollektiv, wenn sie sich gruppenkonform verhalten. Das deutet auf eine völlig unterschiedliche Ausgangslage der Kinder der Unterschicht und der Kinder der Mittelschicht hin und die ungleich kompliziertere Situation der Unterschicht-Kinder in der Normen der Mittelschicht repräsentierenden Schule. Das Kind der Unterschicht wird durch die Schule in einen Zwiespalt geführt, der Kindern der Mittelschicht erspart bleibt. Zu der sozial vermittelten Unsicherheit tritt nun die zusätzliche durch die von der Schule erwartete Herauslösung aus der relative Sicherheit garantierenden sozialen Bezugsgruppe. Die Folge ist, daß gesellschaftliche Wirklichkeit und Schulanspruch einander widersprechen. Die Schule allein ist kaum in der Lage, an den sozialen Dispositionen etwas zu ändern, die in der Unterschicht zur Produktion des konformistischen, schwach motivierten Lesers oder des Nichtlesers führen.

Ein Rezept zur Veränderung dieser fatalen Situation kann hier selbstverständlich nicht angeboten werden; doch erscheint es unerläßlich, daß die Literaturpädagogik sie in ihre Überlegungen einbezieht und sich im Einvernehmen mit politischen und gesellschaftlichen Trends an neuen Ansätzen versucht. Eine gewisse Chance, den Determinationszusammenhang zu durchbrechen, liegt im Aufbau einer leseaufgeschlossenen Schulatmosphäre, die es auch dem Schüler der Unterschicht ermöglicht, sich sekundär zu identifizieren, wenn schon die primäre mit den Normen des Elternhauses nicht zu stärkerer Lesemotivation führt; sie liegt ferner in einer Erweiterung der Ausbildungszeit nach unten und oben und in stärkerer Mischung von Kindern verschiedener Schichten, was nur erreichbar ist, wenn die Kinder nicht qua Schichtenzugehörigkeit auf unterschiedliche Schulzweige verteilt werden.[66]

Es bleibt das Problem, daß den Kindern der Unterschicht zugemutet wird, den existenzsichernden Normen ihrer Bezugsgruppe zugunsten der Normen einer transitorischen Gruppe (Klasse, Schule) zu entsagen. Daher müssen einige weitere Bedingungen erfüllt sein, die es den Kindern erleichtern können. Dazu gehören: Werbung bei den Eltern, Leseisolierung bei den Kindern mindestens wohlwollend zu tolerieren, Anreize in den Lektüreanforderungen selber im Sinne einer starken Motivierung und Herbeiführung literarischer Erfolgserlebnisse, Verzicht auf Kanon und einseitige Konfrontation mit einer dichterischen Extremliteratur, Verzicht auf soziale Diskriminierung der Kinder durch Verächtlichmachen ihrer sozial bedingten Kulturgewohnheiten, Ansporn durch für die Kinder einsichtige Pragmatisierung des Leseunterrichts.

2. Vorschläge für eine moderne literarische Erziehung (Thesen)

a) Die Beeinflussung des sich im Alltag bewährenden freien Leseverhaltens sollte im Vordergrund aller literarischen Bemühungen stehen.

b) Die gesamte Breite der literarischen Wirklichkeit als Spiegel des gegesellschaftlichen Lebens und menschlicher Möglichkeiten ist einzubeziehen.

c) Verzicht auf eine alternative, die Inhalte gegeneinander ausspielende Didaktik bedeutet zugleich Verzicht auf alternative Gegenüberstellung einander ausschließender Verhaltensweisen dem Schrifttum gegenüber (konsumierendes und literarisches Lesen)[61].

d) Aufzubauen ist eine „Lesemündigkeit" mit den Merkmalen Interesse und Motivation, Initiative, Individualität der Vorlieben und der Auswahl, Kritikfähigkeit, Geschmack, Einsicht in die unterschiedlichen Funktionen der Literaturbereiche, ein gewisses technisches Rüstzeug für den Umgang mit Schrifttum.

e) Die Methode ist nicht als Anhängsel der Sache zu betrachten, sondern hat den allgemeinen sowie den speziellen (literarischen) Erziehungszielen zu entsprechen. Das erfordert zum Beispiel den Verzicht des Lehrers auf die Übertragung seines reifen, ein eigenes Studium voraussetzenden Verständnisses literarischer Phänomene auf die Kinder. Die Schüler sollten ermutigt werden, einen eigenen Zugang zum Text zu suchen, auch auf die Gefahr hin, daß sie ihm im streng literaturwissenschaftlichen Sinne nicht gerecht werden. Der Lehrer beschränke sich auf eine taktvolle Ergänzung kindlicher Auffassung durch Mitteilung seiner eigenen. Der Lehrer stelle Texte bereit, rege an zu Fragen. Das Erfragen von Bedeutungen und formalen Kriterien ist künstlich und lähmt die Motivation. Er dränge nicht auf Wertungen im Sinne des literarisch Gebildeten, sondern auf genaue Beobachtung und Beschreibung der Phänomene. Alle vorschreibende Unduldsamkeit, alle auf Verbot, Abwehr und Diskriminierung hinauslaufenden Maßnahmen arbeiten der Intention zuwider, zu einem mündigen Literaturverhalten zu erziehen.

f) Der Lehrer gebe seine Rolle als Repräsentant schichtenspezifischen Literaturverhaltens auf und werde zu einem Anwalt aller. Nicht Indolenz ist schuld am Konsum der Unterhaltungsmittel. Er tue das Seine, um eine wirklich freie Leseatmosphäre in seiner Klasse zu schaffen, in der es nicht so sehr darauf ankommt, *was* gelesen wird, sondern *wie* es gelesen wird. Seine Klasse sei Abbild des literarischen Marktes mit der Vielfalt seines Angebots und seiner literarischen Umgangsformen. Er vermittele den Kindern die Einsicht, was Literatur am Menschen zu bewirken imstande ist, daß sie aber vor allem den Zweck hat: dem Menschen Vergnügen zu bereiten und ihn zu erweitern, beziehungsweise das eine durch das andere.

1 Gamm 1968, S. 115.
2 „Die essentielle Trennung von ‚Literatur' und ‚Dichtung' ist eine Fiktion, die uns der Gang unserer eigenen Geistesgeschichte nahegelegt hat." (Rüdiger, in: Conrady 1966, S. 144) Jedoch: „Aus Gründen der religiösen wie der intellektuellen Sauberkeit ist . . . daran festzuhalten, daß literarische Texte keine heiligen Texte sind, sondern profane." (Rüdiger, in: Conrady 1966, S. 148) Vergleiche dagegen den Rückfall in glorifizierenden Jargon in Spieler/Tamm 1968, S. 24, 41, 53 u. a.
3 Vgl. Henze 1963, dagegen Gail 1969, S. 30 u. 34.
4 Vgl. Gail 1969 und Lämmert/Killy/Conrady und Polenz 1967.
5 Vgl. Loser 1968, S. 104 ff.
6 Raapke, in: Strelewicz 1965, S. 117, 119.
7 Krauss 1968, S. 27.
8 Vgl. Giesecke 1968.
9 Weber 1967, S. 38 ff.
10 Hentig 1967, S. 595.
11 Raapke, in: Strzelewicz 1965.
12 Vgl. Greven 1969, S. 25: „Der Streit um die Wertigkeit der Kunst und besonders der Literatur ist immer ein Streit um ihre Wirkung gewesen . . .".
13 Vgl. Rüdiger, in: Conrady 1966 sowie Helmers 1966, S. 256.
14 Wilhelm 1967 (b), S. 204 ff., sowie Spies 1968.
15 Th. Wilhelms Folgerungen auf das Literaturangebot der Schule (Beschränkung auf das „Interpretationswürdige") sind allerdings enttäuschend, da er hier an das von ihm kritisierte gymnasiale Bildungsdenken wieder anknüpft (Wilhelm 1967 (b), S. 359 ff.).
16 Hentig 1965.
17 Raapke, in: Strzelewicz 1965, S. 103 ff.; Roth 1968, S. 61, 152 ff. u. a.
18 Strzelewicz, in: Strzelewicz 1965, S. 11, 15 f. u. a.
19 Strzelewicz, in: Strzelewicz 1965, S. 20 u. a.
20 Wilhelm 1967 (b), S. 197.
21 Kupfer 1969, Mollenhauer 1968, S. 59.
22 Gamm 1968, S. 133 ff.
23 Bittner 1964, S. 63, 88, 114, 132.
24 Weber 1967 (a), S. 85, 104 u. a.
25 Weber 1967 (a), S. 82 ff., vgl. dazu auch Giesecke 1968.
26 Beer 1964.
27 Wilhelm 1967 (b), S. 43.
28 Beutler 1967 (a), Wilhelm 1967 (b), S. 189.
29 Wilhelm 1967 (b), S. 94: Die Störungsfreiheit des Bildungsprozesses ist nicht mehr gegeben; S. 210: „Vom umfriedeten Kanon zur offenen Enzyklopädie."
30 Bernstein 1959, siehe dazu Roeder 1965, Roeder 1968, Rolff 1967.
31 Roeder 1965, S. 53 ff
32 Mollenhauer 1968, S. 33: vgl. dazu Roeder 1965, Roeder 1968, Rolff 1967.
33 Vgl. Hentig 1965, S. 10, 38, 75; Mollenhauer 1968, S. 112 ff.
34 Mollenhauer 1968, S. 112.
35 A. und M. Mitscherlich 1967.
36 Blankertz 1969, S. 89, 108.
37 Roth 1968, Stenzel 1965.

38 Loser 1968, S. 100–113.
39 Helmers 1966, S. 256.
40 Kob 1969, vgl. dazu: Schmidtchen 1968, S. 2011.
41 Baumgärtner 1969, S. 5 f.
42 Vergleichend ist auf die Sozialabhängigkeit pädagogischen Wirkens hinzuweisen, die Mollenhauer (a. a. O., S. 33) herausstellt. Das heißt: bezieht man
die sozialen Faktoren nicht in die Rechnung ein, so können sich gute Absich
ten in ihr Gegenteil verkehren. Rolff 1967, S. 27.
43 Kupfer 1969, S. 202, 204.
44 Rumpf 1968 (a).
45 Israel 1969, S. 107 ff.
46 Helmers 1967 (b).
47 Giesz 1960, S. 89 ff.
48 Wilhelm 1967 (a), S. 437: „Lehrer und Eltern werden den Jugendlichen
auch harte Kosten zumuten müssen: kitschige Filme, reißerische Werbe-
texte . . ., um gerade am Unzulänglichen in kritischer Verarbeitung zu
Maßstäben zu gelangen"; und L. Froese plädiert dafür, „die öffentlichen
Veranstaltungen nicht mit pharisäischer Selbstgefälligkeit als nicht salon-
fähig" abzutun, sondern sie „als reale Gegebenheit in die Schularbeit" einzubeziehen; er spricht von einer „organisierten Versuchung der Schüler"
(Froese 1968, S. 189 f.).
49 Correll 1967, S. 67 ff.
50 K. Wolf 1957/58, S. 172; Rumpf 1968 (a), S. 136, 141.
51 Giehrl 1968. Giehrl relativiert das literarische Lesen als eine Möglichkeit
unter anderen und führt die Leseantriebe auf menschliche Grundantriebe
zurück; die sozialpsychologische Mit-Bedingtheit der Leseantriebe wird
von Giehrl jedoch zuwenig beachtet. (Vgl. hierzu Graumann 1969, S. 119.)
52 Vgl. Rosenmayr/Köckeis/Kreutz 1966, Schmidtchen 1968, S. 1999.
53 Wenn der Mensch für etwas nicht motiviert ist und die Motivierung auf
pädagogischem Wege nicht erreicht werden kann, bleibt auch die Wirkung
aus. Daher sind Aussagen wie die folgenden ganz unsinnig: „Der Schüler
wird . . . spüren, daß aller Dichtung eine Kraft innewohnt, die sein Leben,
die die Bereiche seines Seins erhellen, zu erweitern und zu vertiefen vermag." Und: „Im lyrischen Gebilde erfährt der Jugendliche nicht die Faszination naturwissenschaftlicher Erkenntnisse, er erfährt die Tiefe und den
Reichtum beseelten Lebens in den Werthaltigkeiten von Liebe, Demut,
Ehrfurcht, Sehnsucht, von Leid, Not, Tod, Hoffnung und Erlösung."
(Spieler/Tamm 1968, S. 28, 150)
54 Bernstein 1968, Floud 1959, Roeder 1965, Rolff 1967.
55 Feldhaus/Böhmer 1968.
56 Hofstätter 1957, S. 80.
57 Rolff 1967, S. 47, Schmidtchen 1968, S. 2003.
58 Vgl. Rosenmayr/Köckeis/Kreutz 1966; vgl. auch Anm. 57.
59 Siehe Einleitung zu Girardi/Neffe/Steiner 1965 und Schmidtchen 1968,
S. 2004: „Der kleine Kreis von Volksschülern in den handarbeitenden
Berufen, der Lektüre pflegt, befindet sich . . . in inselhafter Verlorenheit.
Erst eine Gesellschaft von Lesern scheint der Lektüre des einzelnen eine
funktionale Bedeutung zu geben."
60 Vgl. dazu Rolff 1967, S. 18 f., 59 ff.; sowie Steinkamp 1968.
61 Auch Giehrl verwirft die vereinfachende Gegenüberstellung zweier diame-
traler Leseweisen und differenziert weiter in ein informatorisches, evasori-
sches, kognitives und ein literarisches Lesen (1968, S. 32 ff.). Über die Möglichkeiten einer gleichzeitigen oder sukzessiven Realisierung verschiedener
Leseweisen stellt Giehrl keine Überlegungen an.

3. Eine neue Lesebuch-Generation: Das Lesebuch als Antwort auf eine konkrete gesellschaftliche Situation*

1. Ist die Entwicklung des Lesebuchs abgeschlossen?

Hermann Helmers, der im letzten Jahrzehnt wesentliche Beiträge zur Lesebuch-Diskussion geliefert hat, schrieb 1970: „Die neue didaktische Diskussion leitet das Lesebuch auf seine *ursprüngliche Aufgabe* zurück: primär ein Unterrichtsbuch für das Fach Deutsche Sprache und Literatur zu sein[1]." Und 1969 hieß es: „Das Lesebuch *ist* ein literaturkundliches Arbeitsbuch und als solches nach Dichtungsgattungen und Dichtungsarten *zu ordnen.* Das Lesebuch muß seine Texte nach dem Gesichtspunkt des literarischen Werts auswählen und in einem konsequenten Lehrplan den Schüler zu den wesentlichen literarischen Werken und Strukturen hinführen[2]." (Hervorhebungen von M. D.) Damit erweckt Helmers den Eindruck, daß das Lesebuch über einen von Irrtümern und Umwegen reichen Prozeß mit der von ihm vertretenen Konzeption des „literaturkundlichen Arbeitsbuches" so- *H.Hd.* zusagen endlich mit seiner in der Geschichte angelegten Idee identisch geworden sei und sich auf seine eigentliche, ursprüngliche Aufgabe besonnen habe. Der Eindruck wird bestätigt durch Helmers Bemerkung, daß sich die Diskussion, nachdem das theoretische Fundament nun gelegt sei, in Zukunft „auf spezielle didaktische Fragen" beschränken könne[3].

Es soll hier noch nicht erörtert werden, wer aufgrund welcher Voraussetzungen überhaupt darüber zu befinden hat, was die „ursprüngliche Aufgabe" des Lesebuches sei und ob „Deutsche Sprache und Literatur" überhaupt noch sinnvoll als isolierbares Fach angesehen werden kann. Auch die Sätze „ist . . . zu ordnen" und „muß . . . auswählen" wären in diesem Sinne kritisierbar. Wichtiger erscheint mir die in den zitierten Sätzen zum Ausdruck kommende unhistorische Denkweise, aus der heraus Gesetze dekretiert werden, wie etwas (ein für allemal) zu sein habe. Da Lesebuch-Konstruktionen aufgrund literaturdidaktischer Zielvorstellungen vorgenommen werden, diese aber zeitbedingt und variabel sind, kann es auch keine zeitenthobene, allgemeingültige Lesebuch-Konzeption geben. Wenn das Lesebuch etwas

* In: Bertelsmann Briefe, H. 78/1973, S. 7—20.

Anmerkungen zu diesem Beitrag auf S. 76—79.

mit Literatur zu tun hat, Literatur aber als ein historisches Phänomen angesehen werden muß, so bedeutet der Anspruch, *die* gültige Lesebuch-Konzeption gefunden zu haben, nichts weniger als eine Enthistorisierung des Phänomens Literatur und ergibt sich schon daraus die Notwendigkeit, ein Nach-Helmersches Lesebuch zu entwerfen.

Historisieren wir Helmers' Position, so ist zu bemerken, daß sich die historisch-gesellschaftliche Situation seit 1965, auf welche Literaturwissenschaft und -didaktik in ihrer Weise reagierten, offenbar so grundlegend gewandelt hat, daß in der Schule nicht mehr mit denselben Zielen und inhaltlichen Auswahlentscheidungen gearbeitet werden kann. Selbst 1969/70 zeichnet sich, nach studentischer Protestbewegung, Regierungswechsel und bei zunehmender Einsicht in die Notwendigkeit gesellschaftlicher Reformen, die gewandelte Situation bereits deutlich ab. Schon seit etwa 1968 ist auch die didaktische Diskussion, u. a. was das Problem des Literaturunterrichts angeht, wieder in Fluß gekommen. Das zeigt eine Flut von Veröffentlichungen, die hier gar nicht alle zitiert werden können[4].

Wir müssen heute Abschied nehmen von der illusionären Vorstellung, als könnte es in der didaktischen Diskussion so etwas wie einen Endpunkt geben und als gelte es, zu irgendeiner Frage Abschließendes zu sagen. Erst mit dieser Prämisse machen wir Ernst mit der Tatsache, daß Literatur und die Wissenschaften in ihrem Umkreis (Ästhetik, Literaturwissenschaft, Literaturdidaktik, Sprachwissenschaft und -didaktik, Kommunikationswissenschaft) keine vom gesellschaftlichen Prozeß isolierbare Gegebenheiten sind, die sozusagen „ihre eigene Geschichte" haben.

Daher dürfen die nachfolgenden Überlegungen auch nicht mißverstanden werden als ein Versuch, die Geschichte des deutschen Lesebuchs nunmehr endgültig nicht mit der „6. Stufe"[5], sondern erst mit seiner 7. Stufe (die hier darzustellen wäre) abzuschließen. Sie beschränken sich auf Überlegungen, welche literaturdidaktischen und lesebuch-konzeptionellen Folgerungen aus einer Analyse der gegenwärtigen gesellschaftlichen Situation und der Voraussetzungen der Lesebuch-Adressaten zu ziehen sind, Folgerungen, die ihre Gültigkeit dann haben, wenn die Analyse stimmen sollte, und nur so lange haben, wie die Situationsanalyse noch stimmt. Da jedoch die Situationsanalyse wiederum mit den Kriterien und Methoden der zuständigen Wissenschaften (Soziologie, Bildungsforschung usw.) vorgenommen werden muß, diese aber auch einem stetigen Wandlungsprozeß, entsprechend dem Gesellschaftsprozeß, unterworfen sind und ihre Methoden ständig weiterentwickeln, könnte schon aus diesem Grunde schneller, als im Augenblick zu erwarten ist, eine Änderung literaturdidaktischer Leitvorstellungen notwendig werden, die dann auch eine Änderung der Lesebücher erforderlich machte.

2. Warum überhaupt Lesebücher?

Beim Lesebuch handelt es sich um ein schul-spezifisches Arbeitsmittel in Sachen Literatur neben anderen. Ökonomische Gründe einmal aus dem Spiel lassend[6], können wir sagen, daß Literaturdidaktiker im Lesebuch immer wieder eine Möglichkeit sehen, ihre Vorstellungen von einer zeitgemäßen literarischen Erziehung zu konkretisieren und in Praxis umzusetzen. Die ihnen dafür zur Verfügung stehenden Mittel sind: Auswahl bestimmter Texte, Anordnung der Texte, methodische Arbeitsvorschläge im Schülerbuch und/oder im Begleitbuch für die Lehrer. Ihre Intentionen sind zusätzlich ablesbar aus den Buchtiteln und Kapitel-Überschriften. Als Alternativen oder Ergänzungen zum Lesebuch haben in der Lesebuch-Diskussion eine Rolle gespielt und sind auch heute in der Praxis des Unterrichts noch selbstverständlich: sog. Einzelschriften in billigen Reihen, Bücher und andere Texte des Literaturmarktes (etwa: Taschenbücher), gezielt fabrizierte Papers; neuerdings vorgeschlagen werden Loseblatt-Sammlungen[7], für die sich allerdings die Verlage und Behörden noch nicht erwärmen können.

Die Diskussion, ob das Lesebuch überhaupt sinnvoll sei, schien bis vor kurzem abgeschlossen; sie lebt jetzt mit neuen Argumenten wieder auf (frühere Kritik: Sammelsurium unverbundener Texte, heute: autoritärer Kanon, Einschüchterung des Lesers durch Massivität, abschreckende Wirkung der Präsentation der Texte in der Form eines von einer ,,Kulturaura" umgebenen ,,Buches"). Obwohl insgesamt die Chancen des Lesebuches als gewichtig genug angesehen wurden, um es mindestens neben den Alternativformen durchzusetzen, dürfen die Gefahren nicht übersehen werden (Übergewicht der Kleinformen, Abschließung von der literarischen Kommunikation in der Gesellschaft, schichtenspezifisch enger und medial einseitiger Literaturbegriff[8] und – wie bereits gesagt – einschüchternde Präsentation der Texte). Besonders ernst zu nehmen ist die Kritik am überwiegend ungesellschaftlichen Charakter des überkommenen Lesebuches und an der autoritären Bevormundung des Lesers, was er als ,,gültig" und wertvoll anzusehen habe (die Auswahl impliziert bereits eine Wertung, die der Schüler nur noch nachvollziehen kann[9]). Die Kritik der Jugendschriftler und Jugendbuch-Pädagogen (Wolgast, Bamberger) stimmte, wenn in der Tat statt klarer Ordnungsprinzipien nur eine verwirrende Vielfalt des Interessant-Heterogenen geboten würde.

Das Lesebuch ist gewiß ein Notbehelf; und wenn die meisten seiner Verteidiger es heute auch allein nicht für ausreichend halten, um einen sinnvollen und gesellschaftsoffenen Literaturunterricht zu konstituieren, so hat es doch seine eigene Trägheit, die leicht dazu verführt, die aktuelle Lesesituation der Schüler und die Orientierung des

Literaturunterrichts an Lebenssituationen zu vernachlässigen. Wenn es dem Lesebuch nicht gelingt, sich so zu organisieren, daß es als Anweisung zur kritischen Bewältigung des Lesealltags verstanden und entsprechend genutzt wird, hat es keinen Anspruch auf Überleben. Wie das geschehen könnte, soll im Anschluß diskutiert werden. Eine Grundvoraussetzung dafür, daß es zu einer effektiven Hilfe für das gesellschaftliche Verhalten seiner Benutzer wird, ist, daß es im Medienverbund gesehen werden muß, dies unter zwei Aspekten: es hat in sich multi-medial zu sein, soweit das überhaupt machbar ist, und es ist als ein Arbeitsmittel unter anderen zu verwenden.[10] Nur ein sich nach der Gesellschaft hin öffnender Literaturunterricht hat noch eine Zukunft.

3. Lesebücher als Ausdruck literaturpädagogischer Leitvorstellungen

Lesebücher sind nicht isolierbar vom Selbstverständnis der Sprach- und Literaturdidaktik. Die Problematik ihres Zusammenhangs mit den Fachwissenschaften, den Erziehungs- und Kommunikationswissenschaften kann hier nicht ausgebreitet werden.[11] Da es in der gegenwärtigen Situation einen Konsensus über den Zusammenhang und das, was eine Fachdidaktik überhaupt erst konstituiert, nicht gibt, können wir heute von einer Mehrzahl didaktischer Grundüberzeugungen sprechen, die sich u. a. auch in unterschiedlichen Lesebuch-Konzeptionen niederschlagen. Die Offenheit der Situation wird markiert durch die Frage, ob die Fachdidaktik sich auf fachspezifische Lehrziele zu beschränken habe oder allgemeinen Erziehungszielen verpflichtet sei, ferner durch die gegenwärtig zu beobachtende Revision des Bildungs-Begriffs[12] und des Literatur-Begriffs[13]. Die didaktischen Ziel-Entscheidungen werden weiterhin beeinflußt durch Beschreibung und Bewertung der allgemeinen gesellschaftlichen Situation, der konkreten gesellschaftlichen Lage der Schüler und verschiedenen Schüler-Gruppen und auch der kulturellen und Lese-Situation der Schüler.

Im folgenden beschäftigen wir uns kurz mit den drei z. Z. unserer Meinung nach wichtigsten Lesebuch-Konzeptionen im Verhältnis zu den ihnen zugrundeliegenden didaktischen Leitvorstellungen, und zwar mit dem literaturkundlichen Arbeitsbuch, dem Gesinnungs-Lesebuch und dem Lesebuch als Informatorium der Wirklichkeit. Mit ihnen muß sich heute jeder Versuch zu einem Neuprodukt eines Lesebuches auseinandersetzen.

Das „Literarische (literaturkundliche) Arbeitsbuch”, dessen theoretisches Fundament und praktische Ausführung mit den Namen Helmers, Gerth und J. Bauer verbunden sind[14], geht auf eine Didak-

52

tik zurück, die es ablehnt, kompetente Aussagen über die erzieheri-
sche Funktion des Sprach- und Literaturunterrichts zu machen[15]
und Literatur und die Beschäftigung mit ihr zum Selbstzweck erklärt.[16] Der Deutschunterricht ziele allein auf sprachliche und literarische Bildung.[17] Sie propagiert einen engen ästhetischen Literaturbegriff und nimmt auf Inhalte lediglich aus entwicklungspsycho-
logischen Gründen Rücksicht[18]; ihre Wertungspraxis ist unangefochten von Zweifeln und geprägt von einer Literaturwissenschaft, die
ihre Aufgabe vor allem darin sieht, die literarischen Produkte zu
hierarchisieren und an ihnen ontologisch bedingte Struktur-Gesetz-
mäßigkeiten nachzuweisen. Allein Hochrangiges sei, so wird dekre-
diert, pädagogisch wertvoll[19]; was aber hochrangig ist, bestimmt sie
selber. Die Didaktik habe sich an die von der Literaturwissenschaft
aufgestellten Regeln und Ordnungssysteme zu halten. Ziel des Literaturunterrichts sei es daher, zur Literatur (= Dichtung) im Verständnis der zuständigen Fachwissenschaft zu führen, zu ihren Ordnungen,
Strukturen und Wertkriterien. Anleitung zum Verstehen und Nachvollzug der vorgegebenen Wertung stehen im Vordergrund, Kritik
beschränkt sich auf die von der traditionellen klassischen Ästhetik
gesetzten Maße (Stimmigkeit, Echtheit, durchorganisierte Ganzheit,
existentielle Wahrheit).[20] Da Strukturerkenntnis Primärziel des Unterrichts ist, werden im nach diesen Prinzipien konzipierten Lesebuch
Texte nach Gattungs- und Form-Merkmalen geordnet (Epik, Lyrik, *Konzept.*
Dramatik, in einigen Fällen darüber hinaus informatorische Texte),
die sogar spezifische „Bildungen" konstituieren sollen (epische, lyri- *ltd.*
sche und dramatische Bildung[21]). Inhaltliche Kriterien werden zwar
nicht völlig vernachlässigt[22], aber nicht genügend mit strukturellen
vermittelt, was aufgrund der traditionellen Ästhetik auch schwierig
sein dürfte. Das didaktische „wozu" wird eingeengt auf Literaturverständnis. Mit der Beschränkung des Literaturunterrichts auf Struk-
turkunde meint man, in bewußter Abkehr von der Ideologie des Ge-
sinnungs-Lesebuchs, ideologischen Implikationen im Unterricht überhaupt aus dem Wege gehen zu können[23]; man wählt damit jedoch ein
Auswahlprinzip, dem ein Sensorium für Ideologie weitgehend fehlt,
so daß sie durch die Hintertür wieder ins Lesebuch hineinkam.[24] Daß
Texte auch immer eine ideologische, d. h. Herrschafts-Funktion haben und soziale Kontrolle ausüben, konnte auf diese Weise nicht reflektiert werden und entfiel daher auch als methodische Möglichkeit
der Analyse. Ein Lesen mit dem Ziel, den gesellschaftlichen Standort
und das Interesse des Autors zu erfassen, ist aufgrund dieser Konzeption nicht vermittelbar. Gerade die Fähigkeit, appellative und persua-
tive Textanteile und die Sozialfunktion von Sprache und Literatur
zu erkennen und kritisch dingfest zu machen, ist heute notwendig für
eine emanzipatorische Erziehung.[25] Es ist eine Konsequenz dieses

Literatur- und des ihm zugrundeliegenden Bildungsbegriffes, daß die strukturelle Gruppierung von Texten zu einer inhaltlichen Isolierung der Texte voneinander führt und zu einer isolierend-immanenten Interpretation verleitet, die den Text aus dem gesellschaftlichen Zusammenhang herauslöst und die Tatsache, daß er Bestandteil einer Kommunikation ist, vernachlässigt.

Das Gesinnungs-Lesebuch ist daran erkennbar, daß es seine Texte nach Lebenskreisen ordnet, die auf unvergängliche Wertbezirke hindeuten (Heimat, Gemeinschaft, Familie, Liebe, Tod, Gott). Der Vorzug dieser Konzeption liegt darin, daß sie formalistische Textisolierung vermeidet und lebens- und weltoffen ist, „Leben" und „Welt" allerdings in einem ganz ungesellschaftlichen Verständnis, das die tatsächliche Widersprüchlichkeit des Lebens und die Antagonismen der gesellschaftlichen Realität durch Überhöhung und Rückbezug auf eine letztlich heile und geschlossene Weltordnung harmonisiert und kompensiert. Diese Tendenz leitet dann auch oft die Textauswahl im einzelnen. Es ist nicht schwer, diese Konzeption mit einer behütenden Lebenshilfe- und Leitbild-Pädagogik in Beziehung zu setzen, deren kulturpessimistischer Ansatz zur Einrichtung im Bestehenden erzieht. Nicht, daß das Gesinnungs-Lesebuch der Aufnahme „minderwertigen" nur ihres „positiven" Inhalts wegen ausgewählten Lesestoffs Vorschub leistet, scheint mir das Bedenkliche dieses Lesebuch-Typs zu sein (dies u. a. die Kritik der „Strukturalisten"[26]), sondern daß die Inhalte einer gesellschaftlichen Relevanz entbehren[27] und dem Leser damit eine fugenlose Harmonie vorgegaukelt wird, die ihn eher abzulenken geeignet ist und die „schale Wirklichkeit" nicht durchschaubar macht und als veränderbare vorführt, sondern sie nur verdrängen hilft mit dem Effekt ihrer tatsächlichen Nichtveränderung. Das strukturelle Ordnungsprinzip wirkt demgegenüber wohltuend sachlich und nüchtern, wenn man auch sehen muß, daß die gesellschaftliche Irrelevanz von Textauswahl, Textorganisation und Lernzielen bei *beiden* Lesebuch-Typen gegeben ist und daß die Kritik am Gesinnungs-Lesebuch z. T. im Namen einer ungesellschaftlichen ästhetischen Erziehung vorgebracht wird, die — das muß wenigstens aus heutiger Sicht gesagt werden — keine akzeptable Alternative darstellt.

Gegenüber beiden skizzierten Lesebuch-Typen bedeutet das Lesebuch als Informatorium der Wirklichkeit insofern einen Fortschritt, als es sich der Wirklichkeit als gesellschaftlicher Realität konsequent öffnet und mit dem Lesebuch die Strukturen der modernen Welt vermitteln möchte. Das geschieht aufgrund eines erweiterten Literaturbegriffs, der den Wirklichkeitsbezug aller Literatur herausstellt[28], sowie aufgrund einer Relativierung und Zurückdrängung der poetischen Literatur[29], deren Anteil am Lesebuch teilweise auf weniger als 50 % zurückgeht. Die verstärkte Hereinnahme informatorischer Texte wird damit begründet, daß die ästhetische Kodierung der poetischen Texte in der gegenwärtigen Situation eine erhebliche Sozialbarriere darstellt[30] und von ihrer traditionellen Funktion belastet ist, einen überständigen elitären Bildungsbegriff zu bewahren.[31]

Das Konzept des Informatoriums hat ohne Zweifel einen wichtigen Ansatz in die Diskussion um das deutsche Lesebuch hineingebracht, der zu einer thematisch-inhaltlichen Öffnung des Literaturunterrichts und des Lesebuches geführt hat. Seither wird es möglich, im Lesebuch gesellschaftlich relevante Problemfelder zu thematisieren und durch Texte völlig unterschiedlicher Intention und Struktur abzudecken.

Dennoch ist der Neuansatz mit Recht auch kritisiert worden, allerdings — wie auch der Gesinnungs-Lesebuch-Typ — aus zwei verschiedenen Richtungen, von denen heute nur eine noch überzeugt. Wenn dem Lesebuch als Informatorium vorgeworfen wird, es vernachlässige den Wertgesichtspunkt, weil es den Inhalten Priorität einräume[32], so artikuliert sich damit eine heute zweifelhaft gewordene Wert-Didaktik, welche die Relativität und die gesellschaftliche Funktion aller literarischen Wertung übersieht[33] und Texte aus einer unbeirrbaren Wertungssicherheit heraus kritisiert, die heute angesichts der Ergebnisse der sozio-linguistischen Diskussion nicht mehr angebracht erscheint[34]. Der Konflikt ist auch durch „Demokratisierung der Dichtung" nicht aus der Welt zu schaffen, da man damit die Literaturbarrieren lediglich auf das Versagen der Schule zurückführt und die Möglichkeiten der Literatur, Gesellschaft zu verändern, wohl weit überschätzt[35].

Zuzustimmen ist jedoch dem Vorwurf, daß die Informatoren die Funktion der Sprache unzulässig auf Information beschränken und Gefahr laufen, in ihren Lesebüchern die Realität bloß unkritisch abzubilden, was einer „Realitätsverdoppelung" gleichkommt[36]. Da eine ideologiefreie Sicht auf Realität nicht möglich ist, hat auch ihre „Abbildung" ihre selbstverständliche Ideologie, wie sie dadurch auch leicht als unveränderbar und „naturwüchsig" vermittelt wird[37]. Auch dieser Weg vermag den Blick für die Kontroll- und Steuerungsfunktion aller sprachlichen Äußerungen nicht zu schärfen. Aus dieser Sicht tritt nun die ästhetische Kodierung wieder in ihr Recht vermöge ihrer Dialektik von Realitäts*distanz* und Realitäts*substanz* und der utopisch-emanzipatorischen Funktion der poetischen Literatur[38].

Ein letzter, jedoch entscheidender Punkt der Kritik am bisherigen Lesebuch betrifft sein Schichten-Interesse. Ein generelles Merkmal aller bisherigen Lesebücher ist ihr Mangel an Einstellung auf den Unterschichten-Leser. Dies hat mehrere Gründe. Der erste liegt darin, daß bis Ende der 60er Jahre das Problem der sozio-ökonomischen Bedingungen des Sprach- und Literaturverhaltens überhaupt nicht wahrgenommen wurde und „Bildung" ganz naiv auf Gegenstands- und Wert-

Kanon der herrschenden Mittelschichten bezogen war. Es ist sicherlich ein erster Schritt, diese Orientierung bewußt mit der Begründung vorzunehmen, daß *nun endlich auch* die Unterschichten zu Teilhabern an der „authentischen Kultur" gemacht werden müßten, indem man ihnen die entsprechenden literarischen Produkte zugänglich mache (Helmers). Jedoch wird mit dem Argument der Einwand, diese Texte artikulierten zu wenig die Bedürfnisse der aus den unteren Sozialschichten stammenden Kinder, so daß sie mit ihnen kaum kommunizieren könnten, nicht entkräftet.

Ernstzunehmen ist die entschuldigende Begründung, daß es in einer sozial dichotomisierten Gesellschaft einfach an Texten fehlt, welche die Lage der handarbeitenden Schichten und von deren Kindern reflektieren und für diese zugleich interessant und lesbar sind. Der Fehlbestand ist — obwohl heute gemildert — nachweisbar im Bereich der kritisch-aufklärerischen wie im Bereich der unterhaltenden Texte, die das Arbeiterkind nicht im Sinne der Herrschenden manipulieren.

Ein Lesebuch, das ernstzumachen versucht mit der Idee der Chancengleichheit, dem Arbeiterkind also nicht mit Anpassungshilfe dienen möchte, steht daher vor besonderen Schwierigkeiten, welche durch die — oft spröde, ästhetisch wenig affizierende, selten kindadäquate praktikable Lösungen aufzeigende — „Literatur der Arbeitswelt" ebensowenig aufgehoben sind wie durch eine bestimmte Spezies neuer Kinderbücher (Ursula Wölfel, Susanne Kilian, Christine Nöstlinger, Doktor Gormander usw.). Solange die Gesellschaft die Unterschichten als Lesepublikum im Stich läßt (und sie muß es, solange vorrangig marktwirtschaftliche Gesichtspunkte für die Produktion von Büchern gelten), solange bleibt der Didaktik nichts anderes übrig, als mindestens teilweise auf beschönigende fiktive und „sachliche" Darstellungen zurückzugreifen, das heißt in direkter Konfrontation mit antiaufklärerischer Literatur ein Stück Aufklärung und Befreiung zu leisten.

Es wird eine der entscheidenden Aufgaben aller neuen Lesebücher sein, dem Unterschichtenkind mit seiner Situation gerecht zu werden, aber nicht durch künstliche Anhebung der Interessen auf Mittelschichten-Niveau (dies der heute umstrittene „kompensatorische" Ansatz), sondern durch Befähigung zur Analyse der eigenen Lage, durch Hilfen und Vorschläge zu Lösungen, zur Aktivierung und Ausstattung mit Handlungsmöglichkeiten.

Das bewußte Eingehen auf die Bedürfnisse von Unterschichten-Schülern muß die Auswahlgesichtspunkte der Herausgeber beeinflussen. Zum Beispiel wird die das bisherige Lesebuch im fiktionalen Bereich beherrschende Kurzgeschichte und die Dogmatik einer offenen, verunsichernden Literatur zurücktreten müssen gegenüber handfest-geschlossenen Strukturen, die einen ungleich höheren Verbreitungs-

und Wirkungsgrad haben als die offenen, mit denen Unterschichten-Schülern kaum zu helfen sein wird.

4. Prinzipien eines neuen Lesebuch-Typs

4.1. Lernziele

Es ist hier nicht möglich, die Curriculum-Diskussion im Bereich Sprache und Literatur zu rekapitulieren[39]; wir wollen vielmehr ausgehen von einem Leitgesichtspunkt, der alle Erziehung heute betrifft und dem selbstverständlich auch alle Bereichsdidaktiken verpflichtet sind: dem der Emanzipation und der politischen Funktion aller Erziehung[40].

Erziehung zur Emanzipation und Berücksichtigung der politischen Konsequenzen des Unterrichts in allen seinen Bereichen und besonders im sprachlich-literarischen bedeutet: Erziehung zu Bereitschaft und Fähigkeit, am literarischen Leben kritisch zu partizipieren mit dem Ziel, die Sozialisation schließlich in die eigene Hand nehmen zu können, die eigene Lage zu erkennen und über Strategien zu verfügen, diese zu verändern. Das setzt erst einmal die Abkehr von jeder Sakralisierung von Literatur voraus: Texte sind nicht als ,,literarische Kostbarkeiten in der Schule zu konservieren . . .: kanonisierte Säulenheilige literarischer Bildung, die der Schüler einfach zur Kenntnis zu nehmen hat"[41]. Die Einschüchterungsfunktion von Literatur, die sich bereits im Wertbegriff ,,Dichtung" offenbart, ist durchschaubar zu machen und dadurch abzubauen. Wenn Texte aber nicht als Herrschaftsinstrument fungieren sollen, so setzt das ein verändertes Verhalten ihnen gegenüber voraus: ein mißtrauisch-skeptisches, das zugleich über ein Sensorium für Ideologie, für Interessen- und Standortbezogenheit aller Texte verfügt. Nur so kann Literatur der Emanzipation der Schüler, und das heißt hier konkret: der Mobilität, der Rollen-Flexibilität und Rollen-Distanz, dienstbar gemacht werden; nur so ist u. E. Literaturunterricht heute noch vernünftig begründbar. Jeder Text drängt den Rezipienten vermöge seiner Struktur in eine bestimmte Leser-Rolle, die er durchschauen und strukturieren lernen muß. Dabei wird Literatur-Umgang *nicht als eine isoliert von allen übrigen (sozialisierenden) Erfahrungen zu sehende und zu schulende Fähigkeit verstanden.* Zwischen Literatur-Umgang und der Bereitschaft, neue Erfahrung zu machen (Innovation), Vorurteile abzubauen, auf Vorurteile und lebenserleichternde Klischees und Verhaltensmuster zu verzichten, Verhaltensnormen und Werte nicht unkritisch zu akzeptieren, sondern sie auf ihren Sinn und ihre (steuernde, integrierende, sozialisierende, herrschaftsstabilisierende) Funktion zu befragen, die Bereitschaft überhaupt, die unmittelbar gegebenen Erfahrungsmöglichkeiten zu erweitern und dadurch die Notwendigkeit gesellschaftlicher Veränderungen zu erkennen[42], zwischen literarischer Kommunikation und all den erwähnten, heute notwendigen Fähigkeiten besteht ein enger Zusammenhang. Er kann die Notwendigkeit des Literaturunterrichts heute begründen helfen, zugleich wird damit aber auch sein wesentliches Ziel formuliert: eine Verbindung zwischen Texten und individuellen und sozialer Situation des Schülers herzustellen. Texte müssen als Anstoß vermittelt werden, über die eigene Erfahrung zu reflektieren und gegenüber der eigenen Umwelt zu sensibilisieren. Dazu sind sowohl Texte geeignet, deren *Absicht* eine solche Sensibilisierung ist, als auch beschwichtigende und ablenkende Texte. So können Texte die eigene Situation der Schüler klären helfen, Konflikte sichtbar machen, deren Bedingungen aufzeigen, Lösungen vorschlagen. Wie Texte funktionieren, hängt nicht nur von ihrer jeweiligen Struktur ab, sondern auch vom rezeptiven Verhalten (Erwartungshaltung, Selektionsmuster). Daher ist es ein wesentliches Teilziel des Literaturunterrichts, die Rezeption der Schüler zu beeinflussen. Sie entscheidet, wie weit Texte bloß bewußtseinsimmanent wirken oder ob sie auch eine Funktion für die Handlungspraxis der Schüler gewinnen können[43].

Da es nicht auf die bloße „Hinführung zur Literatur" und zu ihren Strukturen ankommt (diese Zielvorstellung ist als neutralistisch erzieherisch irrelevant), sondern auf Emanzipation und damit die Art der Sozialisation des Menschen in der Gesellschaft, muß den Schülern deutlich werden, wie sie durch – auch literarische – Kommunikation sozialisiert werden, daß sie, wenn sie sich einer literarischen Kommunikation aussetzen, sich nicht nur „unterhalten" oder sich mit Wirklichkeit „an sich" befassen, sondern mit einer intentional veränderter Wirklichkeit.

Das zu erlernende rezeptive Verhalten zeichnet sich aus durch eine dialektische Verbindung von Distanz und Distanzlosigkeit. Erkennen von Textintention, Standort, Ideologie, Werten, Rollen-Mustern setzt kritische Distanz voraus; die Bereitschaft zur Konfrontation der literarischen Erfahrung mit eigener Erfahrung und eigener Situation Distanlosigkeit – nämlich die Bereitschaft, literarische Information in Praxis umzusetzen, ihre Praktikabilität mit zum Wertmaßstab zu machen und sie aufgrund eigener Interessen und Bedürfnissen in Gebrauch zu nehmen[44]. „Das Kommunikationsmodell . . . als ein genuin didaktisches Modell . . . betrachtet seine Gegenstände (die Texte) nicht in ihrem nur scheinbar objektiven ‚So-Sein', sondern in ihrem ‚Da-Sein-für-Jemanden[45].' " Der Wert der Texte für die Schüler (Funktion) hat über den Wert der Sache für sich selber (falls es das gibt) zu dominieren. Die Schüler müssen erkennen, daß Literatur ein wichtiges Instrument der gesellschaftlichen und interpersonalen Kommunikation darstellt,

neue Bescheinwerte: Dahrendorf, Vogt, Ide, Wenzel, Geigu faué

das nicht nur das Bewußtsein beeinflußt, sondern auch Verhalten und Handlungsfähigkeit. Es ist Sache der Schüler, die Texte zum Erkennen und Verändern ihrer Lage effektiv zu machen. ,,Distanzlosigkeit" meint daher auch Fähigkeit und Bereitschaft zu divergierendem Denken und Handeln, für die Texte zu kommunikativem Handlungsspielen[46] werden, die als ,,Modelle, Relevanzfilter für die Vermittlung von Wirklichkeit ans Bewußtsein"[47] in der Realität und für sie fruchtbar gemacht werden müssen: man kann sie nach kritischer Auseinandersetzung akzeptieren, sie verwerfen und verändern. Nur wo durch die Unterrichtsorganisation die Freiheit zur geistigen Gegenwirkung[48], zum ,,gegen den Strich lesen"[49], zur kritischen Verwertung *Wenzel in Ide* der Texte gewährleistet ist, ja die Schüler dazu ermutigt werden, ist Literaturerziehung emanzipatorisch, fördert sie Ich-Stärke und besteht die Chance, daß die Adressaten der Texte und des Unterrichts als Subjekte ihre Sozialisation einmal in eigene Hand nehmen können[50]. Die Trennung von Verstehen und Ausüben und ihre Verlegung in verschiedene Unterrichtsbereiche (Helmers: Literaturunterricht und Gestaltungslehre) muß deshalb die emanzipatorische Funktion des Literaturunterrichts in Frage stellen, da die Gegen-Aktivierung sich u. a. in der Eigenproduktion von Texten niederschlägt[51], ein Konzept, das bereits einem Lesebuch — ,,Lesen, Darstellen, Begreifen"[52] — zugrunde liegt und das in der Praxis durch Dialog- und Handlungsspiele zu ergänzen ist. *Textverstehen + Textproduktion xxl.*

Damit ist auch folgendes gesagt: Wenn Kardinalziel des Sprach- bzw. Literaturunterrichts die Fähigkeit zur kritischen Kommunikation, zur Strukturierung kommunikativer Situationen und zum gesellschaftlichen Handeln ist und Texte *eine* Möglichkeit der Kommunikation darstellen (Text als Inbegriff aller indirekten Kommunikation verstanden), wenn darüber hinaus abgegangen werden muß von einer überhöhenden Wertschätzung der Literatur (etwa als ,,Dichtung"), so erzwingt das eine Einbettung der literarischen Seite des Unterrichts in den Gesamtbereich ,,Kommunikation". Das ist aber nur erreichbar, wenn immer wieder eine Verbindung zwischen Teilbereichen des Sprachunterrichts hergestellt wird. Das heißt konkret für das Lesebuch: Es wird immer wieder Wege vom Text zur selbständigen Textproduktion (bzw. Textveränderung), zur mündlichen Kommunikation und zur Analyse sprachlicher und literarischer Strukturen im Hinblick auf ihre Leistung für die Kommunikation aufzeigen müssen. Das Aufzeigen solcher Möglichkeiten wird jedoch nicht anders als durch Anregungen und Arbeitsaufträge im Schülerbuch erreicht werden können. (Zum Problem der Aufgabenstellung siehe Schlußabsatz von 4.2.)

4.2. Text-Auswahl und Text-Organisation

Es gibt natürlich kein Patentrezept zur Verwirklichung der Ziele; ein Lesebuch ist kein isoliert wirkendes Instrument der Erziehung, wie zur Unterrichtsorganisation ja auch mehr gehört als eine rechte Auswahl und Anordnung der Gegenstände, besonders wenn man Ernst machen will mit einer Erziehung zur Emanzipation[53].

Aufgrund unserer Kritik an den vorhandenen Lesebuch-Konzeptionen und der Beschreibung der Lernziele können wir sagen: Der Literaturbegriff ist so weit wie möglich zu fassen, und zwar was die publizistischen Erscheinungsweisen und alle Spielarten der Literatur zwischen anerkannt und nicht-anerkannt betrifft. „Literatur" steht hier für alle Arten indirekter Zeichenübermittlung als „Synonym . . . für indirekte Kommunikation"[54]. Als Literatur gilt uns demnach nicht mehr irgendein nach Auffassung der Herausgeber tradierungswürdiger Kanon, keine Ansammlung musterhafter Beispiele. Dies ist ein erster notwendiger Schritt zur Reform des Literaturunterrichts und zur Revision des Lesebuches, weil ein Kanon zur Unterordnung, ja Unterwerfung erzieht und weil in einem kommunikations- und handlungsfähig machenden, für Lebenssituationen qualifizierenden Literaturunterricht die Texte von dort genommen werden müssen, wo sie tatsächlich funktionieren. Die Konsequenz ist, daß ein neues Lesebuch eine bedeutende Textsorten-Vielfalt anbieten muß, dies nicht in Anpassung an literarische Markt-Mechanismen oder gar zur Stützung dieser Mechanismen, sondern weil es keinen Sinn hat, die Schüler auf einen engen, elitären Literaturbegriff zu fixieren, während sie den tatsächlich konsumierten Textsorten hilflos ausgeliefert sind, oder ihnen das akribische Interpretieren von differenzierter Kunst-Literatur beizubringen, während sie auf jedes Fernsehspiel hereinfallen. Das bedeutet nicht, daß sich nicht auch die begründbare Aufgabe stellt, die Schüler mit ihnen ungewohnten und sie daher verunsichernden Textsorten zu konfrontieren. Gerade wenn es darum geht, den Schülern unterschiedliche kommunikative Strategien und Funktionen zu verdeutlichen, behalten z. B. das Gedicht und offene Formen wie die Parabel und die Kurzgeschichte ihre Bedeutung.

Als Anordnungsprinzip bietet sich die Gruppierung der Texte um Kristallisationszentren an, die sozial relevante Problemfelder thematisieren[55]. Wenn Texte Spiegelungen *von* und Auseinandersetzungen *mit* Wirklichkeit sind, so ist ihre Anordnung je nach Wirklichkeits-Ausschnitt, auf den sie sich beziehen, nur konsequent. Aber auch aufgrund von gleichen oder ähnlichen Intentionen und Leser-Appellen lassen sich Textgruppen finden, aus denen der Leser die unterschiedlichen kommunikativen Strategien der Texte entnehmen kann. Durch geschickte Anordnung von Texten mit gleichen oder ähnlichen

Wirklichkeitsbezügen bei unterschiedlicher Struktur und Sprechabsicht ist es möglich, Textgruppen zu Sequenzen zusammenzuschließen, die curriculare Einheiten bilden[56] und bei ädäquater Verarbeitung in der Lage sind, systematisch ein Problembewußtsein aufzubauen. Der Ort eines Textes innerhalb der Sequenz gibt ihm einen Stellenwert innerhalb eines Bewußtseinsprozesses, mit dem die Herausgeber eine bestimmte Absicht verbinden, die freilich mit der Intentionalität des Textes in Zusammenhang stehen muß. Das bedeutet zugleich eine Einengung seiner Funktion und möglicherweise eine Veränderung seines ästhetischen Charakters[57]. Aber jeder Literaturunterricht stellt seine Texte in intentionale Zusammenhänge und begnügt sich nicht mit einem bloßen zufälligen Wirkenlassen der Texte. Zugleich wird durch die Konfrontation von Texten die Herstellung von Bezügen (Rückbezug auf den Autor, auf historisch-gesellschaftliche Bedingungen, Bezug auf Leser, Nachdenken über mögliche Funktionen und Absichten, Verwertbarkeit durch Leser) erleichtert, wenn nicht gar dazu provoziert. Solcherart konzipierte Sequenzen lösen Texte aus einer dysfunktionalen Vereinzelung[58]. Folgende Sequenz-Kategorien lassen sich herausstellen:

— Des Kindes eigene Umwelt-Situation (in der Familie, in der Schule, in der Kindergruppe, im Sozialisationsprozeß überhaupt),
— gesellschaftliche Problemfelder (technische Umwelt und Zukunftsperspektiven, Verkehr, Arbeit und Beruf, Sport, Natur und Tier, Freizeit und Urlaub, Politik, soziale Probleme, Recht und Kriminalität, Krieg und Frieden),
— Verhaltensweisen und Einstellungen und deren sprachliche und textuale Vermittlung (soziale Rollen, Emanzipation, Autorität und Herrschaft, soziale Kontrolle, Vorurteile, Verhalten gegenüber Außenseitern, Randgruppen und Fremden, Aggression, Solidarität),
— Sprach- und Textfunktionen (Beeinflussung und Überredung in Texten und durch Texte, Entstellung der Wahrheit, Sympathie- und Antipathie-Lenkung durch Texte, Unterhaltungs-, Informations- und Kritik-Funktion von Texten),
— Thematisierung von Zusammenhängen zwischen Literatur und Gesellschaft (Bedingungen und Intentionen von Textproduktion, der Bestseller und sein Autor, psychologische und gesellschaftliche Probleme der Massenkommunikation),
— Textsorten und Sprechhaltungen einschließlich ihrer ästhetischen und gesellschaftlichen Funktionen (Werbung, Zeitung, Serien-Produktionen, Abenteuer, Helden und Idole, Zukunftsgeschichten, Lügengeschichten und Märchenhaftes, Sprachspiel, Witz und Sprachhumor).

Die Herausgeber müssen jeweils entscheiden, was für die Aufnahme eines Textes in diese oder in jene Sequenz-Kategorie spricht, da sich selbstverständlich viele Texte mehreren Kategorien zuordnen lassen. Daß für die Aufstellung der Kategorien (gesellschaftlich und kommunikativ relevante) inhaltliche Gesichtspunkte maßgebend sind, heißt nicht, daß die Form der Texte irrelevant wird, sie wird nur als vom Inhalt isolierbares Faktum negiert und kann gerade in der Konfrontation mit Nachbartexten in ihrer Funktion für die jeweilige Textintention und Textinformation erfaßt werden.

Das beschriebene Anordnungsprinzip rechtfertigt zugleich — jedenfalls innerhalb gewisser Grenzen — die Präsentation von Ausschnitten. Die Lesebuch-„Strukturalisten" sehen eine derartige Veränderung von Text-Ganzheiten als fragwürdig an[59], da das Ziel, zur Einsicht in Strukturen zu führen, nur durch das Angebot unveränderter Texte erreichbar ist (Ausnahmen wurden nur bei Sachtexten zugelassen). Jede Textveränderung würde die Vermittlung literarischer Ordnungsprinzipien ad absurdum führen. Wenn es aber nicht auf die Vermittlung des vorgefaßten Systems „Literatur" ankommt, sondern auf die Frage, wie weit sie der Emanzipation der Schüler dienstbar gemacht werden kann, so kann es selbstverständlich kein Grundsatz mehr sein, Texte um jeden Preis in ihrer ursprünglichen Ganzheit zu belassen. Übrigens machten die Strukturalisten im Bereich der Langformen (Drama, Roman) von vornherein Zugeständnisse.

Die Zumutung an die Schüler, sich gegen Texte zur Wehr zu setzen und sie in einem dialektischen Verfahren von Distanz und Distanzlosigkeit beherzt in Gebrauch zu nehmen, würde unglaubwürdig werden, wenn die Herausgeber selber eine Art von Textgläubigkeit pflegten und der Ganzheits-Ideologie zuliebe sich jeglichen Eingriffs in die Texte enthielten. Freilich haben die Schüler einen Anspruch darauf zu erfahren, was und wie und warum jeweils gekürzt wurde.

Texte stehen immer in einem Wirk-Zusammenhang; ihre Anordnung in einem Lesebuch und ihre gelegentlich notwendig werdende Kürzung entsprechen einem berechtigten didaktischen Interesse.
Das Prinzip der Ganzheit ist auch ein Wirk-Faktor, nämlich der, daß der Akzent auf den Text als Selbstzweck gelegt wird — man braucht ja die Ganzheit, um die individuelle, von Zusammenhängen abstrahierende Struktur sichtbar zu machen.

Aus demselben Grund ist das Angebot nicht auf deutschsprachige Texte zu beschränken; denn selbstverständlich verändert eine Übersetzung die originale Struktur eines Textes[60]. Die Abwendung vom nationalsprachlichen Gesichtspunkt hat freilich noch andere Gründe, die hier keiner Erörterung mehr bedürfen.

Der extensive Literaturbegriff und die Gruppierung der Texte um gesellschaftlich relevante Problemkerne hebt das von den „Strukturalisten" propagierte Prinzip der strukturellen Reinheit des Einzeltextes und der strukturellen Einheitlichkeit der Zuordnungen konsequent auf. Die Folge ist, daß fiktive neben informatorischen Texten, gesellschaftskritische Betrachtung neben Trivialtexten, Lyrisches neben Epischem steht. Das Verfahren der Koppelung und Konfrontation strukturverschiedener Texte bedarf der Begründung.

Es wurde bereits hervorgehoben, daß sich das Verfahren der Anordnung nach Textsorten und Gattungen erübrigt, da es nicht Aufgabe eines Lesebuches sein kann, Strukturerkenntnis zu vermitteln, es sei denn als Durchgangsstufe zu ganz anderem Endziel. Die scharfe Abgrenzung von fiktionaler und informatorischer Literatur[61] ist gefährlich und oft künstlich[62], nicht nur, weil die Übergänge fließend sind, sondern weil beide Kodierungen in der gesellschaftlichen Realität ebenfalls nebeneinander stehen und die Rezeption des jeweils anderen Kodes beeinflussen. Gerade durch Konfrontation wird es möglich, besser zu verstehen: ohne gewisse Informationen können wir keinen fiktionalen Text verstehen, und fiktionale Texte helfen uns wiederum, Informationen zu verarbeiten, und sei es nur, daß sie die emotional-affektive Dimension einer Sache vermitteln oder daß sie die Fixierung an einen Wirklichkeitsausschnitt aufzulockern vermögen. Durch Konfrontation kann dem Leser auch die Wirklichkeitsveränderung und -verwandlung, die ein fiktionaler Text vornimmt, deutlich werden, selbstverständlich auch ideologische Verfälschungen der Realität. Jegliche Literatur nimmt – auf je eigene Art und Weise – Stellung zur Realität: Konfrontation kann die unterschiedliche Funktion und Absicht der Stellungnahmen verdeutlichen helfen und damit zugleich zeigen, wie auch in fiktiven reale Erfahrung sich niederschlägt und wie in informatorischen Texten perspektivische und ideologische Verkürzungen stattfinden. Es gibt keinen standortfreien Text; Textkonfrontation ist ein wirksames Mittel, den Schülern diese Einsicht zu vermitteln, die zugleich Antrieb zur methodischen Eruierung des Standorts wird.

Das Prinzip der Konfrontation von fiction und non-fiction ist cum grano salis auf alle weiteren möglichen Konfrontationen übertragbar[62a]: verschiedene Formen der Publikation und vor allem ein Neben- und Miteinander von Texten aus der sog. anerkannten (authentischen) und der sog. nichtanerkannten (Trivial-)Literatur. Das Abgehen von dem gelegentlich praktizierten Verfahren, Trivialliteratur zu bündeln und damit – am besten in einem eingefärbten Anhang – zu isolieren, ist schon deshalb notwendig, da mit der Literatur auch ihre Leser diskriminiert werden, Diskriminierung aber Abhängigkeit fixiert und keine Einsichten in Entstehungsbedingungen und Funktionsweise der Trivialliteratur vermittelt.

Noch mehr für Konfrontation der beiden Literaturbereiche spricht die von Hain/Schilling hervorgehobene Tatsache, daß beide auf jeweils eigene Art sich auf die gesellschaftliche Wirklichkeit beziehen[63]. Trivialliteratur bietet lebenserleichternde Verhaltensmodelle, die im Sinne des Vorhandenen sozialisieren und unter der Oberfläche der Unterhaltung dazu animieren, sich mit den Gegebenheiten als schicksalhaft und naturbedingt abzufinden. Sie verführen damit leicht zur „sozialen Apathie"[64], d. h. zum Verzicht auf Veränderung. Gerade an der Trivialliteratur wird erkennbar, daß zum Verständnis von Literatur die Kenntnis der materiellen und sozialen Bedingungen ihrer Leser wie auch der Produktionsbedingungen der Literatur selber mit dazu gehört. Es wäre jedoch einseitig und fragwürdig, solche Zusammenhänge lediglich an Texten der nicht anerkannten Literatur aufzuweisen, da auch und gerade die anerkannte Literatur als Bestandteil der authentischen und maßgebenden Kultur ihr Publikum sozial differenziert und die soziale Schichtung reproduzieren hilft, vor allem, wenn ein nichtemanzipatorischer Gebrauch (Verstärkung von Sozialprestige, die allerdings durch extreme ästhetische Kodierung vorprogrammiert sein kann) davon gemacht wird. Der Zusammenhang von Vergnügen und Bestätigung sozialer Normen auf der einen und gesellschaftlicher Bedingungen auf der anderen Seite kann dem Schüler durch Konfrontation von informatorischen, authentischen und trivialen Texten deutlich werden. Es ist aus sozialpädagogischen Gründen auch vom Schüler des Gymnasiums zu verlangen, daß er einsieht, warum Trivialtexte in der Unterschicht intensiver, fixierter und ausschließlicher konsumiert werden als in den übrigen Sozialschichten, daß der Verzicht darauf oder die Möglichkeit der Abwendung von ihnen kein individuelles Verdienst sind und oft aus Gründen des Sozialprestiges erfolgen.

Wenn Rollen-Flexibilität und Fähigkeit zum Rollenwechsel wichtige allgemeine Erziehungsziele sind[65], so werden für den Literaturunterricht gerade diejenigen Texte wichtig, die sie behindern und erschweren und die Möglichkeit von Rollen-Sicherheit suggerieren.

Wenn das Spezifische der authentischen Literatur auch nicht nivelliert werden soll[66], so ist doch festzuhalten, daß beide Literaturen auf ihre Weise sich auf reale Zustände beziehen und schichtenspezifisch erzeugte Bedürfnisse befriedigen[67]: die authentische, indem sie Verfremdungen und Symbolbezüge bevorzugt, die in bestimmten Schichten zum Lernrepertoire gehören; die triviale, indem sie in bestimmten anderen Gruppen durch affirmative Wirklichkeitsabbildung ein Sichabfinden mit der sozialen Deklassierung ermöglicht. Ein wertendes Gegeneinanderstellen beider Textbereiche[68] wird freilich dem zugrundeliegenden Sozialkonflikt in keiner Weise gerecht und verschlimmert nur die Situation derjenigen, die ohne ihre Schuld auf Trivialliteratur angewiesen sind[69]. Das darf jedoch nicht zu einem Verzicht auf Sensibilisierung für die unterschiedlichen gesellschaftlichen Funktionen beider Literaturen führen.

Der schwer auflösbare Konflikt verweist noch einmal auf die Fragwürdigkeit des Grundsatzes, der Unterricht habe zur Literatur im Sinne von Anhebung des literarischen Anspruchs und der Differenzierung der literarischen Interessen zu führen, wenn nicht zugleich eine Änderung der dem Kulturverhalten zugrundeliegenden Sozialbeziehungen mitintendiert ist.

Es wäre demnach falsch, die ,,gleichberechtigte" und konfrontierende Aufnahme von Trivialtexten im Lesebuch so zu interpretieren, als sollte damit das Sozialsystem verfestigt und das kapitalistische System mit seinen Widersprüchen sanktioniert werden[70]. Wenn jedoch das Lesebuch in seiner Texttrias authentische, triviale und sachinformatorische Literatur die Widersprüche des Sozialsystems spiegelt, so erhebt sich die Frage, wie sichergestellt ist, daß das Lesebuch als Textgrundlage für den Literaturunterricht mithelfen kann, die vorhandene Wirklichkeit zu transzendieren.

Das geschieht erstens durch plazierte und akzentuierende Auswahl gesellschaftskritischer Analysen im Sinne der ,,versäumten Lektionen", zweitens durch Konfrontation gegenwärtiger literarischer Erwartung mit historischen Texten[71] und drittens durch Anmerkungen, Hinweise, Aufgaben, Fragen im Anschluß an einzelne oder mehrere zusammengehörige Texte im Schülerbuch sowie durch Analysen, Lernzielangaben und Hinweise zur Unterrichtsorganisation im Lehrerbuch. Das heißt: auf gesellschaftliche Defizite und literarische Defizite, in denen sich jene abbilden, ist auf dreifache Weise aufmerksam zu machen: durch kritisch-utopische, durch historische Texte sowie durch Aufbau einer Erwartungshaltung (Rezeptionshaltung) gegenüber Texten, die aufgrund vermittelter Kriterien befähigt ist, die Defizite wahrzunehmen. Damit dürfte gewährleistet sein, daß das Lesebuch sich nicht mit bloßer Abbildung der Realitäten begnügt und Sozialisation mit ihren schichtenspezifischen Ausprägungen bloß wiederholt, sondern daß es dem Schüler hilft, seine Lage zu erkennen und wie er und warum er so und nicht anders sozialisiert wird, welche Rolle Literatur dabei spielt und wie Literatur ihm helfen kann, seine Lage und die Lage der Gesellschaft zu verbessern.

Das Lesebuch sollte dem Schüler zusätzlich die Möglichkeit bieten, sich auch *über* Texte zu informieren. Die primäre Absicht solcher Informationen über Texte, die entweder von den Herausgebern selbst formuliert oder durch eigene Texte vermittelt werden können, sind Anbahnung und Erleichterung der Einsicht, daß Texte nicht „vom Himmel fallen" und naturwüchsig „da" sind, sondern von Autoren produziert werden, daß sie intentional auf ein Publikum bezogen, also „Kommunikation" sind. Erst dann können sie vom Leser angemessen realisiert werden, wenn er das erkannt hat. Solche Informationen dienen nicht dazu, einen überholten Genie-Begriff zu kultivieren (der Autor als „Dichter" und schöpferische Einzelpersönlichkeit), sondern gerade einer „Relativierung" der Texte durch ihre Beziehung auf den Zusammenhang Sprecher — Sprechabsicht — Hörer. Dazu können dienen: Hinweise auf die Zeit der Text-Entstehung, auf den Autor und seine persönlichen und historischen Voraussetzungen, Informationen zum Publikum und sein Verhalten und die gesellschaftlichen Bedingungen seines Verhaltens, Angaben zu Form-Konventionen und deren historisch-gesellschaftlichen Hintergrund, zu Strukturen einzelner Textsorten, wenn zugleich auf deren Publikums-Funktion verwiesen wird.

Ein schwieriges Problem ist das der Aufgabenstellung im Schülerbuch. Wir müssen jedoch sehen, daß das neue Lesebuch nicht umhin kann, sich dieser methodischen Hilfe zu bedienen. Daß die Schüler dadurch die Möglichkeit erhalten sollen, einen relativ selbständigen Zugang zu den einzelnen oder mehreren, zusammengehörigen Texten zu gewinnen, ist ein — zum Beispiel auch für „Arbeitsbuch Literatur"[72] — häufig angeführter Grund, jedoch nicht einmal der entscheidende. Die Herausgeber nehmen, indem sie sich sozusagen direkt an die Schüler wenden, eine Chance wahr, ihnen ihre mit der Textauswahl und -zusammenstellung verfolgten Absichten zu verdeutlichen; sie können Anregungen geben, über ein rein passive Literaturbetrachtung hinauszugelangen, die Verbindungen mit dem Gesamtbereich „Kommunikation" nicht aus dem Auge zu verlieren und die Texte entsprechend der Herausgeber-Konzeption in Gebrauch zu nehmen.

Betrachtet man jedoch die bisherigen Versuche in der Richtung (z. B. „Textbuch" aus dem Oldenbourg-Verlag, „Lesen—Darstellung—Begreifen" aus dem Hirschgraben-Verlag, „Arbeitsbuch Literatur" aus dem Schwann-Verlag sowie das Lesebuch der DDR), so zeigt sich die große Schwierigkeit, für das Problem eine sowohl sachlich angemessene als auch pädagogisch vertretbare Lösung zu finden. Wenn eine Gängelung durch den Lehrer nur durch eine solche von seiten des Lesebuches ersetzt wird, wie es vielfach geschieht, oder der Fragenkatalog sich zu einem exzessiven Lehrgang ausweitet, der einem fragwürdigen Versuch zur Programmierung von Interpretationsprozessen gleichkommt, so sind schwerwiegende Bedenken am Platze. Andererseits ist es für den dargestellten neuen Lesebuch-Typ unerläßlich, sich auch direkt an den Schüler zu wenden. Es bedarf noch der empirischen Überprüfung (Wirkung auf die Schüler, werden die Absichten erreicht?), um schließlich – in Verbindung mit immer neuen Formulierungsversuchen – für die Aufgabenstellungen eine Form zu finden, die den Intentionen der Herausgeber nicht entgegenwirkt und die Schüler nicht verschreckt.

4.3. Die Prinzipien eines neuen Lesebuches als Antwort auf die gegenwärtige gesellschaftliche Situation seien kurz zusammengefaßt:

— Das Lesebuch will einen Literaturunterricht ermöglichen, der zur Emanzipation der Schüler beiträgt;
— ihm zugrundeliegende didaktische Leitvorstellungen: Ausstattung des Schülers mit Qualifikationen zur Bewältigung sprachlicher Kommunikationssituationen[73], dazu gehören die Fähigkeit zum Rollenwechsel und zur Reflexion und Strukturierung der Kommunikationssituationen[74]. Der Schüler soll zur aktiven und kritischen Teilnahme am politischen und kulturellen Leben befähigt werden;
— weiter Literaturbegriff (Textsorten-Vielfalt);
— Literatur wird verstanden als Sozialfaktor ersten Ranges; als solche stellen Texte „kommunikative Handlungspiele" (Ott) dar, eine Grammatik potentieller Erfahrungen; sie sind daher in einen Bezug zur sozialen Praxis der Schüler zu bringen;
— die Aufgliederung des Deutschunterrichts in einzelne Disziplinen ist durch curriculare Einheiten (projektorientierte Textsequenzen) zu ersetzen[75];
— die Schüler sollen lernen, von den in der Gesellschaft produzierten Texten adäquaten Gebrauch zu machen (Gebrauchstexte, authentische klassische und moderne Literatur, nicht anerkannte Literatur);
— entsprechende Leserrollen sind zu lernen (Sich-Informieren, Anteilnehmen, Sich-Unterhalten, Auseinandersetzung); ein besonderes Gewicht hat dabei heute die Auseinandersetzung (kritisches Verhalten, gegen den Strich lesen, Interesse und Standort des Autors erkennen, Wirkungsabsicht durchschauen, verwendete Mittel in ihrer Funktion für die Kommunikation erkennen können);
— die Textauswahl wird bestimmt durch die Gewichtigkeit der Texte für gesellschaftliche Problemfelder und für die Sozialisation, durch Interessantheit für die Schüler und die Repräsentanz für Textsorten, die für das gesellschaftliche und literarische Leben wichtig sind;
— Impulse, welche die gegenwärtige Gesellschaft und ihre Sozialisation transzendieren helfen können, gehen aus von gesellschaftskritischen Texten im Sinne der „versäumten Lektionen", von historischen und von poetisch-utopischen Texten. Ein adäquates Verstehen der Texte wird ermöglicht durch Konfrontation von Texten mit gleichem oder ähnlichem Realitätsausschnitt und von Texten

unterschiedlicher Kodierung. Sie kommentieren sich gegenseitig und liefern jeweils Informationen, die wiederum zum Verständnis anderer Texte notwendig sind. Dem dienen auch gezielt gegebene Informationen zu Texten und deren Autoren. Dadurch erst werden Texte als Kommunikation zwischen einem Sprecher/ Schreiber und einem Hörer/Leser und die Bedingtheit und Relativität aller literarischen Information erkennbar.

4.4. Ansätze zu einer neuen Lesebuch-Praxis

Zu dem hier entwickelten Lesebuch-Typ sind erste Schritte in der Praxis bereits vollzogen. Bei einer Sichtung des Materials sind betrachtenswert: „Lesen — Darstellen — Begreifen" (Hirschgraben), „Arbeitsbuch Literatur" (Schwann) und „Textbuch" (Oldenbourg).

„Lesen — Darstellen — Begreifen" (1971) strebt eine Überwindung der starren Grenzen zwischen den Teilbereichen des Sprachunterrichts an (vgl. Titel!). Die Neuartigkeit dieses Ansatzes wirft einige Probleme auf, deren Lösungen in dem Lesebuch teils diskutierbar, teils aber auch noch wenig überzeugend sind. Zugrunde gelegt wird ein extensiver Literaturbegriff, jedoch sind die Texte in Band 5 und 6 und z. T. auch noch später nach strukturellen (formspezifischen) Gesichtspunkten geordnet und werden fiktionale und nicht-fiktionale Texte überwiegend noch streng voneinander getrennt. Erst nach und nach kommt es zu Konfrontationen verschiedener Textsorten unter Leitgesichtspunkten, wobei Strukturgleiches unter einem inhaltlichen Aspekt zusammengestellt wird. Als hauptsächliches Lernziel tritt das „kritische Lesen" hervor, jedoch vor allem im Sinne einer Form-Kritik. Der Leserbezug der Texte wird nicht außer acht gelassen. Zu begrüßen ist die von der Gesamtintention des Arbeitsbuches her begründete enge Verknüpfung von „Lesen" und selbständiger Abfassung von Texten („Darstellen"). Von Aufgabenstellungen wird ein extensiver und nicht immer überzeugender Gebrauch gemacht (rhetorische Fragen, vorgreifende Bewertungen). Anfechtbar ist das Fehlen eines erkennbaren und durchgängigen didaktischen Prinzips und die Tatsache, daß die „Lebensnähe" viele Texte z. T. durch deren formalistische Behandlung wieder aufgehoben wird.

Konsequenter, auch in der didaktischen Begründung, ist „Arbeitsbuch Literatur" (1971). Das Lesebuch geht auf die Konzeption Günter Otts zurück, die dieser in seiner zusammen mit Jürgen Kreft verfaßten Schrift „Lesebuch und Fachcurriculum" entwickelt hat. Ott will endlich mit einem „Arbeitsbuch" für den Literaturunterricht ernstmachen und dies 1. durch klare Lernzielangaben, 2. durch Zusammenstellung von Texten zu Sequenzen, die er „Kurse" nennt, und 3. durch Arbeitsaufträge für die Schüler verwirklichen. Er geht dabei von dem übergeordneten Gesamtziel „Emanzipation" und „Mündigkeit" und „Vorbereitung auf Lebenssituationen" aus. Für Ott ist Gegenstand des Literaturunterrichts der Kommunikationsprozeß einschließlich der dabei eine Rolle spielenden Faktoren. Texte werden für ihn aus dieser Sicht zu kommunikativen Handlungsspielen (KHS). Aus den Faktoren, welche die KHS konstituieren, gewinnt Ott seine Lernziele auf mittlerer Ebene. Jeder Kursus isoliert einen der Faktoren; dabei ist das – für Realschulen gedachte – Lesebuch so aufgebaut, daß zuerst (Stufe 5 und 6) die semantisch-syntaktischen Faktoren, die historisch-kulturellen Faktoren und die Analyse-Techniken, dann die sozialen, politischen und ökonomischen Interessen der an der Kommunikation Beteiligten, die Sprecher- und Rezipienten-Intentionen und der Einflußfaktor Medium und schließlich das Zusammenspiel all dieser Faktoren und die für die Lebenspraxis als wichtig erkannten Themenbereiche zur Sprache kommen bzw. geübt werden. So kommt es, wie Ott einräumt, zu einer „vordergründig und befristet formalen Arbeit"[76]. Das Lesebuch läßt nicht erkennen, ob auch bereits auf der Stufe 5 und 6 Inhalte für die Schüler Bedeutung erlangen dürfen. Es werden fast ausschließlich formalistische Analyse-Übungen angeboten und Begriffe erklärt. Das ist nicht nur schematisch gedacht, sondern eindeutig interpretierbar als funktional für ein mittelständisches Leser-Publikum, was sich auch in dem noch überwiegend elitären Literaturbegriff und in dem Interesse an einer bürgerlich-kritischen und der „absurden" Literatur bestätigt. Die Arbeitsaufträge, die anfangs noch überwuchern, treten dann, je stärker der kommunikative und der inhaltliche Aspekt berücksichtigt werden, mehr und mehr zurück. Insgesamt fällt an ihnen der lehrgangsmäßige (programmierte) Aufbau auf. Das ideologische Fundament des Lesebuches ist betont individual-emanzipatorisch; Kritik an der eigenen Gesellschaft bleibt weithin ausgeklammert, was angesichts des betont marxistischen Impetus des Kreft-Beitrags in „Lesebuch und Fachcurriculum" verwundert.

Obwohl das „Textbuch" erst in einem Band vorliegt (7), ist bereits erkennbar, daß sich in ihm ähnliche Tendenzen zeigen wie in „Lesen – Darstellen – Begreifen". Der Literaturbegriff wurde konsequent erweitert, jedoch ohne daß es schon zu Konfrontationen verschiedener Textsorten kommt. Was vorliegt, ist eine Art „Textkunde", die Strukturgleiches unter inhaltlichen Gesichtspunkten zusammenordnet. Die Tatsache, daß Texte Instrumente der Herrschaft und Steuerung sind, wird zwar gebührend deutlich; es fällt jedoch eine unterschiedliche Behandlung verschiedener Textsorten auf, die einen Teil wieder einfühlender Bewunderung überläßt. Sachtexte machen – wie bei den Informatoren – ca. 50 % aller Texte aus. Der vorliegende Band läßt Lernziele noch nicht klar hervortreten. — Er kann als Beispiel eines Lesebuches angesprochen werden, das einen Übergang zwischen nicht mehr praktikablen und neuen Lösungen darstellt. Es bleibt abzuwarten, ob sich die Konzeption des Lesebuches im weiteren Verlauf seines Erscheinens klärt.[77]

5. Überlegungen zu einem Beispiel: Textsequenz „Aggression" (7./8. Schj.)

Zur Begründung: Unübersehbar sind Tendenzen zur Brutalisierung des öffentlichen, des internationalen und des interpersonalen Lebens[78]. Die Bereitschaft vieler Regierungen, außenpolitische Konflikte mit kriegerisch-aggressiven Mitteln zu „lösen", hat ebensowenig nachgelassen wie die Aggressivität als Mittel der Konfliktlösung zwischen Individuen. Diesem Tatbestand will seit Jahren eine Intensivierung der Untersuchung von Bedingungen aggressiver Handlungen im privaten und öffentlichen Bereich mit wissenschaftlichen Methoden entgegenwirken (Aggressions- und Friedensforschung). Erschwert wird die Arbeit durch einander widersprechende Hypothesen und empirische Forschungsergebnisse zur Entstehung und zur gesellschaftlichen Funktion aggressiven Verhaltens. (Entstehung: ökonomische und Macht-Interessen, Erlernbarkeit durch Nachahmung von Modellen, Frustrations-Aggressions-Hypothese, anthropologische Begründung bei Freudianern und Verhaltensforschern — Funktion: Katharsis, Stimulierung, Habitualisierung.) Die Unsicherheit der Forschungslage darf die Schule nicht daran hindern, und sei es nur aufgrund der bisherigen Hypothesen über Entstehung und Funktion aggressiven Verhaltens, zur friedlichen Lösung von Konflikten zu erziehen.

Da aggressives Verhalten auch Produkt der Sozialisation ist (und zwar entweder als Protest oder als Nachahmung von Modellverhalten), Sozialisation aber auch durch Texte vermittelt wird, kann ein moderner Literaturunterricht nicht an dem Phänomen vorbeigehen und sich für unzuständig erklären.

In diesem Zusammenhang wird die Hypothese wichtig, daß aggressive Medieninhalte wenigstens mitverantwortlich sind für die zunehmende Bereitschaft zur Aggressivität als Konfliktlösungsmuster und zur Ableitung der Aggressivität auf öffentlich sanktionierte Ersatzobjekte. Aus dieser Voraussetzung ergeben sich einige Lernziele für die Textsequenz „Aggression":

Erkennen von Figuren, die der Projektion aggressiver Bedürfnisse beim Leser dienen (Feind-Klischees, Außenseiter, Randgruppen, Einzelgänger); Erkennen der massenmedial vermittelten Hatz auf nonkonformistisches oder intellektuell-kritisches Verhalten. Befähigung zur Reflexion über die Funktion medialer Negativ-Gestalten (Entlastung durch Ersatzobjekte, Absicherung von Herrschaft durch Bestärkung von Law- und Order-Denken).

Erkennen der Strategie der Angst-Erzeugung bei gleichzeitigem Angebot superstarker Männer als Autoritätsfiguren, welche die Gesellschaft von ihren „Feinden" säubern sollen; Erkennen der Tatsache, daß das Abhängigmachen von „Saubermännern" sowohl politische als auch ökonomische Funktionen hat.

Nachvollzug personalistischer und sozialpsychologischer Erklärung der Entstehung aggressiven Verhaltens; Fähigkeit zu deren Identifizierung in Texten und zu deren Kritik. Der Schüler muß erkennen, welche Wirkung das stereotype Außerachtlassen der Bedingungen kriminellen Verhaltens bei tatsächlicher Mitverantwortung der Gesellschaft am Verbrechen beim Rezipienten hat.

Erkennen, daß bloßer Appell an freundliches, nicht-aggressives Verhalten, ohne daß über dessen Bedingungen nachgedacht wird, die Zusammenhänge verkürzt und personalisiert. Erkennen der Ambivalenz aggressiver, brutaler Textinhalte (Möglichkeit sozial unschädlicher Abfuhr von Aggressivität − Steigerung und Stimulierung). Kennenlernen von Formen der Konflikt-Verbalisierung und -verarbeitung.

Erkennen, daß Entlastung von aggressiver Energie keinen Lerneffekt zur Bewältigung von Aggressivität, sondern wahrscheinlich nur den Effekt einer emotionalen Abhängigkeit von entsprechenden Textinhalten hat.

Erkennen, daß und warum Aggressivität Spannung erzeugt und einen Reizwert hat, die zur Abnahme und zum Konsum derartiger Texte animieren und daher von der Werbung verwendet werden (genau wie sexuelle Inhalte); Überlegungen zu möglichen Konsequenzen.

Die Lernziele können in Beziehung gesetzt werden zu Texten, die erstens die in den Lernzielen angegebenen Zusammenhänge thematisieren und explizieren (Texte mit aufklärerischer Intention), die zweitens Leser-Wirkungen entgegen den Lernzielen vermuten lassen und daher „gegen den Strich" gelesen werden müssen (Wirkungs-Hypothesen: Erzeugung oder Verfestigung von Vorurteilen, Erzeugung einer aggressiven Spannung, Bestärkung eines autoritären Verhaltens, Abbau von Frustrationstoleranz, Ermunterung zur Projektionen usw.)[79]. In Frage kommen Texte folgender Art: Kriminalerzählungen, Texte mit offener Freund-Feind-Thematik, Nachrichten über Verbrechen aus der Tagespresse, gegen Außenseiter und Fremde Stimmung machende Zeitungs-(Leit-)Artikel, Kriegsdarstellungen mit und ohne Reflexion der Bedingungen der Kriegsentstehung, Ausschnitte aus Abenteuer-Comics (z. B. Superman), die mit dem Mittel der visuellen Signale Sympathie und Antipathie lenken, Sport-Reportagen, Texte, welche aggressives Verhalten ins Humoristische ziehen oder auf andere Weise verharmlosen oder welche die realen Folgen aggressiven Verhaltens darstellen.

Durch Konfrontation von Texten verschiedener Sprechhaltung und -absicht kann dem Schüler gezeigt werden, welchen Wirklichkeitsbezug und welche Leser-Funktion sie haben. Die Zuordnung der Texte ist so vorzunehmen, daß jeweils ein bestimmtes Bewußtsein von einem Problemzusammenhang aufgebaut wird, das — genauso wie das unreflektierte, vor-kritische Bewußtsein — bestimmte Verhaltens- und Handlungsweisen zur Folge hat.

6. Zur Dialektik von didaktischer Intention und Offenheit der Interpretation

Gegen ein Projekt wie das dargestellte könnte eingewendet werden, es kanalisiere Texte entsprechend einem bestimmten erzieherischen Programm und verletze damit die für die Emanzipation der Schüler wichtige interpretatorische Freiheit (Klein: Entdeckendes Lesen[80]). Doch was heißt „interpretatorische Freiheit"? Das Wahrnehmungsvermögen (die sprachliche Sensibilität) des Schülers ist das Ergebnis der Sozialisation, zu der freilich Texte der verschiedensten Art beitragen können und immer auch beigetragen haben, faßt man nur den Text-Begriff weit genug. Es ist sicher, daß niemals voraussetzungslos und frei von Bedingungen sprachliche Phänomene wahrgenommen werden können, sondern nur aufgrund von Selektionsmustern, die anerzogen und in der primären und in der sekundären Sozialisation geformt worden sind. Das Lesebuch fügt sich lediglich in den Prozeß der Prägung der Selektionsmuster ein, ist demnach ein zusätzliches Instrument zur Prägung von Selektionsmustern, die nach Auffassung der Herausgeber angesichts der kulturellen und medialen Situation heute gelernt werden müssen. Die „Kanalisierung" (durch bestimmte Auswahl, durch bestimmte Zuordnungen in Sequenzen und durch Hinweise, Anmerkungen und Fragen) verdeutlicht den Standort der Herausgeber, der freilich darüber hinaus auch explizit zu machen ist erstens durch Sequenz-Überschriften, zweitens durch die zusätzlichen Arbeitsanregungen und Hinweise im Schülerbuch und drittens durch die Begründungen, Lernzielüberlegungen und Arbeitsvorschläge im Lehrerbuch, das zugleich Mittel und Wege aufzeigen müßte, wie der Lehrer seine Schüler über die der Textauswahl im einzelnen und im ganzen zugrunde liegende Absicht zur Reflexion veranlassen könnte. Das Lesebuch würde sich selber ad absurdum führen und seine eigenen Intentionen durchkreuzen, wenn es keine Hilfen gäbe, selber kri-

teressen mit im Spiel, da Ästhetik von gesellschaftlichen Bedingungen nicht ablösbar ist; literarische Wertung sollte nicht eng als „ästhetische" Wertung im herkömmlichen Sinne verstanden werden; Wertung, Ästhetik und Erwartungshaltung stehen in einem Zusammenhang; es gibt verschiedene Wertungsebenen, ästhetische Wertung ist nur eine von ihnen, wenn Ästhetik nicht breiter verstanden und neu interpretiert wird und die Inhalte, Absichten, Leserbezüge und Funktionen mit umfaßt, die dann in einen Wertungszusammenhang gestellt werden. Da es im didaktisch gelenkten Rezeptionsprozeß nicht darum geht, zu ermitteln, wie „man" werten muß und welche Kriterien (Normen) „es gibt", ist er auf die Sozialisation des Rezipienten zu beziehen und durch (hier: sekundäre) Sozialisation beeinflußbar. Wertung von Texten muß daher im Zusammenhang mit sozialisierenden Einflüssen überhaupt gesehen werden.

— Für den Unterricht folgt daraus, daß für ihn nicht „Wertung" vorrangig ist (objektivistische Haltung), sondern befreiend wirkende Rezeption.

8. Lesebücher werden auch für Lehrer gemacht

Trotz aller Argumente für und wider bestimmte Lesebuch-Typen bleibt der Satz wahr, daß wichtiger als irgendein Arbeitsmittel der Lehrer ist, der es verwendet, entsprechend seinem Bewußtsein nutzt und ohne den es seine Möglichkeiten nicht realisieren könnte. Sicher könnte er es auch ganz anderen als den mit dem Arbeitsmittel gesetzten Zielen dienstbar machen. Es ist nicht möglich, sich mit einem Lesebuch sozusagen am Lehrer vorbei- und an den Schüler heranzu„schmuggeln"; dennoch gilt, daß es auch ein Instrument zur Beeinflussung des Lehrers und zur Veränderung des Lehrerverhaltens sein kann. Dadurch werden jedoch auch der Fortschrittlichkeit eines neuen Arbeitsmittels Grenzen gesetzt. Wenn es zu weit greift und zu wenig an die Gegebenheiten anknüpft, wenn es zuviel auf einmal vom Lehrer verlangt, verschenkt es reale Möglichkeiten der Veränderung. Ein neues Lesebuch darf ebensowenig völlig neu und unvertraut sein wie irgendein Text sonst, wenn er seinen Leser noch erreichen will. Daher muß ein neues Lesebuch sowohl neu als auch vertraut sein, es muß selber eine Brücke bauen vom Bekannten zu neuen Formen und Inhalten des Unterrichts. Die Frage, ob man auf Lese-Interessen und -Bedürfnisse der Schüler Rücksicht nehmen dürfe, ist ebenso berechtigt und zugleich problematisch wie die Frage nach den vom Lehrer in seinem Unterricht gern verwendeten Arbeitsmitteln; denn es verunsichert allemal, sich mit neuer Erfahrung konfrontiert zu sehen, und niemand verläßt gern vertraute Wege der Erfahrung und des Denkens. Die fatale Konsequenz wäre jedoch, sich auf die Bestätigung und nach trägliche Legitimierung vorhandener Erfahrung – und das bedeutet auch: der Formen und Inhalte bestehender Sozialisation – zu beschränken. Die Rücksicht darauf ist nicht nur aus ökonomischen Gründen notwendig, da bei der privatwirtschaftlichen Organisation der Herstellung von Arbeitsmitteln in der Bundesrepublik diese immer so gemacht sein müssen, daß sie auch tatsächlich abgenommen werden, sondern auch aus pädagogischen Gründen notwendig. Daher sollte ein neues Arbeitsmittel Lesebuch den Lehrer dazu ermuntern, in Richtung auf neu gesteckte Ziele wenigstens erste Schritte zu gehen. Zugleich mit Vorschlägen zur Nutzung im Sinne der Ziele der Herausgeber sollte es dem Lehrer genügend Spielraum lassen zur Verwirklichung eigener Intentionen, ein Spielraum, der selbstverständlich auch den Schülern zugute kommt und den nutzen zu lernen mit zu den Aufgaben gehört, die ein neues Lesebuch verwirklichen muß.[8]

Anmerkungen

1 Helmers 1970 (a), S. 231.
2 Helmers 1969, S. XI, vgl. Gutheil 1972, S. 162.
3 Helmers 1969, S. XI.
4 Sie haben Helmers im Grunde nur veranlaßt, bei verbalen Zugeständnissen, seine Position noch zu verfestigen, vgl. seine Beiträge in H. 5–7 der Zeitschrift Diskussion Deutsch.
5 Helmers 1969, S. X.
6 Vgl. Wilkending 1972 (a), S. 29, Geiger/Vogt, in: Vogt 1972, S. 310.
7 Merkelbach 1971 (b), S. 383, Geiger/Vogt, in: Vogt 1972, S. 312.
8 Vgl. Dahrendorf 1970 (b), S. 38 ff.
9 Gail 1969, S. 35, Israel 1969, S. 102.
10 Gail, in: Helmers 1969, S. 203.
11 Vgl. Wilkending 1972 (a) und Vogt 1972.
12 Vgl. Gail, in: Helmers 1969, S. 199, Kerker 1972, S. 34.
13 Wilkending 1972 (a), S. 26 f.
14 Vgl. Helmers: Klett-Lesebuch, Gerth: Lesebuch 65, Bauer: schwarz auf weiß. Noch Hasubek behandelt – in Wolfrum 1972 – diese Konzeption als die letzte und einzig sinnvolle.
15 Vgl. Helmers 1970 (b), S. 33. Ansätze zur Revision finden sich in Helmers 1970 (a) und in Helmers 1971 und 1972 (a).
16 Vgl. J. Bauer 1969, S. 257.
17 Vgl. u. a. Kleinschmidt 1971, S. 46.
18 Kleinschmidt 1971, S. 62.
19 Hasubek in Wolfrum 1972, S. 460, Helmers 1969, S. 188.
20 Vgl. Kleinschmidt 1971, S. 194 f., Ritz-Fröhlich 1972, S. 67.
21 Helmers 1970 (b), S. 43.

22 Helmers meint das Problem durch starke Berücksichtigung der literarischen Moderne lösen zu können, vgl. 1969, S. XI. Eine Stellungnahme dazu findet sich bei Braun 1972, S. 9. Vgl. diese Arbeit 4.4.

23 Helmers 1970 (a), S. 236 f., J. Bauer 1969, S. 263.

24 Vgl. Braun 1972, G. Bauer 1971 (b), S. 199, sowie Silbermann/Krüger 1971.

25 Vgl. Behr u. a. 1972, S. 121.

26 Helmers 1969, S. 187, 189, Hasubek, in: Wolfrum 1972, S. 458.

27 Merkelbach 1971 (b), S. 373.

28 Vgl. Buch 1971, S. 3.

29 Vgl. Grünwald, in: Wilkending 1972 (b), S. 26.

30 Vgl. Gail 1969, S. 204, Behr u. a. 1972, S. 122 f.

31 Ivo 1969, S. 8 f. Gail spricht (in: Höffe 1969, S. 32) von dem „spezifisch deutschen Vorurteil, daß allein Dichtung zur Literatur gehöre".

32 Vgl. die in Anm. 26 zitierten Arbeiten sowie Kleinschmidt 1971, S. 47 ff.

33 Vgl. die Arbeiten Schulte-Sasse 1971 (a) und M. Nutz 1972.

34 Vgl. die in Anm. 19 zitierten Arbeiten und zur Kritik Behr u. a. 1972, S. 122 ff.

35 Vgl. Helmers 1970 (a), S. 241 u. a.

36 Vgl. Gutheil 1972, S. 166, Bredella 1972, S. 204 sowie die Arbeiten von Geißler.

37 Vgl. Krefts Kritik an den „Informatoren", in: Kreft/Ott 1971, S. 11 ff.

38 Vgl. die Arbeiten von Bredella 1972, Mecklenburg 1972, Gidion, in: Schwencke 1970 und Geißler, der freilich die poetische Funktion wieder überakzentuiert und in allen seinen Arbeiten die Wertungs-Didaktik energisch verteidigt.

39 Vgl. Kreft/Ott 1971, Behr u. a. 1972, Wilkending 1972 (a).

40 Vgl. Mollenhauer 1968.

41 U. Klein 1971, S. 81, vgl. Mecklenburg 1972, S. 17.

42 Vgl. Taëni 1972, S. 173.

43 Vgl. Kreft und Ott, in: Kreft/Ott 1971, S. 65 und 101, Geiger/Vogt, in: Vogt 1972 (a), S. 303 und 309, Gail 1969, S. 30.

44 Vgl. Bredella 1972, S. 201, 208.

45 Vogt 1972 (c), S. 56, vgl. G. Bauer 1971 (a), S. 196 und Hentig 1969, S. 94.

46 Ott, in: Kreft/Ott 1971, S. 101. Helmers' strikte Trennung von Verstehen und Ausüben wirkt diesem Konzept entgegen.

47 Dingeldey, in: Vogt 1972 (a), S. 136.

48 Mecklenburg 1972, S. 50.

49 Vgl. Bundeszentrale für politische Bildung 1971, S. 162 ff., Wenzel, in: Ide 1972, S. 84–100, Mecklenburg 1972, S. 25 und 50.

50 Geiger/Vogt, in: Vogt 1972 (a), S. 305.

51 Enzensberger 1970, S. 168, G. Bauer 1971 (a), S. 55 ff., vgl. Lesebuch „Lesen – Darstellen – Begreifen".

52 Frankfurt/M. 1971.

53 Vgl. Behr u. a. 1972, S. 271 ff.

54 Nachwort v. Schenda zu Bayer 1971, Anm. 68, S. 199. Vgl. zur Erweiterung des Literaturbegriffs Wilkending 1972 (a), S. 52.

55 Vorschläge dazu finden sich bei Merkelbach 1971 (b), S. 373, 381, Geiger/Vogt, in: Vogt 1972 (a), S. 305 (Thematisierung der wichtigsten Sozialisationsbereiche).

56 Vgl. Behr u. a. 1972, S. 250.

57 Vgl. dazu U. Kleins Prinzip der Interpretations-Offenheit (Klein 1971).

58 Vgl. Braun 1972, S. 8.

59 Vgl. Hasubek, in: Wolfrum 1972, S. 460.

60 Vgl. Helmers 1970 (a), S. 246.

61 Dies findet selbst noch in dem in vieler Hinsicht fortschrittlichen Lesebuch „Lesen – Darstellen – Begreifen" statt.

62 Braun 1972, S. 8, Merkelbach 1971 (b), S. 381 ff., M. Nutz 1972, S. 279.

62 a) „Ein Lesebuch beispielsweise oder ein Lektürekanon, der die Selbstdarstellung der Gesamtgesellschaft in ihren mannigfaltigen publizistischen Formen ausspart, unterschlägt den Horizont, vor dem die symbolischen Versatzstücke der Dichtung erst aufzuschlüsseln sind." (Gail 1969, S. 34.)

63 Hain/Schilling 1972.

64 Maletzke 1963, S. 206.

65 Vgl. Behr u. a. 1972, S. 250.

66 Vgl. Bredella 1972.

67 Vgl. Behr u. a. 1972, S. 123 und Dahrendorf 1971 (c).

68 So bei Kleinschmidt 1971, S. 195, und bei Geißler u. a. 1970 (c).

69 Hain/Schilling 1972, S. 31 u. a.

70 So bei Helmers 1970 (a), S. 244, 251.

71 Geißler 1970 (a).

72 Vgl. Höfer/Linz 1971, S. 3.

73 Behr u. a. 1972, S. 245.

74 Behr u. a. 1972, S. 250.

75 Behr u. a. 1972, S. 250.

76 Lesebuch und Fachcurriculum, S. 115.

77 Das vom Schroedel-Verlag angekündigte Lesebuch „Texte für die Sekundarstufe" (TS) scheint, soweit die Verlagsmitteilung Schlüsse bereits zuläßt, in die Richtung der hier vorgetragenen Konzeption zu gehen, allerdings mit einem stärker textkundlichen Einschlag ähnlich „Textbuch 7".

78 Vgl. Hacker 1971.

79 Vgl. Schmidt-Mummendey/Schmidt 1971, Selg 1971, Kellner/Horn 1971.

80 U. Klein 1971.

81 Vgl. Geiger/Vogt 1972, S. 310.

82 Vgl. zur didaktischen Seite der Wertungs-Problematik: Schulte-Sasse 1971 (a), Mecklenburg 1972, Dahrendorf 1972 (a).

83 Mecklenburg 1972, S. 164 f.

84 Mecklenburg 1972, S. 34.

85 Israel 1969, S. 102.

86 Merkelbach 1971 (b), S. 374.

87 M. Nutz 1972, S. 275, Vogt 1972 (c), S. 56.

88 Merkelbach fordert in „Sollen Lesebücher nach Gattungen oder nach Themen gegliedert werden?" (1971 (b)) und in „Medien für den Deutschunterricht. Eine kommentierte Dokumentation" (in: Ivo/Merkelbach 1972, S. 42 und 87) anstelle des Lesebuches „projektbezogene Unterrichts-Materialien". Er geht dabei von der Prämisse aus, daß ein emanzipatorischer Literaturunterricht mit dem Lesebuch nicht möglich sei bzw. schnell an seine Grenzen stoße. Darin liegt u. E. eine Überbewertung der Materialgrundlage des Literaturunterrichts, die immer nur Hilfsmittel sein kann und die Art des Unterrichts zwar beeinflußt, aber keineswegs determiniert. Sicher zeigt Merkelbach einen Weg, den man versuchen sollte. Aber es hat nun gerade auch aus taktischen Gründen keinen Zweck, mit einer Strategie des „alles oder nichts" zu operieren. Wenn wir etwas verändern wollen, müssen wir von der gegebenen Situation ausgehen, und das heißt auch: der des Lehrers an der gegenwärtigen Schule, die nicht von heute auf mor-

gen, sondern erst auf lange Sicht wandelbar ist. Deshalb ist es im Augenblick notwendig, projektbezogenes Unterrichtsmaterial sowohl in Buchform als auch in eigenständiger Publikationsweise herauszugeben. Auch das Argument Merkelbachs, das Lesebuch zwinge zu einem Angeobt vieler, im Umfang jeweils aber beschränkter Projekte, sticht insofern nicht, als eine Mehrzahl kleinerer Projekte nicht eo ipso ein Nachteil sein muß und umfassende Materialsammlungen unter einem inhaltlichen Leitaspekt einer die Schüler ermüdenden Ausdehnung der einzelnen Projekte im Unterricht Vorschub leistet. Wahrscheinlich kann im Augenblick sogar das Interesse der Schüler wegen der Ungewohntheit des Prinzips eher durch kürzere Projekte geweckt werden. Außerdem ist die Aufnahmefähigkeit jüngerer Schüler für soziopolitische und historische Kontextbehandlung begrenzt, so daß diese – auf jeden Fall notwendige – Art der Textauseinandersetzung erst Schritt für Schritt, mit entsprechend dosiertem Material, aufgebaut werden muß. Für eine ,,Übergangslösung'' spricht auch die Notwendigkeit, die Deutschlehrer in der Breite noch für ein projektbezogenes Arbeiten zu gewinnen.

1. Trivialliteratur als Herausforderung für eine literaturdidaktische Konzeption*

Indem ich das Thema dieses Aufsatzes formuliere, setze ich zwei verschiedene Bereiche, einen literarischen und einen didaktischen, in eine Beziehung zueinander, und zwar in die Beziehung einer Herausforderung. Unausgesprochen enthält die Formulierung die Voraussetzung, daß eine solche Herausforderung bisher entweder nicht bestanden hat oder nicht empfunden worden ist. Bevor ich jedoch die Art der Beziehung und ihre Gründe sowie die Folgerungen, die daraus zu ziehen sind, erörtere, zwingt das Thema mich zu einigen Vorbemerkungen im Hinblick auf die Schwierigkeiten, die es enthält. Obwohl seit einigen Jahren Forschung und Kritik auf dem Gebiet der Trivialliteratur intensiviert worden sind[1], und zwar sowohl von literaturwissenschaftlicher als auch von soziologischer, volkskundlicher und zeitungswissenschaftlicher Seite (um nur die Namen H. Bausinger und W. R. Langenbucher zu nennen), muß man auch heute noch konstatieren, daß es sich bei der Trivialliteratur um ein verhältnismäßig unerforschtes Gebiet handelt – eine Tatsache, die beispielsweise zu terminologischen Schwierigkeiten führt, ja den Begriff der Trivialliteratur selber berührt und seinen wenig differenzierten Pauschalcharakter bedingt[2]. Jahrzehntelang blieb das Gebiet unerforscht durch eine Literaturwissenschaft, die sich fast ausschließlich mit der Hochliteratur – oder derjenigen Literatur, die man jeweils dafür hielt – beschäftigte. Viele literaturwissenschaftliche Studiengänge (z. B. derjenige des Verfassers) kamen daher mit dem Problem überhaupt nicht in Berührung. Nach dem letzten Kriege waren es besonders die Kayser-Schule und die Methode der werkimmanenten Interpretation, die eine Auseinandersetzung mit der Trivialliteratur verhinderten. Das geschah mit der Begründung, daß Trivialliteratur stärker als andere Literaturbereiche über sich hinausweise auf gesellschaftliche Zustände und auf den Zusammenhang von Literaturproduktion, Literaturvertrieb und Publikum, Literaturwissenschaft es aber mit einer Literatur zu tun habe, die „für sich" spreche und „für sich" Bestand habe und einer sekundären Rechtfertigung durch einen wie auch immer gearteten Publikumsbezug nicht bedürfe. Die Folge war nicht nur eine weitgehende

---

*   In: Diskussion Deutsch 2 (1971), H. 6, S. 302–313.

Anmerkungen zu diesem Beitrag auf S. 93–94.

Abstinenz, sondern auch eine Pauschalbehandlung des Bereichs, dem lediglich ein die Hochliteratur erhellender Kontrastwert zugesprochen wurde und die – nicht zuletzt – auch den Begriff „Trivialliteratur" zu prägen half. Er drückt Abwehr zwecks Rechtfertigung eines ausschließlichen Umgang mit der Hochliteratur aus, eine Abwehr, hinter der im Grunde eine Verdrängung der Tatsache erkennbar ist, daß alle Literatur gesellschaftliche Relevanz hat, also auch die von der Literaturwissenschaft bevorzugte „hohe". So kann es nicht erstaunen, daß der Begriff Trivialliteratur wenig zur Deskription des Bereiches selber leistet, wenn er nicht bewußt als Hilfsbegriff Verwendung findet und die sich dahinter verbergenden Tatbestände exakt beschrieben werden wie etwa bei Dorothee Bayer, Kl. Gerth, W. Höllerer, H. Bausinger in der von Schmidt-Henkel herausgegebenen Sammlung „Trivialliteratur" und in W. Nutz' Untersuchung „Der Trivialroman". Aber auch dann bleiben noch einige Fragen offen, die das Instrumentarium der Analyse betreffen. Diesem Dilemma ist m. E. auch Kl. Gerth nicht entgangen, der in seinem Vortrag „Trivialliteratur in Vergangenheit und Gegenwart"[3] (auf der Loccumer Jugendbuchtagung 1968) zwar betont, daß man dem Bereich mit ausschließlich ästhetischen Kriterien nicht gerecht werde, und vorschlägt, den Begriff „Dichtung" nicht mehr wertend, sondern deskriptiv und ontologisch zur Bezeichnung der literarischen Fiktion überhaupt zu verwenden (etwa im Sinne K. Hamburgers in „Logik der Dichtung"), dann aber doch mit literaturwissenschaftlicher Methodik wertet (vgl. S. 10). Man kann demnach heute feststellen, daß zwar die Notwendigkeit der Beschäftigung mit dem Trivialbereich verbreitet gesehen wird, es aber infolge der Versäumnisse und Vorurteile der Vergangenheit sowohl an brauchbaren, eigenständigen, den Gesellschaftsbezug der Literatur reflektierenden Methoden als auch an einer wertungsfreien Terminologie innerhalb des Bereiches fehlt.

Die Gründe für die Entwicklung seien kurz angeführt, weil sie auch von didaktischer Bedeutung sind. Trivialliteratur hat etwas mit Öffentlichkeit, Gesellschaft und Publikum zu tun, sie ist u. a. ein soziales Phänomen und anders kaum verständlich und interpretierbar. In der Abstinenz von dem Bereich durch Wissenschaft und Kritik drückt sich die Aversion des Bildungssystems und seiner Apologeten gegen Gesellschaft aus, gegen intervenierende Faktoren, die „Bildung" und speziell „literarische Bildung" behindern, zugleich aber gegen „Masse", „Massenkultur", die Interessen der Vielen, der Ungesicherten, Abhängigen, Ungebildeten – d. h. auch gegen die Gleichheitstendenzen in unserer Gesellschaft. Hofstätter hat darüber in seiner „Gruppendynamik"[4] bedenkenswerte Ausführungen gemacht. Gegen die Demokratisierungsbewegung unseres Zeitalters trat ein am traditionellen elitären Bildungsbegriff festhaltender Kulturpessimismus auf den Plan, der beispielswei se noch in der Kritischen Gesellschaftstheorie eines Habermas[5] und eines Adorno wirksam ist, ein Bildungsbegriff, der nicht unwesentlich zur sozialen Differenzierung beiträgt, die zu überwinden eine der wichtigsten Aufgaben von Gesellschaft und Erziehung heute darstellt. Neben dem Effekt der sozialen Differenzierung führt ein humanistischer Bildungsidealismus unter anderem auch zu einer Abwendung von alledem, was ihn nicht konstituieren helfen kann, und zu einer Konzentration auf das im humanistischen Sinne „Bildungswirksame”. Th. Wilhelm hat mit dieser historisch gewachsenen, besonders in der deutschen Geistesgeschichte verwurzelten Ideologie überzeugend abgerechnet[6], ebenso wie W. Strzelewicz in seiner Einleitung zu der von ihm gemeinsam mit Raapke und Schulenberg herausgegebenen Untersuchung „Bildung und gesellschaftliches Bewußtsein”[7].

In der Literaturwissenschaft und in der literaturwissenschaftlich orientierten Didaktik schlägt sich der Bildungsidealismus nieder in einer Beschränkung des Interesses auf eine Literatur, deren „Inkommensurabilität” immer neue Interpretationsbemühungen erforderlich macht, auf das sog. „Unausschöpfbare” mit zeitübergreifender Wertigkeit. Einerseits stilisiert man Hochliteratur auf einen Rang hinauf, der Zeit- und Gesellschaftsunabhängigkeit suggeriert, und mißt erst dieser einen wahrhaft bildenden Wert zu, andererseits übergeht man die stärker oder eindeutig sozial determinierten übrigen Bereiche der Literatur, spricht ihnen jeden Bildungswert ab oder beläßt ihnen höchstens einige Funktionen (Kayser: Unterhaltung, Erbauung, Zeitkritik)[8].

Analysiert man die Polarisation von Trivial- und Hochliteratur ideologiekritisch, so werden diskriminierende Wertungen vollends fragwürdig. Denn: beide spiegeln das Sozialsystem auf ihre Weise, sie sind sozusagen Kehrseiten einer Medaille. Verachtung der Trivialliteratur durch eine literaturwissenschaftliche Bildungs-Apologie ist daher unwahrhaftig und vorurteilsverdächtig und offenbar eine mangelnde Reflexion des eigenen sozialen Standorts — man drückt darin soziale Vorurteile, soziale Verachtung aus zur Rechtfertigung der eigenen sozialen Position. Man kann die gesellschaftliche Funktion eines Literatursystems darin sehen, daß es — als Überbau-Phänomen — das Sozialsystem spiegelt und erhält, und das bewirken sogenannte Hochliteratur und sogenannte Trivialliteratur auf gleiche Weise. Für sich genommen hat „Hochliteratur” die gesellschaftliche Funktion, die herrschende Rolle der Mittelschichten beim Mittelschichten-Publikum zu bestätigen, die „Trivialliteratur” aber die Funktion, dasselbe beim Unterschichtenpublikum zu bewirken. (Insofern ist die Alternativfrage, ob Literatur das Sozialsystem spiegele oder es kontrolliere, falsch: denn sie bewirkt das eine durch das andere.[9])

An dieser Scheidung ist ferner zweierlei bedenklich: Es wird unterstellt, es könne überhaupt ein Laien-Lesen ohne mehr oder weniger bewußtes Suchen nach funktioneller Wirkung geben, und ferner wird sorgfältig unterschieden in eine Literatur, die nicht funktionell, und eine Literatur, die ausschließlich funktionell gelesen wird, und damit auch in ein entsprechend differenziertes Publikum. Bereits vom Kreis der Aufnehmenden her ist die säuberliche Einteilung fragwürdig. L. Giesz hat das im Kitschverhalten der Menschen, das er als eine anthropologische Grundmöglichkeit herausstellt, deutlich gemacht.[10] Entsprechend könnte man Trivialität als eine Art des Lesens (nämlich: naiv, undistanziert, genießend, sich identifizierend, funktionell) bezeichnen, müßte aber hinzufügen, daß literarischer Gegenstand und subjektives Verhalten zwar einander entsprechen können, aber durchaus nicht müssen.

Als Ergebnis stellen wir heraus, daß die bildungsidealistisch orientierte Literaturwissenschaft zum einen das Kriterium literarästhetischer Selbstgenügsamkeit postuliert, das so nicht haltbar ist, zum anderen ihm bewußt das Kriterium der Minderwertigkeit gegenüberstellt, das die entsprechende Literatur disqualifiziert und die wissenschaftliche Beschäftigung mit ihr zum außenseiterischen Hobby macht.

Diese Operation ist in Frage zu stellen. Dafür bieten sich zwei Wege an: 1. Man akzeptiert die Polarisation in literarische Selbstgenügsamkeit und literarische Funktionalität, muß dann aber nach eigenständigen Kriterien auch für die funktionelle Literatur suchen, weil hier Unvergleichbares kontrastiert wird; 2. man zieht so etwas wie literarische Selbstgenügsamkeit grundsätzlich in Zweifel und schafft durch das Postulat einer gesellschaftlichen Relevanz aller Literaturen eine gemeinsame Basis, die eine Bearbeitung mit gleichen Kriterien wieder möglich macht — nur dürfen sie dann nicht einseitig an der Hochliteratur gewonnen, keine rein „binnenästhetischen" Kriterien sein.

Der zweite Weg hätte für sich, daß er das Dichotomisierte wieder vereinigte, und v. a. dem Effekt der sozialen Differenzierung entgegenwirkte. (Kl. Ziegler sprach von der „sozialen Selbstisolierung" der Kunst-Literatur.[11]) Aber weder dieser noch der erste Weg ist bisher methodisch beschritten worden, so daß man auf wissenschaftlich einwandfreie Kriterien zurückgreifen könnte. Weiter hilft im Augenblick nur eine soziologisch und didaktisch orientierte Literaturwissenschaft, wie sie beispielsweise Conrady noch 1966 verworfen hat[12], aber neuerdings immer stärker gefordert wird, so z. B. von Lämmert in seinem Beitrag zu ‚Ansichten einer künftigen Germanistik' oder von literaturdidaktischer Seite durch R. Sanner in seinem Aufsatz ‚Literarische Bildung im Spannungsfeld von Fachwissenschaft und Fachdidaktik'[13]. So werden auch die Forderungen nach einer von der Literaturwissenschaft emanzipierten Didaktik verständlich, wie sie — in dem Band ‚Sprachpädagogik — Literaturpädagogik' — W. Israel und Anton J. Gail unmißverständlich erhoben haben.[14]

Die Forderung nach einer Neuorientierung der Literaturwissenschaft wird durch einige neue Untersuchungen von literaturwissenschaftlicher Seite selbst unterstützt. Dort wird etwa so argumentiert:
Wenn die Literatursoziologie der Literaturwissenschaft die Trivialliteratur mit ihren sozialen und gesellschaftlichen Bezügen abnehme,
so gestatte sie damit der Literaturwissenschaft, weiterhin gesellschaftliche Bezüge auszuklammern und sich auf eine vermeintlich gesell-
schaftslose, zeitenthobene Hochliteratur zu spezialisieren.[15] Den
wohl interessantesten Beitrag zu der Diskussion hat Kreuzer geliefert.[16] Er wendet sich nicht nur scharf gegen jedes Verfahren, das
auf Pauschalisierung, Kollektivierung und Gettisierung der Trivialliteratur hinausläuft (das tun zum Beispiel Bausinger und Gerth auch),
sondern er fordert eine grundsätzliche Eliminierung literaturpoliti-
scher Kampfbegriffe wie „Trivialliteratur", „Schund" aus der Literaturbetrachtung. Erst wenn man statt dessen von einer kategorialen
Gleichheit der Gattungen und Arten ausgehe und konsequent anstelle der horizontalen eine vertikale Ordnung einführe, seien wertende
Differenzierungen sinnvoll und auch möglich. Er empfiehlt daher,
den Begriff der Trivialliteratur im Sinne Schückings[17] zu historisieren: sie sei „als Bezeichnung des Literaturkomplexes, den die domi-
nierenden Geschmacksträger einer Zeitgenossenschaft diskriminieren",
zu verwenden. „Trivialliteratur" wird dann zu einem historischen
Operationsbegriff umfunktionalisiert, der sich auf die tonangebende
Geschmacksträgerschaft bezieht bzw. von ihr geprägt wird. Diskriminierung würde dann nicht mehr mit der Geste einer absoluten Bewertung auftreten, sondern es würden ihre historischen Voraussetzungen
mit bedacht. Aus dieser Position könnten dann einige der bisher oft
wiederholten, aber ungeprüften Prämissen infragegestellt werden: so
als habe nur Trivialliteratur Waren-Charakter und als habe die Spannung zwischen „autonomer" und „angepaßter (Publikums-)Literatur"
bereits ästhetische Relevanz.

Nach Kreuzer ist für Trivialliteratur eine Wissenschaft zuständig,
die sich nicht länger scheut, die „subjektive" und die „gesellschaftliche" Seite der Literatur (Rezeption, Bezug auf ein Publikum, Wirkung) in ihr Kalkül mit aufzunehmen. Ob es diese Literaturwissenschaft bereits gibt, mag im Moment offenbleiben; sie müßte ein er-
weitertes Problembewußtsein entwickeln und beispielsweise darüber
reflektieren, daß ihre Methoden immer politische Konsequenz haben, die dadurch noch verstärkt wird, daß die Methoden und die sich
dahinter verbergenden Interessen der Literaturwissenschaft die in den
Schulen praktizierte Didaktik präjudizieren. Sie müßte deshalb publi-
zistikspezifische und kommunikationssoziologische Fragestellungen
und Forschungsmethoden integrieren und ihr kritisches Instrumentarium entsprechend erweitern.

Wenn wir im folgenden kurz versuchen, die bisher an der Trivialliteratur herausgearbeiteten Phänomene herauszustellen, müssen wir
das tun im Bewußtsein der fragwürdigen Intentionen und Methoden,
mit denen das geschah. Es versteht sich von selber, daß das hier nur
in stark verkürzender Vereinfachung möglich ist. Die Merkmale sind:
eine durch sprachliche und inhaltliche Klischees bedingte leichte Zugänglichkeit der Literatur, die ihren Unterhaltungswert ausmacht,
ihr Charakter als eine marktkonforme Verbrauchsliteratur, die einfachen formalen Strukturen wie Linearität der Handlungsführung,
ein verdeutlichendes Verfahren, ein Realismus, der Zweifel über die
Tatsächlichkeit und Objektivität der Dinge nicht aufkommen läßt
und den Menschen als „Helden", d. h. als erfolgreich in und mit den
Dingen Handelnden zeigt, ferner eine Erzählhaltung, welche – so
Foltin in seinem Beitrag zu dem von Burger herausgegebenen Sam-
melband ‚Studien zur Trivialliteratur'[18] – die Fiktion als Wahrheit
ausgibt und deren Wesensmerkmal die Konstruiertheit des literarischen Gebäudes ist, mithin eine mehr oder weniger geschickt ver-
schleierte Abhängigkeit der literarischen Fiktion von den Intentionen des Verfassers, dessen Welt kein eigenständiges Leben gewinnt.
Jedoch ist wie beim Kitsch die Beschreibung der literarischen Trivialität ohne Einbeziehung des Leserverhaltens schwierig. Wir vollziehen
daher mit Giesz die Wendung ins Psychologische und stellen die Distanzlosigkeit zur dargestellten literarischen Welt heraus, die somit
eine Weise des Erzählens wie der Aufnahme bei den Lesern wäre; die
Allgemeinheit und Stereotypik entspricht den Erwartungen des Publikums, dessen Wünsche und Vorstellungskreise hier bestätigt werden und das mindestens eines in der Lektüre finden kann: Vergessen,
Traumerfüllung – eine Lektüre, die „keine Erschütterung und Verwir-
rung des genormten Gedankenhaushalts oder des Phantasievermö-
gens" verursacht[19].

Den mehrfach unternommenen Versuch einer Differenzierung zwischen Unterhaltungs- und Trivialliteratur möchte ich mir an dieser
Stelle ersparen; sie trüge zu unserem Thema nichts Wesentliches bei.

Die kurze Beschreibung kann immerhin verdeutlichen, wie unan-
gemessen die einseitig wertend-vergleichende Untersuchung der Trivialliteratur ist, da es im Hinblick auf ihre Absichten durchaus „gute"
Trivialliteratur geben kann. Aber vor allem: Betrachtet man Trivialliteratur funktional, so liegt die Vermutung nahe, daß der „Gebildete" in „seiner" Literatur genauso wie der Ungebildete in der seinen
Genüsse und Befriedigung sucht, nur auf anderer literarischer Stufe,
daß er mithin gerade auch diejenige Erfahrung an seiner Literatur
macht, die er den unteren Schichten und deren Arten des Literatur-
gebrauchs übelnimmt: die Erfahrung der Bestätigung und Integration.
Das bestätigt unsere obige Bemerkung, Kunst- und Trivialliteratur sei-

en nur als Kehrseiten derselben Medaille zu verstehen und benötigten einander zur gegenseitigen Erhellung und Definition. Schulte-Sasse hat den Sachverhalt neuerdings am Verhältnis Kunst und Kitsch im Zusammenhang mit dem Wertungs-Problem aufgrund eines Rückgriffs auf die historischen Bedingungen literarischer Wertkriterien erläutert.[20]

So erweist sich Trivialliteratur als das, was die Bedingungen der Kunst im (historischen) Verständnis der klassisch-normativen Ästhetik nicht erfüllt, überspitzt: die Auffassung, was Kunst sei, lebt vom Kontrast der Nichterfüllung bestimmter, keineswegs zeitloser, sondern historisch gewachsener und von der Sozialstruktur abhängender ästhetischer Bedingungen, wozu auch Gesellschafts- und Publikumsbezug oder dessen behauptete Nicht-Relevanz gehören.

Man kann nun fragen, wieso eine Literatur, die sich ums Gelesenwerden keine Sorgen zu machen braucht, eine Herausforderung für die literarische Erziehung darstellt. Wenn wir oben sagten, daß man nur deshalb von einer Herausforderung sprechen kann, weil sie bisher nicht bestanden hat oder wahrgenommen worden ist, so bin ich jetzt eine Erklärung darüber schuldig, worin die Herausforderung eigentlich liegt und welches Maß an Umdenken bei einer planmäßigen Einbeziehung der Trivialliteratur in die literarische Erziehung erforderlich ist. Die Herausforderung liegt in der konservativen Grundhaltung und in den ideologischen Implikationen der Trivialliteratur, die das Ergebnis ihrer leserbezogenen Marktkonformität und insofern von unübersehbarer politischer Tragweite sind. Die Ideologiefracht des Literaturbereichs ist nicht zufälliger und daher vielleicht zur Not eliminierbarer Natur, sie ist zudem sprachgebunden, also auch nicht als Inhalt von der Form abtrennbar. Nur das kann Trivialliteratur sein, was sich innerhalb des Umkreises verbreiteter Vorstellungen, Meinungen, Vorurteile und Stereotypien bewegt (daher der Begriff „trivial" im Sinne von „banal", was auf der Straße liegt, Meinung und Auffassung von jedermann) und damit sie bestätigt. Darin liegt ihre sozialpsychologische Bedeutung, ihr Wert als Kommunikationsfaktor – sie drückt aus, was alle (oder viele Gruppen) miteinander verbindet. Darin liegen natürlich auch ihre Gefahren: Verfestigung von Vorurteilen, in- und outgroup-Klischees. Das begründet zugleich ihre Funktion als erholsame Unterhaltung, die Erfahrung einer Art Selbsterhöhung des Lesers, der auf Trivialliteratur unbewußt reagiert wie auf den Zuruf: Du brauchst dich nicht zu ändern. Man darf sich so, wie man nun einmal ist, selber genießen. (Aber man ist natürlich nicht „von Natur aus" so, sondern erst durch Sozialisation so geworden, wie man ist. Trivialliteratur unterstützt und bestätigt damit die in der Gesellschaft üblichen Sozialisationsweisen.) Gerade der – wenn man so will – „unpädagogische" Charakter der Trivialliteratur, den sie mit vielen Angeboten der Massenmedien gemeinsam hat (insofern läßt sich vieles von dem hier Gesagten auf die Massenmedien übertragen), sollte als Herausforderung für die Pädagogik erfahren werden, deren Wahlspruch im Gegensatz zu dem unausgesprochenen der Trivialliteratur ja gerade der Satz ist, daß man sich zu ändern habe.

Das erwähnte notwendige Umdenken der Literaturdidaktik liegt nun darin, daß etwas ohnehin Gelesenes und Konsumiertes noch einmal Gegenstand des Unterrichts und der Erziehung sein soll – während sich die Literaturdidaktik bisher vornehmlich so verstand, daß sie die Hinführung zu etwas noch nicht Gelesenem und noch nicht Erreichtem plante. Mit anderen Worten impliziert die Annahme der Trivialliteratur als Herausforderung der Literaturdidaktik ein anderes Verhältnis der Didaktik zur Literatur überhaupt. Hier sind auch die größten Widerstände des Bildungssystems gegen eine solche Erweiterung des literarischen Schul-Angebots zu erwarten. Die didaktische Tätigkeit beschränkte sich im Literaturbereich im wesentlichen auf die Frage: was soll ausgewählt, angeboten werden, welches Literaturgut ist bildungsrelevant, sei es nun aus der literarischen Tradition, sei es aus der Gegenwartsliteratur. Es läßt sich leicht zeigen, daß die in den letzten Jahren intensivierten Bemühungen, besonders seit Gerths ‚Lesebuch 65', im Grunde noch der Bildungsideologie verhaftet sind. Sie konzentrieren sich auf die Auswahl von Literatur, die nach Auffassung literarisch Gebildeter heute literarische Bildung konstituiert, binden „Bildung" demnach an ein „Was". Die so gefundene und exemplarisch ausgewählte Literatur soll dem Schüler angeboten werden als „beispielhaft" und vorbildlich und legt ein ganz bestimmtes Verhältnis zu ihr nahe: das der bedingungslosen Annahme und Unterwerfung. Hochgebildete, kenntnisreiche Gremien haben für ihn ausgewählt, haben sein Urteil somit vorweggenommen. Hinter dem Verfahren verbirgt sich – unschwer erkennbar – eine hierarchisch autoritäre Schulstruktur, die ihre adäquate Theorie in einer gesellschaftslosen „pädagogischen Autonomie" findet. Th. Wilhelm hat breit ausgeführt, warum diese Schulstruktur unserer Gesellschaftsentwicklung nicht mehr entspricht. Aber an dieser Stelle wird das notwendige Maß an Umdenken besonders deutlich. Bei Wilhelm heißt es lapidar: „ . . . vom umfriedeten Kanon zur offenen Enzyklopädie".[21] Die Offenheit der gesellschaftlichen Situation ist von grundlegender Bedeutung für „Mobilität" und Überwindung der Sozialbarrieren, die allgemeine Zugänglichkeit aller Medien und Informationsquellen, die Überständigkeit jeder Art von Abschirm- und Behütungspädagogik, der Abschied von jeder schwammigen Wert-Pädagogik, hinter der sich ideologisch verbrämte Herrschafts-Interessen verbergen: all das führt dazu, daß die Schule sich heute weniger als

Vermittler des sog. „Wertvollen", von sog. „Bildungsgütern" versteht bzw. verstehen sollte denn als Vermittler derjenigen Verhaltensweisen und Lernprozesse, die zur Existenzsicherung des einzelnen in unserer Gesellschaft und zur Sicherung ihres Fortschreitens im Sinne einer Demokratisierung notwendig sind. Was sie bisher an — aufgrund Klafkis didaktischer Bildungs-Kriterien identifizieren — Bildungsgütern anbot, galt es zu verstehen und anzunehmen. Eine Verwerfung durch die Schüler war nicht eingeplant, sie konnte nur gegen die Intentionen der Schule vollzogen werden. Das erzog entweder zur Anpassung oder zur Heuchelei. Die Wendung besteht darin, herauszufinden, was ein vorhandener und wirkender Gegenstand, den sozusagen nicht die Schule, sondern die Gesellschaft ausgewählt hat, an Fähigkeiten und Leistungen verlangt, damit er erkannt und durchschaut werde. Hier auch kommen Einsichten der lernpsychologischen Didaktik (etwa P. Heimann, W. Schulz) zum Tragen. Die Schule bietet einen Text nicht mehr an, damit er lediglich „verstanden", auf- und angenommen werde als die Gabe einer unangreifbaren und undurchschaubaren Autorität, sondern damit er durchschaut werde in seinen Intentionen, in der Relation der verwendeten sprachlichen Mittel zu seinen Absichten, in seinem möglichen Gegensatz und Widerspruch von erklärter und tatsächlicher Meinung. Es geht in dieser Situation nicht um die Literatur und ihre möglichst unverkürzte Annahme, sondern um die Herstellung der Freiheit gegen die manipulativen Mechanismen der Literatur, die zweifellos nicht nur in der Trivialliteratur anzutreffen sind. Nur dann ist zwischen literarischer und politischer Erziehung ein Bezug herstellbar und überschreitet literarische Bildung die Einengung auf eine individualistisch-private Geistigkeit.

Die Wendung bedeutet jedoch nicht nur eine Erweiterung des Angebots und der Bearbeitungsmethoden. Es liegt auf der Hand, daß das bereits vielfach praktizierte Verfahren, Triviales wie Schlager, Comics und Heft-Roman zu Kontrastzwecken und zum Zwecke der Abwertung und damit der Aufwertung des „Guten" anzubieten[22], genauestens jener literaturwissenschaftlichen Methode entspricht, die zum unbefriedigenden Pauschalbegriff „Trivialliteratur" geführt hat; es diskriminiert nur zur Bestätigung bestehender Herrschaftsinteressen. Zum anderen übersieht es die grundsätzliche Berechtigung der Trivialliteratur, deren mindere Qualität das eine, deren zu erhellende eigenartige Funktion ein anderes ist. Gäbe es die Literatur nicht, so müßte man sie wahrscheinlich erfinden oder sich nach einem Ersatz umsehen. Darum darf man die „Herausforderung", von der unser Thema spricht, nicht so mißverstehen, als gelte es, dieser Literatur — wie es oft so schön heißt — den „Garaus" zu erklären oder die Kinder durch Vermittlung von Einsichten in ihre Minderwertigkeit über sie „hinauszuführen". Fanatischer Eifer zahlt sich hier nicht aus, verrät totalitäres Denken und offenbart ein unterentwickeltes Bewußtsein von der Überbau-Funktion der Literatur im Verhältnis zur Gesellschaft. Denn schließlich verbringen die Menschen ihre Freizeit so, wie Sozialisation es ihnen nahelegt. Die Bedürfnisse, die mit ihr befriedigt werden, sind keine willkürlich gewählten; nur ein unpolitischer Kopf kann sie als Intransigenz interpretieren. Indem der Mensch Trivialliteratur genießt, reagiert er auf Gesellschaft, sie ermöglicht ihm Unterhaltung, Entspannung, Ausgleich, zeitweiliges Abschalten, Erholung am „ganz anderen", am schön Unwirklichen (eine 15jährige Hauptschülerin schreibt: „in diesem Buch gibt es viele Dinge, die es in Wirklichkeit gar nicht gibt, das gefällt mir", eine Elfjährige: „Das Buch finde ich lügenhaft und schön."). Vielleicht darf man in diesem Zusammenhang auf jene „sanften Narkotika" verweisen, die – nach S. Freuds ‚Unbehagen in der Kultur' – der Mensch zum Ausgleich seiner unausbleiblichen Versagungen nun einmal braucht. Entsprechend wird man den bekannten Ausspruch „Wieviel Kitsch braucht der Mensch?" abwandeln können zu „Wieviel Trivialität braucht der Mensch?", um anzudeuten, daß man nicht ständig „in der Wahrheit wandeln" und sich auf den Höhen des Geistes bewegen kann, daß man den Druck der Wirklichkeit nicht ständig aushält und die Erholung von sich selber und der Wirklichkeit braucht, um hernach sich gestärkt wieder der Realität zuzuwenden. Aber selbst in dieser Rechtfertigung zeigt sich ein Pferdefuß. Könnte es nicht sein, daß sowohl die Verachtung trivialer Bedürfnisse (als Eskapismus) als auch ihre Rechtfertigung (als Ausgleich und Regeneration) insofern parteiisch und heuchlerisch sind, als die Realität, der sich der Genießende entweder lieber oder doch wenigstens hernach zuwenden soll, die Realität der bestehenden gesellschaftlichen Verhältnisse ist? Man gestattet nicht gern einen Ausbruch aus einer Realität, die einem selber Vorteile bringt, und die durch Trivialliteratur stimulierten Träume von einer „besseren Welt" könnten die bestehende infragestellen.

Wir möchten aber im folgenden von der grundsätzlichen Berechtigung narkotisierender Träume ausgehen, da wir uns keine – noch so reformierte – Gesellschaft vorzustellen vermögen, in der alles Träumen sich erübrigt, weil alle Konflikte und Widersprüche ein für allemal gelöst sind (eine solche Welt entwirft Marcuse in ‚Der eindimensionale Mensch'[23]).

Der „didaktische" Konflikt besteht in der Spannung zwischen einer Anerkennung des Rechts auf Erholung, eines Wandels in den „Niederungen der Trivialität" und der unabdingbaren Aufgabe einer Erziehung zur Kritik und zur Distanz. Dem Konflikt, der bis in den Schulalltag hineinwirkt, könnte man nur unter den Bedingungen einer Bildungspädagogik entgehen, allerdings auf Kosten einer zeitentsprechenden, gesellschaftlich orientierten Bildung.

An dieser Stelle ist es Zeit, die Anregungen der Soziolinguistik Bernsteins und seiner deutschen Apologeten Oevermann, Roeder, Rolff u. a. über den unterschiedlichen Sprachgebrauch und die unterschiedliche, sprachbedingte Sozialisation in den Sozialschichten in den Gang unserer Erörterung einzubeziehen. Das ist deshalb wichtig, weil sie einen weiteren Anstoß zum Umdenken der Schule geben könnten. Neuere Untersuchungen zum Sitzenbleiber- und Ausleseproblem haben deutlich gemacht, daß es einige Faktoren gibt, die eine gerechte, Intelligenz und Leistungsfähigkeit objektiv berücksichtigende Behandlung der Kinder in unserer Gesellschaft bisher verhindert haben. Das hängt wahrscheinlich und mindestens unter anderem mit dem Charakter unserer Schule als einer Institution der bürgerlichen Mittelschicht zusammen, deren Normen und Werte sie repräsentiert. Bei Schmidtchen u. a. kann man nachlesen, daß diese Normen sich auch auf das Lesen und Leseverhalten beziehen.[24] Die Schule hat offenbar bisher jedoch kaum begonnen, über diesen ihren Charakter und seine Auswirkungen auf die Lebenschancen der ihr anvertrauten Kinder zu reflektieren. Solange sie das nicht tut, bemerkt sie auch nicht die unterschiedliche Lage der Unter- und Mittelschichtkinder in der Schule, indem jene einem verunsichernden, der Leistungsmotivation entgegenwirkenden Normenkonflikt ausgesetzt sind, während diese sich bestätigt und damit in besonderem Maße gefördert fühlen können und — unabhängig von ihrer Intelligenz — für ihren sozialen Aufstieg gesorgt wird.

Welchen Beitrag leistet dieser Tatbestand für unseren Zusammenhang? Angesichts unserer Sozialstruktur kann man annehmen, daß das Lektüresystem unserer Gesellschaft ein Abbild der literarischen und medialen Interessen der Sozialschichten darstellt, hinter dem Sozialkonflikte und ökonomische Bedingungen stehen. Ein enger, bildungsidealistischer Literaturbegriff bestätigt damit die Kinder, die aus Sozialschichten stammen, welche diesen Begriff teilen oder gar bewußt zu Prestigezwecken und zur Distanzierung von der „Menge" kultivieren. Er frustriert die Kinder aus der Unterschicht, für die er keine soziale Bedeutung hat, — weder im Augenblick noch später. Schon aus diesem Grunde ist ein Ernstnehmen jeglicher Literatur durch die Schule eine Notwendigkeit.

Zum Schluß möchte ich aus dem Gesagten einige Folgerungen für eine Literaturdidaktik ziehen, die sich insofern als „politisch" versteht, als sie das Ihre zum gesellschaftlichen Prozeß beitragen möchte.

Die Möglichkeit einer objektiven literarästhetischen Wertung soll zwar nicht grundsätzlich angezweifelt werden; es ist jedoch zu fragen, welche pädagogische Bedeutung sie im Angesicht der erwähnten Tatbestände haben kann. Ein „gut an sich" besagt noch nichts über ein „gut für". Das gilt sowohl im Hinblick auf Funktionen, ohne die das

Lesen überhaupt sinnlos wäre, als auch im Hinblick auf das, was erreichbar ist und was sozial bestätigt wird. Von hier aus ist die Forderung nach einer Erweiterung des literarischen Angebots, nach Individualisierungen und differenzierenden Formen des Angebots und der methodischen Arbeit zu erheben. Bildungswirksam ist nicht nur das „Inkommensurable", sondern alles, was an Lektüre im Sozialbereich Bedeutung hat. „Bildung" darf nicht in der Weise verdinglicht werden, daß sie von der Aufnahmefähigkeit für ganz bestimmte Gegenstände abhängig gemacht wird. Ein autoritäres Angebot ist ideologieverdächtig und verbirgt Herrschaftsinteressen. Die Beschränkung auf die Vermittlung von Verstehensfähigkeiten ist zu ergänzen durch ein verstärktes Bemühen um Motivation und Förderung der im gesellschaftlichen Raum notwendigen Fähigkeit zum Durchschauen von bewußtseins- und meinungsbeeinflussenden Textintentionen, das heißt zur Kritik. Der Literaturunterricht richtet sich in Auswahl und Methode nach gesellschaftlichen Erfordernissen und öffnet sich dem literarischen Leben „draußen" in seiner Breite. Das bedeutet, daß die Schule Trivialliteratur nicht nur resignativ toleriert, sondern daß sie ernsthaft mit ihr umgehen lehrt. Sie kann dabei ausgehen von ihrer sozialpsychologischen und sozialhygienischen Berechtigung. Das Ziel müßte es sein, die in den unterschiedlichen literarischen Interessen und Verhaltensweisen sich ausdrückende soziale Differenzierung abzulösen durch allgemein anerkannte situations- und rollenbedingte Verhaltensweisen. Bislang entwickelt der Gebildete bei seinen auch bei ihm vorkommenden trivialen Vergnügungen unnötigerweise ein schlechtes Gewissen, das sogar bei den Unterschichtlesern oft noch anzutreffen ist, da sie zwar die Normen, nicht aber die Verhaltensweisen der Mittelschicht übernehmen. Die unterschiedlichen Verhaltensweisen der Sozialschichten der Schriftkultur gegenüber sind ein Spiegel der Unvollkommenheit der Sozialstruktur. Durch Bildung und Erziehung müßte erreichbar sein, daß das Lesen von Trivialliteratur nicht mehr sozial determiniert ist, sondern situations- und rollenbedingt vorgenommen wird, daß man lernt, auf die unterschiedlichen Beanspruchungen auch unterschiedlich als Leser zu reagieren. Freilich wäre es eine Illusion, allein von Bildung und Erziehung eine solche Verhaltensänderung zu erwarten; sie haben in eine Wechselbeziehung zum Gesellschaftsprozeß zu treten, die Hentig in das Bild vom „Regelkreis" gefaßt hat.[25] In der Schule ist es uns jedoch möglich, durch unbefangenen, von falschen Tabus entlasteten Umgang mit Literatur jeglicher Art etwas von dieser Zukunft vorwegzunehmen. Sie braucht die verschiedenen Literaturen dann nicht mehr gegeneinander auszuspielen und die eine mit der anderen zu bekämpfen und kann auch ganz verschiedenartige Verhaltensweisen ihnen gegenüber respektieren, die entsprechend dem Rollenspektrum, in dem der heutige Mensch lebt, einander ergänzen. Einen politischen Sinn entfaltet diese Arbeit jedoch erst dann, wenn sie mit einer Bewußtmachung der eigenen sozialen Rolle der Kinder und ihrer Interessen in der Gesellschaft einhergeht. Literaturunterricht von politischen und von Funktionen überhaupt ausnehmen, um den Gegenstand Literatur und dessen „Wesen" nicht zu verfehlen[26], würde ihn zu einem Instrument der gesellschaftlichen Stabilisierung machen und hätte einen, von vielen wahrscheinlich gar nicht gewollten negativen politischen Effekt.

Auf die Konsequenz, daß in einer Gesellschaft sozialer Widersprüche dann auch der gesellschaftliche „Sinn" der „Hochliteratur" (Differenzierung des Publikums und Bestätigung von Herrschaft) vermittelt werden müßte, kann ich hier nicht mehr eingehen. Insofern darf eine Neueinstellung auf Trivialliteratur nicht isoliert werden von einer Neueinstellung der Didaktik auf Literatur überhaupt. Die methodischen Folgerungen daraus zu ziehen, ist hier nicht möglich. Es soll auch nicht verkannt werden, daß das Aufnehmen der Herausforderung nicht auf Anhieb möglich ist, sondern ein schwieriger Bewußtseinsprozeß, in dessen Verlauf so manche liebgewordene Vorstellung aufgegeben werden muß. Mir scheint jedoch, als bliebe uns keine andere Wahl, wenn wir es wirklich ernst meinen mit unserer Kritik an gesellschaftlichen Verhältnissen, die sich vermittels eines adäquaten Bildungssystems und daraus folgender kultureller Polarisation endlos reproduzieren.

Anmerkungen

1 Vgl. Burger 1968, Wellershoff 1969, Kolbe 1969.
2 Vgl. Bausinger, in: Burger, a. a. O.
3 Abgedruckt in: Triviale Jugendliteratur? Das Jugendbuch als Unterhaltungslektüre, Mainau 1969.
4 Hofstätter 1957. Vgl. auch Glotz/Langenbucher 1969, S. 86 f.
5 Vgl. Habermas 1962.
6 Wilhelm 1967 (b).
7 Strzelewicz/Raapke/Schulenberg 1966.
8 Kayser 1966.
9 Vgl. Inglis 1968, S. 265 u. a.
10 Giesz 1960.
11 Ziegler 1947.
12 Conrady 1966, S. 81.
13 In: Höffe 1969.
14 Ebenda.
15 Hermand 1969, S. 149, Maren-Grisebach 1970, S. 81, Gansberg/Völker 1970, S. 29.
16 Kreuzer 1967.

17 Schücking 1961.
18 Foltin 1968, S. 265.
19 Höllerer 1968, S. 41.
20 Schulte-Sasse 1971 (a).
21 Wilhelm 1967 (b), S. 210.
22 Vgl. z. B. Feldhaus/Böhmer 1968, Nellen-Piské 1966, Spieler/Thamm 1968.
23 H. Marcuse 1967. Marcuse macht einen veränderten Gebrauch von Texten von einer revolutionären Veränderung der Gesellschaft abhängig.
24 Schmidtchen 1968, vgl. Rosenmayr/Köckeis/Kreutz 1966.
25 Hentig 1965.
26 Helmers 1970 (b), S. 33.

2. Literaturdidaktik und Trivialliteratur*

Die folgenden Bemerkungen zum Problemfeld Trivialliteratur im Literaturunterricht müssen als Spezialfall einer literaturdidaktischen Konzeption gesehen werden, die hier nicht ausgeführt werden kann. Statt dessen soll hier ihr Umriß in vier Thesen angedeutet werden:

1. Ein erweiterter Literaturbegriff ist zugrunde zu legen (Literatur = Inbegriff aller indirekten sprachlichen Kommunikation),
2. Verzicht auf vorschreibend-vorbewertendes Unterrichtsverfahren,
3. Ziel ist nicht Vermittlung bestimmter Literaturen, sondern Vermittlung von Kriterien der Bearbeitung,
4. als Bearbeitungsmethode steht das „kritische Lesen" im Vordergrund.

Ferner liegt dem folgenden ein bestimmter Begriff von Trivialliteratur zugrunde: Eine allgemeine und verbindliche Definition des Begriffes Trivialliteratur gibt es nicht. Da sein Zweck Diskriminierung ist, ist jeweils zu fragen, von welchem Standort und aufgrund welcher Interessen diskriminiert wird. Dieser Standort ist abhängig von der persönlichen Biographie, den Sozialerfahrungen des einzelnen Beurteilers und den in der Gesellschaft geltenden Literaturnormen. Das Urteil wird weiter erschwert, da es nur unter der Voraussetzung unangefochtener Normen einen Sinn hat: Trivialliteratur als Kontrastliteratur. Wie niemals zuvor sind jedoch die literarischen Normen in unserer Gesellschaft relativiert und infrage gestellt.

Trivialliteratur ist nur im Zusammenhang mit ihren Funktionen versteh- und beschreibbar (was nicht heißt, daß nicht auch die nicht-triviale Literatur Funktionen hat).

Zwei Leser-Funktionen sind herauszustellen:

- Entlastung, Reproduktion, Befriedigung des Publikums,
- dadurch psychische Stabilisierung, die sich bei massenhaftem Konsum als gesellschaftliche Stabilisierung auswirkt.

* In: Sprache im technischen Zeitalter, H. 44/1972 (Lesekanon und Trivialliteratur, hg. von D. Pforte und O. Schwencke), S. 269–277.

Anmerkungen zu diesem Beitrag auf S. 103.

Die Hauptfunktion für die Produzenten ist der Umsatz (Verkauf, Gewinn). (Die Funktionen kennzeichnen die Verhältnisse in den kapitalistischen Ländern. Ob es auch in den sozialistischen Ländern eine Trivialliteratur gibt und wenn, welche Funktionen sie dort hat, soll hier unerörtert bleiben.)

Die Funktionen werden erreicht durch folgende Merkmale:

— Transport von Klischees, Stereotypen, Leitbildern, Vorurteilen, die in der Gesellschaft verbreitet sind; Anpassung an die Denkweise und Wunschbilder des Publikums,
— bestimmte Handlungsschemata, die für einzelne Bereiche der Trivialliteratur wie auch besonders für einzelne Serien (Comics, Fernsehen, Heftchen) gelten),
— eindeutige, transparente Personen-Typik (Freund-Feind, klare Parteiungen),
— Waren-Charakter: Stereotypik und Schemata garantieren immer gleiche Konsumerfahrung (Voraussagbarkeit) und haben die Funktion eines Markenartikels. Trivialliteratur stimuliert Ängste, Spannungen, Bedürfnisse, die sie vermittels einer im Schema festliegenden Strategie zugleich befriedigt,
— Artikulation von Denk- und Erfahrungsweisen, die von der „authentischen" Kultur diskriminiert werden (Regressionen und Aggressionen),
— auf der anderen Seite Vermittlung autoritärer Denkmuster und Wertnormen (Patriarchat, Rollenfixierung),
— Betonung irrationaler und emotionaler Momente (Gefühl und Schicksal gegen rationale Konfliktbewältigung),
— Ansprechen gewisser Dispositionen durch entsprechende Reize (Sensation, Bösewicht als Sündenbock, Brutalität, Kindchen-Schema),
— Wirklichkeits-Fiktion, d. h. Nicht-Verdeutlichung des Standorts und der Interessen des Autors und dadurch Anschein von Realität und Allgemeingültigkeit.

Die Funktionen und die sie bewirkenden Merkmale sind nur verstehbar auf dem Hintergrund einer bestimmten gesellschaftlichen Praxis, durch die Bedürfnisse entstehen, die in der Trivialliteratur befriedigt werden. Verschiedene Merkmale der Konsumenten-Situation bedingen kompensatorisch bestimmte Merkmale der Trivialliteratur:

— Unsicherheit und Unübersichtlichkeit der Situation — Übersichtlichkeit und Transparenz der Literatur,
— Notwendigkeit von Mißtrauen und Verstellung — Vertrauenswürdigkeit der Realität, Erkennbarkeit der Personen,

- Entfremdung, Spezialisierung — Aufhebung der Entfremdung,
- sekundäre, unübersichtliche gesellschaftliche Strukturen — Familiarismus,
- Tabuisierung von Aggressivität — Möglichkeiten der Entfaltung von Aggressivität,
- Nüchternheit des modernen Lebens und Notwendigkeit zu rationalem Verhalten — Emotionalität,
- Handlungs-Ohnmacht — Handlungs-Euphorie in der Literatur (Aktionalität, Bewährungsmöglichkeit) usw.

Es muß offen bleiben, welche der Situations-Merkmale auf eine falsche und verfehlte Organisation der Gesellschaft zurückführbar sind und ob es nicht möglicherweise unumkehrbare Prozesse gibt, welche die Überwindung der Voraussetzungen für Trivialliteratur als uneinlösbare Utopie erscheinen lassen.

Indem die in der Realität nicht befriedigten legitimen Bedürfnisse von den Texten scheinbar befriedigt werden — u. a. auch dadurch, daß die Verhältnisse als unveränderbar geschildert werden —, erübrigt sich eine Veränderung der Bedingungen, aus denen das Interesse an der Trivialliteratur hervorgeht, und kommt es zu einer Verfestigung der Wirklichkeit, erstarrt sie zu einem Mythos (Barthes). Das heißt: Trivialliteratur führt zu einer Legitimierung der gesellschaftlichen Realität und der gesellschaftlichen Sozialisation. Hierin liegt die politische Relevanz der Trivialliteratur.

Im Hinblick auf die politische Funktion der Trivialliteratur ist zu fragen, ob es ausreicht, ihr eine Literatur mit einem höheren Grad von Reflexion und mit Mitteln zur Erzeugung einer Leser-Distanz entgegenzusetzen — oder in der Formulierung eines Marxisten: Sollen wir die Kolportage der Reaktion überlassen? (Hitzer)

Zuerst sei auf die Schwierigkeiten und Widerstände eingegangen, auf die wir stoßen, wenn wir Trivialliteratur in den Schulunterricht einbeziehen wollen.

Da Entlarvung und Diskriminierung der Trivialliteratur nicht im Interesse dieser Gesellschaft (soweit sie sich als statisch versteht) liegen — denn sie ist ein nicht zu übersehender Faktor ihrer Stabilität —, wird es auch die Schule, als Teil der Gesellschaft, nicht leicht haben, sich ihr kritisch zuzuwenden. Ich möchte zuerst auf die Probleme aus der Sicht der Schule, dann auf die aus der Sicht der Schüler eingehen.

Die Schule wird nicht so ohne weiteres akzeptieren, daß sich hinter ihrem Widerstand, sich in einer bestimmten, noch zu beschreibenden Weise mit Trivialliteratur zu befassen, ein Interesse an der Erhaltung des Bestehenden verbirgt. Und doch ist dies mindestens das Ergebnis dieses Widerstandes. Solange die Schule eine Institution der bürgerlichen Mittelschichten ist und sich nicht löst vom Gedanken der humanistischen Bildung, wird es die Trivialliteratur schwer haben, zu einem gleichberechtigten Gegenstand des Unterrichts zu avancieren. Wird „Bildung" abhängig gemacht von der Bejahung und und Annahme ganz bestimmter, durch Tradition geheiligter und kanonisierter Gegenstände „bildenden Gehalts", so ist für Gegenstände kein Platz, die nicht als solche Bildungswert haben, sondern denen gegenüber ein bestimmtes Verhalten gelernt werden muß.

Voraussetzung für den unbefangenen, unverkrampften Umgang der Schule mit Trivialliteratur ist daher, daß die Schule ihre eigene Interessenlage reflektiert und ihr Selbstverständnis als Institution zur Absicherung der bestehenden Ordnung überwindet. Vor allem ist das Argument Helmers' zurückzuweisen, man unterstütze mit der Einbeziehung der Trivialliteratur in den Unterricht das kapitalistische System und dessen — wie Helmers sich, eine Marxsche These sich zu eigen machend, ausdrückt — „Kunstfeindlichkeit", für die die Existenz der Trivialliteratur bezeichnend sei; m. E. ein gründliches Mißverständnis, das einer eigenen Analyse wert ist.[1]

Die Widerstände auf seiten der Schüler sind oft ebenso groß; kein Wunder, da die Schüler längst die Normen der Schule verinnerlicht haben — freilich nicht zur Verhaltenssteuerung, sondern lediglich bewußtseinsimmanent. Die Schüler sind daran gewöhnt, daß die Schule sauber zwischen Schullektüre und Hauslektüre trennt. An jener muß man arbeiten, distanziert heruminterpretieren, diese aber bereitet Vergnügen, und das will man sich nicht nehmen lassen — ein Unterrichtsziel, von dem man deshalb wohl Abstand nehmen müßte. Außerdem: Was soll man sich noch mit einem Schrifttum beschäftigen, das man ja ohnehin schon liest? Jedoch: Die Trennung zwischen dem, was Mühe macht, und dem, was Vergnügen bereitet, sowie die säuberliche Verteilung beider Bereiche auf Schule und Haus ist gefährlich und ein sicheres Mittel der Erhaltung des höchst unbefriedigenden Zustands: der Ineffektivität des literarischen Unterrichts. —

Gehen wir kurz auf die Frage ein, wie die Schule sich bisher gegenüber dem Phänomen der Trivialliteratur verhalten hat; vielleicht gewinnen wir dadurch Maßstäbe, wie ein sinnvoller Einbau in den Unterricht möglich ist. Überwiegend hat die Schule bisher oder bis vor ein paar Jahren Trivialliteratur einfach totgeschwiegen und auf diesem Wege ihre Verachtung zum Ausdruck gebracht. Wenn in Didaktiken und Bildungsplänen bis weit in die 60er Jahre überhaupt der Begriff oder Synonyme auftauchten, dann lediglich in der Form, daß man hoffte, die Schüler könnten durch Umgang mit „Dichtung" auch Kriterien für die Bewältigung des „nicht-dichterischen" Schrifttums gewinnen[2]. Noch 1968 haben R. Geißler und Mitarbeiter in den „Interpretationshilfen" zu ihrem Lesebuch ‚Modelle' diesen Weg für gangbar gehalten, wenn sie auch hinzufügen, er allein sei nicht ausreichend. Sie sagen dort: „Die Entwicklung eines gesteigerten Anspruchsniveaus" sei „gewiß auch Ergebnis funktionaler Erziehung" und stelle sich „– jedenfalls innerhalb gewisser Grenzen – beim sachgemäßen Umgang mit guten Texten als zusätzliches Ergebnis nebenher und von selbst ein"[3]. Daß dies eine schlimme Verkennung der realen Situation und eine uneinlösbare Erwartung darstellt, bedarf wohl keiner Begründung mehr; denn diese Auffassung sieht ab von den gesellschaftlichen Funktionen des Trivialen und der wohl überwiegend gesellschaftlich erzeugten Bedürfnislage, auf die sie eingeht. Wertender Vergleich von Texten und von verschiedenen Textsorten mag dann und wann nützlich sein, nur beeinflußt er Verhalten nicht, da dieses nur in beschränktem Maße durch Einsicht steuerbar ist. Dies anzunehmen, heißt das Problem der Trivialliteratur zu personalisieren und die Verantwortung der Lektüre dem Individuum aufzubürden.

Überwiegend wurde also Trivialliteratur als „nicht-wertig" totgeschwiegen, teilweise in der Hoffnung, das Problem der Triviallektüre erledigte sich damit von selbst. Man machte einen „Dichtungsunterricht", über dessen Wirkungslosigkeit man sich dann beklagte.

Die zweite Form ist die Behandlung der Trivialliteratur als negatives und abschreckendes Gegenbeispiel, so bei Feldhaus/Böhmer, in der Realschul-Didaktik von Spieler und Thamm, bei Jutta Nellen-Piské, in den erwähnten Interpretationshilfen von R. Geißler sowie bei Kleinschmidt.[4]

Das hauptsächliche methodische Verfahren dieser Literaturdidaktiker ist der Vergleich: Da wird ein Schlager mit einem Mörike-Gedicht verglichen, ein Heimat-Roman mit einem Britting-Text, oder es wird – so bei Nellen-Piské – ein Micky-Maus-Text akzentuierend vorgelesen, um ihn der Lächerlichkeit preiszugeben. Das Bedenkliche am „Gegenbeispiel"-Verfahren ist, daß es die Behandlung gewisser Texte als ehrfurchtgebietende Beispiele, als normgebende Muster voraussetzt und diesen damit Sonderbedingungen verschafft – ein Rückfall in die ungesellschaftliche immanente Interpretation. Wenn die ästhetische Wertung nicht durch eine funktionale Betrachtung ergänzt und damit auch relativiert wird, ist sie unbrauchbar für einen modernen Literaturunterricht.

Das Verfahren des Vergleichs zwecks wertender Diskriminierung der Trivialliteratur ist nicht grundsätzlich verschieden vom simplen Verschweigen, es entstammt derselben Wurzel. Entweder wird Trivialliteratur als minderwertig vom Unterricht ausgeschlossen, oder die Minderwertigkeit soll im Unterrichtsprozeß durch Konfrontation und Vergleich bewiesen werden. Man geht dabei aus von scheinbar unverrückbaren Normen des Ästhetischen und von der Voraussetzung, daß es „zum Wesen" der Trivialliteratur gehöre, minderwertig zu sein,

und daß diese Art von Literatur damit erschöpfend beschrieben
sei.

Verschweigen und Nichtbeachten lassen die Schüler mit ihrer
Lektüre allein, an die sie durch starke, u. a. sozial bedingte Motivationen gebunden sind. Eine Anwendung der an „Dichtung" gewonnenen Kriterien auf die Hauslektüre bleibt mit Sicherheit gerade
dort aus, wo diese Lektüre Bedürfnissen entgegenkommt, die von
der Schul-Dichtung keineswegs befriedigt werden. So bleibt eine
Veränderung der „freien Lese-Situation" aus, auf die es doch gerade ankommt. Einen ähnlichen Effekt hat die offene und unterrichts-
methodisch durchgeführte Diskriminierung. Es wird hierbei so getan,
als wären beide Literaturen ernsthafte Konkurrenten um die Gunst
des Lesers und als würde Trivialliteratur lediglich aus Mangel an Einsicht gelesen. Vielfache Beobachtung erlaubt jedoch die Feststellung,
daß die Schüler auf solchen Unterricht entweder mit äußerer verba-
ler Anpassung und scheinbarem Mitvollzug oder mit trotzigem Sich-
abschirmen reagieren — auf jeden Fall mit einer Trennung von Schul-
und Privat-Ich. Sie müssen den Eindruck gewinnen, daß es nicht darauf ankommt, selbständig Einsichten zu vollziehen, sondern fertige
Ergebnisse nachzuvollziehen. Dazu Hain/Schilling: „Die gesellschaftlich vorgegebene Dichotomie von Literatur und Trivialliteratur ent-
lädt sich auf diese Weise beim Schüler in der Bestätigung einer Erwartung, daß solche Schriften nur mit einem schlechten Gewissen lesbar
sind und die gesellschaftliche Inferiorität . . . eines Lesers anzeigen."[5]
Je ablenkender und abschreckender der Unterricht, um so schlechter
nur das Gewissen — schlechtes Gewissen ist aber keine Hilfe zur Emanzipation, erzeugt im Gegenteil Abhängigkeit und fixiert auf den Gegenstand.

Bevor ich auf die Ziele des Unterrichts an und mit Trivialliteratur
eingehe, ein paar Bemerkungen darüber, was nicht oder jedenfalls
nicht primär Ziel der Arbeit sein sollte. Da das, was an Literatur konsumiert wird, nicht Produkt der Willkür ist, sondern im Zusammenhang steht mit den jeweiligen Sozialbeziehungen, an denen die Schule in der Aktualität ihrer Arbeit nichts zu ändern vermag, sollte es
nicht primär ihr Ziel sein:

1. Die Schüler von der Trivialliteratur abzubringen und sie ihnen
   schlecht zu machen (aus den oben skizzierten Gründen: weil es
   nur mit dem Effekt des Dennochlesens, mit schlechtem Gewissen, möglich ist, und weil die Schule den Kindern keinen Ersatz
   für das ihnen Weggenommene anbieten kann),
2. das „Anspruchsniveau" (Geißler) der Schüler anzuheben (das
   drückt, mit anderen Worten, nur dasselbe aus wie das Abbringen-
   wollen). „Anspruchsniveau" erinnert mich zu sehr an „literari-

sche Bildung" im traditionellen Sinne. Literatur-Interesse als Selbstzweck; Ziel kann aber immer nur die Befreiung, das Erkennen der eigenen Interessen und die Fähigkeit zu entsprechendem Handeln sein.

Nur wenn der Lehrer aus Einsicht auf diese beiden Ziele verzichtet, ist auch eine Entlastung und Entkrampfung der Atmosphäre, ist jene Zwanglosigkeit des Unterrichts erreichbar, die unabdingbare Voraussetzung für ein Gelingen des Unterrichts mit Trivialliteratur sind. Der Abbau einer den Lernprozeß behindernden repressiven Spannung ist am besten dadurch möglich, daß der Lehrer zum einen bereit ist zur Relativierung der literarästhetischen Normen, die er selber vertritt, zum andern, wenn er die grundsätzliche Berechtigung entlastender Unterhaltung anerkennt und offen zugibt, daß auch er ablenkender Trivialgenüsse bedarf. So gesehen ist das Lesen von Trivialliteratur eine der möglichen und legitimen Leser-Rollen, die wir einnehmen können. Trivialliteratur entspricht dem Erholungs-, Rekognitions- und Reproduktionsbedürfnis des modernen Menschen, der den aufreibenden Arbeitsbedingungen und der permanenten Streß-Situation des heutigen Lebens ausgeliefert ist. (In der Kritik an der Trivialliteratur scheint häufig eine Aversion gegen Unterhaltung durch, welche -- die Schriften von Löwenthal, Schenda, Glotz und Langenbucher zeigen das -- eine alte Tradition, ja eine religiöse Wurzel hat. Es ist die Frage, ob es überhaupt eine Unterhaltung ohne bedenkliche Implikationen geben kann -- denn möglicherweise wird der U-Effekt gerade vermittels dieser Implikationen wie Tröstung und Lebensermutigung erreicht.)

Ich stelle kurz folgende Lernziele heraus:

- Erkennen des Zusammenhangs zwischen Arbeits-Situation und Lektüre-Bedürfnissen,
- Erkennen des Zusammenhangs zwischen Situation des modernen Menschen in der Gesellschaft und ihrer Sozialisationstechniken mit den Lesebedürfnissen,
- Erkennen der daraus folgenden psychischen und gesellschaftlichen Stabilisierung als Hauptfunktion der Trivialliteratur und der profitablen Ausbeutung der gesellschaftlich produzierten Bedürfnisse aufgrund der besonderen ökonomischen Voraussetzungen, die unsere Gesellschaft bietet,
- schließlich durch Erkennen dieser Zusammenhänge als Fernziel Lockerung der emotionalen Abhängigkeit der Konsumenten von der Trivialliteratur.

Konkret bedeutet das, daß an formale und inhaltliche Strukturen einzelner Beispiele und Serien (alles Triviale tendiert zum Seriellen) die kritische Sonde anzulegen ist, und zwar im Hinblick auf die Funktionen der Strukturen. Der jeweilige Zusammenhang zwischen literarischen Mitteln und Leser-Zweck muß, unter Einbeziehung der Schüler-Motivationen, geklärt werden. Den Schülern muß deutlich werden, daß diese Texte sie nicht nur angenehm und mühelos unterhalten, sondern auch vermittels welcher Strukturen das geschieht, daß sie – die Schüler – vermittels dieser Strukturen gesteuert, konditioniert werden und daß diese Mechanismen nur wirksam werden können, weil die Wirklichkeit unbefriedigend ist. Sie müssen sich bewußt machen, welche Erwartungshaltungen, welche Selektionsmuster von den einzelnen Serien aufgebaut werden, daß der Erholungseffekt von der immer wieder neuen Bestätigung dieser Erwartung ausgeht und daß der Leser dabei lediglich im Sinne der Produzenten „funktioniert”. Ein Vergleich mit der Art, wie Werbung funktioniert, liegt nahe und kann die kommunikativen Prozesse beim Konsum der Trivialliteratur klären helfen: Weckung von Bedürfnissen, Ängsten, Befürchtungen, die durch Konsum der trivialen Schemata zugleich befriedigt werden (bei der Werbung: durch Waren-Konsum).

Die Schüler müssen lernen, sich die Frage zu stellen, ob vielleicht jemand Interesse an der Erhaltung der unbefriedigenden Wirklichkeit hat, wem sie nützt. Am Krimi kann z. B. offenbar werden, daß seine Angst- und Spannungserzeugung letztlich dazu dient, einzelne Autoritätsfiguren als unentbehrlich erscheinen zu lassen, um Ordnungsfeinde, um das „Böse” zu bekämpfen; am Frauenroman, daß die Abhängigkeits- und Unsicherheits-Situation der Leserin dazu benutzt wird, diese vermittels einer Regression auf überholte Rollenmuster zu „heilen” usw. Trivialliteratur muß erkennbar werden als für die Produzenten ökonomisch befriedigende „Heilung” der unbefriedigenden Leser-Situation – freilich als scheinbare, nur momentane Heilung schon deshalb, da weiterer Konsum stattfinden soll. Es gilt herauszufinden, welcher Mittel sich die einzelnen Serien bedienen, um eine solche für die Produzenten nützliche Abhängigkeit der Konsumenten zu erzeugen.

Es liegt auf der Hand, daß der Unterricht an und mit Trivialliteratur nur im Rahmen einer politischen Bildung sinnvoll ist. Nur wenn die Schüler über Informationen zum „literarischen Feld” und dessen Abhängigkeit von der gesellschaftlichen Organisation verfügen, können sie Trivialliteratur „verstehen” (was nicht heißt, daß sie zum Verständnis der übrigen Literatur solche Informationen entbehren können). Ein literarästhetisch-wertender Umgang mit Trivialliteratur läßt all diese Bezüge außer acht und ist daher ein unzulängliches, ja falsches Mittel, um dem Phänomen im Unterricht gerecht zu werden. Die Schüler müssen über Wege und Formen gesellschaftlicher Kommunikation, über die tatsächliche Arbeitssituation der Menschen, über Zwänge der modernen Gesellschaft und die Funktion der Schlager-, Fußball- und Literaturidole (Jerry Cotton, James Bond, Perry Rhodan, Kommissar usw.) Bescheid wissen. All das ist ungleich wichtiger als eine ästhetische Differenzierung des Lesestoffs, wenn diese nicht in den Dienst der Aufklärung über gesellschaftliche Zwänge und Kontrollen gestellt werden kann, sondern lediglich fragwürdige Prädikate wie „gut" und „schlecht" verteilt.

Für den Lehrer bedeutet das: Herstellung einer entspannten Gesprächssituation, Verzicht auf Diskriminierung von bestimmten Gegenständen und Verhaltensweisen. Weder Verbote und Schlechtmachen noch Vorbewertung der literarischen Produkte, die als fertiges Lernergebnis anpassungsbereit zu übernehmen wäre, helfen weiter. Die Möglichkeiten der Schule sind sicher begrenzt; es wäre aber falsch, zu resignieren und darauf zu verzichten, Mögliches und Notwendiges zu tun. Rezeptionsschulung scheint mir ein fruchtbarerer Ansatz als der immer wieder hörbare Appell, die Literatur doch zu verbessern, oder der Ruf nach restriktiven Zensurmaßnahmen — idealistische Appelle gibt es, seit es die Trivialliteratur gibt; sie personalisieren das Problem genauso wie der Appell an die Leser, sich doch dem „Besseren" zuzuwenden, oder der Versuch, ihn durch Vergleich und Einsicht zum Besseren zu führen. All das dient letztlich nur einer Rechtfertigung des Nichtstuns, hat Alibi-Funktion für das Bestehende. Freilich wird auch ein veränderter Unterricht ohne gesellschaftliche Verbesserungen auf die Dauer wirkungslos bleiben, vielleicht aber zu diesen mit beitragen können.

Anmerkungen

1 Vgl. Helmers 1970 (a), S. 244 und 251.
2 Gerth 1968.
3 Geißler 1970 (c), S. 75.
4 Feldhaus/Böhmer 1968, Spieler/Thamm 1968, Nellen-Piské 1966, Kleinschmidt 1971.
5 Hain/Schilling 1972, S. 31.

3. Modelle zur Interpretation trivialer und nicht-trivialer Literatur

1. Einführung in den Problemzusammenhang

1.1. Zum Begriff der Interpretation

Eine vergleichende Betrachtung literaturwissenschaftlicher Verfahren zur Interpretation von „trivialer" und „nicht-trivialer" Literatur sieht sich vor fast unüberwindliche Schwierigkeiten gestellt. Diese können selbstverständlich nicht im Anlauf eines Referats gelöst werden, wenn sie überhaupt jemals befriedigend auflösbar sind. Obwohl die Bemühungen um die Probleme der Interpretation und Wertung Legion sind, sind die Klagen über das Fehlen von Wertungsmaßstäben gegenüber Dichtung und Trivialliteratur allgemein.[1] Sinn und Nutzen literarischen Wertes werden überhaupt in Frage gestellt.[2] Solange die Literaturwissenschaft es sich einfach machte, Texte aus ihrem gesellschaftlichen Kontext löste und die Tatsache überging, daß sie Funktion gesellschaftlicher Wirklichkeit und durch Kommunikation in diese eingebettet sind, so lange schien das Problem verhältnismäßig einfach lösbar. Mit dem Verfahren der Textisolierung ist jedoch wenig gewonnen und verfehlt Interpretation selber ihren Anspruch, Veränderung zu bewirken, das heißt auf Textherstellung und Textrezeption Einfluß zu nehmen. Interpretation gewinnt dann den Charakter einer Bestätigung der literarischen Verhältnisse und begnügt sich damit, deren Differenzen auf der Ebene der Reflexion bloß zu wiederholen.

Damit ist freilich die These unterstellt, Interpretation wolle überhaupt etwas verändern und nicht bloß Reflex des Bestehenden sein. Akzeptiert man die These,— und man muß es wohl, wenn Interpretation als ein Handeln an Gegenständen, als eine Form gesellschaftlicher Arbeit und damit Veränderung der Gegenstände verstanden wird —, so wird bereits der konventionelle Begriff der Interpretation fragwürdig, da er das hermeneutische Prinzip gleichsetzt mit Herstellung von Abgeschlossenheit und Harmonie in Texten. H. Rumpf hat daher zu Recht von einer „Domestizierung" der Literatur vermittels Auslegung gesprochen.[3] Eine solche Interpretation will zeigen, ob und daß sich ein Ensemble von Teilen zu einem Ganzen fügt.[4] Inter-

Anmerkungen zu diesem Beitrag auf S. 126–129.

pretation wird so zu einem Korrelat der Ganzheits- und Einzelwerk-Ästhetik; der „hermeneutische Zirkel" gibt sich als adäquate Methode und erschafft doch erst eigentlich seinen Gegenstand, den Begriff „Werk". Herstellbar ist auf diesem Wege jedoch eine ästhetische Ganzheit, die ihrer Funktion entkleidet und aus ihrer gesellschaftlichen Fundierung herausgenommen ist. So impliziert der Begriff Interpretation Folgenlosigkeit, welche − so Hohendahl in seinem Aufsatz ‚Literaturkritik und Öffentlichkeit' − „die Kluft zwischen der Minorität und Privilegierten und der ungebildeten ‚Masse' als naturgegeben" hinnimmt.[5] Denn Interpretation suggeriert, als ließe sich ein Wert immanent bestimmen; es gibt jedoch keinen immanenten Begriff „literarischer Wert" (Merkelbach[6]). Tut man jedoch so, als gäbe es einen, so muß man zwangsläufig von den Entstehungsbedingungen der Texte und vom Vorhandensein materiell unterschiedlich ausgestatteter und ihr Leben unterschiedlich reproduzierender Publikumsgruppen absehen. Absehen von den Bedingungen, unter denen Texte hergestellt werden und wirken, heißt jedoch auf Veränderung verzichten. Folglich widerspricht der konventionelle Begriff Interpretation seinem eigenen Ansatz und bildet damit die Widersprüche bloß ab, anstatt verändernd auf sie einzuwirken.

Der Interpretationsbegriff, wie er uns überkommen ist und trotz einschneidender Veränderungen der literarischen Wirklichkeit immer noch besteht, muß daher selber erweitert und verändert werden, um die Literaturtheorie und -kritik in Stand zu setzen, die Literaturverhältnisse zu verändern. Sonst bringt sie nur die Folgenlosigkeit einer Rezeption zum Ausdruck, die ihrem Ansatz widerspricht.

Die Überlegung soll zeigen, daß wir es bei Literatur nie nur mit Literatur zu tun haben[7] (was „Interpretation" weiszumachen versucht). Kunst ist Organisation von Außerkünstlerischem, von Lebenswerten[8] und Auseinandersetzung mit Erfahrung; als solche spricht sie zu Rezipienten und wird von ihnen in den Bereich gesellschaftlicher Erfahrung zurückgeholt. Gesellschaftliches ist sowohl bei der Entstehung als auch bei der Rezeption von Texten im Spiel; sie sind ohne sozial vermittelte Verhaltensweisen, Einstellungen, Erwartungen und Normvorstellungen, auch ästhetische, nicht denkbar.[9] Interpretation selber ist ein gesellschaftlicher Faktor, da sie Produkt sozialisierender Einflüsse ist, zu denen Texte auch gehören. Literaturkritik nimmt daher nolens volens Stellung zur Gesellschaft als Raum der Entstehung und Wirkung von Texten. Ein literarischer Wert ist immer ein Wert für jemanden, für Lesergruppen, für Gesellschaft auf Grund von deren Norm- und gesellschaftlichen Zielvorstellungen.[10] Man kann nicht davon absehen, daß Verstehen „aus den Interessen des praktischen Lebens erwächst und auf sie bezogen bleibt".[11] Deshalb ist es nötig, das Interpretieren so zu verändern, daß aus einem imaginären Wert der Texte „für sich selber" ein Gebrauchswert für Menschen wird. Eine Veränderung des Interpretierens wird zu einem veränderten Wert-Begriff führen.

Damit wird jedoch die Aufgabe, der Trivialliteratur interpretierend gerecht zu werden, nicht einfacher, ja die Hoffnung auf einen Konsens in der Bewertung und Einschätzung von trivialen Texten zur Fiktion. Was dennoch möglich und notwendig ist, soll Thema dieses Aufsatzes sein.

1.2. Das Interesse der Literaturwissenschaft für die Trivialliteratur

Die Motive, aus denen heraus die wissenschaftliche Aufarbeitung der Trivialliteratur erwächst, sind umstritten. Der Vorwurf bloßer modischer Attitüde greift gewiß zu kurz; Schenda hat sicher nicht unrecht, wenn er auf eine Alibi-Funktion der Beschäftigung mit literarischer Trivialität verweist[12] — Ausdruck der Verunsicherung einer Germanistik, die sich ihrer gesellschaftlichen Verantwortung bewußt zu werden beginnt, aber auch des schlechten Gewissens „einer elitären Gruppe, . . . die sowohl über die erforderliche Zeit als auch über die notwendige Einübung verfügt" (Jaeggi[13]), um sich mit Kunstprodukten zu beschäftigen. „Die ontologische Gymnastik literarischer Interpretation wird mit der Frage konfrontiert: Wessen Geschäft besorgt die Germanistik?"[14] Jedoch kann die Beschäftigung mit Trivialliteratur leicht zu einer neuen, sublimeren Form kultureller Selbstbestätigung werden, wie ja seit dem 18. Jahrhundert neben der Nichtbeachtung der kulturellen Bedürfnisse der „Massen" durch die musischintellektuellen Eliten[15] ihre Verachtung steht (Goethe ist dafür nur ein Beispiel unter vielen[16]). Die soziale Distanzierung war aber offener und ehrlicher als die heute übliche Diskriminierung der Trivialliteratur, die ihre Leser nur indirekt, vielleicht aber um so wirksamer trifft. Die Abwertung des Trivialen zum Zwecke der Aufwertung des Nicht-Trivialen übersieht jedoch, daß — so Kreuzer — Kunst- und Trivialliteratur komplementäre Erscheinungen des literarischen Lebens sind[17] (ähnlich Greiner[18]) und daß auch Kunst von der Doppelfunktion „Verklärung und Entlarvung"[19] gezeichnet und vor Mißbrauch nicht geschützt ist.[20] Man kann nicht Trivialliteratur auf Gesellschaft beziehen, aber bei Kunstliteratur davon absehen. Entscheidend sind nicht die Produkte, sondern ist der Gebrauch, der von ihnen gemacht wird. Die Beschäftigung mit dem Trivialen wird deshalb notwendigerweise auch die Einstellung zum Nicht-Trivialen verändern müssen. Daher wird die Ausarbeitung eines integrierenden Interpretations-Modells dringlich.

1.3. Die drei berührten Fragen-Komplexe

Wir fassen den einleitend erörterten Problemzusammenhang zusammen, indem wir ihn in drei Teilkomplexe zerlegen, die er vor allem berührt: Methodendiskussion, Wertungs-Problem und Aufgaben-Erweiterung der Germanistik.

1.3.1. Methodendiskussion

Seit einigen Jahren wird in der Germanistik eine rege Diskussion über die analytischen Methoden geführt; Namen wie Hermand, Maren-Grisebach, Hauff und Heller, Klein und Vogt seien stellvertretend angeführt.[21] Die Methodenreflexion stellt den Versuch dar, in der Germanistik über das Stadium unreflektierter Anwendung literaturwissenschaftlicher Methodik hinauszugelangen und die Voraussetzungen und Folgen der Methoden kritisch aufzuschließen. Zum Teil überraschende Zusammenhänge, die hier im einzelnen nicht darstellbar sind, wurden deutlich: historische Voraussetzungen, ideologische Implikationen, das jeweilige Wissenschaftsverständnis und didaktische Konsequenzen literaturwissenschaftlichen Arbeitens. Markierende Wendepunkte waren die Germanistentage in München und Berlin 1966 und 1968 und die Veröffentlichungen „Germanistik — eine deutsche Wissenschaft"[22] und „Ansichten einer künftigen Germanistik"[23].

1.3.2. Wertungs-Problem

Etwa seit derselben Zeit kommt es auch zu einer Wendung in der Behandlung der Wert-Frage, besonders deutlich in den Arbeiten von Kreuzer und Schulte-Sasse.[24] Methoden-Besinnung und Wert-Frage sind in einem korrelativen Zusammenhang zu sehen. War in der Ära der Interpretation „literarischer Wert" mehr implizit gedacht worden, so wird er jetzt zunehmend problematisiert, werden die historisch-gesellschaftlichen Voraussetzungen und die jeglicher Wertsetzung zugrundeliegenden Interessen reflektiert.

1.3.3. Aufgaben-Erweiterung

Eine Neuformulierung der Aufgaben der Germanistik entzündet sich anläßlich der Konfrontation mit der eigenen Vergangenheit des nationalsozialistischen „Sündenfalls". Im Zusammenhang damit kommt es zur Einsicht in die gesellschaftliche Verantwortung der Germanistik. Die bisher fraglose Orientierung der Germanistik an der Hochliteratur (bzw. was jeweils dafür gilt) beginnt sich zu lockern, sie bemüht sich

107

um Modernisierung ihres Literaturbegriffs, versucht sich aus ihrer kulturkritischen Abseitsstellung zu lösen und damit ihre Anfälligkeit für konservative Ideologie zu überwinden. So tritt auch die Trivialliteratur-Diskussion, die bisher im Schatten einer esoterischen Ästhetik stand oder einfach anderen Wissenschaften überlassen wurde, in eine neue Phase. Erstmalig tritt das Publikum als Adressat nicht nur der Trivialliteratur, sondern von Texten generell ins Blickfeld der Forschung. Jauss fordert eine Literaturgeschichte, welche die der Leser umschließt[25]; Iser und Weinrich decken das Angewiesensein aller Texte auf Leser auf.[26] Die Ergebnisse der Linguistik und der Kommunikationsforschung werden für die Germanistik fruchtbar gemacht. Soziologie nicht länger als literaturfremde Methode abgewiesen. Die Germanistik beginnt sich zu öffnen und ihr Instrumentarium zu erweitern. Tendenziell versteht sie sich nicht mehr als Institution zu einer zugleich verschleiernden Durchsetzung von Herrschafts-Interessen, sondern gewinnt die Dimension einer an Emanzipation interessierten Gesellschaftskritik hinzu. Das Bedenken der Folgen eigenen Tuns führt auch zu einem Ernstnehmen der Didaktik, die Conrady noch 1966 streng von der wissenschaftlichen Beschäftigung mit Literatur getrennt hat.[27] Jürgen Sternsdorff zitiert 1968 in der ,,Zeit'' nach dem Berliner Germanistentag Helmut Lethen: Was in der akademisch Disziplin Germanistik geschieht, ist verantwortlich für den Zustand der Publikationen für den Deutschunterricht und damit für die Praxis an den Schulen. Daß der akademische Betrieb über den Umschlagplatz Schule von erheblicher gesellschaftlicher Bedeutung ist, hat sich mittlerweile wohl überall herumgesprochen.

1.4. Fragen und Aufgaben

Aus dem Gesagten resultieren einige Fragen, die den weiteren Gang unserer Überlegungen bestimmen sollen. Sie werden jeweils zu Thesen zusammengefaßt.

1.4.1. Gleiche oder verschiedene Methoden?

Mit der Erweiterung des Arbeitsbereichs der Germanistik, mit der sie auf gesellschaftlichen Druck und Wandlungen in der literarischen Wirklichkeit reagiert, wird die Frage nach den angemessenen Methoden (Interpretationsverfahren) akut, da es völlig neue Gegenstandsbereiche sind, denen sie sich zu stellen hat. Schnell wurde erkennbar, daß es mit einer gedankenlosen Übertragung bisheriger Verfahrensweisen auf die neuen Gegenstände nicht getan war. Da die Literaturwissenschaft jedoch ein Instrumentarium nicht besaß, wurde immer wieder die Nichtzuständigkeit der literaturwissenschaftlichen Kriterien, insofern sie ästhetische im Sinne der texthermetisierenden „Interpretations-kunst" waren, hervorgehoben.[28] Seitdem haben wir gegenüber der Trivialliteratur einen experimentellen Methoden-Pluralismus, der an sich nicht schädlich ist, der aber immer wieder zu Begriffsverwirrungen führt. Dabei wurde deutlich, daß weder die völlige Gleichbehandlung der verschiedenen Literaturen noch ihre Nicht-Gleichbehandlung zu befriedigenden Ergebnissen führt. Die Gleichbehandlung ging von der grundsätzlich richtigen Voraussetzung aus, daß alle Literaturen Anteil am Sprachlichen haben und als Codierungen im Umkreis appellativer, darstellender, ausdrucksbestimmter und ästhetischer Sprachfunktionen zu verstehen sind. Doch solange die Literaturwissenschaft noch an einem einseitigen und esoterischen Literaturbegriff festhielt und die Kommunikationsfunktion vernachlässigte, war es nicht möglich, den neuen Aufgaben und Gegenstandsbereichen gerecht zu werden. Das wurde erst anders, als ein neuer, kommunikativer Literaturbegriff sich durchzusetzen begann und eine Rückbesinnung auf die Elemente der Rhetorik erfolgte.[29] Insofern waren die Versuche einer Verschiedenbehandlung, wie etwa Langenbucher und Nutz sie vornahmen, historisch berechtigt, da bis dato die Germanistik kein befriedigendes Instrumentarium zur Exegese rhetorisch-appellativer Redeformen zur Verfügung gestellt hatte. Auf die Dauer war das jedoch nur ein Ausweg, da die prinzipielle Andersbehandlung der Trivialtexte letztlich wieder die von Bausinger apostrophierte „Doppelwährung"[30] bestätigte und verstärkte, die Dichotomie von Kunst und Ware nicht überwinden half und die Kunstliteratur unter Sonderbedingungen stellte, die obsolet waren. Wir formulieren daher These 1:

Da eine Verschiedenbehandlung der Literaturen dem Gegenstand nicht gerecht wird, eine Gleichbehandlung aber so lange fragwürdig ist, als die dafür verwendeten Interpretationsverfahren einem einseitigen ästhetischen Literaturbegriff verhaftet sind, ergibt sich die Notwendigkeit der Entwicklung eines integrierenden methodischen Modells, das an einem erweiterten Literaturbegriff und an der Tatsache gesellschaftlicher Literaturverwendung orientiert ist.

1.4.2. Zusammenhang Wissenschaft − Methode − Begriff

These 1 gilt es zu entfalten. Sie ist nur dann sinnvoll, wenn Literaturwissenschaft, ihre Selbstdefinition, ihre gesellschaftliche Funktion, ihre Arbeitsverfahren und der von ihr verwendete (und geschaffene) Literaturbegriff in einem sowohl logischen wie auch praktischen Zusammenhang stehen. Es ist zu vermuten, daß die Art des Zusammenhangs, z. B. das Wechselverhältnis von Methode und Begriff (Literaturbegriff) diesen erst definiert. Um auf einen brauchbaren Begriff „Trivialliteratur" zu kommen, bedarf es einer brauchbaren, gegenstandsgerechten Methode, deren Produkt dann der Begriff wäre, wie umgekehrt die Methode den Begriff voraussetzt. Wir formulieren These 2:

Wenn der Begriff „Trivialliteratur" von der Methode, die Methode vom Begriff abhängt, beide aber von der Wissenschaft und ihrem Selbstverständnis, so müssen sich sowohl aus den verschiedenen wissenschaftlichen Ausgangslagen als auch durch die Anwendung verschiedener methodischer Zugangsweisen verschiedene Begriffe von Trivialliteratur ergeben. Welcher Begriff jeweils entsteht, hängt von der gewählten Methode bzw. von der für zuständig erklärten Wissenschaft und deren Erkenntnisinteresse ab. Den Zusammenhang von Wissenschaft – Methode – Begriff gilt es ebenso zu erhellen wie die Beteiligung des Interesses an der Entstehung des Begriffs.

1.4.3. Verhältnis der literarischen Teilbereiche zueinander

Das über die Beziehung von Wissenschaft, Methode und Begriff Gesagte gilt auch für die Einschätzung des Verhältnisses der literarischen Teilbereiche zueinander. Denn wie der Begriff Trivialliteratur gefaßt wird, präjudiziert den Begriff der – um es so neutral wie möglich auszudrücken – nicht-trivialen Literatur (und umgekehrt). Alle Autoren, die sich mit dem Begriff der Trivialliteratur beschäftigen, suchen sich ihm auf dem Wege der Abgrenzung von der nicht-trivialen Literatur zu nähern. Diese Abgrenzung kann eine totale sein (Konsequenz einer „eigenen Methode"), aber auch bloß eine relative. Durch beide Abgrenzungen ist jeweils auch der Begriff des Nicht-Trivialen betroffen. Wir kommen zu These 3:

Durch Formulierung des Verhältnisses von trivial zu nicht-trivial wird sowohl „trivial" als auch „nicht-trivial" definiert (und umgekehrt). Das Verhältnis der Bereiche leitet sich vom allgemeinen Literaturbegriff her, von dem ausgegangen wird, und da dieser durch wissenschaftliche Methode entsteht, ist diese letztlich auch verantwortlich für das gefundene Verhältnis.

2. Der Begriff „Trivialliteratur" als Produkt der jeweiligen Interpretationsmethode

2.1. Drei Beispiele

Da die Formulierung der Aufgaben, vor denen die Literaturwissenschaft angesichts trivialer Phänomene steht, und ihre thesenhafte Zusammenfassung notgedrungen abstrakt ausfallen mußten, seien zuerst drei Beispiele grundsätzlich verschiedenen methodischen Verhaltens und dann ein Katalog bisheriger Aussagen zur Trivialliteratur im Verhältnis zu den ihnen zugrundeliegenden Methoden angeführt.

D. Bayer verstand unter Trivialliteratur eine mängelbehaftete, mißlungene, sozusagen „herabgekommene" Literatur. Die teils formalen, teils gehaltlichen Merkmale, die sie herausstellt und die ihr als Kriterien der Entscheidung dienen, sind unverkennbar Versuche, die Abwesenheit positiver Merkmale nicht als Abwesenheiten, sondern als greifbare negative Merkmale zu formulieren. Die positive Ästhetik, von der Bayer ausgeht, verlangt „Tiefe" und (tatsächliche) „Bedeutsamkeit"; ihre Abwesenheit oder ihr bloßes Vorgetäuschtsein bezeichnet sie als „Preziosität". Die positive Ästhetik verlangt Wirklichkeit und Individualität, ihre Abwesenheit bzw. Vortäuschung bezeichnet sie als „Kulissentechnik" (entsprechend: Integration, Folgerichtigkeit, Konsequenz — Auswechselbarkeit; durchgehende Problematik — Spannungslosigkeit). Obwohl Bayer die volksbibliothekarische Diskussion um die „untere Grenze" mit zur Erklärung der trivialen Romane heranzieht, ist sie noch ganz der bürgerlichen Ganzheits- und Stimmigkeits-Ästhetik verhaftet, verallgemeinert überdies Beobachtungen am Illustrierten-Roman und kommt so zu einer nur mühsam kaschierten Negativ-Ästhetik des Trivialromans.[31] Ähnlich stellt Kl. Gerth einen Katalog von (bei ihm) elf Kriterien zur Kennzeichnung der Trivialliteratur heraus, die er mit Bezug auf Bayer an Romanen von Rinser und Baum und an Serienromanen vom Typ Liebesroman und Science Fiction gewonnen hat (Verspätung, Märchenhafte Fügung, Welt nach Wunsch, Realitätsmeisterung, Zwangsharmonisierung und Konsequenzlosigkeit, Kumulation, Klischierung, Nebeneinander von Banalität und Preziosität, unkritische Naivität und Ernsthaftigkeit, Nachahmung großer Muster). Je nach Anzahl der erfüllten Bedingungen spricht Gerth von Trivialliteratur bzw. Schund und Unterhaltungsliteratur.[32] Entsprechend definiert Killy literarischen Kitsch aufgrund der Abwesenheit positiver Wertnormen.[33]

Bei den genannten Autoren wird der Begriff Trivialliteratur bzw. Kitsch aufgrund einer Methode gewonnen, die Hochliteratur als unerschütterliche Größe hypostasiert, ein Begriff von Hochliteratur, der überdies mit einer mit Elementen des bürgerlichen Realismus amalgamierten klassisch-idealistischen Ästhetik der Publikumsunabhängigkeit versetzt ist. Dieser Begriff dient der Diskriminierung zugunsten Verabsolutierung geschmackshistorischer literarischer Phänomene. Ein Beispiel für unzulässige Übertragung an Klassik und Realismus gewonnener Kriterien auf die Trivialliteratur.

Ein anderes Bild entsteht, wenn man die Untersuchungen Langenbuchers und Nutz' betrachtet. Sie gehen über eine bloße (kaschierte) Mängelfeststellung hinaus und erklären Trivialliteratur von den Bedürfnissen ihres Publikums her. Für sie hat Trivialliteratur eine kommunikative, dem aktuellen Gespräch dienende (Langenbucher[34]) oder eine durch Konformismus vom Realitätsdruck entlastende (Nutz[35]) Funktion. Zwar gelingt es ihnen nicht durchgängig, auf wertende Vergleiche zu verzichten, und ihre Vorstellungen von der nicht-trivialen Literatur sind einer konservativen Ästhetik verhaftet (so sagt Langenbucher in seiner Rede über Robert Prutz, daß die Unterhaltungsliteratur nur im Zusammenhang mit ihrem Publikum darstellbar sei, so daß man fragen muß: die übrige Literatur nicht?[36] Und Nutz attestiert dem Trivialroman „kein literarisches Eigenleben" – und die nicht-triviale Literatur?[37]). Aber im wesentlichen leiten sie die Literaturen von den unterschiedlichen Publikums-Interessen ab. Darauf läuft auch Schendas Analyse der populären Lesestoffe des 19. Jahrhunderts in Deutschland und Frankreich hinaus, wenn Schenda auch die bildungsgeschichtliche und ökonomische Situation des Publikums als Erklärung der Phänomene mit heranzieht. – Trivialliteratur ist hier eine Textart, die bestimmten Publikumsbedürfnissen entspricht und deren Merkmale und Funktionen daher positiver Bestimmung zugänglich werden.

Adorno, Habermas, Ueding und Giesenfeld übersehen zwar auch die Publikumsbedürfnisse nicht, projizieren diese jedoch auf den Zustand der Gesellschaft und die von ihr abhängige Sozialisation, von der Literatur ein Teil ist. Aufgrund ihrer soziologisch-ideologiekritischen Methode, die ihnen die pejorativen Ausdrücke „Ware" und „Produkte der Kulturindustrie" für Trivialliteratur eingibt, sind ihnen literarische Bedürfnisse in erster Linie Ergebnis der literarischen Produkte selber; daher machen sie einen – wie auch Holzer – extensiven Gebrauch von Begriff der Manipulation. Die Chance, die sie der Kunstliteratur zumessen, bestehende Gesellschaft zu transzendieren („negative Ästhetik", „Ästhetik der Negation", Adorno), wird allerdings oft übertrieben – was berechtigt uns, Kunstliteratur von den gesellschaftlichen Bedingungen ihres Entstehens und ihrer Rezeption auszunehmen?[38]

Als Variante dieser Richtung ist eine mehr orthodox marxistische Methode zu betrachten, die etwa im ‚Kürbiskern' und von dem DDR-Autor Ziermann vertreten wird.[39] Sie ist geneigt, Trivialliteratur und Kunstliteratur der spätkapitalistischen Gesellschaft sozusagen als „Kehrseiten einer Medaille" zu betrachten und auf ihren gemeinsamen Oberbegriff „kapitalistische Gesellschaft" zu beziehen. Die literarische Dichotomie ergibt sich für sie aus den Widersprüchen der Klassengesellschaft. Ihre Kriterien sind an einem parteilichen Realismus ähnlich dem Sozialistischen Realismus gewonnen, ihre Ästhetik vornehmlich eine Inhalts-Ästhetik, welche die „Kolportage nicht der Reaktion" überlassen möchte.[40]

112

Wir bestimmen Trivialliteratur aufgrund der Analysen vorläufig offen als einen Begriff, der sich je nach Methode und Wesensbestimmung von Literatur (Literaturbegriff) als deren Produkt ergibt. Der Ausdruck „Trivialliteratur" entspricht am besten dem dichotomischen Modell (vgl. Bayer und Killy), ähnlich den diskriminierenden Kampfbegriffen Schmutz und Schund. Die publizistisch-kommunikationswissenschaftliche Methode meidet den Begriff Trivialliteratur nicht konsequent, bevorzugt aber Begriffe, welche stärker die Funktion berücksichtigen: Unterhaltungsliteratur, Konformliteratur. In der dritten Richtung (Kritische Theorie der Gesellschaft) tauchen dann Begriffe wie „Produkte der Kultur- und Bewußtseins-Industrie" und (so bei Ziermann) „Imperialistische Massenliteratur" auf. Doch ist die Verbindung von Terminus und Methode nirgends konsequent durchgeführt.

Keiner der Begriffe kann befriedigen. Die unbefriedigende Situation der Ausdrücke reflektiert die ungeklärte und durchaus offene Situation der analytischen Methoden. Auch die Bezeichnung „nicht anerkannte Literatur"[41] hilft nicht weiter, da es sich ja um eine durchaus anerkannte Literatur handelt, nur nicht bei denen, die über die in der Gesellschaft herrschende Ästhetik verfügen, wenn der Begriff auch den Vorteil für sich hat, daß er jede Abfälligkeit vermeidet. In Ermangelung eines besseren werden auch wir vorerst den Begriff „Trivialliteratur" verwenden, ihn aber in Anführungszeichen setzen.[42]

2.2. Einige Kriterien literarischer Trivialität und ihre methodischen Voraussetzungen

Es wäre im folgenden Abschnitt denkbar, einen Abriß literaturwissenschaftlicher Methodologie zu geben und jeweils nach den Konsequenzen für eine Erfassung trivialer und nicht-trivialer Texte zu fragen. Doch sei, um die verbreiteten und teilweise vorurteilshaften Trivialitäts-Kriterien deutlicher hervortreten zu lassen, der umgekehrte (induktive) Weg gewählt: Einige der wichtigsten Kriterien seien auf ihre methodischen Voraussetzungen hin überprüft.

2.2.1. Stilistische Merkmale (Kumulation, Vortäuschung von Wirklichkeit, Preziosität usw.)

Über die Fragwürdigkeit, das Urteil „trivial" auf stilistischen und formalen Merkmalen zu begründen, wurde anläßlich der Darstellung des Verfahrens von D. Bayer und W. Killy bereits gesprochen. Daß es sich hier um geschmackshistorische Phänomene handelt, zeigt auch die Tatsache, daß selbst die Trivialliteratur epochale stilistische Unterschiede aufweist (was einmal genauer untersucht werden müßte: Der

Trivialroman der 70er Jahre würde wahrscheinlich ganz andere stilistische Merkmale aufweisen als der der 30er Jahre), ganz davon abgesehen, daß auch Unterschiede zwischen den verschiedenen Formen der Trivialliteratur bestehen (etwa zwischen den Typen Frauenroman, Abenteuerroman, Kriminalroman usw.). Schulte-Sasse und Davids (in seiner Untersuchung über den Wildwest-Roman in der Bundesrepublik) stellen gemeinsam fest, daß die Isolierung stilistischer Merkmale ohne Beweiskraft sei und Stil- und Werturteil scharf voneinander zu trennen seien.[43] Die formalistisch-stilkritische Methode erweist sich als unbrauchbar zur Bestimmung von Trivialliteratur, wohl aber ist Eruierung stilistischer Merkmale wichtig unter dem Gesichtspunkt der Kommunikation bestimmter Inhalte.

2.2.2. Inhaltlich-gehaltliche Momente (Überschaubarkeit und Geschlossenheit der Verhältnisse, Harmonisierungstenden, Rollenfixierungen und Typisierungen, konservative Normen und konformistische Verhaltensmuster)

Es handelt sich hier um Merkmale, die von einer Realismus-Ästhetik (im Sinne von Unabgeschlossenheit, Offenheit, Darstellung von Entfremdungserfahrung) aus erkennbar und kritisierbar sind. Kunst gilt ihr als Angriff auf Schemata der Erfahrung[44], als Befreiung von gesellschaftsbedingter Verdrängung und Verstümmelung, wie Adorno zu beschreiben nicht müde wurde.[45] Die Methode der kritischen Theorie der Gesellschaft neigt jedoch dazu, die prinzipielle Oppositionsstellung der „beiden Literaturen" neu zu fundieren; sie kann nicht plausibel erklären, wie durch Verweigerung der Kommunikation Literatur gesellschaftsverändernd wirken soll.[46] So erneuern sich hier letztlich nur die überkommenen Aversionen der Eliten gegen Unterhaltung und die Bedürfnisse der „Massen". Es entspricht der Adornoschen Haltung, wenn Habermas von einer Folgenlosigkeit der Rezeption spricht[47] und Jauss hervorhebt, daß Unterhaltungsliteratur keinen „Horizontwandel" erfordere[48], da die Differenz zu den sozialen und ästhetischen Normen der Leser zu gering sei.[49]

Die Kennzeichnung von Rezeption als neue Erfahrung auf der einen und Wiederholung von Bekanntem auf der anderen Seite durch Imagination bzw. bloße Variation[50] ist sicher klärend und wichtig, doch ist fraglich, sie mit Ausschließlichkeitsanspruch zu formulieren und dadurch in eine Opposition zu drängen, anstatt sie beide für berechtigt und notwendig zu halten, zumal nicht davon ausgegangen werden kann, daß Rezeption und Textstruktur im Verhältnis kausaler Zwangsläufigkeit stehen.

2.2.3. Trivialliteratur operiert mit Wirklichkeitssuggestion

Das Kriterium verweist auf einen naiven Realismus des Trivialen und eine Erzählhaltung, die den fiktiven Charakter des Erzählten kaschiere. Trivialliteratur wäre dann ein Relikt bürgerlicher Illusionskunst, die — wie Brecht dargetan hat — zu Einfühlung und Hinnahme animiert und keine Chance zu einer Kritik läßt, der die Dinge als veränderbar erscheinen. Auch dieser Kritik liegt eine ideologiekritische Verfremdungs-Ästhetik zugrunde, für die Trivialliteratur eine Anweisung zu undistanzierter, antirationaler und gefühlsbetonter Rezeption darstellt und der Rezeptionsprozeß autoritär vorstrukturiert erscheint.[51] Es ist jedoch zu bezweifeln, ob Desillusionierung und Verhinderung von Identifikation ein generelles Zeichen für Kunst abzugeben vermögen. Zudem müßte nachgewiesen werden, daß es bei den Lesern tatsächlich zu der genannten Art der Rezeption kommt und ob sie die befürchteten Folgen — etwa „soziale Apathie"[52] — zeitigt. Weil der Kriminalroman — nach Gerth — gerade nicht Wirklichkeit darstellen will, sei er nicht eo ipso trivial.[53] Aber es ist immer gefährlich, ein Merkmal zu verabsolutieren und zum alleinigen Maß der Trivialität zu machen. So kann man beispielsweise in einem Kelter-Schloß-Roman folgende Selbstanzeige lesen: „Kaufen Sie sich diese Woche gleich einen Kelter-Frauenroman. Sie schenken sich damit das Schönste, das Sie sich überhaupt schenken können, nämlich wundervolle *Träume, Vergessen,* erfüllte Sehnsucht. Aber ein Kelter-Roman muß es sein! Ihr Zeitschriften-Händler hat ihn."[54] (Hervorhebungen von M. D.) Offener kann man es doch nicht sagen, und dennoch würde ich gerade diesen Roman — Gina von Reiherstein: „Im Banne der glutäugigen Komteß. Die wahre Liebe vergaß er . . . " von Trivialität nicht gern suspendieren.

Es soll nicht geleugnet werden, daß kritisches, defensives Lesen wichtig ist und daß sich damit eine naive Gläubigkeit gegenüber der Lektüre schlecht verträgt. Aber das ist ein Postulat der Literaturdidaktik und weniger eins der Ästhetik.

2.2.4. Trivialliteratur ermangelt der Originalität und Einmaligkeit

Diesem Kriterium liegt ein Kerngedanke der Schöpfungs-Ästhetik zugrunde, der sich durch die Ästhetik des bürgerlich-individualistischen Zeitalters hindurchzieht. Er ist von der marxistischen Ästhetik in vielen Variationen in Frage gestellt und als ideologisch auf das ökonomische Faktum der Unternehmer-Persönlichkeit bezogen worden. Eine Kritik ist von Enzensberger — „Baukasten zu einer Theorie der Medien" — und von Benjamin her möglich — „Das Kunstwerk im Zeitalter seiner technischen Reproduzierbarkeit".[55] Auch Brecht, der über künstlerische Originalität sich seine eigenen Gedanken gemacht hat, liefert da Gegenargumente. Ein weiteres Beispiel dafür, wie verschiedene Methoden der Interpretation zu gegensätzlichen Ergebnissen kommen können.

2.2.5. Werke der Trivialliteratur ermangeln der ästhetischen Autonomie

Das Autonomie-Postulat hat zuletzt in der Phase der textimmanenten Methode, so bei W. Kayser und E. Staiger, eine hervorragende Rolle gespielt, auch im amerikanischen New Criticism (Wellek/Warren). Kunst bringe eine eigene Wirklichkeit hervor, die von der empirischen Wirklichkeit grundsätzlich geschieden sei. Die Autonomie-Diskussion hat sich besonders mit dem Verhältnis der ästhetischen zur außerästhetischen Wirklichkeit beschäftigt. Der Prager Strukturalismus, der die Schule des New Criticism beeinflußt hat, stellte sich das Kunstwerk als Organisationsform außerästhetischer Werte von relativer Autonomie vor, die aber keine vom Menschen unabhängigen Werte hervorbringen könne.[56]

Die Lehre von der autonomen Seinsweise und der Eigengesetzlichkeit der Dichtung, die ihr Maß ausschließlich in sich selber habe[57], ist gewiß einer der theoretisch am schwächsten abgesicherten Kriterien, deren Fehlen Trivialliteratur konstituieren soll.[58]

2.2.6. Trivialliteratur wirkt nur für den Tag

Auch dieses negative Kriterium ist nur verständlich auf dem Hintergrund einer Vorstellung, welche dem wahren Kunstwerk überzeitliche Dauer verleiht, wobei man stets Schwierigkeiten hat, eine dauernde bloße Publikumswirkung von der Überzeitlichkeit des Kunstwerts zu trennen, die festzustellen dann die Hermeneutik berufen sei. Aber auch die Zeitlosigkeit des großen Kunstwerks ist – wie seine Autonomie – ein Mythos, der den Anschauungen des Interpretierenden selbst Dauer verleihen soll. Mecklenburg spricht in dem Zusammenhang von einer Einschüchterung durch Klassizität und Hermand von einer „sentimentalen Ehrfurchtsgebärde", die Kritik verhindern sollen.[59] Mit den Mythen der Autonomie und der Überzeitlichkeit hängt auch der nächste Punkt zusammen:

2.2.7. Werke der Trivialliteratur verdienen lediglich eine „reduzierte Interpretation"[60]

Müller-Seidel unterscheidet deshalb eine verkürzte, reduzierte Interpretation von einer „absoluten", „vielschichtigen" Interpretation[61], und für Staiger lohnt sich eine „kunstgerechte Interpretation" nur bei gelungenen Werken.[62] Das liege an der „unendlichen menschlichen Bedeutsamkeit" der Kunst (Hass[63]), ihrer Unausschöpfbarkeit, die jede Generation erneut zu interpretatorischen Bemühungen zwinge, dem Kontinuum der Reflexion, das Kunstwerke fordern, wie Emrich im Anschluß an Fr. Schlegel konstatiert.[64] Dagegen seien minderwertige Werke bequem ausschöpfbar und schnell zu Ende reflektiert. Unausschöpfbarkeit muß jedoch wie Autonomie und Zeitlosigkeit ins Reich des Mythos verwiesen werden. Mecklenburg, H. Ivo und J. Schulte-Sasse bezeichnen sie als „irrig" bzw. als irrelevant zur Unterscheidung von Hoch- und Trivialliteratur.[65] Ideologisch liegt hier − nach Behr, Grönwoldt u. a.: Sprachliche Kommunikation[66] − ein Versuch der privilegierten Bildungselite vor, den eigenen literarischen Konsumgewohnheiten eine höhere Weihe zu geben und damit eine Rechtfertigung der Vorherrschaft. Un- und Schwerverständlichkeit und extreme ästhetische Codierung sind ein fragwürdiges Unterscheidungsmerkmal der Literaturen; sie setzen das Primat der Form gegenüber dem des Inhalts und artikulieren damit das Interesse der Gebildeten an sozialer Distanz zu den Ungebildeten (Bourdieu: Zur Soziologie der symbolischen Formen[67]).

2.2.8. Trivialliteratur hat Funktionen

Funktion ist hier gleich bedürfnisbezogen, aufgrund von Bedürfnissen rezipiert zu verstehen. Funktionen für die Trivialliteratur reservieren, impliziert jedoch, daß es eine funktionslose Kunst geben könnte bzw. daß wahre Kunst „um ihrer selbst willen" rezipiert wird. Wellek/Warren und Adorno unterscheiden daher eine Kunstliteratur, der der Leser zu genügen gezwungen ist, weil sie sich seinen Bedürfnissen verweigert und gerade nicht kommunikativ sein will, von einer Scheinkunst, die mühelos genossen werden kann und die der Konsument subjektivistisch in sich hereinzieht.[68] Vergnügen und Genuß sind von vornherein verdächtig und der Rezeption von Kunst nicht angemessen. Rezeptionsbeschreibungen wie „sich überwältigen lassen" (Hass[69]) und „ergriffen sein" (Kayser[70]) verraten ihre Abhängigkeit von bürgerlicher Erlebnis-Ästhetik und Diltheyscher Hermeneutik. Auf der Gegenseite wird die Echtheit der Bedürfnisse der sich an trivialem Lesestoff delektierenden Leser von Autoren wie H. Ivo, Uwe Timm und sogar Brecht (im Zusammenhang mit dem Kriminalroman) hervorgehoben.[71] Chesterton und Schenda betonen, daß populäres Erzählgut Befriedigung verschaffe, die in der Kunstliteratur nicht gefunden werden könnten.[72] − Die vielleicht sublimeren Befriedigungen, die der Kunstkenner und -liebhaber an seinen Kunstgegenständen erfährt, erlauben noch nicht, Kunst zu entfunktionalisieren; vielmehr entspricht dies dem Verlangen nach höherer Weihe des eigenen Tuns. Mögen es jeweils eigene Funktionen sein — sie werden verständlich durch die unterschiedliche Lebens- und Bildungssituation der verschiedenen Rezipienten-Gruppen. Mit der Frage der Funktion steht auch der nächste Punkt im Zusammenhang:

2.2.9. Trivialliteratur ist nur verständlich in ihrem Publikumsbezug

— was wiederum unterstellt, daß dies bei der sonstigen Literatur nicht der Fall sei. Maß ist hier eine lediglich „mit sich selber beschäftigte"[73] „Literaten-Literatur"[74], deren Ästhetik Publikumsrücksichten für unseriös gelten — aber eine Verachtung des Publikums, die in Künstlerkreisen seit je verbreitet ist, ist es, um mit Greiner zu sprechen, nicht weniger.[75] Daß die Publikumsfeindlichkeit der „authentischen" Literatur (Wellershoff) auf eine gewisse Differenzierung des Publikums hinausläuft, wurde bereits betont. Auch die „Absichtslosigkeit", die für alle „wahre" Kunst in Anspruch genommen wird[76], ist ein Mythos und charakterisiert höchstens den l'art pour l'art-Bereich.

2.2.10. Ethische Minderwertigkeit der Trivialkunst

Die Identifizierung von ästhetisch und ethisch (Ethisierung) hat, wie Löwenthal gezeigt hat, eine religiöse Wurzel[77]; in ihr hat sich nach der Säkularisierung des Religiösen seit der Renaissance puritanisch-asketische Gesinnung erhalten. (Für H. Rüdiger sind die Sakralisierungstendenzen der Kunst eine Funktion der Säkularisierung der Religion.[78]) Unterhaltung wird als „des Teufels" diffamiert und verfällt der Verdammung. Noch für H. Broch ist Kitsch das Böse im Wertsystem der Kunst[79], wie auch für W. Emrich das Schöne eo ipso als „wahr und gut" gilt.[80] Schulte-Sasse weist nach, wie seit dem 18. Jahrhundert zunehmend der Dualismus von Geist und Sinnlichkeit auf das Ästhetische und das rezeptorische Verhalten übertragen wird.[81] Minderwertige Literatur wird zur „sündhaften Versuchung"[82]. Das Askesegebot kann jedoch interpretiert werden als Versuch, den Mangel ins Positive zu wenden und zu „rationalisieren", wie er auch seit je dem Interesse derjenigen entsprach, die im Überfluß leben.

2.2.11. Massenhafte Verbreitung

Dieses Kriterium bringt das Vorurteil des Elitedenkens gegen Massenerscheinungen jeglicher Art zum Ausdruck. Die Anstößigkeit massenhaft verbreiteter Literatur korreliert negativ mit dem positiven Kriterium der Originalität und Einzigartigkeit des Kunstwerks. Glotz und Langenbucher haben dieses Urteil mehrfach auf die kulturkritisch-konservative Haltung der musisch-intellektuellen Eliten zurückgeführt, die sich den Demokratisierungstendenzen der Neuzeit verweigern, weil sie in ihr weitgehend funktionslos geworden sind.[83] Für Schultz-Gerstein spiegeln die Vorurteile gegen die Trivialliteratur die Distanz der Eliten vom Alltäglichen, Gewöhnlichen und Massenhaften.[84] Speziell den Deutschen sagt Kl. Ziegler ein Mißverhältnis zur Realität nach und erklärt so das Fehlen einer dem Alltäglichen nahen Unterhaltungsliteratur in Deutschland.[85] Da sich die Kunstliteratur sowohl dem Unterhaltsamen (als Form) wie dem Alltäglich-Realen (als Inhalt) entziehe, finde die minderwertige Trivialliteratur um so eher Verbreitung, um die von der Kunst gelassene Leere zu füllen.[86] — Über die

2.2.12. Folgenlosigkeit der Rezeption des Trivialen sprachen wir oben bereits; das Kriterium[87] impliziert, daß Kunst eo ipso Folgen habe, was aufgrund der Kritik an den konventionellen Interpretationsverfahren in Zweifel gezogen werden mußte.[88]

2.2.13. Trivialliteratur hat Waren-Charakter

Löwenthal entwickelt, wie durch Entstehung des bürgerlichen Literaturmarktes im 18. Jahrhundert echte Kunst und Kunst als Ware auseinandertreten.[89] Der Künstler sei nun nicht mehr vom adligen Mäzen, sondern von einem anonymen Markt abhängig. Während sich die Geistesaristokraten diesem entzogen und eine Kunst für Ihresgleichen schufen, ergab sich die Mehrzahl der Künstler — zusätzlich verlockt durch den mit Abbau des Analphabetismus steigenden Bedarf — dem Markt und machte ihre Literatur zur „Ware". Doch bereits Kreuzer stempelte das Waren-Kriterium der Trivialliteratur zu einem subalternen Kriterium[90], wie auch Jaeggi die Trennung von Kunst und Ware als „Fiktion" bezeichnet.[91] So fatale Konsequenzen gewiß die Verquickung von Kunst und Kommerz, von Öffentlichkeitsfunktion des gedruckten Wortes und Profit hat, so wenig überzeugend waren bisher die aufgezeigten Alternativen (wer soll die Produktion lenken, wenn es der Markt nicht tut?); zudem hat Jaeggi sicher recht, wenn er den Schriftsteller moderner Prägung als Produkt eben jenes so verrufenen Marktes bezeichnet.[92] Es ist sicher auch zu billig, jede Publikumsrücksicht schlicht als Funktion des Warenzwangs zu bezeichnen, wie mehr und mehr beobachtbar ist. Eine Kinder- und Jugendliteratur beispielsweise könnte es ohne solche Rücksichten nicht geben. Kitsch und Kolportage als Ausdruck der Waren-Gesellschaft zu bezeichnen[93], ist zwar modisch und sicher auch nicht ganz falsch, nur greift es zu kurz, weil es ähnliche Erscheinungen in nicht-marktwirtschaftlich organisierten Gesellschaften ebensowenig erklärt wie in vor-kapitalistischen Zeiten.[94]

Wir möchten den Streifzug durch den Katalog der üblichen und verbreitetsten Kriterien der Trivialliteratur beschließen. Es waren fast gegen jedes grundsätzliche Einwände möglich. Fast immer ließen sich die Ergebnisse der einen Methode durch Ergebnisse der anderen neutralisieren. Das bedeutet zugleich, daß an allen Argumenten etwas Wahres dran ist, daß jede der Methoden eine Teilwahrheit über die Trivialliteratur zutage fördert. Eine eindimensionale, lediglich auf eine Methode zurückgehende Definition des Phänomens ist deshalb abzulehnen.

Die Kriterien der Trivialliteratur geben von Wesensbestimmungen und Zielvorstellungen von dem, was Literatur ist, sein sollte und bewirken könnte, aus. Dabei fließen explizit oder implizit gesellschaftliche Zielvorstellungen mit ein. Auch wenn sich oft der Literaturbegriff noch so sehr antifunktional gibt, besteht der Verdacht, daß es letztlich die zu erwartenden oder die erhofften Funktionen sind, welche die Wertung bestimmen. Wir übersehen jedoch leicht, daß alle Funktionsaussagen hypothetischen Charakter haben und den Faktor „Wert" daher nicht rational zu machen in der Lage sind.

3. Ein integrierendes Interpretations-Modell

3.1. Schlußfolgerungen aus den bisherigen Überlegungen

Getrennte Interpretationsverfahren für triviale und nicht-triviale Texte (wir verwenden diese Begriffe im Augenblick noch, obwohl am Schluß für ihre Abschaffung plädiert werden soll) sind abzulehnen, da sie nur durch Vor-Urteil anwendbar sind. Auch Vor-Urteil (oder: Vor-Beurteilung) aufgrund von Gattungszugehörigkeit (z. B. Kriminalroman, Frauenroman, Abenteuerroman usw.) und aufgrund von Erscheinungsweise (etwa: Heftchen, Leihbuch) und Verbreitung ist riskant und abzulehnen. Nur Gleichbehandlung vermeidet eine Diskriminierung des „Trivialen" und ihrer Leser[95], welche die seit dem 18. Jahrhundert permanente „Publikumsbeschimpfung" nicht verdient haben, da sie an ihrer Lage, welche sie zum Konsum dieser Produkte zwingt, nicht selber schuld sind, und vermeidet andererseits eine Privilegierung des Nicht-Trivialen und ihrer bereits sozial und in ihren Bildungschancen bevorzugten Leser. Eine von sozialer Verantwortung getragene Kritik hat der Lage und den Bedürfnissen *aller* Leser gerecht zu werden[96], und wir dürfen erweitern: allen unterschiedlichen Kommunikationssituationen, da — wie bekannt — Trivialliteratur durchaus nicht nur von Angehörigen der unteren Schichten gelesen wird, sondern von allen je nach Situation und Anlaß (allerdings wahrscheinlich mit unterschiedlichen Effekten[97]).

Zur Gleichbehandlung bedarf es jedoch eines neuen, integrierenden, offenen, kommunikativen Interpretations-Modells, das hier nur in Umrissen dargestellt werden kann. Insofern müßte auch über H. Kreuzers Verfahren, das auf ein vertikales Kontinuum zwischen „hoher" und „niederer" Literatur hinausläuft (man beachte die immer verdächtigen räumlichen Wert-Metaphern!), hinausgegangen werden. „Um die literarische Wirklichkeit in ihrer gesamten Dimension erschließen zu können", heißt es bei Klein und Vogt[98], „muß eine gesellschaftsbezogene Literaturwissenschaft Methoden entwikkeln, mit deren Hilfe auch ästhetisch geringwertige Produkte unter Beachtung ihrer spezifischen gesellschaftlichen Funktionsweise analysiert werden können".

Eine solche Methode ergibt (und setzt voraus) einen neuen, übergreifenden Text-Begriff und einen ebenso übergreifenden Funktions-Begriff, die es kurz zu explizieren gilt.

Unter Text versteht die Linguistik heute jede Form indirekter fixierter Kommunikation (Schenda[99]), das heißt nicht nur die tradierten und tradierbaren verbalen, sondern auch alle nicht-verbalen und kombinierten (= Misch-)Texte.[100] Selbst wenn wir uns auf dokumentiertes *sprachliches* Material[101] beschränken, müßte ein Textbegriff herauskommen, der es uns erlaubt, literarischen Produkten verschiedenen Anspruchs, verschiedener Funktionen und *aller* Adressaten ohne Unterschied des Mediums gerecht zu werden. Text als Kommunikation (oder Anweisung zur Kommunikation) bedeutet, daß Texte zur Realisation auf Leser angewiesen sind, und verweist auf den gesellschaftlichen Entstehungs- und Verwendungszusammenhang aller Texte (wozu auch Kritik und Wertung gehören).[102] Texte haben Anteil an der Struktur aller Kommunikation (Sprecher – Code, Code – Hörer, Sprechabsicht und -situation, Codierungs- und Decodierungsprozeß usw.); ein kommunikativer Textbegriff ist deshalb erforderlich, da nur mit seiner Hilfe eine gesellschaftliche Verantwortung wissenschaftlicher Textverwertung zu sichern ist. Er verhindert die Wertung von Texten „für sich" und unabhängig von Praxis (und damit Förderung einer unvollkommenen Praxis). Texte interpretierend, läßt man sich mit gesellschaftlicher Praxis ein und bezieht Stellung. Wie Textproduktion, so sind auch Kritik und Wertung nur von einem Standort aus möglich. Sie nehmen damit eine durchaus selbständige, eigenständige Position ein. H. Rüdigers Forderung, von den literarischen Fakten und nicht von der Theorie auszugehen[103], ist mit N. Mecklenburgs Feststellung zu konterkarieren, „daß die Werke das kritische Urteil über sie selbst nicht präjudizieren können".[104] Damit wird einem einfühlenden „dem Text entsprechen" und bevormundender Text-Verabsolutierung widersprechen.[105] Das Relationalsein aller Wertung (Schulte-Sasse), um nicht „Relativität" zu sagen, erfordert auch einen erweiterten Funktions-Begriff, der bestimmte Textsorten und Texte bestimmter Publikumsgruppen von Funktion nicht mehr ausnimmt.

Man könnte daher bei dem hier befürworteten Verfahren von einer „funktionalen Ästhetik"[106] sprechen.

Um einem Mißverständnis entgegenzutreten: Die Feststellung von Ge- oder Mißlungenem an Texten, anders: qualifizierende Beurteilung von Textleistung ist selbstverständlich weiter geboten, berührt aber die Frage nach Trivialität oder Nicht-Trivialität in keiner Weise und hat deshalb jenseits des hier zur Debatte stehenden oppositionellen Wertsystems Kunst-Trivialität Bedeutung, insbesondere wenn auch sie leserbezogen vorgenommen wird. (Über die gewiß nicht immer leichte Unterscheidung bloßer „Mängel" bei unverändertem Anspruch und unveränderter Funktion auf der einen Seite und „Trivialität" auf der anderen Seite müßten noch exakte Untersuchungen angestellt werden.)

Es sei hier die Frage gestellt, in welcher Beziehung das vorgeschlagene Interpretationsverfahren zur Ästhetik des Kritischen Realismus (im Sinne Brechts und – con variatione – Adornos) steht. Es handelt sich bei diesem um eine Realismus-Ästhetik, die im Laufe des 19. Jahrhunderts die klassisch-idealistische Ästhetik der Kunstperiode[107] nicht abgelöst, aber sich ihr entgegengestellt hat. Jauss, Betz und Preisendanz haben ihre Entstehung an der Ästhetik der Jungdeutschen und Heines, Gaede unter anderem an derjenigen Büchners und Brechts, Klotz am modernen Drama dargestellt.[108] Die Maximen dieser Ästhetik sind vereinfacht folgende:

— Beurteilung der Literatur nicht „von der Literatur" aus, sondern von der Lebenspraxis[109],
— Kritische Haltung als soziales Engagement und Distanz zu gesellschaftlichen Werten und ideologisch-politische Aktivität[110],
— Offenheit und Unabgeschlossenheit,
— Verselbständigung des Details[111], Divergenz von Allgemeinem und Besonderem und damit Unmöglichkeit des Symbols im Goetheschen Sinne,
— Zurücknahme des Mythos von der Autonomie des Kunstwerks[112],
— Kommunikative Funktion[113],
— Ablehnung philosophischer Versöhnung der Widersprüche und poetisch-verklärender Überhöhung[114], Desillusionierung,
— Spiegelung der entfremdeten Situation des Menschen[115],
— Ermöglichung des Lernens und neuer Erfahrung durch „Verfremdung"[116].

Dies sind die Kriterien der sog. „authentischen Literatur" (Wellershoff), die allerdings zu einem Begriff von Trivialliteratur führen (als einer Literatur, die auf ihre Weise wesentliche Moment der klassischen Ästhetik aufbewahrt), die wieder nichts als Negativbild ist und weder nach den gesellschaftlichen Bedingungen ihrer Entstehung und Rezeption noch nach den unterschiedlichen situativen Voraussetzungen des Konsums der Literaturen fragt. Abgesehen von den Momenten „Beurteilung von der Lebenspraxis aus" und „Kommunikativität" scheint mir diese Ästhetik wenig geeignet zur Generalisierung auf eine integrierende Interpretationsmethode hin, und zwar deshalb, weil sie den Widerspruch nicht aus der Welt schafft, daß es einerseits zu ihrer Breitenwirkung an den notwendigen gesellschaftlichen Voraussetzungen fehlt, andererseits die Verfremdungsästhetik nicht mehr nötig wäre, wenn sie erfüllt wären. Die Methode operiert mit einem Begriff von Literatur, die sich bewußt vom Publikum distanziert und so kaum eine Chance zur Herstellung eben jener besseren Verhältnisse eröffnet, deretwegen sie angetreten ist. Sie hält damit die soziale Dichotomie der bürgerlichen Gesellschaft am Leben, anstatt sich um ihre Aufhebung zu bemühen. Urs Jaeggi, ein unverdächtiger Zeuge, urteilt: „Die positiven Helden sind rar. Das Herkunftsmilieu der Figuren ist gewöhnlich das bürgerliche; meist sind die Roman-Helden Angehörige der Intelligenz, Intellektuelle. Eine Rebellion gegen die gesellschaftlichen Umstände findet nicht statt, dafür Ausbrüche, Fluchtreaktionen. Diese Literatur stellt in Frage; sie kennt keine Zukunftsgläubigkeit; sie lebt vom Zweifel. Sie steht den oft beschworenen ‚ewigen Werten abendländischer Kultur' skeptisch gegenüber; aber sie setzt ihnen keinen neuen Entwurf entgegen."[117]

Es mag deutlich geworden sein, daß die antikommunikative Verfremdungs-Ästhetik keine Lösung der Wertfrage bringt, da sie auf sublime Weise im bürgerlichen Werthorizont verharrt. Sie bleibt angewiesen auf ein Publikum, das ihr unsere Gesellschaft liefert, das aber diese Literatur entweder nicht erreicht, weil diese ihre Bedürfnisse nicht kennt, oder Verfremdung mit intellektuellem Vergnügen folgenlos genießt. So wird die Frage Fr. Hitzers: Sollen wir die Kolportage der Reaktion überlassen? wenigstens verständlich.[118] Auch die „Literatur der Arbeitswelt", so unausgearbeitet ihre Ästhetik noch ist, ist eine Herausforderung der Verfremdungs-Ästhetik, nach deren Kriterien sie einwandfrei zur Trivialliteratur gerechnet werden müßte, genauso übrigens wie die Spielarten des Sozialistischen Realismus. In dieselbe Richtung zielt H. D. Zimmermann, wenn er fordert, daß die „Literaten-Literatur", die ihre Unterhaltungsfunktion aufgegeben und sich vom Publikum zurückgezogen habe, sich ändern müsse und ihre Aufgabe als soziale zu erfüllen habe.[119] Deshalb müßte sich die Literaturwissenschaft dem modischen Trend, die Möglichkeit des Erzählens von Geschichten heute grundsätzlich in Frage zu stellen, versagen.[120] Geschichten, besonders wenn sie zu Ende erzählt sind, unterliegen jedoch bei uns grundsätzlich dem Ideologie- und Trivialitäts-Verdacht.

Die Ästhetik eines progressiven Verfremdungs-Realismus liefert keinen Beitrag für ein integrierendes Interpretationsmodell; dieses gilt es jetzt kurz zu skizzieren, womit unsere Ausführungen zugleich zusammengefaßt und abgeschlossen werden sollen.

3.2. Ein integrierendes Interpretationsmodell

Integrierendes-Kommunikat. Interpretationsmodell

Das sprachlich-literarische Material (a), wozu auch Form-Traditionen und Gattungs-Spezifika gehören, ist als rhetorische Mittel-Leser-Relation (b) zu interpretieren und auf seine durch Rezeptionsforschung zu ermittelnde Leistung für Leser hin zu untersuchen; es ist ferner auf den historisch-gesellschaftlichen Verwendungszusammenhang, auf die Wirklichkeit als Gesellschaft (c) zu beziehen und schließlich als Vermittelbares und zu Vermittelndes unter didaktischen Gesichtspunkten (d) zu betrachten.[121]

Die didaktische Seite des Interpretationsprozesses darf deshalb nicht übersehen werden, um die Folgen, die jedes Interpretieren (als kommunikativer Akt) für Leser hat, nicht sich selber zu überlassen und um der berechtigten Forderung J. Vogts Genüge zu tun, die Literaturwissenschaft didaktisch zu reformieren.[122]

Kritik und Wertung beachten ihren obersten Bezugspunkt Gesellschaft und Lebenspraxis, arbeiten unter Beachtung potentieller Leser und vergleichen die Werke weniger untereinander als die Werke mit der Wirklichkeit bzw. die Wirklichkeit mit ihnen. Wertung ist damit zugleich Beurteilung der von den Werken vorgestellten Wirklichkeit im Verhältnis zu einer wünschenswerten Wirklichkeit. Kritik von Werken ist daher von Gesellschaftskritik nicht abtrennbar.[123]

Noch einige Erläuterungen zu dem Modell. Die ästhetischen Merkmale sind im Zeitalter der Außenlenkung (D. Riesman: Die einsame Masse) als Mittel zur Präzisierung von Information und der Leser-Steuerung, nicht aber als Selbstzweck und schichtenspezifische, das heißt standortabhängige Norm-Entsprechung zu interpretieren. Ästhetische Sensibilisierung ist nicht Bildungsausweis, sondern dient der kritischen Kontrolle sprachlicher Information.[124] Standort, Absicht und Methoden des Sprechers gilt es kritisch zu kontrollieren. An dieser Stelle zeigt das Interpretieren noch einmal deutlich seine didaktische Relevanz.

„Integrierende Methode" heißt nicht, daß für alle Texte und Textsorten ein einheitliches Analyse-Schema zu gelten habe. Schon die Tatsache, daß jeder Text in einer eigenen Form-Tradition steht (auch wenn er sich bewußt von dieser distanziert), gebietet jeweils neues Fragen. So wird man bei der Interpretation einer Novelle, eines Kriminalromans oder eines Erzählgedichts die jeweilige Form zu beachten haben, die uns nahelegte, von „Novelle", „Kriminalroman" und „Erzählgedicht" zu sprechen. Dies geschieht nicht, um in eine obsolete normative Ästhetik zurückzufallen, und in Verkennung der Tatsache, daß auch Formen historisch bedingt sind und eine gesellschaftliche Funktion haben. Die Beachtung der Form und von Gattungsmerkmalen ist auch nur insoweit von Belang, als vorausgesetzt wird, daß sie nicht ohne Einfluß auf die Text-Leser-Kommunikation sind. Es ist jeweils zu fragen, wie das „Formgebot" erfüllt, abgewandelt, verändert wird und aufgrund welcher gesellschaftlichen Veränderungen und welcher Sprecher-Intentionen das geschieht (oder geschehen sein mag). Die Novelle weist auf ein geschlossenes (oder sich als geschlossen, geordnet verstehendes) Gesellschaftssystem hin, der Kriminalroman fordert zur Frage nach Art der Füllung des durch Tradition vorgegebenen Schemas heraus; absolute Regelhaftigkeit eines Textes läßt Rückschlüsse auf seine Funktion zu; das Nebeneinander verschiedener, u. U. sogar gegensätzlicher Formen in einer Epoche verweist auf deren gesellschaftliche Widersprüche.

Da Wertung immer leicht auf ein Vergleichen der Werke untereinander und eine Isolierung ihrer ästhetischen Merkmale hinausläuft, ist die Wertfrage bewußt „herabzuspielen".[125] So fordert H. v. Hentig: Wir sollten „unser Verhältnis zur Kunst nicht weiter von ihrer historischen soziologischen Rolle . . . als Symbol zweckfreier, verfeinerter Lebensart, . . . als Bildungsgut und somit als Ewigkeitswert" bestimmen lassen. „Kunst erweist sich in unserer Kultur . . . in erster Linie als Funktionsbegriff und erst in zweiter Linie als ein Wertbegriff. Die Schule dagegen hält hartnäckig am letzteren fest . . ."[126] Auch Schultz-Gerstein fordert ein Abgehen vom Wertungs-Absolutismus „der alten Schule".[127]

„Trivialliteratur" ist und bleibt jedoch ein Kontrast- und damit Wert-Begriff. Eine integrierende, kommunikative Interpretationsmethode, wie sie hier vorgeschlagen wird, läßt im Grunde keinen Raum mehr für den Begriff „Trivialliteratur". Für die notwendige Bewertung antihumaner Tendenzen in der Literatur als Produkt von Gesellschaft und ihrer Sozialisation gilt es neue Begriffe zu finden, die zugleich deutlich machen, daß eine Personalisierung der Verantwortung für Triviallektüre, die meist gerade die Schwächsten trifft, dem Problem nicht gerecht wird. Nicht daß es „gute", „großartige" Werke gibt, ist wichtig, sondern daß wir in einer humanen Wirklichkeit leben oder wenigstens Chancen zu ihrer Humanisierung haben. Die literarische Intelligenz entzieht sich jedoch den Aufgaben der Massengesellschaft, wenn sie an fragwürdigen Unterscheidungs-Kriterien von „trivialer" und „nicht trivialer" Literatur festhält.[128]

Ergänzend sei zum Schluß nur noch auf Einzeltext-übergreifende, inhaltsanalytische, quantitative Methoden der Analyse hingewiesen, die für eine informations- und kommunikationstheoretische Texttheorie durchaus legitim sind, besonders dann, wenn die quantifizierenden Verfahren qualitative Urteile zum Zweck haben.[129] Erwähnenswert sind z. B. die Arbeiten von Nusser über den Heftroman – „Romane für die Unterschicht" – und Davids über den Wildwestroman der Bundesrepublik; der Verfasser möchte dabei seine eigenen Untersuchungen zur Jugendlektüre nicht unerwähnt lassen.[130] Texte sind nicht nur als Ganze Zeichen für Leser, sondern im Detail der Motive, Fakten, Verhaltensmuster und Wertungen.

Die Arbeit versuchte zu zeigen, daß die Begriffe „trivial" und „nicht-trivial" jeweils methodenbedingt sind, resumierte die bisherigen Untersuchungsverfahren, die überwiegend Methoden der Diskriminierung von explizierten und impliziten Wesens- und Funktionsbestimmungen von Literatur sind, und schlug ein verändertes, integrierendes Interpretationsverfahren vor, das auf einen erweiterten Literatur- und Funktions-Begriff zielt. Das Verfahren will die literarische Wirklichkeit weniger abbilden (H. Rüdiger: Vorrang der literarischen Fakten) als verändern. Da die literarische Wirklichkeit eine Funktion der gesellschaftlichen Wirklichkeit ist, müßte die Literaturwissenschaft damit – als eine didaktisch reformierte verstanden – der berechtigten Forderung Genüge tun, sich ihrer sozialen Verantwortung bewußt zu werden.

(Mai/Juni 1973)

Anmerkungen

1 Beaujean 1971, Singer 1969, S. 53; Schenda 1971, S. 192.
2 Hentig 1969.
3 Rumpf 1968 (b).
4 Kayser, W., Literarische Wertung und Interpretation, in: Kayser 1958, S. 39–57, hier bes. S. 45; Trunz 1971, S. 221.
5 Hohendahl 1971, S. 43; vgl. G. Bauer 1971 (a), S. 56.
6 Merkelbach 1971 (b), S. 374.
7 Schenda 1971, S. 205 und 210, Mecklenburg 1972, S. 56 (Verstehen erwachse immer aus den Interessen des praktischen Lebens), M. Nutz 1972, S. 275.
8 Vgl. Bredella 1971, Mukařovský 1970.
9 Bourdieu 1970, S. 161 ff., 168.
10 Schulte-Sasse 1971 (a), S. 56 ff.
11 Mecklenburg 1972, S. 56.
12 Schenda 1971, S. 191.

13 Jaeggi 1972, S. 28.
14 Jaeggi 1972, S. 63.
15 Vgl. Glotz 1968, S. 33, 48 u. a.; Bark 1972, S. 58.
16 Vgl. Schulte-Sasse 1971 (a), S. 92 ff. u. a. Beaujean: Das Lesepublikum der Goethezeit. Die historischen und soziologischen Wurzeln des modernen Unterhaltungsromans, in: Beaujean, Fügen u. a. 1971, S. 5–32.
17 Kreuzer 1967, S. 191.
18 Greiner 1964, S. 8, 19 ff.
19 Mecklenburg 1972, S. 106, 121.
20 Löwenthal 1964, S. 100 ff.; Bredella 1972, S. 202.
21 Hermand 1969; Maren-Grisebach 1972; Hauff/Heller 1971, Klein/Vogt 1971.
22 Lämmert, Killy u. a. 1967.
23 Kolbe 1969.
24 Kreuzer 1967; Schulte-Sasse 1971 (a).
25 Jauss 1970.
26 Iser 1971, Weinrich 1971.
27 Conrady 1966, S. 81.
28 W. Nutz 1962, Langenbucher 1964.
29 Vgl. Breuer, Hocks u. a. 1972, S. 156 ff.
30 Bausinger 1968, S. 5.
31 Bayer 1971.
32 Gerth 1968.
33 Killy 1962.
34 Langenbucher 1964.
35 W. Nutz 1962.
36 Langenbucher 1968, S. 129; vgl. dagegen Jauss 1970.
37 W. Nutz 1962.
38 Adorno 1970, Habermas 1969, Ueding 1973, Giesenfeld 1971 und 1972, Holzer 1968, vgl. auch Enzensberger 1962.
39 Ziermann 1969, vgl. auch Bredella 1972.
40 Hitzer 1972, S. 66.
41 Vgl. DD, H. 6/1971.
42 Vgl. Dahrendorf 1973 (b).
43 Schulte-Sasse 1971 (b), S. 143 f., Davids 1969, S. 159.
44 Wellerhoff 1969, S. 22.
45 Adorno 1970, S. 55, 335 u. a., Adorno 1958, Heissenbüttel 1970, S. 178 ff., 200.
46 Vgl. Werckmeister 1971, S. 31, 83 f.
47 Habermas 1969, S. 182.
48 Jauss 1970, S. 177 ff.
49 Mukařovský 1970, S. 108.
50 Vgl. die oppositionellen Begriffe Variation und Innovation/Imagination bei Smuda 1971.
51 Vgl. Breloer und Zimmer 1972, S. 99, dazu: Begriff des „personalen Romans" bei Stanzel 1965.
52 Habermas 1969, S. 193, Höllerer 1968, S. 53, Maletzke 1963, S. 206.
53 Gerth 1968, S. 20.
54 Kelter Schloß-Roman, Nr. 167, S. 35.
55 Enzensberger 1970, Benjamin 1955, vgl. G. Bauer 1971, S. 56: Elitisierung der Kunst verhindere ihren gesellschaftlichen Gebrauch.
56 Mukařovský 1970, S. 83, 103 und 111, Chvatik 1970, S. 106.
57 Rüdiger 1966, S. 140 f.

58 Vgl. Kritik von Mecklenburg 1972, S. 90 f. und Jaeggi 1972, S. 98.
59 Hermand 1969, S. 153, Mecklenburg 1972, S. 63.
60 Müller-Seidel 1965, S. 23 u. a.
61 Müller-Seidel 1965, S. 90 und 158.
62 Staiger 1961, S. 31 f.
63 Hass 1959, S. 732.
64 Emrich 1968, S. 226.
65 Mecklenburg 1972, S. 69, Schulte-Sasse 1971 (a), S. 24, 36 und 54 ff.,
   Ivo 1970, S. 77.
66 Behr, Grönwoldt u. a. 1972, S. 123.
67 Bourdieu 1970, S. 80 f.
68 Wellek und Warren 1963, S. 226, Adorno 1970, S. 291 f., 350.
69 Hass 1959, S. 66.
70 Kayser 1958, S. 56.
71 Ivo 1971, S. 48; Timm 1972, S. 86; Brecht 1971, S. 99.
72 Chesterton 1945, Schenda 1970, S. 473 ff.
73 Jaeggi 1972, S. 132.
74 Zimmermann 1972.
75 Greiner 1964, S. 229.
76 Wellek und Warren 1963, S. 225; vgl. auch Kayser 1965.
77 Löwenthal 1964, S. 37 ff.
78 Rüdiger 1966, S. 140.
79 Broch 1968, S. 126.
80 Emrich 1968, S. 226 ff.
81 Schulte-Sasse 1971 (a), S. 74 und 81.
82 Schulte-Sasse 1971 (a), S. 57.
83 Glotz 1968, S. 48, 79 u. a.; Glotz und Langenbucher 1969.
84 Schultz-Gerstein 1972, S. 415.
85 Ziegler 1947, S. 570 u. a.
86 Ähnlich bei Giesz 1960, S. 89 ff.
87 Habermas 1969, S. 182 f.
88 Jauss 1970, S. 177; Löwenthal 1964, S. 43.
89 Löwenthal 1964, S. 12 f.
90 Kreuzer 1967, S. 181.
91 Jaeggi 1972, S. 20 ff.
92 Jaeggi 1972, S. 24.
93 Vgl. Ueding 1973, S. 63.
94 S. auch Haug 1971, Holz 1972.
95 Zimmermann 1972, S. 388.
96 Nach Glotz 1968, S. 85, formulierte die Kritik bisher u. a. die Bedürfnisse
   der Privilegierten.
97 Vgl. Breloer/Zimmer 1972, S. 103.
98 Klein/Vogt 1971, S. 66.
99 Schenda 1971, S. 199.
100 Wienold 1971, S. 61; Breuer/Hocks u. a. 1972, S. 216.
101 Ritsert 1972.
102 Modell bei Wersig 1968, S. 22.
103 Rüdiger 1966, S. 142.
104 Mecklenburg 1972, S. 91.
105 Staiger 1961, S. 12 f. und 19, spricht von „Liebe" zum Text, Angespro-
    chensein, Beteiligung von „Herz und Gemüt", „Glück der Zustimmung".
106 Davids 1969, S. 159; vgl. auch Nusser 1973.
107 Preisendanz 1968.

108 Jauss 1970, Betz 1971, Preisendanz 1968, Klotz 1970, Gaede 1972.
109 Betz 1971, S. 12; vgl. Preisendanz 1968, S. 860.
110 Preisendanz 1968, S. 861; Betz 1971, S. 39; Mukařovský 1970, S. 108.
111 Betz 1971, S. 38; Gaede 1972, S. 43.
112 Benjamin 1955, S. 159; Preisendanz 1968, S. 860 und 864.
113 Preisendanz 1968, S. 862.
114 Preisendanz 1968, S. 870.
115 Gaede 1972, S. 59, 77 ff.; Adorno 1958, S. 78.
116 Wellershoff 1969, S. 23; Heissenbüttel 1970, S. 201 u. a.
117 Jaeggi 1972, S. 118.
118 Hitzer 1972, S. 66.
119 Zimmermann 1972, S. 397, 408 (ganz un-Adornisch gedacht!).
120 Adorno, Der Standort des Erzählers im zeitgenössischen Roman,
    in: Adorno 1958, S. 61–72; Heissenbüttel 1970, S. 182; vgl. da-
    gegen Chesterton 1945!
121 Vgl. Dahrendorf 1972 (a).
122 Vogt 1972 (b).
123 Hohendahl 1971, S. 46.
124 Behr, Grönwoldt u. a. 1972, S. 119, 127; vgl. Hentig 1969, S. 93 f.
125 Ein Herabspielen der Wertfrage schlägt auch D. Naumann vor (Krimi-
    nalroman und Dichtung, in: Vogt 1971, S. 473–483 (2. Bd.).
126 Hentig 1969, S. 93 f.
127 Schultz-Gerstein 1972, S. 414.
128 Hohendahl 1971, S. 44.
129 Zum Problem quantitativer Analysen: Ritsert 1972; Wersig 1968,
    Adorno 1971.
130 Nusser 1973, Davids 1969, Dahrendrof 1973 (b).

129

1. Gesellschaftliche Probleme im Kinderbuch*

Einleitung

Es ist zu erwarten, daß das Kinderbuch verbreitete und nicht weiter diskutierte Vorstellungen zur Sozialisation des Kindes in unserer Gesellschaft widerspiegelt. Der folgende Aufsatz stellt sich die Aufgabe, das bei uns geltende Idealbild vom Kind — das Bild, auf das hin man sozialisiert —, seine Merkmale sowie die Bedingungen und Strategien, die man zur Erreichung des Zieles für am günstigsten hält, am Material des Kinderbuches zu identifizieren.

Wir gehen dabei von der Hypothese aus, daß leserbezogene Texte wie die Kinderliteratur darauf angewiesen sind, den Bewußtseinsstand der „Gesellschaft" auszudrücken, denselben Bewußtseinsstand, der auch Art und Handlungsweisen der hauptsächlichen Sozialisationsinstanzen Familie und Schule bestimmt. Offenbleiben und hier nicht diskutiert werden soll, ob von Kinderliteratur durch Abweichen von generellen Erziehungspraktiken und -zielen sozialer Wandel ausgehen kann oder nicht. (Trotz einer anwachsenen „antiautoritären" Kinderliteratur ist der Verfasser skeptisch, da Kinderliteratur als eine auf freien individuellen Zugriff angewiesene Literatur primär eine Bestätigungsliteratur sein muß; freilich kommt es darauf an, ob das, *was* bestätigt wird, einer kritischen Analyse vermittels Maßstäben gesellschaftlichen Progression standhält.) Kinderliteratur wird hier demnach als Indikator für die Erwartungsschemata „Kind" interpretiert, die unsere Gesellschaft, u. a. über das Buch, an das Kind heranträgt. Zweck der Untersuchung ist es, die den Schemata entsprechenden Wirkungsmechanismen, soweit sie an gelesenen Texten sichtbar werden, durchschaubar zu machen und dadurch Anregungen für eine Buch-Didaktik zu geben, die unter Rezeption mehr versteht als bloße „Annahme", die den Begriff der Vermittlung weiter faßt als bisher, die eine bewußt kritische Stellungnahme und daraus resultierende Abwehr ebenso einschließt wie eine produktive Veränderung von Texten im Sinne erkannter und reflektierter Bedürfnisse.

---

* In: H. Ide (Hrsg.), Projekt Deutschunterricht 1, Stuttgart, Metzler 1971, S. 1—25.

Anmerkungen zu diesem Beitrag auf S. 156.
Liste der in Teil III genannten Kinder- und Jugendbücher auf S. 279—283.

Literarische Urteile im traditionellen Sinne sollen nicht abgegeben werden. Es geht im folgenden um die Frage, wie sich dem kindlichen Leser die Welt, in der er lebt und in die hineinzuwachsen er im Begriff ist, darstellt und welches Rollenbild von sich selber er lesend empfängt. Dieser methodische Zugriff ist jedoch kein „außerliterarischer", sondern insofern legitim, als er die hauptsächlichen leserbeeinflussenden Textfaktoren herausstellt, die erst dann in den Blick kommen, wenn man sich von der Einengung der Betrachtung auf ästhetische Faktoren im Sinne von gelungen – nicht gelungen, von „Lebendigkeit" und Nichtlebendigkeit, Anschaulichkeit und Unanschaulichkeit etc. freimacht. Ästhetische Faktoren können nur dann ihre Maßgeblichkeit bewahren, wenn damit zugleich Rezeptions- und Beeinflussungs-Probleme faßbar werden.

Es ist die vornehmste Aufgabe der Kinderliteratur, den jungen Menschen als Leser zu konstituieren und in ihm eine Motivation zur freiwilligen Teilnahme am literarischen Leben aufzubauen. Dabei wird ein Mechanismus wirksam, der durch unsere pluralistische, kapitalistische, leistungs- und profitorientierte Gesellschaftsstruktur bedingt ist: Autoren und Verlage sind mit Recht daran interessiert, Bücher zu machen, die ansprechen, gekauft werden und Verbreitung finden. Wir wissen, daß der kindliche, oft auch noch der jugendliche und der erwachsene Leser rigoros ist in der Annahme und Abwehr bestimmter Lektüren. Nur ausnahmsweise liest er aus sog. „literarischem Interesse", viel verbreiteter aber, wenn überhaupt, und vor allem vollkommen berechtigt aus thematischem, stofflichem Interesse. Er sucht Bestätigung dieses Interesses und seiner Bedürfnisse und Erwartungen. Nur dann ist er auch bereit, die Anstrengung des Lesens auf sich zu nehmen. Nun handelt es sich aber bei den angesprochenen Haltungen und Interessen nicht – wie die „klassische" Literaturpssychologie glauben machen wollte – um „entwicklungstypische", biologisch vorgegebene Einstellungen, sondern bereits um die Ergebnisse der bisherigen Sozialisation. Wenn also ein Kinderbuch besonders gut „ankommt", so vor allem vermöge der Bestätigung der bisherigen Sozialisation mit ihren vorrangigen Werten und Normen. (Damit soll nicht behauptet werden, daß Thematik und Stoff ausschließlich wirksam sind, die gelungene Form als Kinderbuch ist sicher eine conditio sine qua non. Doch wird sie vom Kind eher als nicht weiter reflektiertes Vehikel von interessanten Motiven, Handlungen und Stoffen genommen. Daß auch die für angemessen und „gut" gehaltene Form sozialer Vermittlung unterliegt, soll hier unerörtert bleiben.)

Als Fazit können wir herausstellen, daß Kinderliteratur, bedingt durch die literarischen Verwertungsprinzipien unserer Gesellschaft, als ein Instrumentarium der Gesellschaft zur Prägung des zukünftigen Lesers aufzufassen ist, das — um dies Primärziel zu erreichen — die nachwachsende Generation auf die Werte der Gesellschaft, das heißt den gesellschaftlichen status quo einschwört. Um das Ziel, die Kinder zu Teilnehmern am literarischen Leben zu machen, zu erreichen, muß die Kinderliteratur ein Spiegelbild gesellschaftlicher Zentralwerte sein und braucht sie eine gewisse Kongruenz zu den herrschenden Erziehungsgrundsätzen und -zielen. Sie ist daher ein vorzüglicher Indikator dieses Wertsystems.

Als Material haben dem Verfasser an die zweihundert deutschsprachige, in der BR verbreitete Originalwerke der Kinderliteratur gedient. Zwar handelt es sich um eine Zufallsauswahl, sie dürfte jedoch einigermaßen repräsentativ sein. Aus der Analyse ausgeschieden wurden, um das Material nicht allzusehr anwachsen zu lassen, alle Bilderbücher und alle Texte, die sich aufgrund des bundesrepublikanischen Erfahrungswertes an über 10jährige wenden. Daß die Abgrenzung schwierig und problemtisch ist, wird am repräsentativen Wert des untersuchten Materials nichts ändern.

1. Zur Situation des Kindes allgemein

Das westdeutsche Kinderbuch (wKb) stellt dem lesenden Kind nicht die Welt, sondern *seine* Welt dar bzw. das, was man dafür hält. Nicht daß man dem Kinde die Welt auf eine ihm zugängliche Weise vermittelt, was sich selbstverständlich auch auf die sprachliche Seite der Kommunikation bezöge, sondern daß man das Kind auf *seine* Welt einschränkt, ist als generelles Merkmal fast der gesamten Kinderliteratur festzuhalten. Man appelliert damit weniger an sein Neugier-Verhalten, als daß man zum Glücklichsein in seiner Situation stimuliert. Innerhalb dieser Beschränkung bevorzugt das wKb Einzelkind-Darstellungen und erzählt von individuellen Erfahrungen und Erlebnissen in der Familie, als Freund oder Bruder, als Freundin oder Schwester, seltener im Verhältnis zu einer Gruppe. Dabei stehen individuelle Bewährungen im Sinne bestimmter Erwartungen, Sichdurchsetzen, Bestätigung, Anerkennungfinden, Erfolg und Gelingen im Vordergrund. Einerseits wird das Kind in seinen als individuell geltenden Bedürfnissen und in seinem Streben nach Ichdurchsetzung ernstgenommen; andererseits verhält es sich dabei gesellschaftskonform, so daß gesagt werden kann, daß das Kind als ein Individuum dargestellt wird, das sein Auskommen mit der Welt sucht und, es findend, schließlich glücklich wird. Es ist ein beliebtes Rezept der Kinder- und auch noch der Jugendliteratur, den propagierten Werthaltungen dadurch Nachdruck zu verleihen, daß man ihre Übernahme als Mittel zum Glücklichwerden darstellt. Das Kind darf sich entfalten, aber nur innerhalb eines vorgegebenen Rahmens. Meistens streben die Kinder bereits von sich aus nicht über den Rahmen hinaus, so daß auf einen übertriebenen Sozialisationsdruck verzichtet werden kann (so bei *Franziska Struwwelkopf* von A. Norden und *Die drei Nikoläuse* von G. Ruck-Pauquet). Es scheint auf eine Verhältnismäßigkeit von Individuum und Umwelt hinauszulaufen, die eine endliche glückliche Übereinkunft gestattet. Individuum und Wirklichkeit existieren in einer Art prästabilisierten Harmonie, die — wenn schon nicht von Anfang an vorhanden — stets hergestellt werden kann. Der Akzent auf Konflikt-Auflösung diskriminiert den Konflikt selber als im Grunde unnötiges Hindernis auf dem Wege zur Harmonie. Von hier aus wird die Neigung verständlich, nicht tatsächliche und selbsterlebbare Konflikte zu behandeln, sondern „rein literarische" Scheinkonflikte, die sich in Wohlgefallen auflösen und „genießbar" sind, die einen Transfer in die eigene Sozialsituation des lesenden Kindes weder möglich noch nötig machen. So werden die Kinder daran gewöhnt, daß Literatur nichts mit Praxis zu tun habe und daß man sich mit ihr lediglich angenehm unterhält.

Wo die Kinder nicht von sich aus bereits zur Übereinstimmung mit dem Erwartungsschema Kind streben, werden sie entweder verbal oder durch den Gang der Ereignisse darüber belehrt, daß sie besser fahren, wenn sie sich anpassen (vgl. Walter-Episode in H. v. Gebhardts *Das Mädchen von irgendwoher*). Das Fertigwerden mit Mißerfolgen scheint kaum eine Rolle zu spielen, da die Wirklichkeit nicht als Begrenzung der Ichentfaltung, sondern als Erfüllungsgehilfe regressiver Wünsche erfahren wird. Dagegen spielt das Ethos des Sichabfindens mit vermeintlich oder tatsächlich unveränderbaren Tatsachen eine große Rolle (U. Wölfels *Feuerschuh und Windsandale*), wie sich überhaupt im wKb, wie sonst nur in der Trivialliteratur, die apolitische Ideologie der Innerlichkeit gut gehalten hat. Die Tugenden der Zufriedenheit und Hinnahme werden für wichtiger gehalten als ein veränderndes Ausgreifen in die Wirklichkeit. Die Tatsache der menschlichen und gesellschaftlichen Bedingtheit der Umstände wird den Kindern gern verschwiegen. Der Mythos der unveränderbaren Wirklichkeit korrespondiert mit dem Hinnahme-Verhalten auffällig. So bleibt das Große groß, das Kleine klein, das Ungleiche ungleich (Janosch hat mit seinem Bilderbuch *Josa mit der Zauberfiedel* insofern ein „Gegen-Kinderbuch" geschrieben, als der Held vermittels Zauber die Ungleichheiten der Welt ausgleicht — doch der Zauber ist keine Strategie zur tatsächlichen Überwindung der Ungerechtigkeiten).

So wird das Kind über seine eigene Natur im unklaren gelassen — die Anpassung als ein müheloser, in der „Natur" angelegter Prozeß; korrespondierend dazu wird die Wirklichkeit entwirklicht, da sie dem Angleichungsvorgang keinen ernsthaften Widerstand entgegensetzt, wenn sie nicht der Willkür des Geistes zwecks Entgrenzung unterworfen werden kann. Mit allen drei Möglichkeiten der Veränderung von Wirklichkeit zum Zwecke ihres Lesbarwerdens experimentiert das wKb; alle drei überspielen jedoch diejenigen Konflikte, vor denen Kinder in unserer Gesellschaft tatsächlich stehen. Schon bei einer groben Übersicht über die Situation des Kindes im wKb zeigt sich das ästhetische Rezeptions-Ideal, das ihm entspricht und das es daher schult: daß Literatur nichts mit der Realität zu tun habe, daß sie etwas sehr Individuelles, ein bloßes Spiel des Geistes ist.

2. Der erwachsene Partner

Die Wirklichkeit als Umwelt und Gesellschaft personifiziert sich den Kindern in Erwachsenen. Sie treten im wKb in wenigen typischen Rollen auf, in deren Typik sich der Erwartungsdruck kristallisiert, der auf die Kinder des wKb einwirkt.

Da ist der ungebrochen autoritäre, normrepräsentierende, gebietende Vater, der dem Kind klare Handlungsrichtlinien und Halt gibt für Bravsein (B. Götz' *Der kleine Herr Pamfino*). Beliebt sind auch die kindlichen Erwachsenen mit ihrer emotional-verständnisvollen Hinwendung zum Kind. Sie entsprechen dem kindlichen Wunschbild einer milden, widerstandslosen Wirklichkeit. Es sind weniger die Väter als Großväter und großväterähnliche Figuren, denen man diese Rolle überläßt (man findet sie vor allem in E. Marders und G. Ruck-Pauquets Kindergeschichten); auch als Onkel und Nenn-Onkel treten sie auf. Sie sind partnerschaftliche und verständnisvolle Positivfiguren.

Väter und Ersatz-Väter vermitteln das Gefühl der Sicherheit, die Kinder wissen, daß ihnen in ihrer Nähe nichts passieren kann. Zugleich repräsentieren sie den Kindern eine Gesellschaft, die wertorientiert und fest in sich gefügt ist. Sie simulieren einen gesellschaftlichen Zustand der Vor-Vaterlosigkeit. Von ihrer Zuverlässigkeit und Selbstsicherheit, ihrer Überlegenheit und der Ungebrochenheit der von ihnen vertretenen Normen geht ein Zwang zur Unterordnung und Anpassung und zur Fixierung des Kindes auf den Erwachsenen aus. Ihre Überlegenheit oder Güte ist über jede Kritik erhaben und gewöhnt diese daher ab. Gegenbeispiele konnten beim westdeutschen Erwachsenenpublikum nicht reussieren (Kästners *Der 35. Mai*[1]*, Mein Urgroßvater, die Helden und ich* von Krüss — wo allerdings die überlegene Autorität des Weisen im Widerspruch zur Grundhaltung des Buches steht).

Es gibt auch negativ gezeichnete Erwachsene; es sind meist Nebenfiguren, Hausmeister, Nachbarn, die den Lärm der Kinder nicht ertragen und ihren Spielraum einzuschränken trachten. An ihnen Kritik zu üben ist leicht und gefahrlos, da sie keine Erziehungsgewalt über die Kinder ausüben.

Es ist wichtig zu erkennen, daß die im wKb bevorzugte Einzelkind-Darstellung das fixierende Gegenüber des erwachsenen Einzelpartners geradezu erzwingt. Es isoliert das Kind, macht es abhängig und erschwert Emanzipation. Daß es tatsächlich Hilfe und die Vermittlung kultureller Reize von seiten der Erwachsenen braucht, macht die Bereitstellung von Spielfeldern zur Einübung von Selbständigkeit und Initiative jedoch nicht überflüssig.

3. Kind und Familie

Lebenszentrum des Kindes im Kinderbuch ist die Familie, die dem Leser als etwas Unantastbares oder um jeden Preis Wiederherzustellendes vor Augen geführt wird. Dem Tabu des guten, fehlerlosen und nachahmenswerten Erwachsenen stellt sich das Tabu der heilen und „gesunden" Familie an die Seite. Unter „Familie" wird im wKb eine eindeutige Funktionsverteilung von Vater, Mutter und Kindern verstanden, wobei die Kinder entsprechend den Rollen-Vorbildern der Eltern in ihren Rollen geschlechtsmäßig klar differenziert werden (K. Reicheis: *Der kleine Biber und seine Freunde*). Es ist der Vater, mit dem der dicke Tim auf Wanderschaft geht, die Mutter hütet derweil das Haus (U. Wölfels *Feuerschuh und Windsandale*); der Vaterstelle vertretende Lukas reist mit Jim Knopf um die Welt (*Jim Knopf und Lukas der Lokomotivführer, Jim Knopf und die Wilde 13* von M. Ende). Auch sonst sind erwachsene Reisegefährten stets männlich. Und es sind Jungen, die am ehesten aus dem Bannkreis der Familie heraustreten und etwas unternehmen dürfen; weltausgreifendes Abenteuer ist den Männern vorbehalten.[2]

In der realistischen Kindergeschichte hat die Familie ihre selbstverständliche Ordnung: der Vater sorgt außerhalb des Hauses für den Lebensunterhalt, er kommt herum und stellt den Kontakt zur Gesellschaft her, während die Mutter sich um Haushalt und Kinder kümmert (A. Norden: *Franziska Struwwelkopf*, Bernhard-von Luttitz: *Nina, das kleingroße Mädchen*). Ist die Mutter einmal abwesend, läuft alles falsch oder verlieren die Kinder ihren inneren Halt (Weilens *Ein Tag ohne Mutti*). Mädchen spielen vorzugsweise Mutter und Kind oder mit Puppen, oder sie haben ein besonders inniges Verhältnis zur Natur.

„Gesund" und in Ordnung ist die Familie des wKb dann, wenn die Rollen in ihr in traditioneller Weise verteilt sind und die Kinder klare Identifizierungsmöglichkeiten haben, die eine Reproduzierung der

Rollenverteilung und Familienordnung sicherstellen. Eine zweite wichtige Funktion der Familie ist die Schutz-Funktion, die sich im Kinderbuch zu einer gesellschaftliche Prozesse und Konflikte abwehrenden Abgeschlossenheit mausert. Das im Kinderbuch verbreitete, durch Strafandrohung oder kleinmütige Rückkehr sanktionierte Motiv des Weglaufens ist ein Signal dafür, wie hartnäckig die Familie ihren hermetischen Privatcharakter verteidigt, und sei es auf Kosten der Selbständigkeit der Kinder (vgl. A. Nordens *Franziska Struwwelkopf,* I. Klebergers *Unsere Oma*).

Sowohl der Akzent auf der Zweierbeziehung Kind—Erwachsener als auch die überragende Bedeutung der hermetischen Familie für das wKb deuten auf das unpolitische Modell von der „eigenen Kinderwelt" hin, welches das Kind auf eine bestimmte Form der praxisfernen Rezeption festlegt und es darin programmiert.

Das zeigt sich auch dort, wo die Familienordnung gestört ist und die Familie ihrer Integrationsaufgabe nicht genügend nachkommt. Hier wird alles Sinnen und Trachten auf eine — und sei es noch so notdürftige — Wiederherstellung der Familienordnung gerichtet (Allfrey: *Delphinensommer,* Ruck-Pauquet: *Die bezauberndsten Kinder der Welt*). Auch hier verrät der stereotype Hinweis auf das Glücklichwerden der Kinder in nur dieser Ordnung, wie ideologische Normvorstellungen eingepflanzt werden können (U. Wölfel, die dem Prinzip in *Joschis Garten* selber einst gehuldigt hat, setzt sich gegen das Klischee neuerdings in ihrer Geschichte *Der Vater* — in *Die grauen und die grünen Felder* — zur Wehr). Da es vor allem die Realwelt-Geschichten sind, welche die Familie als Orientierungszentrum herausstellen, kann man sagen, daß dem Kinde im wKb die reale Welt vorzugsweise als Familienwelt mit den dort einübbaren privaten Tugenden vorgestellt wird. So ist die Familie nicht nur Raum der Geborgenheit, sondern zugleich ein System, das Abgrenzung gegen den Raum der Öffentlichkeit garantiert, mithin Abbild der Geschlossenheit und des Privatcharakters der kindlichen Lebenssituation im wKb und als solches Übungsfeld für individuelle und familiaristische Tugenden. Sie ist Schonraum, in den Unruhe und Lärm und die Zumutungen unserer Zeit nicht hineindringen. Auch in diesem Zug offenbart sich eine praxisfeindliche und wirklichkeitsferne Pädagogik, die es gebietet, ernste Konflikte so lange wie möglich vom Kinde fernzuhalten, um es desto besser romantisieren zu können. Doch dient die Romantisierung nur einer Sozialisation im Interesse des gesellschaftlichen status quo.

Es kann sicher nicht darum gehen, die Existenz der Familie grundsätzlich in Frage zu stellen, vielmehr darum, die Abhängigkeiten und ichschwächenden Fixierungen aufzulösen, zu denen eine einseitige privatistische Familienorientierung des Kindes und eine allzu beengende Familienstruktur führen. Die Familie ist nicht dadurch schon „gesund", daß jeder in ihr treulich seine Rolle versieht und daß sie sich ängstlich gegen Gesellschaft abgrenzt, sondern dadurch, daß sie ihre wahrscheinlich nicht delegierbaren Aufgaben erfüllt und *zugleich* sich zur Gesellschaft hin öffnet und zu Selbständigkeit und Unabhängigkeit, und zwar der Jungen *und* Mädchen, erzieht. „Gesund" kann eine Familie immer nur im Hinblick auf ganz bestimmte gesellschaftliche und ökonomische Bedingungen sein. Die im wKb bevorzugte Familienform ist, unter dem Aspekt gesellschaftlichen Fortschritts, geradezu als „ungesund" zu bezeichnen.

4. Erziehungspraktiken und -ziele

Welchen Normen und Werten des Handelns und Verhaltens ist das Kind im wKb ausgesetzt, welchen Sozialisationspraktiken begegnet es? Auf die Werte der Geborgenheit, der Bewährung im Sinne der Erwartungen der Erwachsenen und des Anschlußfindens hatten wir bereits hingewiesen. Doch handelt es sich hierbei um Werte funktionaler (sekundärer) Art, die sich erst durch ihre Zwecke als „Werte" zu beglaubigen hätten.

Polarisiert man die Tugenden in private und öffentliche[3] einerseits und in solche der Anpassung und Autonomie andererseits, so zeigt sich im wKb ein eindeutiges Übergewicht der privaten und der Anpassungs-Tugenden. Die Bevorzugung der privaten ist schon durch das im Kinderbuch akzentuierte soziale Übungsfeld der Zweierbeziehungen und der Familie bedingt. Das propagierte Individualverhalten wird kaum durch die politischen Tugenden des Teamverhaltens und der Solidarität korrigiert, während Kritik, Zivilcourage und Mut zur Selbständigkeit wenig unterstützt werden. Die Kinder dürfen zwar spiel-kreativ und phantasievoll im Ausdenken anderer Wirklichkeiten sein, aber nicht in kritischer Beurteilung von Wirklichkeit aufgrund eigener Entwürfe. Die Rezeptionsebene des Kinderbuches darf eben nicht verlassen werden. (Man nennt das auch Einübung in ästhetisches Verhalten.[4])

Tugenden wie „Artigsein", Ordnungsliebe, Sauberkeit und Pünktlichkeit (privat) und Verträglichkeit, Hilfsbereitschaft und Rücksichtnahme (sozial) werden meist so dargestellt, als käme es lediglich auf ein bißchen guten Willen zu ihrer Praktizierung an. Verhaltensbedingungen, die über eine bloße Personalisierung hinausführen, werden den Kindern nicht zugemutet. Die Folge ist, daß das wKb jene Erziehungspraktiken unterstützt, die zu einem Widerspruch zwischen offiziell und tatsächlich gültigen Werten führen, mit allen möglichen Konsequenzen der Enttäuschung, Resignation und des zynischen Mitmachens. Durch bloßes Predigen und bloßes Hinstellen von Leitbildern, die konfliktlos artig und gut sind oder es mühelos werden können, entziehen sich die Erwachsenen ihrer Verantwortung, jene gesellschaftlichen Bedingungen zu schaffen, die der Aktivierung von Tugenden günstig sind. Die auf diesem Wege von den Kindern nicht erreichbare Tugendhaftigkeit erzeugt wiederum ein schlechtes Gewissen, das unsicher macht und die Abhängigkeit verstärkt. Psychologisierung des Verhaltens macht Gutartigkeit zu einem lediglich konsumierbaren Verhalten, das sich einer Übersetzbarkeit in Praxis entzieht. So werden Texte zu einem Instrumentarium, die Enttäuschungen der Lebenspraxis zu kompensieren, dieselben Enttäuschungen, die erst durch die praxisferne unpolitische Strategie der Erziehung und der ihr entsprechenden Texte entstehen.

Als Verfahren der Wertvermittlung ist beliebt, direkte Belehrung und Moralisieren durch humoristisch-phantastische Umkehrungen zu vermeiden: Räubern gelingt das Räubern nicht, oder sie kommen auf die liebenswürdigste Art zur Besinnung und sind plötzlich wahre Tugendbolde; Hexen, Zauberer und Seejungfrauen funktionieren ihre Berufe um und verwenden, ihrer Dämonie entkleidet, ihre übernatürlichen Fähigkeiten dazu, um Gutes zu tun und zu bewirken. Die hier und auch sonst im wKb verbreitete Art, das Gute sich aus eigener Kraft und eigenem Antrieb durchsetzen zu lassen, führt jedoch leicht zu idealisierender Verfälschung, die zwar Normenbewußtsein verbreiten helfen, nicht aber praktisches Verhalten beeinflussen dürfte. Das Gutsein wird zu einer Art Naturgeschenk, das sich im Leben vor allem dann durchsetzt, wenn man die Kinder nur gewähren läßt. Das Gutsein bleibt praktisch ohne „Herkunft", sondern braucht, wie schon bei Rousseau, nur bewahrt und gepflegt zu werden. Die Rezeption solcher Strukturen braucht sich nicht grundsätzlich von der Rezeption „natürlicher" Gewissensentfaltung im Realweltbuch zu unterscheiden. So wird Franziska Struwwelkopf nach ihren harmlosen Übertretungen regelmäßig von einem derart schlechten Gewissen geplagt, daß sie unverzüglich freimütig bekennt und der Mutter gar nichts anderes übrigbleibt, als das ob seiner Unartigkeit zerknirschte Kind tröstend in ihre Arme zu schließen. Auch Ruck-Pauquets drei Nikoläuse sind von einem entwaffnend unnatürlichen Enthusiasmus für das Gute erfüllt. Wie sehnen sie sich nach dem Bravsein, wie leiden sie darunter, daß sie es nicht schaffen! Das Liebesgebot erweist sich jedoch als Unterdrückungsmechanismus, dem die Natürlichkeit der Kinder — nicht nur die literarische — zum Opfer gebracht wird. Erziehung ist hier bereits auf Kosten der Natürlichkeit erfolgreich abgeschlossen.

Solche Bücher bestätigen die generelle Beobachtung, die überdies auch von der Theorie gestützt wird[5], daß das wKb eine allzu weitgehende Natürlichkeit der Kinder, wie auch die Erziehung bereits, vermeidet.

Man kann wohl sagen, daß die unvermeidliche Kollision kindlicher Ansprüche mit den Normen der Gesellschaft im wKb noch keine befriedigende Darstellung erfahren hat; aber die Literatur spiegelt hier nur die gesellschaftliche Situation. Einseitige und verharmlosende Konfliktlösungen allerdings gibt es auf der „anderen Seite", dem „antiautoritären" Kinderbuch, genauso (vgl. Doktor Gormander: *Als die Kinder die Macht ergriffen*). Es fehlt an praktikablen Strategien zur Lösung unvermeidlicher Konflikte. Man ist schon erfreut, wenn einmal das Bild des Kindes von den beliebten Retuschen ebenso freigehalten wird wie die Wirklichkeit, so daß wenigstens realitätsnahe Konflikte ins Bild gelangen und der Leser zu einer selbständigen Beurteilung der Vorgänge angehalten wird (Janoschs *Lukas Kümmel Zauberkünstler* und H. P. Richters *Ich war kein braves Kind*. Auch U. Wölfel bedient sich — in einigen ihrer Geschichten aus *Die grauen und die grünen Felder* — dieses Verfahrens). Die Diskrepanz zwischen „Wahrheit" und „Wirklichkeit" wird hier einmal nicht überspielt. Dagegen wird in Bernhard-von Luttitz' *Nina, das kleingroße Mädchen* alles Unartige schlicht mit dem Kleinsein Ninas und alles Brave mit ihrem Großwerden identifiziert. Die Kleine ist unordentlich, faul, trotzig, albern, streitsüchtig, „ungezogen", laut und lärmend (und wie die Ausdrücke aus dem privaten Untugend-System des Deutschen noch lauten mögen); die Große hat das alles abgelegt. Es bringt ihr zwar Spaß, unartig zu sein, aber es darf nun einmal nicht sein, und dem Kind wird ein Bild vom Großsein vor Augen gehalten, das es nur als langweiliges Artig-, Lieb-, Gut- und Willigsein begreifen kann. Doch die sozialisierende Unterdrückung aller lustbetonten Tätigkeiten dient nur der Formung williger Untertanen.

Leichter haben es die phantastischen Geschichten, den Wert normengerechten Verhaltens zu demonstrieren, und zwar mit den Mitteln der komischen Umkehrung und der Übertreibung. Hier kommt wenigstens der Spaß nicht zu kurz. Nach Lindgrens *Pippi-* und *Karlsson*-Büchern erfreuen sich auch im wKb zunehmend Kaspar- und Kobold-Geschichten, in denen unbeschwert-fröhlich kindisch-kindliches Wesen sich entfalten darf, großer Beliebtheit (so *Meister Eder und der Pumuckl* von E. Kaut und *Gruselchen* von L. M. Blum).

R. Koch betont im Anschluß an Karlsson, daß Kobold-Darstellungen dem Leser die lebendige Erfahrung des eigenen „Schattens" vermitteln und diesen damit der bewußten Kritik zugänglich machen.[6] Doch läßt sich die Funktion der an Normen nicht gebundenen Schelmengestalten wie Eulenspiegel, Kaspar, Pippi, Karlsson, Pumuckl auch im antiautoritären Sinne deuten. Die phantastische Übertreibung schrankenloser Selbstverwirklichung erheitert den Leser, entlastet ihn und wirkt ichbestärkend, weil die Autoritäten stets den kürzeren ziehen und der Schwächere sich als der Überlegene erweist. Die Entfaltung des „Schattens" setzt ihn nicht nur der Kritik aus, sondern kann auch befreiend wirken. Sie kann zur Einsicht führen, welchen Beschränkungen der Mensch – unnötigerweise? willkürlicherweise? – ausgesetzt ist, und zur Ausweitung der eigenen Entfaltungsansprüche anregen. Die Koboldgestalten fungieren dabei als Vertreter des Lesers, aber in günstigerer Lage, bedingt durch die Phantasie der Szenerie und Figuration. Freilich: je phantastischer und praxisferner die Konstellation, um so stärker wieder die Gefahr bloß kompensierenden Genusses, der die Wirklichkeit unangetastet läßt.

Vielleicht macht es gerade die Wirksamkeit anti-normativen Verhaltens im phantastischen Kinderbuch aus, daß abweichendes Verhalten zugleich der Verdeutlichung und der Relativierung der Normen dient. Eine andere Form, das Phantastische zur Beeinflussung realitätsgerechten Verhaltens zu nutzen, ist die Fluchtphantasie. Man weicht vor einer unbefriedigenden Wirklichkeit in ein schöneres Land der Phantasie aus. Eine Konfliktvermeidung dieser Art, aber mit verschiedenen Ergebnissen, finden wir in Allfreys *Delphinensommer* und in E. Lilleggs *Vevi*. Während Andrula (*Delphinensommer*) durch ihre Flucht ihre Mutter zur Einsicht in die Lage der Tochter bringt und die Auflösung der Phantasie durch eine für Andrula annehmbarere Wirklichkeit (Wiederherstellung der Familie) ermöglicht wird, soll Vevi lernen, sich mit der unvollkommenen Wirklichkeit abzufinden und „gute Miene" zu machen. Sie reagiert, um den Pressionen einer gefühllosen Tante zu entgehen, mit Ichspaltung, trennt das „artige" vom „unartigen" (= natürlichen) Ich und läßt nur jenes bei der Tante zurück. Unübersehbar macht die Autorin ihrer Heldin zum Vorwurf, sich nicht zu arrangieren und sich mit Trotz und Eigensinn gegen das „Notwendige" zu stemmen. Trotz und Eigensinn sind im wKb stets besonders verdammenswerte Eigenschaften. Daß mit dem Wiedergewinn der Ich-Einheit Vevis die Tante plötzlich und unmotiviert wieder „gut" wird, erweckt den falschen Eindruck, als wäre ihr herzloses Gebaren nur Sekundärreaktion auf Vevis störrische Widersätzlichkeit gewesen. Mit der unmißverständlichen Aufforderung an Vevi, sich anzupassen, wird allein *ihr* die Verantwortung für die unbefriedigenden Verhältnisse, in denen sie lebt, aufgebürdet; die Unterdrückung, die Vevi erfährt, bleibt nicht nur unkritisiert, sondern erhält durch den Gang der Ereignisse nachträglich Bestätigung. Sozialisationsdruck wird hier nicht konfliktoffen verarbeitet, sondern es wird nahegelegt, Konflikte durch Gehorchen zu meiden.

Daß auch das Kinderbuch Sozialisationsprozesse darstellt, sollte nicht beanstandet werden, da es zu den unvermeidlichen Elementarerfahrungen jedes Menschen gehört, erzogen zu werden. Zu kritisieren sind aber die Vermeidung der damit verbundenen Konflikte, die

Behinderung von über die Familie hinausgreifenden Sozialerfahrungen und der Mangel an partnerschaftlichem Verhalten der Erwachsenen im wKb, das Experimentierverhalten verhindert und den Mut zu selbständiger Problemlösung lähmt, so auch, wenn Märchenzauber in repressivem Sinne verwendet und Weihnachten zu einem Mittel mißbraucht wird, um artige Kindlein zu bekommen (Ibachs *Ich heiße Holle* und Ruck-Pauquets *Drei kleine Nikoläuse*).

Selten wird im wKb der Weg der Aufklärung und des Abbaus von Vorurteilen beschritten (so in E. Marders *Diogenes und der ganz schwarze Tom*, in U. Valentins *Zigeunerjoschi* und in Wölfels *Die grauen und die grünen Felder*). Fr. Hetmann (H. Chr. Kirsch) versucht sich sogar an einer Kindern verständlichen Ideologie-Kritik mit seinen Geschichten und Fabeln amerikanischer Neger *Wer bekommt das Opossum* (vgl. bes. Titelgeschichte und *Rotes Licht* sowie *Schwester Gans und Bruder Fuchs*). Den Wert kritischer Wachsamkeit stellt auch H. Asmodi in seiner Moritat *Räuber und Gendarm* heraus:

> Die Uniform, die kleidet fein,
> doch schaut auf den Benützer!
> Denn wer in sie sich kleidet ein,
> der muß deshalb noch lang nicht sein
> ein Freund und ein Beschützer!
> Dies, liebe Kinder, merken tut.
> Seid wachsam und seid hell . . .

5. Schlußbetrachtung

Die Tendenzen, die sich bei einer soziologischen Betrachtung des neueren wKb ergeben, sind eindeutig, wenn auch einige — im ganzen doch noch singuläre — Neuansätze in den Jahren 1969 und 1970 das Bild etwas auflockern. Vor allem einige der „antiautoritären" Kinderbücher wären hier zu nennen, wenn hier auch durch die Art, wie die Kinder spielend sich durchsetzen und die „Macht ergreifen", die tatsächlichen Konflikte oft überspielt und die Kinder über die Probleme, die mit ihrer „Verweigerung" unvermeidlich sind, eher hinweggetäuscht werden. Das antiautoritäre Kinderbuch ist in Gefahr, in phantastische Konstellationen, die keine Hilfe für die Praxis geben, auszuweichen.

Das Kind des wKb ist leicht lenkbar; entweder widerstandslosfreiwillig oder mehr unter dem Erziehungsdruck Erwachsener oder unter dem Eindruck einer mit den Geboten bereitwillig korrespondierenden Wirklichkeit übernimmt es die in der Gesellschaft gültigen

Verhaltensnormen und entspricht es den gesellschaftlichen Erwartungen. Es wird ihm klargemacht, daß es sich lohnt, zu gehorchen und hinzunehmen. Die beherrschenden Sozialisationsformen halten das Kind in Abhängigkeit, schwächen sein Ich, schüchtern es ein. Das Klischee vom „braven Kind" gehört im wKb noch immer nicht der Vergangenheit an. Es lebt in bejahenswerten Verhältnissen und wird deshalb vorzugsweise zu Bejahung und Zustimmung erzogen. Sein „Glück" hängt geradezu davon ab, ob es zu lernen bereit ist, die Verhältnisse zu bejahen — die damit als unveränderbar hingestellt werden. Damit sie freudig hingenommen werden können, werden sie entsprechend verfälscht. Das erklärt auch die weitgehende Eliminierung gesellschaftlicher und politischer Sachverhalte, das heißt der extrafamiliaren Welt. Die Welt des Kindes ist auf überschaubare primäre Kleingruppen beschränkt als Übungsfeld für private Tugenden. Konflikte werden vermieden oder verharmlost, wenn sie nicht von vornherein durch Irrealität und phantastische Konstruiertheit jeden Bezug zur Realwelt des Kindes vermissen lassen, womit angedeutet wird, daß die Welt des Kindes „nicht von dieser Welt" ist. Damit werden die Kinder auf eine Welt beschränkt, von der die Autoren in romantisierender Rückschau meinen, sie sei „nun einmal" die Welt der Kinder. Sie ist insofern eine „rein literarische" Sekundärwelt, als sie weitgehend unberührt ist von den Faktoren, die das Leben des heutigen Menschen bestimmen. Ökonomische Bedingungen, soziale Not, Herrschaftsprobleme und politische Kontroversen gibt es hier nicht. Das Kinderbuchkind steht einer geschlossenen, ungebrochenen Wertwelt gegenüber, deren Repräsentanten nachahmungswürdige Erwachsenenvorbilder sind. Das wirkliche Kind wird damit entweder zu einer illusionären Einschätzung seines zukünftigen Lebens verführt, oder es lernt, Literatur von vornherein als das „ganz andere", das heißt als Ablenkung zu verstehen. So wird das Kind über das Kinderbuch auf eine bürgerlich-idealistische Ästhetik des „schönen Scheins" programmiert. Das wKb drückt aus, daß uns als Erziehungsziel immer noch der unpolitische, ein privates Glück anstrebende Mensch vorschwebt. Kritik und Ablehnung und abweichendes Verhalten werden infolge dieser Erziehung mit Mißvergnügen assoziiert. *Das Ergebnis ist nicht der freie, innerlich gelöste, zur Selbständigkeit ermutigte Mensch, sondern der Angepaßte, der auf eine Anstoß vermeidende Normalität programmiert ist, der willige Untertan, der sich mit seinen Vorurteilen, unbewußten Projektionen und sozial vermittelten Aggressionen häuslich eingerichtet hat und sich darin wohl fühlt.*
Sozialisationspartner des Kindes ist vorzugsweise der Erwachsene. Er ist im wKb zwar oft verständnisvoll und zugewandt und verfügt über ein beachtliches Repertoire indirekter und differenzierter Erzie-

143

hungsmethoden; aber er ist zugleich unangreifbar positiv, seine über jede Kritik erhabene Übermacht animiert zu Anpassung, Abhängigkeit und Unterwerfung. Man will das keine Schwierigkeiten bereitende, leicht lenkbare Kind.

Originalität des Denkens und selbständiges Problemlösen sind offenbar Tugenden, die in unserer Gesellschaft ins Reich der Phantasie abgeschoben werden. Spielentfaltung ist erlaubt, hat aber deshalb eine mehr kompensierende Funktion, als sie die gesellschaftliche Realität nicht tangieren darf.

Die Sozialisationsmuster sind teilweise nach Geschlechtern differenziert. Das ist schon durch die überragende Stellung der bürgerlich abgeschlossenen „hermetischen" Familie im wKb bedingt. Ihre vornehmste Aufgabe ist es, die geschlechtsspezifische Rollenverteilung zu reproduzieren und das Kind gegen die Gesellschaft hin abzuschließen. Der Platz der Mutter ist im Hause, einen Anspruch auf Selbstentfaltung und Ichdurchsetzung hat nur der Vater, den der Sohn nachahmt.

Das wKb ist daher ein Instrument der überholten und illusionären Fernhalte- und Schonraum-Pädagogik. Man meint, dem Kind damit „seine" Welt so lange wie möglich gegen gesellschaftliche Wirklichkeit abschirmen, ihm eine frühzeitige Begegnung mit der desillusionierenden Realität ersparen zu können. Diese wird damit als etwas Deformierendes, Schmutziges diskriminiert und zu einer schicksalhaften Gegebenheit enthistorisiert und mythisiert.

Nicht daß das Kind, dem Kind-Bild des wKb zufolge, sich anpassen lernen soll, ist so sehr das Bedenkliche — Anpassungsprozesse sind notwendig —, sondern daß es offenbar lernen soll, Anpassung „an sich" zu lernen und sich mit den Unvollkommenheiten abzufinden, die ja, wie die Ideologie-Kritik uns belehrt hat, immer Nutznießer hat. Das wKb zeigt uns, daß in unserer Gesellschaft mit einer emanzipatorischen Erziehung noch nicht Ernst gemacht wird. Die Kinder sind angewiesen darauf, an Inhalten lesen zu lernen und zu freiwilligen Teilnehmern am literarischen Leben zu werden, welche die Chancen der Lesefähigkeit, nämlich mündig und zu freier Entscheidung fähig zu werden, wieder rückgängig zu machen drohen. Zu Lesern sollen sie werden. Beginnen wir damit, ihnen Methoden an die Hand zu geben, die ihnen zeigen, was diese Literatur von ihnen will: sie durch Vergnügen abhängig zu machen.

Diese Methoden können grundsätzlich keine anderen sein als die in diesem Aufsatz verwendeten. Einige Hinweise zur didaktischen Umsetzung unserer Analysen am Beispiel bestimmter Texte sollen im folgenden gegeben werden.

Didaktische Vorschläge zu den Beispielen

1. Vorbemerkungen

Zuvor einige Hinweise allgemeiner Art. Grundsätzlich sollte keine Textart und keine Textqualität vom Unterricht ausgeschlossen werden. Der Lehrer muß daher lernen, in seiner Klasse mit Texten umzugehen, deren Intentionen nicht seinen Intentionen, deren Qualitäten nicht seinen Qualitätsanforderungen entsprechen. Aber nicht nur das: er sollte auch lernen und sich darin üben, mit ihnen in unautoritärer Weise umzugehen. Das bedeutet konkret, daß Kinderbücher herkömmlicher Art im Unterricht ebensowenig auszuschließen sind wie etwa ideologisch bestimmte Texte, die der eigenen Ideologie des Lehrers widersprechen. Dieses Prinzip ist jedoch weder für den Lehrer noch für den Schüler leicht zu realisieren. Es gehört dazu, daß der Lehrer die Fähigkeit erwirbt, seine ideologischen Voraussetzungen, zum Beispiel seine Position in einer mittelständisch orientierten Bildungsinstitution zu reflektieren; dies mit dem Ziel, nicht sich selber und seine Normvorstellungen als Maß zu setzen, sondern die Interessen seiner Schüler zu erkennen bzw. die Kinder zur Einsicht in ihre Interessen und Bedürfnisse zu führen.

Dazu bieten Kinderbücher auch dann Gelegenheit, wenn sie eine bürgerliche Ideologie offen zur Schau tragen. Bei einer Anerkennung des Lernziels, über eine Oberflächen-Rezeption hinauszuführen zur Einsicht in Wirkungsmechanismen und zu deren Kritik, gewinnen sowohl verharmlosende wie aufklärerische, beruhigende wie zur Kritik herausfordernde Texte eine gleich wichtige Funktion für den literarischen Unterricht. Doch sollte der Widerstand, den die Schüler – bedingt durch ihre bisherigen Unterrichtserfahrungen und häusliche Sozialisation – gegen einen Unterricht dieser Art entwickeln, nicht unterschätzt werden. Nachdem sie sich gerade die Fähigkeit zu selbständigem Umgang mit Texten erworben haben, sind sie meist sehr textgläubig und nehmen gern alles für bare Münze, was sie lesen und hören; Zweifel am Inhalt gehört im allgemeinen noch nicht zu ihren Rezeptionsweisen, sondern sie operieren mit einem Kategorienschema, in dem Erreichbarkeit und Lesbarkeit, Interessantheit und Spannung Vorrang haben.

Allerdings sind bisher kaum Versuche unternommen worden, bereits im Frühstadium der Leseerziehung auch kritisch-skeptisches Verhalten gegenüber Texten und eine entsprechende Motivation zu wecken und zu schulen. Die Motivation ist deshalb wichtig, da von dem Ziel, einen interessierten, selektiv am literarischen Leben teilnehmenden Leser zu formen, nicht abgegangen werden kann, auch nicht, wenn dem Lehrer das „literarische Leben" mit seinen Mechanismen und Verwertungsprozessen nicht gefällt. Der interessierte und motivierte Leser ist Grundlage für den bewußten und kritischen Leser.

Im folgenden liegt der Akzent auf Anregungen, den Unterricht so zu organisieren, daß Texte nicht lediglich so hingenommen werden, wie sie sind, das heißt, sich nicht mit dem Verstehen zu begnügen, sondern einen produktiven Umgang mit ihnen anzubahnen. Sie werden den Kindern als kritikwürdige und -bedürftige, das heißt auch als veränderungswürdige und -bedürftige Gegenstände nahegebracht, die gerade dadurch erst in den Erfahrungs- und Bedürfnis-Horizont der Kinder hereingeholt werden können. Dieser didaktischen Konzeption liegt eine Ästhetik des Nicht-Abgeschlossenen, Nicht-Fertigen zugrunde, die allein in der Lage ist, die Kinder über eine passive Konsumeinstellung Texten gegenüber hinauszubringen. Selbst wenn die Schüler im Anfang noch nicht in der Lage sind, von dieser Haltung souveränen Gebrauch zu machen — sie sollen sie ja noch lernen —, so bleibt die Form des Angebots, die den Text grundsätzlich zur Diskussion stellt und auf der Grundlage des Verstehens zu seinem kritischen In-Gebrauch-Nehmen veranlaßt, die entscheidende Voraussetzung, um den Lernprozeß in Gang zu setzen. Das Problem ist jedoch, wie zugleich eine lehrerunabhängige Rezeption gefördert werden kann. Wenn die kritische Haltung keine selbständige ist oder wird, ersetzt sie nur eine alte durch eine neue Abhängigkeit.

Vor allem sollten alle Ansätze der Schüler vom Lehrer konsequent unterstützt werden, den Text auf sich selber und die eigene Situation zu beziehen. Es sollte den Schülern selbstverständlich sein, am Text die Interessen abzulesen, denen er seine Entstehung verdankt, und diese Interessen mit den eigenen zu konfrontieren. Folglich muß es uns gestattet sein, die Geschichten im Sinne unserer eigenen Interessen umzuformen — von Interessen, die uns tatsächlich förderlich sind, unsere Situation klären und unsere Konflikte lösen helfen. Es wird klar, was es für den Lehrer bedeutet, den Schülern Impulse im Hinblick auf eine emanzipatorische Veränderung von Texten zu geben: Es zwingt ihn, sein eigenes Interesse und sein eigenes Verhältnis zu den Kindern offenzulegen. Das ist die Konsequenz eines literarischen Unterrichts, der seinen Gegenstand nicht ästhetisch isoliert und aus dem kommunikativen Zusammenhang herauslöst.

Es versteht sich, daß unsere kritische Analyse des Kinderbuches ebenso wie die folgenden Vorschläge zur Praxis einen bestimmten didaktischen Aspekt auf Kosten anderer möglicher hervorheben. Das geschieht, da der Aspekt — Anbahnung kritischen und produktiven Textverhaltens bereits im Frühstadium der Leseerziehung — bisher in der Didaktik zu kurz gekommen ist und um zu systematischen Versuchen in dieser Richtung anzuregen.

Auf Angaben zu den Alters- und Klassenstufen, auf denen die vorgeschlagenen Leseübungen möglich sind, wurde bewußt verzichtet, da die anthropogenen Voraussetzungen im Einzelfall jeweils ganz andere sind und der Verfasser nicht weiß, welche Vorarbeit bisher geleistet wurde. Der Transfer in die konkrete Klassen- und Unterrichtssituation durch den Lehrer ist daher in jedem Fall noch zu leisten. – Wo es sich anbot, sind den didaktischen Anmerkungen Textausschnitte eingefügt[7]. Eine Arbeit an dem Textausschnitt sollte jedoch erst dann vorgenommen werden, wenn es dem Lehrer möglich ist, das Buch als ganzes zur Kenntnis zu nehmen. Um dem Leser des Aufsatzes auch dann, wenn er das Buch nicht zur Hand hat, eine Beurteilung der hier vorgeschlagenen Praxis zu vermöglichen, wurden den Textbeispielen kurze Inhaltswiedergaben vorangestellt, die dem Bearbeiter zugleich den Bezugsrahmen für den Textausschnitt liefern.

2. Aniela Gruszynska: Katinka

Thema und Fabel: Das achtjährige ungarische Mädchen K. ist nach dem Aufstand 1956 mit seiner Mutter zu Verwandten nach den USA geflohen. Der Vater ist verhaftet worden und verschollen. Das Buch schildert Rückschläge und schließlichen Erfolg bei der Eingliederung Kantinkas in die amerikanische Gesellschaft. Die Wendung wird so eingeleitet: Die vereinsamte Katinka verliebt sich in einem Kaufhaus in einen Kanarienvogel, besucht ihn immer wieder und freundet sich mit ihm an. Sie spart für ihn. Als sie aber endlich das nötige Geld beisammen hat, ist er verkauft. Verzweifelt rennt sie durch die Straßen, bis sich ein netter Verkehrspolizist, den Verkehr bremsend, ihrer annimmt, mit ihr zum Kaufhaus geht und den Geschäftsführer zur Rede stellt (Textbeispiel 1 a). Da bringt die Käuferin den Vogel, der bei ihr nicht singen wollte, empört zurück, Katinka bekommt ihren „Triller", der sogleich zu zwitschern beginnt (1 b), und gewinnt überdies Anschluß an die Polizistenfamilie. Sie wird glücklich, um so mehr, als auch vom Vater Nachricht eintrifft.

Kritik: Das Buch stellt einen Integrationskonflikt dar. Die Gesellschaft, vertreten durch die Klassengruppe, wehrt sich gegen die Neue und wendet sich schließlich ganz von ihr ab. Aber der Konflikt wird nicht gelöst, sondern auf eine andere Ebene geschoben. Daß Katinka sich an das Tier hängt, hat eindeutig die Funktion einer Ersatzhandlung. Sie findet dann auch Anschluß, aber nicht innerhalb der Gruppe, die den Konflikt produziert hat. Die Wendung wird durch allerlei Zufälle und Unwahrscheinlichkeiten herbeigeführt: der Polizist hält den Verkehr an, wendet sich von seiner Arbeit ab und Katinka zu, Rückkehr der Kanarienvogel-Käuferin im richtigen Augenblick. Die Wirklichkeit wird nicht so bewältigt, wie sie ist, sondern wandelt sich in eine Schein-Wirklichkeit mit einem überaus freundlichen Gesicht; sie fügt sich bereitwillig kindischen Wunschvorstellungen. Die Lösung ist sentimental und wird daher „genießbar", ist aber kein Schlüssel zum Verständnis und zur Beurteilung ihrer tatsächlichen Proportionen und daher keine Hilfe für die Lebenspraxis der Leser.

Hintergrund der Geschichte ist eine konkrete politische Situation; da das im Kinderbuch Seltenheitswert hat, ist es grundsätzlich zu begrüßen; nur wird dann, was aus der damaligen Situation verständlich, aus der gegenwärtigen aber irreführend ist, undifferenziert schwarz-weiß gemalt (USA – Hort der Freiheit usw.). Entscheidend ist aber, daß der exponierte Hauptkonflikt nicht ausgetragen, sondern sentimental und unrealistisch „gelöst" wird.

Zur Rezeption und zur Didaktik: In unkritischer Lesehaltung wird das Kind dem Buch entnehmen, daß der Integrationskonflikt dort, wo er entsteht, nicht lösbar, sondern nur durch Tröstungen (Ersatzhandlung) kompensierbar ist und daß einem die Erwachsenen, hier vertreten durch eine allerdings erfolglos sich bemühende Lehrerin und durch den Polizisten und dessen verständnisvolle Familie, schon helfen werden. Obwohl diese Scheinlösung die Leser beglücken wird, ist sie als irreal und sentimental zu kritisieren. Die Bindung an das Tier ist als Ersatzhandlung, die das eigentliche Problem verdrängt, die Handlungsweise der durchweg „lieben Erwachsenen" als einer unrealistischen Erwartung entsprechend zu entlarven; sie fixieren das lesende Kind auf einer Stufe kindischer Wunschhaltung. Die Exposition der Geschichte kann als Ausgangspunkt für eigene Lösungsvorschläge der Kinder genutzt werden, wobei Erwachsene durchaus als Helfer in Erwägung zu ziehen sind. Zu besprechen wäre, warum die Autorin die Verhältnisse wohl so verfälscht hat (weil die Leser das vielleicht „lieber mögen" – zu klären wäre dann, warum; weil die Autorin Anhängerin der amerikanischen Gesellschaft ist und die Leser für sie einnehmen möchte; weil sie den Kindern aus bestimmten Gründen nicht die Wahrheit sagen möchte – welche könnten das sein? Um die Erwachsenen in ein Licht zu rücken, das ihnen die Erziehung der Kinder erleichtert; um die Leser zu besänftigen und zu beruhigen etc.). Hier ergibt sich die Gelegenheit, Interessen und Bedürfnisse der Kinder und daraus resultierende Leseinteressen zu besprechen, wobei das Buch einen Ansatz zur Beurteilung der Entstehung und Formung von Interessen bietet.

3. Barbara Götz: Der kleine Herr Pamfino

Thema, Fabel: Torsten wünscht sich sehnsüchtig ein Pferd. Vergeblich versucht der Vater, ein Lehrer, ihm den unsinnigen Wunsch auszureden. Er malt ihm ein Bild mit seinem Wunschpferd und schenkt ihm zum Trost sogar einen Hund. Der enttäuschte Torsten läuft mit der Zeichnung fort, um sein Phantasiepferd Pamfino zu suchen. Jungen aus der Nachbarschaft ärgern ihn deswegen und nehmen ihm das Bild weg. Doch der Hund, der Torsten gefolgt war, jagt es ihnen wieder ab, und Torsten erkennt den Wert des Ersatztieres. Kleinmütig kehrt er nach Hause zurück, nimmt bereitwillig die Bestrafung durch den Vater entgegen und versöhnt sich mit ihm.

Kritik: Das Buch stellt einen Vater-Sohn-Konflikt dar, wobei der Vater ganz die Rolle des Wissenden, Überlegenen und normrepräsentierenden Vorbildes spielt. Aber Torsten soll durch eigene Erfahrung zur Einsicht kommen, er beugt sich nicht von vornherein und widerstandslos, sondern will sich seinen Wunsch ertrotzen. Dabei verliert er zeitweilig jede Beziehung zur Realität. Nach seiner Fluchterfahrung und dem Erlebnis mit dem Hund ist er bereit, den Vater anzuhören, zu verstehen und sich ihm zu unterwerfen. Dennoch wird er verbal und handgreiflich abgestraft. Er hat eingesehen, daß sein Traumwunsch unvernünftig und kindisch war. Beiläufig werden der Wert eines überlegenen, allwissenden Vater-Lehrers, Unsinnigkeit und Vergeblichkeit des Weglaufens und das Glück des Verzichts und der Unterwerfung herausgestellt. Damit wird der realitätsgerechte Konflikt dazu mißbraucht, den Jungen in eine ich-schwächende Abhängigkeit zurückzuführen, die dazu noch lustvoll genossen und auf diese Weise fixiert wird.

Zur Rezeption und Didaktik: Den Lesern wird mitgeteilt, daß es unvernünftige, kindische Wünsche gibt, in denen eine mangelnde Realitätsanpassung zum Ausdruck kommt. Über die stellvertretende Erfahrung Torstens lernen sie, ihre Wünsche an der Realität, das heißt am Möglichen zu orientieren. Sie sollen ferner lernen, daß Erwachsene (Väter) besser als sie selber in der Lage sind, die Realisierbarkeit ihrer Wünsche abzuschätzen, und daß es daher vorteilhaft ist und der Vermeidung schmerzhafter Erfahrungen dient, sich ihrer Weisheit zu unterwerfen.

Vernünftigkeit und Unvernunft des kindlichen Wunsches und der väterlichen Reaktion darauf sind zu beurteilen; es gilt zu erkennen, daß die „Realität", der entsprechend man sich verhalten soll, bedingt ist durch die wirtschaftliche Lage des Vaters und daß hinter der Lehre, die dem Jungen erteilt wird, unschwer die Ideologie der Zufriedenheit erkennbar ist. Ein weiterer Widerspruch ergibt sich daraus, daß bei einer Rückbeziehung der Buchwelt auf unsere soziale und ökonomische Wirklichkeit das erwartete und praktizierte gesellschaftliche Verhalten der Erwachsenen (Konsum) nicht in Einklang zu bringen ist mit dem, was Torsten lernen soll. Im Hinblick auf den sozialen Kontext des Buches kann man da nur von einer „doppelten Moral" sprechen, die hier der Unterdrückung stimulierter kindlicher Wünsche und schließlich des Kindes selbst dient. Auf diese möglichen Hintergründe des väterlichen Verhaltens ist einzugehen. Am Text kann überprüft werden, wie zwecks Durchsetzung der väterlichen Autorität und zwecks Abwehr des kindlichen Wunschverhaltens systematisch für den Vater Stimmung gemacht wird (Mittel der Verhaltens-Benotung, ständige Beteuerungen, wie schön es sei, einen solchen starken Vater zu haben). Stellung zu nehmen ist zu dem Verhalten des Vaters nach Torstens Niederlage, als der Vater ihm drastisch klarmacht, wer „Herr im Hause" ist. Dadurch gewinnt die Methode ein Übergewicht über das Ziel und wird der Eindruck erweckt, daß die konkrete Handlung nur Vorwand ist für Autoritätsdurchsetzung auf der einen und Unterwerfung auf der anderen Seite.

Da die Autorin im Sinne des Vaters parteilich verfährt, könnte versucht werden, in freier Verwendung des Stoffes die Geschichte erzählend oder im Spiel zu verändern; vor allem die Figur des Vaters ist dafür ein dankbares Objekt. Wie könnte der Konflikt zwischen Vater und Sohn und beim Zusammenstoß von kindlichem Anspruch und Realität auf menschlichere Weise gelöst werden? Welche verbale, aufklärerische Hilfe könnte der Vater dem Sohn geben? Dabei könnte das gebietende und physisch strafende Verhalten des Vaters in ein mehr helfendes und erklärendes verwandelt werden. – Unser „neuer" Torsten entwickelt mehr Initiative, sich aus dem Bannkreis seines Elternhauses zu entfernen, unterwirft sich nicht wortlos, widersetzt sich der Forderung nach Bravsein.

Die hier vorgeschlagenen Möglichkeiten kritischer Betrachtung und produktiver Auseinandersetzung sind je nach Bearbeitungsstufe abzuwandeln.

4. Gina Ruck-Pauquet: Die drei Nikoläuse

Thema, Fabel: Die drei Geschwister Pit, Pat und Pet spielen in der Vorweihnachtszeit Nikolaus. Sie fürchten ihn aber insgeheim wegen ihrer Unarten. Sie möchten gern lieb und brav sein und leiden darunter, daß sie es nicht schaffen. Im Traum begegnen sie dem Gefürchteten, aber der hat Verständnis für die Kinder, weil er weiß, wie schwer es Kindern fällt, immer artig zu sein. Er will sich mit ihrem guten Willen begnügen. Bei der unausstehlichen Blumenliese gelingt es den Kindern, sie liebzuhaben, denn sie haben beobachtet, wie sie einen kleinen Jungen tröstet. Sie stellen sich vor, daß das Christkind sich jetzt freue, und sind glücklich. Bereitwillig öffnen sie ihr Haus für alle Armen und Verlassenen. Zu Weihnachten werden sie von ihren Eltern reich beschenkt und nehmen sich vor, von jetzt an bessere Menschen zu werden. So sind sie sehr beschämt, als sie sich wieder zu streiten beginnen. Doch der Vater tröstet sie; es würde schon werden, wenn man nur wirklich und ehrlich gut sein wolle. Am Ende bewähren sie ihre neue Gesinnung an dem alten Sebastian, der ,,sich nicht wäscht'' und dem alle aus dem Wege gehen. Als er den Kindern ein Spielzeug repariert, bedanken sie sich bei ihm und singen ihm ein Weihnachtslied. Sebastian ist glücklich und ,,scheint direkt ein wenig sauberer'' zu sein.

Kritik: Die Kinder sind von einer unnatürlichen Sehnsucht nach dem Bravsein erfüllt, unentwegt ist von Liebe und Liebsein die Rede. Die Kinder sollen offenbar erkennen, daß alle Menschen, sieht man sie sich nur genauer an, Liebe verdienen. So wird nicht Liebe ,,trotz'' menschlicher Schwächen und Mängel gegeben, sondern ,,weil'' alle Menschen im Grund gut sind und Liebe ,,verdienen''. Der Appell, Vorurteile gegen Mitmenschen abzubauen, ist gutzuheißen, doch wird er hier dazu mißbraucht, alle Menschen unbesehen als ,,gut'' erscheinen zu lassen. Damit fügt sich das Buch der verbreiteten Kinderbuch-Ideologie eines unkritischen Optimismus und einer Bestätigung der kindlichen Erwartung, die Welt möge heil und in Ordnung sein, bruchlos ein. Weihnachten wird zum Anlaß genommen, Konflikte und Gegensätze zwischen den Menschen einzuebnen: Armut, Anderssein (Sebastian) und Unzufriedenheit (Blumenliese). Das christliche Liebesgebot dient der Entpolitisierung und damit einer sentimental genießbaren allgemeinen Glückseligkeit. Dem entspricht der idealistische Appell an den ,,guten Willen''.

Es wird aber nicht gefragt, *warum* Menschen allein und unzufrieden und arm sind und ob man etwas daran ändern könnte. Die gesetzten Normen des Verhaltens bleiben abstrakt, weil ,,unartiges'' und unsoziales Verhalten schlicht auf das Fehlen eines ,,guten Willens'' zurückgeführt wird. Er dient aber nur dazu, unverschuldete menschliche Situationen in der Gesellschaft erträglicher und damit unverändert zu lassen. Die innere Brüchigkeit des Buches tritt an der Figur Sebastians besonders kraß in Erscheinung: seine Außenseiterstellung wird unmißverständlich auf seine ,,Unsauberkeit'' zurückgeführt; und so genügt es nicht, daß auf seine Hilfsbereitschaft hingewiesen wird, um das Vorurteil gegen ihn abzubauen — er muß durch

die ihm daraufhin entgegengebrachte Liebe auch wieder „sauber"
werden. Diese Wendung dient eher einer Bestätigung und Aufrecht-
erhaltung von Vorurteilen.

Zur Rezeption und Didaktik: Die Leser teilen sicher gern den im
Buch zur Schau getragenen Enthusiasmus für das Gute. Akzeptieren
sie die Lehre des Buches, so müßten sie die Schlußfolgerung ziehen,
daß Liebe an Bedingungen des Wohlverhaltens und der Einhaltung
bestimmter Verhaltensnormen geknüpft ist. Diese Haltung ist in
Frage zu stellen und zu kritisieren. Zu fragen ist ferner, ob Liebe
allein gnügt, um Menschen zu helfen, und ob sie nicht auch Gefahr
läuft, zum Alibi für Nichtstun zu werden, besonders wenn nach den
Gründen für menschliches Verhalten und menschliche Situationen
nicht einmal geforscht wird. Wenn auch Verzeihung für Versagen zu
erwarten ist (Traum-Nikolaus, Vater), so dienen Tugendpredigten
wie die des Buches doch eher zur Erzeugung eines schlechten Gewissens, das Unterdrückung ermöglicht und Emanzipation erschwert.
Daher ist auch die Art, wie Weihnachten hier dazu mißbraucht wird,
um artige Kindlein zu bekommen, radikal in Frage zu stellen. Damit
soll nicht gesagt sein, daß Freundlichkeit im Zusammenleben der
Menschen wertlos und unwichtig sei, sondern es kommt darauf an,
ihren Stellenwert auszumachen und ihre Alibi-Funktion zu kritisieren. Erst wenn Unterricht das deutlich zu machen versteht, kann
verhindert werden, daß die Schüler die im Buch vermittelten Verhaltensnormen unbeeinflußt und ohne Rückbeziehung auf ihre eigene Wirklichkeit konsumieren.

5. *Ursula Wölfel: Drei Straßen weiter (in: Die grauen und die grünen*
   Felder)

Thema, Fabel: Eine kinderreiche Familie kann endlich ihre Baracken-
wohnung verlassen und in bürgerlich-ordentlicher Umgebung eine
Mietwohnung beziehen. Die ehemaligen Nachbarn helfen bei dem
Umzug. Im neuen Haus begegnet man ihnen aber mit unverhohlenem
Mißtrauen („Barackenpack") und tut alles, um ihnen das Leben
schwer zu machen. Die Kinder dürfen sich draußen nicht sehen lassen, und auch das Drinnenspielen der Kinder ist dem Verwalter nicht
recht. Um nicht anzuecken, steckt die eingeschüchterte Familie in
allem zurück und kehrt nach einem halben Jahr resigniert in die Ba-
racke „heim".

Kritik: Nüchtern und ohne Verniedlichung wird vorurteilshaftes Verhalten, vor allem als Ausdruck sozialer Distanz, beim Namen genannt.

152

Der Mangel an innerlich freier Interaktion aufgrund sozialer Barrieren treibt die betroffene Familie, aus deren Perspektive die Geschichte erzählt wird, auf sich selber zurück und läßt sie Zuflucht suchen innerhalb der ehemaligen Bezugsgruppe. Gerade der negative Ausgang durchbricht das Schema idealisierender Kinderbuchdarstellung und schafft eine Offenheit, die — da ungewohnt — provozierend wirkt.

Zur Rezeption und Didaktik: Man kann durchaus damit rechnen, daß die Schüler sich weigern, die Geschichte anzunehmen und auf sie einzugehen, entweder weil sie nicht bereit sind, sich mit Konflikten anderer auseinanderzusetzen, oder weil sie die eigenen, oft als ausweglos erlebten nicht noch einmal im Buch erleben wollen. Solche eskapistische Lesehaltung, die Texte nur akzeptiert, wenn sie eigene Konflikte nicht berührt, ist nicht auf Anhieb auflösbar, doch können Geschichten dieser Art durchaus einen Anfang damit machen. — Die Rezeption könnte zu zwei unterschiedlichen Ergebnissen kommen: 1. Was nicht zusammenpaßt, paßt nicht zusammen, man kann da nichts erzwingen; die Familie hat eben einen Fehler gemacht, als sie sich „aus ihrem Kreis" entfernte; 2. Die neuen Nachbarn empfinden die Fremden mit dieser Herkunft als Eindringlinge und wollen „unter sich" bleiben, aber es fehlt den Nachbarn an menschlicher Haltung und Freundlichkeit. Die Autorin läßt offen, welche der Auffassungen sie für die richtige hält, und damit auch, wie sie die Geschichte verstanden wissen möchte. Die von den Lesern zu erwartende Kritik, die Familie hätte doch ausharren und den Konflikt durchstehen sollen, ist ernstzunehmen, liegt aber auf der Ebene des traditionellen Schemas, hätte der Verharmlosung der Situation gedient und nicht annähernd den Provokationswert der von der Autorin gebotenen „Lösung" gehabt.

Die Geschichte kann Anlaß geben, über soziale Vorurteile zu sprechen. In Klassen, deren Kinder aus unteren Sozialschichten stammen, liegen Rezeption und Unterrichtsziel naturgemäß anders als in mittelständisch geprägten. Die mitgeteilte Erfahrung ist durch eigene zu ergänzen und zu vertiefen. Es wird zu Fragen kommen wie: Warum sind die Menschen so? Haben sie recht mit ihrem Verhalten, ist es begründet oder nicht? Es hat wenig Sinn, auf Texte dieser Art einzugehen, wenn sich die Vorurteile der Kinder, die ja nicht ihre eigenen sind, nicht offen artikulieren dürften und wenn nicht behutsam und ernst auf sie eingegangen würde; andernfalls wäre mit Bumerangeffekten zu rechnen, die das Unterrichtsziel unterlaufen. Mit Sicherheit gelangt die Diskussion zu der Frage, ob die Familie richtig gehandelt hat, als sie in das Barackenlager zurückkehrte, und was die Autorin damit aufzeigen wollte, als sie das geschehen ließ. Es könnte dabei herauskommen, daß die Erzählerin die Chance für eine positive Lösung in unserer Gesellschaft skeptisch beurteilt und daß sie den Lesern nichts vormachen wollte. Daß ihre Nicht-Lösung nicht befriedigt, kann das eingefahrene Denken gerade in Bewegung setzen, um nach den Gründen zu forschen und die Widerstände in unserer Gesellschaft gegen Offenheit und Mobilität realistisch einzuschätzen. So erfahren die Schüler an einem Beispiel, daß es Texte gibt, die eine ergänzende und „kontextierende" Rezeption geradezu erfordern. Um eine solche aktive, sich mit einem Verstehen des Vorhandenen nicht begnügende Rezeption zu fördern, ist wiederum konfliktverarbeitendes Rollenspiel − hie Familie, hie Nachbarn − zu empfehlen. Auf diesem Wege gefundene Lösungen sind kritisch zu beurteilen.

6. Doktor Gormander: Als die Kinder die Macht ergriffen

Thema, Fabel: Im Kinderheim „Kanone" organisieren die Kinder einen Aufstand gegen Bevormundung und Unterdrückung. Sie fesseln die „Fräuleins", treiben ihren Spaß mit ihnen und kehren einen Tag lang den Spieß einmal um, indem sie sie fühlen lassen, was es heißt, ständig „wie die Kinder" behandelt zu werden und nie zu dürfen, was man gerne will. Daraufhin räumen sie den „Fräuleins" das Recht zur Mitbestimmung ein. Sie organisieren ihre Belange selber und schlagen fünf Angriffe der Eltern und schließlich sogar der Polizei auf das eilig befestigte Heim ab. Auf einer vom Fernsehen übertragenen Pressekonferenz, an der auch die Eltern teilnehmen, machen die Kinder klar, was sie wollen, und rufen zur allgemeinen Solidarisierung aller Kinder auf. Sie setzen einen Vater, der Millionär ist, unter Druck und erreichen, daß er den Kindern aus seinem unrechtmäßig erworbenen Vermögen Geld überläßt. Der Landstreicher Gustav, den sie bei sich verborgen hatten, der aber auf einem Spaziergang verhaftet worden war, kann fliehen, taucht bei den Kindern wieder auf und verkündet den Sieg der Kinder-Revolution. Der König des Landes setzt sich mit seinem Geld nach Amerika ab.

Kritik: Die Erzählung ist durchsetzt von allgemeinen theoretischen Belehrungen über Herrschaft, Unterdrückung und die Armut als Produkt der Ausbeutung; daneben werden aus konkreten Situationen allgemeine Einsichten abstrahiert. Der Akzent der Geschichte liegt auf der lustvollen Umkehrung der Herrschaftssituation und dem repressionsfreien Ausdruck kindlicher Bedürfnisse und Interessen. Dem Aufstand drohen Gefahren von zwei Seiten: von außen (die Herrschenden setzen ihre Machtmittel zur Erhaltung ihrer Herrschaft ein) und von innen (Karl-Johanns Versuch, sich zum Anführer aufzuschwingen; er wird aber von den Kindern gebremst und zu demokratischem Verhalten gezwungen). So soll das nachahmenswerte Modell einer demokratischen Gleichheit aller, auch der Erwachsenen und Kinder, entstehen. Kritisch ist einzuwenden, daß die marxistische Theorie über die Entstehung von Reichtum und Armut allzu flächig geraten ist und der gegenwärtigen Situation der kapitalistischen Gesellschaften nicht entspricht, daß sie überdies durch die erzählten Vorgänge in keiner Weise abgedeckt ist und daher aufgesetzt wirkt und daß einige der Personen klischeehafte Bilderbuchfiguren sind (der gute Landstreicher, der Millionär). Die autoritäre Erzählform lenkt die Kritik nur in eine Richtung und erschwert die Kritik an den dargestellten Vorgängen selber.

Zur Rezeption und Didaktik: Die spielende Art, mit der die Kinder sich hier durchsetzen und die Erwachsenen der Lächerlichkeit preisgeben, sowie einige phantastische Elemente (die mit Eiern und Himbeerbonbon schießende Kanone; wie die angreifenden Erwachsenen in Furcht und Schrecken versetzt werden) lassen erwarten, daß das Buch seine Absicht, eine Strategie zur Emanzipation der Kinder zu liefern, nicht erreicht. Im selben Sinne dürfte auch die völlige Einebnung aller Unterschiede zwischen Erwachsenen und Kindern und damit die Infragestellung von Erziehung überhaupt wirken. Die nicht zu bestreitende Amüsanz der von den Kindern vorgenommenen Umkehrung und „Rache" läuft Gefahr, daß das Buch sich seiner konfliktlösenden Funktion begibt und daß es bei einem kompensierenden Spaß bleibt. Die tatsächlich auftretenden wahrscheinlichen Schwierigkeiten der Kinder bei ihrer Machtergreifung werden höchstens andeutungsweise sichtbar und eher überspielt, die Möglichkeiten von Kindern selbst in einer von den Erwachsenen unautoritär gelenkten Gesellschaft überschätzt. So gelangt das Buch über eine Artikulation unerfüllbarer kindlicher Wünsche und ihre phantasiemäßige Auskostung kaum hinaus. Daher steht es, abgesehen von der Theoriefracht und dem politischen, gesellschaftskritischen Ansatz sowie der Solidarisierung der Kinder, in seiner Aussage nicht allzu weit entfernt von Lindgrens „Pippi Langstrumpf". In der Klasse könnte das Buch zur Relativierung seiner Positionen zum Gegenstand eines Gespräches über Sinn und Grenzen der Erwachsenenherrschaft, über kindlich-regressive Wünsche einerseits und berechtigte kindliche Interessen andererseits gemacht werden. Bloßzulegen ist das revolutionäre Interesse des Autors, der sich der Kinder als Vorkämpfer bedient. Um die Schüler nicht in eine ineffektive, lediglich in eine die Kinder benachteiligende Frontstellung zu den Eltern zu treiben, wird vorgeschlagen, die Lektüre des Buches von einer Zustimmung der Eltern abhängig zu machen, wobei zugleich die Gesichtspunkte der Arbeit darzulegen sind. Herauszuarbeiten sind das demokratische Miteinander der Kinder, die Abwehr neuer Herrschaft „von innen", die Einbeziehung der „Fräuleins" in die Verantwortung sowie Art und Funktion Gustavs als eines Vertreters einer gesellschaftlichen Randgruppe. Daneben muß das Utopisch-Phantastische des Buches gebührend zur Sprache kommen. Die Ermutigung zu selbständigem und selbstbewußtem Handeln, die von dem Buch ausgeht und die eine seiner Wirkungsabsichten ist, sollte Modell zu tatsächlichen Übungssituationen in der Klasse sein – oder anders herum: Nur wenn der Lehrer bereit ist, aufgrund einer kritischen Bestandsaufnahme mit dem Buch Ernst zu machen, hat es Sinn, sich mit ihm zu beschäftigen. Dabei müßten auch die Konflikt-Verharmlosungen des Buches deutlich werden. Dafür bietet sich wieder die Methode konfliktverarbeitenden Rollenspiels an. Durch Antizipieren – es wird gelesen, bis die Kinder die Macht in der Hand haben, dann folgen Entwürfe für mögliche Konfliktlösungen innerhalb einer Skala von „Realitäts"gerechtigkeit und Utopie – könnte versucht werden, den im Buch verlorengehenden Praxisbezug wiederherzustellen.

Anmerkungen

1 Maier 1969, S. 78; Bamberger 1965, S. 168; Koch 1959, S. 69 ff.
2 Vgl. de Beauvoir 1960, S. 100 ff. (Klage über das Fehlen weiblicher Abenteuer in der Weltliteratur).
3 Vgl. R. Dahrendorf 1971, S. 313 ff.
4 Brix 1969.
5 Maier 1969, S. 71; s. a. Wetterling, in: domino-documente 1, 1968, S. 3–11; dagegen Härtling 1969.
6 Koch, S. 73.
7 Diese Bemerkung bezieht sich auf den Originalabdruck, dem ein Materialteil hinzugefügt war.

2. Das moderne Mädchenbuch in soziologischer und pädagogischer Analyse*

Fragestellung

Das Mädchenbuch ist seit Wolgast ein Hauptobjekt der Kritik an
der Jugendliteratur und an der massenhaft verbreiteten Literatur
überhaupt, bei uns meist als „Trivialliteratur" bezeichnet. Die Kritik stützt sich dabei a) auf die ideologischen Implikationen dieser
Literatur (Weltbild, Menschenbild, Gesellschaftsbild) und b) auf
entweder behauptete oder wenigstens befürchtete Wirkungen dieser
Literatur. Der Streit um die Mädchenliteratur ist jedoch als Teilbe-
reich der Auseinandersetzung zu verstehen, die seit Mitte des 18.
Jahrhunderts, seit so etwas wie ein Literaturmarkt entsteht und die
Massen nach und nach alphabetisiert und literarisiert wurden, um
die Berechtigung von Kunst als Unterhaltung geführt wird. In ihn
mischen sich Stimmen der Kulturkritik und des Kulturpessimismus,
die sich zwar oft nicht direkt gegen den Prozeß der Demokratisierung der Bildung und des Zugangs zur Kultur wenden, aber gegen
Begleiterscheinungen. Letztlich spiegelt sich in dieser Diskussion die
Sozialgeschichte der vergangenen 200 Jahre, die auf beiden Seiten
mit starkem ideologischen Aufwand geführt wurde. Man muß sehen,
daß nicht nur Massenkunst ideologisch ist, sondern auch ihre Kritik,
was nur deswegen oft nicht deutlich wurde, weil man bei uns stets
geneigt ist, die Stimme der bürgerlichen Bildungsschicht als die der
Allgemeinheit, des „Ganzen" zu verstehen. Die Kritik am Mädchenbuch, dieser „Afterliteratur", „gewollten Abseitsliteratur" (und wie
die Ausdrücke alle heißen, mit denen man sie bedachte) geht selber
von bestimmten Voraussetzungen aus, deren mangelnde Explikation
den falschen Eindruck von Absolutheit und Sicherheit erweckt. Deshalb bedarf die Kritik selber der Kritik, a) um die tatsächlichen Alternativen und Konflikte; hinter denen Sozialkonflikte stehen, freizulegen und b) um nicht bei bloßen Analysen stehenzubleiben, sondern um realistische pädagogische Schlußfolgerungen zu ermöglichen,
an denen es bisher weitgehend noch gefehlt hat.

* In: Das gute Jugendbuch 20 (1970), H. 2, S. 1–11.

Anmerkungen und Quellenangaben zu diesem Beitrag auf S. 172–173.

Deshalb soll hier auch vermieden werden, zum x-ten Mal von einem „Elend unserer Jugendliteratur" zu sprechen. Nüchterne Tatbestands-Analysen und das Aufdecken von sozialen Bedingungen helfen weiter.

Meine Absicht ist es daher, einen kurzen Einblick in den Stand der Mädchenliteratur in der BR heute zu geben. Ich greife dabei zurück auf einige hundert Mädchenbücher vor allem des letzten Jahrzehnts und mache keinen Unterschied zwischen deutschsprachigen Originalwerken und Übersetzungen. In den Mittelpunkt werde ich die Analyse des Jahrgangs 1967 stellen, der — wenn ich nicht einige Titel übersehen haben sollte — aus 109 Mädchenbüchern bestand. Die Zentralstellung eines neueren Jahrgangs ermöglicht es, die Relationen innerhalb der Buchgruppe an einem exemplarischen Ausschnitt zu quantifizieren. Ich beschränke mich dabei auf eine Analyse der Inhalte, Themen und Motive sowie der Handlungsträger, weil diese es sind, die den Stein des Anstoßes darstellen. In einem zweiten Durchgang möchte ich die gefundenen Ergebnisse mit einigen Tatsachen unserer Gesellschaft konfrontieren, um dann zum Schluß einige Folgerungen zu ziehen unter der Fragestellung „Wie sollen wir uns verhalten, was können wir tun?" Es wird bei dem Gang meiner Ausführungen nicht ausbleiben, einige bekannte Positionen der Kritik in Frage zu stellen, und zwar nicht auf Grund eines Verschleierungsmanövers, sondern durch Aufdeckung gesellschaftlicher und sozialpsychologischer Bedingungen des Mädchenbuches.

1. Das Material

Das Mädchen als Leitbild

Das Mädchenbuch als Gattung zeichnet sich aus durch die Darstellung einer geschlossenen, die Akzente eindeutig setzenden Wertwelt. Das Mädchen spielt in ihr eine Rolle, die von der des Mannes klar abgegrenzt ist. Die gesellschaftliche Rolle des Mädchens und der Frau ist oft überdehnt zur Mission als Heilbringerin, Harmonisiererin ihrer Welt und als Glücksbringerin. Zu diesem Zweck ist das Mädchen auf idyllisierte und überschaubare soziale Kleinstrukturen bezogen. Es übt eine veredelnde Wirkung auf seine Umgebung aus[1]. Bevorzugt werden bestimmte Typen und Eigenschaften. Das Mädchen ist anpassungsfähig, weich, opferbereit und hingabefähig, es ist stolz, gerade, sicher, klar und möglichst unangefochten oder soll das alles werden. Es ist bescheiden und schlicht und verfügt über eine Art nachgiebige Innerlichkeit. Abgelehnte, „unweibliche" Eigenschaften werden in Kontrastfiguren verlegt; sie ändern sich, meist durch das Wirken der Hauptfiguren, oder scheitern. Auf diese Weise angeprangert werden Selbstsucht, Egoismus, Ansprüche stellen, Verwöhnung, Vergnügungssucht, Mißtrauen, Eitelkeit, Angeberei, Zanksucht und Rechthaberei, jede Art von Kritizismus[2]. Die Wirklichkeit ist so überformt, daß sie dieses ethische Normensystem und den Tugendkatalog bestätigt, indem sie die Mädchen entsprechend belohnt oder bestraft.

Hier wird eine klare Rezeptologie gegeben. Jede Abweichung von der Stereotypik wird mit z. T. unnachsichtiger Unduldsamkeit beantwortet. Diskreditiert werden: die Stadt als Raum der Verführung, die Freizeit- und Vergnügungswelt als ein Faktor, der eine gemütsbetonte Innerlichkeit erschwert oder unmöglich macht, die Kritik, indem sie zu zänkischer Nörgelei gesteigert wird, die Autonomie der Person, die als Eigensinn und Egozentrik erscheint. Dem Mädchen wird die Übernahme einer bestimmten traditionellen Rolle nahegelegt und diese als gott- oder naturgewollt hingestellt, und das in einer vorschreibenden, einengenden Weise. Die Rollen-Annahme wird schmackhaft gemacht durch Glücks-Prophezeiung.

Ein weiteres Stereotyp ist das des fröhlichen, immer gut aufgelegten, unternehmungslustigen und einfallsreichen, allseits beliebten Mädchens mit dem „guten Herzen", das allen neidischen Gegenspielerinnen großmütig verzeiht und diese so zu Ein- und Umkehr nötigt. Es steht entwicklungspsychologisch auf etwas früherer Stufe als der oben beschriebene hausfrauliche Typ.

Erwachsenwerden

Das Erwachsensein wird in den Büchern als endgültiger Status beschrieben, der allen Unsicherheiten und Ängsten ein Ende bereitet. Das Erwachsenwerden wird gern als „Selbstfindung" expliziert. Schaut man aber genauer hin, so wird fast immer ein sekundärer Status ins Auge gefaßt — eine alte Abhängigkeit wird durch eine neue ersetzt, übernommen werden wieder nur Rollen, die gesellschaftlichen Erwarten entsprechen; „Begabungen" sind erfreulicherweise fast immer solchen Rollenschemata zugeordnet. Vor allem ist die Frau zur sozialen Betätigung berufen.

Häufig endet das Suchen nach sich selber mit der Rückkehr in die Familie oder mit der Wiederherstellung der Familienharmonie[3]. Der Vater gewinnt seine vorübergehend zerbrochene Autorität zurück, oder die Mutter erkennt, daß die Familie einen Vorrang vor ihrer beruflichen Karriere hat. Vordringlich ist bei der sog. „Selbstfindung" das Zufluchtfinden in einer äußeren Geborgenheit.

Nur wenige Außenseiter-Bücher weichen von diesem Schema ab (1967: etwa fünf)[4].

Überwindung der kindlichen Lebenseinstellung

Zu überwinden sind, so wird uns immer wieder implizit oder explizit versichert, Trotz, egoistisches Wunschdenken, Warten auf das große Glück, eine passive Warte-Einstellung dem Leben gegenüber[5]. Aber meist findet nur ein Überwechseln von einem Traumziel zum anderen statt, das seinen wahren Charakter vielleicht nur ein wenig besser verbirgt[6]. Das Wunschdenken wird durch eine Scheinwirklichkeit letztlich bestätigt. Man braucht sich nicht zu ändern, darf sich aber der Illusion hingeben, als hätte man sich.

Großes Gewicht wird darauf gelegt, das Mädchen auf seine Pflicht und Verantwortung hinzuweisen, die meist im sozialen Bereich realisiert werden. Die Analyse kann jedoch aufdecken, daß es sich hier um eine Verantwortung aus Mißtrauen gegen das Ich, aus Ich-Schwäche handelt, um eine Flucht vor sich selber, um ein Vergessen-Suchen in einem Leben für andere. Dem Mädchen wird unmißverständlich klargemacht, daß es sich zu opfern habe und daß ein gesundes Selbstbewußtsein als Korrelat einer personalen Autonomie und personaler Fähigkeiten dem Manne vorbehalten ist.

Die wenigen Gegenbeispiele, die unsere Mädchenliteratur anbietet verdeutlichen das Problem[7].

Entlarvend ist die Art und Weise, wie in den Büchern die Pubertätskrise beschrieben und überwunden wird. Der Trotz – klassisch dargestellt in Rhodens „Trotzkopf" – wird zum Ausdruck zeitweiliger Weigerung, die vorgeschriebene Rolle anzunehmen. Er wird gebrochen und damit jeglicher Anspruch auf das Selbstsein und auf primären, unabhängigen Status – im Mädchenbuch spricht man, um das Ziel ins Normativ-Positive zu kehren, allerdings von „Überwindung".

In vielen neueren Mädchenbüchern wird den Mädchen empfohlen, die Pubertät nicht durch vorzeitige Anpassung abzubrechen[8]. Damit wird die Pubertät zu einer Sache des guten Willens erklärt und ihre soziale Bedingtheit verschleiert.

Zusätzlich erleichtert wird den Mädchen das Ausharren durch sehr vernünftige, die Sublimierung fördernde Männer, sowie durch beherzte Eingriffe Erwachsener[9]. Auch wird kräftig vor den Versuchungen der Freizeitindustrie gewarnt. Derart durch wirklichkeitsfremde Bedingungen geschont, können die Mädchen geruhsam der – im übrigen niemals in Frage gestellten – Erwachsenen-Kultur entgegenreifen.

Einige Bücher verfahren jedoch realistischer und vorenthalten den Mädchen nicht die Schwierigkeiten[10]. Sie zeigen Nützlichkeit und Chancen einer beweglichen Offenheit zur Wahrung der Bildungschancen, wenn auch viel zu selten auf die sozialen Komplikationen aufmerksam gemacht wird, die unausweichlich sind, wenn ein Mädchen der unteren Schichten Bildung für sich beansprucht. Werden aber die im Buch vertretenen Normen sozial nicht bestätigt, verliert es seine Chance, der Leserin in seiner Situation wirklich zu helfen.

In vielen Büchern wird das Problem ins Moralisierende gewendet im Sinne einer Bewahrung der „Reinheit". Diese Bücher vermitteln durch ihre apodiktische Einseitigkeit und ihre autoritäre Moral eine Scheinsicherheit[11].

Das weist uns auf die Darstellung des Verhältnisses zum Geschlechtspartner hin. Hier fällt die fast vollkommene Aussparung erotischer Gefühlsbeteiligung in den Beziehungen auf. Die puritanische, sterile, sexfreie Prüderie und Lustfeindschaft der meisten dieser Bücher ist auffällig. Nichts Verwirrendes mischt sich hier ein, das Mädchen lebt in einem Schonraum, auch wenn es schon 16 oder 18 ist und 13–15jährige Leserinnen angesprochen werden. Stärkere Erotik ist nur zugelassen, um vor ihr zu warnen und sie als gefährlich hinzustellen; sie ist als unerlaubter Vorgriff tabuisiert. Es herrscht ein ausgesprochener Mangel an reflektierender Durchleuchtung der Probleme und an Offenheit der Argumentation. Das Mädchenbuch stellt sich hier eindeutig in den Dienst einer Pädagogik der Triebunterdrückung. In dieser Welt scheitert, wer „vorgreift", zerstört seine Karriere, fällt durch Prüfungen, endet in kleinbürgerlicher Misere[12]. Die Partner sind entsprechend: Da finden wir die geschlechtslos Vernünftigen, Symbole der verzweifelt festgehaltenen Schonraum-Illusion, zugleich Sehnsuchts-Projektion eines gesellschaftlich stimulierten schlechten Gewissens und Ersatz für den verlorenen Vater, der das Sexualverbot versinnbildlicht. Darum darf auch weder die Autorität des Vaters noch die des Mannes als Vaterersatz ernstlich in Frage gestellt werden.

Der zweite Typ ist der hemmungslos Leidenschaftliche, oft als südländischer Lebemann-Typ dargestellt und Züge eines Playboys annehmend. Sie sind eine Gefahr für die Unschuld der Mädchen und müssen die Verwerflichkeit der egoistischen Triebe verkörpern. Auch sie sind Wunsch-Projektionen der Mädchen, aber sie fallen der Verurteilung anheim, die Mädchen müssen sich von ihnen lösen zugunsten der Geborgenheit garantierenden Vatergestalten[13]. Ein dritter, noch nicht sehr verbreiteter Typ ist der zynische Zweifler und zornige junge Mann. Er ist zersetzend und ein Anti-Idealist[14]. In der DDR-Mädchenliteratur ist er beliebt als Vertreter westlicher Dekadenz.

Geheimes Bezugsfeld der Mädchen in den Büchern ist die Familie.

In 67 von den 109 Mädchenbüchern des Jahrgangs 67 bleibt das Mädchen im Bannkreis der Familie, 22 spielen ausschließlich und vorwiegend in reinen Mädchengruppen (Internatsgeschichten u. ä.). Nur im Abenteuerbuch darf das Mädchen sich von Familienbindungen lösen, dies aber in einem außergesellschaftlichen Raum. Innerhalb der Gesellschaft ist das Mädchen an seinesgleichen und an die Familie fixiert und wird dadurch nicht über spezifische Haltungen und Rollen-Erwartungen hinausgeführt. (Doch mag der Jahrgang 67 in diesem Punkt besonders ungünstig ausgefallen sein.) Durch das Scheitern geistig und beruflich ehrgeiziger Mütter wird das Mädchen auf seine Pflichten innerhalb des Hauses aufmerksam gemacht: Die Mutter als Hüterin des Herdes und der familiären Innerlichkeit. Der Sachverhalt macht deutlich, welchen Grad von Ichausprägung und Leistungsfähigkeit bei uns das Mädchen noch immer braucht, um seine Autonomie gegen die gesellschaftlichen Erwartungen durchzusetzen, als deren Spiegelung man das Mädchenbuch auffassen kann.

Auf die Vaterfiguren hatten wir bereits hingewiesen. Der Vater spielt in der Familie eine dominierende Rolle; er ist überlegen, sicher und gibt Halt. Dadurch revanchiert er sich für die Einhaltung des Sexualverbots, bedankt sich für den Verzicht des Mädchens auf Selbstsein. Und das Mädchen verzichtet, weil es sich dadurch eine — wenn auch erborgte — Sicherheit erkauft. Es erträgt die Situation der Vaterlosigkeit nicht. Der Vater macht Anlehnung und Unterordnung zum Vergnügen. Er ist Symbol des permanent regressiven Verhaltens des Mädchens.

Mädchen und Beruf

Der Beruf ist ein Schwerpunkt des Selbstverständnisses der Frau in unserer Gesellschaft. Ausmaß und Art weiblicher Berufsbezogenheit im Mädchenbuch sind zu analysieren. Zuerst eine Übersicht. 54 — d. h. die Hälfte der Mädchenbücher des Jahrgangs 67 — stellen die Mädchen mit bestimmten Interessen und Berufszielen oder bereits ausgeübten Tätigkeiten dar. Dabei geht es bei 28 um Kunst und Mode, bei 26 um die Natur und Tiere, bei 20 um Sozialberufe und 17 um Hausarbeit und Landwirtschaft, das sind 91 %. Im engeren Sinne berufsorientiert wird das Mädchen aber nur in 10 Büchern dargestellt.

Seit je beliebt sind im Mädchenbuch die Sozialberufe, wobei nur selten die tatsächlichen Tätigkeiten in den Blick kommen, meistens bleibt es bei dem Genuß der Vorfreude. Es handelt sich um die Freude derjenigen, die entdecken, daß ihre Begabung und ihr Entschluß mit den allgemeinen Erwartungen übereinstimmen. Man kann sich im allgemeinen Konsensus geborgen fühlen. Wenn die Berufsausübung dargestellt wird, geschieht es zumeist in beschönigender und romantisierender Weise. Das Tun wird als in jeder Hinsicht erfreulich, beglückend, erfolgreich und konfliktfrei beschrieben[15]. Oft wird opferbereites Handeln zudem mit Prestigeheiraten belohnt. Viel Weihrauch wird verbrannt, um zu suggerieren, daß man im sozialen Tun sich mit dem Weltsinn in Übereinstimmung weiß[16]. In Wirklichkeit ist in dieser Buchwelt der Sozialberuf eine Art Therapie gegen die Last des quälenden Selbstseins, dessen Aufgabe mit Glück und Dank fürstlich belohnt wird. Der Sozialberuf wird nicht als schlichte gesellschaftliche Notwendigkeit beschrieben, sondern als eine glückverheißende, dem Lesergenuß überantwortete Bewährungsmöglichkeit. Dadurch wird auch vermieden, die Mädchen auf den Gedanken zu bringen, etwa über eine Verbesserung der Arbeitsbedingungen in dem Bereich zu reflektieren.

Die unglückliche Liebe des Mädchenbuches zum Künstlerischen ist notorisch. Die Kunst wird benutzt, dem Mädchenleben jenen bekannten Zug zum Höheren zu geben zwecks Kompensierung seiner gesellschaftlichen Deklassierung. Die Kunst ist funktionalisiert zum Daseinsschmuck, zur Überhöhung des tristen Alltagsdaseins und zum prestigeverleihenden Status-Symbol.

Künstlerische Interessen werden stets als starke Begabungen, wenn nicht als Begnadung beschrieben, die sich gegen jeden Widerstand durchsetzen[17]. Es handelt sich hier um ein rein passives Künstlertum als eine Art Naturgeschenk. Da es Gefühlsengagement erlaubt, gilt es als eine Möglichkeit fraulicher Selbstverwirklichung. In der Stilisierung der künstlerischen Begabung zu einer Art „Natur-Substanz" erkennen wir eine Metamorphose des Prinzen-Motivs. Dadurch, daß die Kunstausübung auf eine biologistisch-statisch zu verstehende „Begabung" bezogen ist, wird es möglich, das traditionelle Mädchenbild des Mädchenbuches mit seiner passiven Hingabebereitschaft durch eine Berufsausrichtung zu ergänzen, die das Bild nicht sprengt. Da diese Ideologie jedoch weder anthropologisch noch sozial bestätigt wird, ist sie keine Hilfe für die Leserin, eine Berufsorientierung zu gewinnen, sie dient lediglich dem kompensatorischen Genuß.

Auf der anderen Seite finden wir Versuche, Kunst zu dämonisieren zu einer Gefahr für bürgerliche Lebensauffassung. Der oben skizzierte Lebemann-Typ trägt unverkennbare Züge des „Künstlers". Nicht nur im Verhältnis zur Kunst zeigt sich, daß es sich hier um eine eindeutig neurotisierte Buchwelt handelt.

Auch die hauswirtschaftlichen Berufe werden nicht sachlichnüchtern beschrieben, sondern selbstzweckhaft als Sinnerfüllung weiblichen Daseins[18], besonders dann, wenn Landwirtschaft hinzutritt. Diese Tätigkeit wird als bodenständig, urtümlich und heil ge-

gen die funktionalisierten städtischen Jobs ausgespielt. Die Frau
bewältigt hier nicht einen Arbeitsanfall, sondern fügt sich durch
Anpassung an das Rollenschema einer religiös bestimmten Heils-
ordnung ein[19].

Eine Rolle im Mädchenbuch spielen die sog. „Traumberufe".
Sie verbinden eine gewisse Modernität mit dem Reiz des Unge-
wöhnlichen und Außeralltäglichen. Bevorzugt werden die Bereiche
des Schaugeschäfts, des Journalismus und der Mode. Meist werden
keine Fakten vermittelt, sondern das prickelnde Vergnügen, im Mittelpunkt der allgemeinen Bewunderung zu stehen. Wenige Ausnahmen zeigen die tatsächlichen Beanspruchungen der Berufe auf und
verdeutlichen den Lernprozeß, den sie verlangen[20]. Ebenso selten
ist das Bemühen, zugleich das Problem der weiblichen Berufsrolle
in unserer Gesellschaft anzusprechen. Besonders beliebt sind Ste-
wardessen-Geschichten, obwohl dieser Beruf an Romantik eingebüßt zu haben scheint. Das Thema hat ganz unterschiedliche Darstellungen gefunden, teils romantisierend und reduziert auf romanhafte
Verwicklungen und nichts als Abenteuer und enthusiastisch ausge-
drücktes Glück[21], teils aber auch informativ und ohne die Belastun-
gen zu verschweigen[22].

Berufe wie Arbeiterin, Büroangestellte, Verkäuferin und Schneide-
rin erscheinen im Mädchenbuch, da sie nicht leicht zu romantisieren
sind und in dieser Buch-Welt als „unweiblich" gelten, kaum. Wenn
aber, so werden sie meist durch die Entdeckung „echter Begabungen"
überwunden[23]. So wird die Energie nicht zur Änderung der Berufs-
situation der Frau und zur Überwindung der Unterprivilegiertheit
genutzt, sondern zur Identifizierung mit der Rolle. Für die Einbeziehung zeitgeschichtlicher und politischer Tatbestände ist das Mädchenbuch nach allem wenig prädestiniert. Seine Grundhaltung ist privatistisch und familienintim. Die Geschlechtsdifferenzierung überläßt
die Beschäftigung mit der Politik dem Mann. Versucht sich das Mädchenbuch dennoch an dem Thema, so gerät es leicht in einem Zwiespalt zwischen einem Angebot individueller Glückslösungen und der
Darstellung allgemeiner Probleme[24], z. B. der sozialen Not. Das Mädchenbuch weicht daher seit je gern in individuelle Wohltätigkeit aus,
als eine Art Selbstbeschwichtigung und Flucht aus der politischen
Herausforderung (bereits bei Gumpert, Rhoden und Ury). Die Bücher, die dem Mädchen die Aufgabe politischen Mithandelns und politischen Engagements aufzeigen, sind an den Fingern einer Hand ab-
zuzählen[25]. Insgesamt kann gesagt werden, daß die Mädchenbücher
die politischen und sozialen Probleme unserer Zeit den Leserinnen
entweder ganz verschweigen oder sie in das herkömmliche Mädchen-
buch-Schema zu integrieren versuchen und dadurch entschärfen.

Ohne offene, provozierende Schlüsse und den offenen Austrag

der Konflikte sind politisch relevante Sachverhalte nicht darstellbar. Die politische und zeitgeschichtliche Wirksamkeit einer Mädchenerzählung steht und fällt mit einer emanzipatorischen Distanzierung von der traditionellen Rolle; gerade dem wirkt aber das Mädchenbuch generell entgegen.

Ein interessanter letzter Aspekt eröffnet sich bei der Betrachtung des Freizeitproblems im Zusammenhang mit dem Mädchenbuch. Die Freizeitwelt ist als Teil unserer Sozialwelt von erheblicher gesellschaftlicher Bedeutung. Das scheint ein Widerspruch zu sein, da es sich hier gerade um die Behauptung und Absicherung eines privat-verfügbaren Betätigungsraums gegenüber politisch-ökonomischen Zwängen handelt. Wir wissen aber, daß dieser Raum nicht wirklich „frei" ist, sondern weitgehend ökonomisiert. Wir haben daher die Bedeutung der Freizeiterziehung zu einem bewußten und selektiven Gebrauch des Freizeitangebotes heute erkannt. – Wir haben gesehen, daß das Mädchenbuch den Wunsch der Mädchen nach Abgrenzung seines Raumes von der Gesellschaft bestätigt. Dem entspricht die Darstellung der Freizeitsituation. Das Mädchenbuch macht durch seine Struktur die wesentliche Funktion des Lesens bei uns deutlich: Entlastung und Flucht (Eskapismus). 43 % aller Mädchenbücher 1967 sind Ferien-, Fahrten-, Reise- und Abenteuergeschichten, d. h. Bücher, die entweder selber Freizeitsituationen darstellen oder gezielt eine privatistisch genutzte Freizeitsituation ansprechen. So erfahren die Leserinnen nur sehr wenig von den Chancen, die uns die Gesellschaft mit ihrem Freizeitangebot zur Verfügung stellt. Interessant sind die Bücher, die Mädchen direkt dem Druck der Freizeitindustrie aussetzen. Dabei zeigt sich, daß die Neigung besteht, die Angebote nicht rational zu betrachten und zu einem reflektierenden Umgang mit ihnen zu verhelfen, sondern sie verächtlich zu machen und zu dämonisieren[26]. Das neurotische Verhältnis zur Kunst zeigt sich auch hier. In diesem Punkt hat sich die Mädchenliteratur noch nicht von jener Tradition von Geschichten gelöst, welche die Leserinnen warnen wollen vor weltlichem Vergnügen und Unterhaltung – und das, widersprüchlich genug, in einer Literatur, die selber kaum etwas anderes darstellt als Unterhaltung. Hier werden Vorurteile verbreitet und Ängste, anstatt rational aufzuklären. „Freizeit" – so erkennen wir – ist im Mädchenbuch entweder einseitig verteufelt oder ein von der Gesellschaft abgewandtes Lebenszentrum.

Fassen wir die Ergebnisse der Analysen zusammen:
Das Mädchen des Mädchenbuches wird überwiegend in traditionelle Rollen eingewiesen, die von denen des Mannes klar differenziert sind. Es wird auf einen engen Tugend- und Verhaltenskatalog bezogen sowie auf überschaubare soziale Kleingruppen.

Das Erwachsenwerden wird als Vorgang der Anpassung an die gesellschaftlichen Rollen-Erwartungen dargestellt; das Mädchen soll sich mit dem, was als „Wesen und Bestimmung der Frau" gilt, identifizieren.

Nahegelegt wird eine Rücknahme des Selbst, ein Verzicht auf individuelle Lebensgestaltung und Ausbildung der autonomen Person. Die Angst vor dem Selbst verbindet sich mit einer Unterdrückung aller Lustbestrebungen mit dem Ergebnis einer personalen Deformation. Solche Art Einpassung in die Rolle vermittelt mit dem Gefühl der Übereinstimmung mit allgemeinen Erwartungen eine spezifisch „weibliche" Form des Glücklichseins.

Das Mädchen verharrt im Umkreis der Familie und gewinnt so keinen primären Status. Emanzipation wird vermieden, ihre Erscheinungsform wird karikierend vergröbert.

Beruflich wird das Mädchen auf einen engen Kanon fixiert, der traditionellen Erwartungen entspricht. Bevorzugt werden Metamorphosen der Mutterrolle oder reine Begabungsberufe. Nur bei den Modeberufen ergab sich ein stärkerer Zug zur Modernität, jedoch handelt es sich zumeist um eine Schein-Modernität, die zu nichts nützlich ist als zum unreflektierten Genuß.

Die Rollen-Differenzierung von Frau und Mann erlaubt der Frau kaum ein Heraustreten aus der Familie zur Übernahme politischer Mitverantwortung. Politisch-soziale Zusammenhänge werden der Mädchenliteratur oft in einer Weise integriert, die sie entschärft und ihres eigentlichen Charakters beraubt.

Das Mädchenbuch ist in einem doppelten Sinne freizeitbezogen: durch Darstellung gesellschafts-irrelevanter Freizeitsituationen und durch Hineinprojektion einer privatistischen Lebenseinstellung in die Situation der Leserin. Die Wirklichkeit wird im Sinne dieses Welt- und Menschenbildes rigoros verändert; der Realismus der Bücher ist nur ein scheinbarer.

2. Mädchenbuch und Gesellschaft

Einer kritischen Betrachtung der Tatbestände hat die Feststellung voraufzugehen, daß die Lektüre der Mädchen im allgemeinen nicht auf Mädchenbücher beschränkt ist; lediglich im Alter von 12/13 Jahren kann man bei einem Großteil der Mädchen eine Ausschließlichkeit von Lektüre dieser Art annehmen. Auf der anderen Seite werden Mädchenbücher von vielen Leserinnen länger gelesen, als bisher zur Selbstberuhigung der Kritiker behauptet wurde. Schwierig wird es jedoch, versucht man an die Auswirkung der Lektüre heranzukommen. Es gibt darüber lediglich Spekulationen, so wenn Wolgast irreparable dauerhafte Schädigungen annimmt. Elisabeth Lippert aber meint, daß „jedes gesunde Mädchen" die Stufe von selbst überwinde. Beinlich behauptet sogar, bei kluger lesepädagogischer Führung könne das Mädchen an dieser Lektüre vorbeigesteuert werden. Das alles ist kaum beweisbar, es lassen sich immer sowohl Belege für das eine wie für das andere finden.

Feststeht, daß das Mädchenbuch überwiegend Person-Merkmale und Sozialstrukturen spiegelt, die unserer Zeit nicht entsprechen. Und doch ist diese Literatur gesellschaftlich bedingt. Sie der Willkür und Geschäftstüchtigkeit von Autoren und Verlegern zu Last zu legen, würde das Problem zu sehr versimpeln, auf dieser Ebene zu argumentieren möchte ich vermeiden.

Konfrontiert man die Untersuchungsergebnisse mit dem Problem der Frau in unserer Gesellschaft und dem Prozeß ihrer Befreiung, so ist klar, daß die Mädchenliteratur das Frauenproblem verdeckt und negiert. Sie idyllisiert die Situation der Frau. Der scharfe Kontrast zwischen dem Erscheinungsbild des Mädchenbuches und der tatsächlichen gesellschaftlichen Situation macht jedoch den Konflikt deutlich, nämlich die Widerstände, die unsere Gesellschaft selber gegen einen Fortschritt in der Frauenfrage produziert. Die Literatur spendet Trost für das Nichtgelingen der Emanzipation, indem sie diese als nicht im Schöpfungsplan vorgesehen hinstellt und eine Glücksmöglichkeit der Frau auf vertrautem Pfade aufzeigt, und erschwert damit zugleich möglicherweise jeden Fortschritt. Nur sehr wenige der Bücher regen die Mädchen an zu einem Nachdenken über die eigene Situation, und diese Bücher werden zudem noch kaum gekauft und gelesen. Ähnlich verhält es sich, wenn man die Ergebnisse mit der gegenwärtigen Mädchenpädagogik konfrontiert, obwohl diese kein einheitliches Bild bietet. Stellt man das Konzept des Mädchenbuches den Erfordernissen gegenwärtiger Erziehung überhaupt gegenüber, wird die Weltfremdheit abermals deutlich. Statt Vorbereitung auf eine gesellschaftlich notwendige Vielfalt von Rollen („Rollenpluralismus") nur eine einzige: die der familienbezogenen Hausfrau und Mutter; statt der Erziehung zu einem rationalen Verhalten in der Gesellschaft einseitige Betonung von Gefühl; statt einer Hilfe, den gesellschaftlichen Prozeß mitzuvollziehen, fast völlige Selbstisolierung und Beschränkung auf soziale Tugenden der Kleingruppe; statt Erziehung zur Autonomie und zur Wahrnehmung der Freiheitsrechte Verlockung zu Anpassung und Unterordnung; statt emanzipatorischer Erziehung Gewöhnung an autoritäre Strukturen; statt Abbau von Vorurteilen und Ermutigung zu kritischer Rationalität Bestätigung von Vorurteilen. Das Mädchen wird in seiner Literatur einem autoritären Erziehungsstil unterworfen, der emanzipatorische Anwandlungen gar nicht aufkommen läßt. Diese erscheinen andererseits durch die unangreifbare Vollkommenheit der dargestellten Erwachsenen gar nicht nötig. Durch die Vorspiegelung einer Gesellschaft, die geschlossen und überschaubar ist und eine Ordnung darstellt, die jedem seinen festen Platz zuweist und in der es nur ein einziges richtiges Verhalten gibt, unterschlägt man dem Mädchen die Notwendigkeit personaler Entscheidung in der tatsächlich offenen pluralistischen Gesellschaft.

Wir können demnach sagen, daß die Literatur im Sinne einer Vorbereitung auf das Leben in der Gesellschaft keine Hilfe bietet. Ein gewisses Maß an „Lebenshilfe" böte sie dann, wenn ihre kompensatorischen Funktionen voll bewußt erfahren würden. Psychischer Ausgleich ist wichtig und nützlich, da jede Gesellschaft vom Menschen gewisse Verzichtleistungen und Einseitigkeiten verlangt. Voraussetzung dazu wäre eine Bewußtheit der Aufnahme, auf welche die Literatur nicht eigentlich spekuliert, die aber nie allein Produkt der Literatur selber, sondern der gesellschaftlichen Verhältnisse insgesamt, der Umwelt und der Erziehung sind. Hier eröffnen sich auch realistische lesepädagogische Konsequenzen.

Die Mädchenbuchkritik hat bisher meist so getan, als gäbe es keine Einflüsse außer den Mädchenbüchern oder als gäbe es innerhalb dieser Literatur keine Schichtung, keine Gruppierungen, keine Abstufungen. Schließlich beweisen unsere Bildungsfanatiker immer noch gern ihr Mißverhältnis zur literarischen Unterhaltung; wird sie aber zugestanden, wird eine Art von Unterhaltung gefordert, die als „sachgerecht", realistisch und gesellschaftsbezogen im Grunde keine mehr wäre. Sogar die Bindung an den abendländischen Wertekanon verlangt man (Ipfling), was immer das sein mag, um den Lesern Unterhaltung genehmigen zu können. Es sei hier vorsichtig der Gedanke ventiliert, daß Unterhaltung im Sinne von Entlastung möglicherweise nur als das „ganz andere" sinnvoll ist. Kulturpessimistische Verzweiflung darüber ist wirkungslos und dient oft als Vorwand für eine Pädagogik der restriktiven Bevormundung. Daher scheint mir auch die Frage müßig, ob das Mädchenbuch überhaupt ein Daseinsrecht habe. Es ist vorhanden und drückt damit etwas aus, zuerst einmal ein Bedürfnis nach ihm, das nicht durch diese Literatur entstanden ist, und zweitens einen zugrunde liegenden Gesellschaftskonflikt, der nicht durch ein Herumdoktern an Symptomen reparabel ist. Umwelt und Gesellschaft produzieren Bedürfnisse und die Art der Kompensationen, die gesucht wird, und lesepädagogische Maßnahmen können da keine andere Funktion als die flankierender Maßnahmen haben.

Der Charakter der Mädchenliteratur kann mich also nicht dazu bewegen, ihr den „Garaus" zu erklären, wie es immer wieder getan wird. Grundsätzlich halte ich verschiedene Arten von Literatur für berechtigt, aufklärende und kompensatorische; beide sind gesellschaftlich notwendig.

Den Anspruch einer Literatur, gern gelesen zu werden, halte ich für legitim. Was wird gern gelesen? Was Einstellungen und Erwartungen bestätigt, besondern in Schichten, die infolge vorenthaltener Bildung und sozialer Unterprivilegierung mit einer prinzipiellen Unsicherheit fertig werden müssen. Eine Literatur, die sich darauf einstellt, spiegelt damit die Erwartungen und Einstellungen, die ein Produkt der Gesellschaft sind. Jugendliteratur spiegelt darüber hinaus die temporären Unsicherheiten des jugendlichen Status. Da die Situation der Frau in unserer Gesellschaft nach wie vor ungeklärt ist, ist die Mädchenliteratur vorzüglich geeignet, eine der entscheidenden Konfliktsituationen unserer Gesellschaft zu diagnostizieren (wiewohl sie selber Konflikte weitgehend glättet − oder gerade weil sie das tut). Jugendliteratur und besonders Mädchenliteratur hat gerade durch ihre konservative Haltung eine erhebliche lesestimulierende Wirkung. Sie bietet begehrte Gegenwelten zu den alters- und gesellschaftlich bedingten Unsicherheiten. Die Gefahr ist freilich, daß sie damit die Unsicherheiten nicht behebt, sondern fixiert und perpetuieren hilft. Das hat sie gemeinsam mit Unterhaltungsliteratur überhaupt. Entlastende Unterhaltung erlaubt Erholung und Regeneration. Sie versetzt in eine Art Schlaf, dessen Wert freilich im Unterschied von literarischer Unterhaltung von niemandem angezweifelt wird. Es ist daher einseitig und geht am Problem vorbei, bei der Kritik am Mädchenbuch von Postulat einer ausschließlich „bildenden" Literatur auszugehen, deren Wirkung gesellschaftlich progressiv ist. Gesteht man die Notwendigkeit einer Unterhaltung zu, heißt es aber, sich auf die notwendigen Implikationen einzustellen. Es ist wenig sinnvoll, die Implikationen einer Unterhaltungssparte wie z. B. des Mädchenbuches zu verdammen − damit auch die traditionelle Lustfeindschaft und die repressive Moral des Genres, das alles aber im Namen eines grundsätzlichen Mißtrauens gegen Unterhaltung und Entlastung als Vergnügen an regressivem Verhalten.

Man muß sich klar darüber sein, daß entgegenwirkende Maßnahmen entweder auf dem Wege der Gesellschaftsumwandlung oder auf dem Wege der Bildung und Erziehung zu suchen sind. Es ist jedoch meine Überzeugung, daß das Bedürfnis nach Erholung durch keine Gesellschaftsform aus der Welt zu schaffen ist. Die Bedingungen resultierten nicht nur aus der politischen Lage, sondern auch aus der allgemeinen kulturellen und technologischen Entwicklung. Versagungen scheinen in unserer Massengesellschaft weniger denn ja vermeidbar, und der Funktionalisierungsprozeß der Gesellschaft ist irreversibel.

Deshalb scheint mir der Kampf gegen Schmutz und Schund, innerhalb dessen auch die Kritik am Mädchenbuch gesehen werden muß, als Ausfluß totalitären Denkens: man träumt von der Herstellung idealer Umweltbedingungen, einer Reinigung der Umwelt von Anfechtung und Versuchung, und vor allem hat man einen Schuldigen: die geheimen Miterzieher. Man setzt den tatsächlichen gesellschaftlichen Bedingungen ein überdimensioniertes Schonraum-Denken entgegen und flüchtet sich in Forderungen, statt das Notwendige an Bildungs- und Erziehungsarbeit zu leisten. Dieselbe Wurzel hat die heute verbreitete Angst vor Manipulation. Der Kampf gegen tatsächliche oder vermeintliche Manipulatoren sollte durch eine Bildung zur Widerstandsfähigkeit gegen Manipulation ersetzt werden. Alles andere scheint mir Romantik zu sein. Wir bezeichnen das zu vermittelnde Verhalten heute als Mündigkeit. Wer bei uns von einer Pädagogisierung der Massenmedien träumt, träumt von einer Heilung der Welt, verrät totalitäres Denken und strebt im Grunde nach einer geschlossenen, konsistenten Gesellschaftsstruktur. Aber gibt es einen Fortschritt auf Kosten personaler Mündigkeit? Wenn wir eine offene demokratische Gesellschaft wollen, müssen wir auch ihre Schattenseiten und Risiken in Kauf nehmen. Eine personale Autonomie wäre keine, wenn sie sich nicht bewähren müßte und der Gefahr des Scheiterns ausgesetzt wäre.

3. Pädagogische Möglichkeiten

Wie sollten wir uns verhalten, was können wir tun angesichts eines Phänomens wie des Mädchenbuches?
Ich möchte kurz die Möglichkeiten diskutieren.

1. Verbot und Zensur
   Solche Forderungen mögen pädagogischer Verantwortung entspringen, eine pädagogische Einstellung verraten sie nicht. Dahinter steht, wie schon erwähnt, der romantische Traum von der Herstellbarkeit einer heilen Umwelt, die mit der Erziehung absolut konform geht. Dahinter steht ferner ein patriarchalisches Fürsorge-Denken, das von empirisch nicht verifizierten Wirkungsbehauptungen ausgeht und sich oft mit einem sog. „poetischen Monismus" und Elite-Denken verbindet. Zensur entmündigt.

2. Pädagogisierung der Unterhaltungsmittel
   Das liegt auf derselben Ebene. Zudem besteht die Gefahr, daß die eine Manipulationsform nur durch eine andere ersetzt wird. Die Ausschaltung kompensatorischer Ausgleichsmittel ist deshalb gefährlich, weil dann ein Vakuum entstehen und das Ausgleichver-

langen sich andere Wege suchen würde, oder ihm andere Wege geboten werden müßten.

3. Bewahrung und Fernhalten
Es handelt sich hierbei um eine Variante von 1 und 2. Schonraum-Bedingungen lassen sich nicht wiederherstellen. Außerdem scheint mir eine autoritäre Fernhalte-Pädagogik zum Zwecke der Abwehr autoritärer Beeinflussungsmittel als ein Widerspruch in sich selbst.

4. Angebot des Besseren und Guten
Über die Berechtigung und Wichtigkeit des Guten besteht bei uns Übereinstimmung, doch setzt man es oft zur Abwehr des Minderwertigen ein. Es sollte sich um ein „freies" Angebot handeln ohne den Beigeschmack des Geschmacksterrors. Das bedeutet, daß die literarische Umwelt unserer Kinder so vielfältig und bunt wie möglich gestaltet werden sollte. Dabei sollte in bezug auf das Mädchenbuch auf die Schichtung der Gattung selber zurückgegriffen und sie lesepädagogisch fruchtbar gemacht werden. Zu wünschen wäre die Auflockerung der starren und einseitigen Bevorzugung bestimmter Bucharten durch das Ähnliche und Verwandte.

5. Befähigung zu angemessenem Umgang und zu selektivem Gebrauch der Unterhaltungsmittel
Dies scheint mit der einzige Weg der Mündigkeit zu sein, weil er Bewährung nicht durch Bewahrung ersetzt. Es gilt, Einsichten zu vermitteln in die Funktion der Unterhaltung und ihrer Mittel. Das setzt zweierlei voraus: Anerkennung der Berechtigung von Unterhaltung einschließlich ihrer — hier am Mädchenbuch dargestellten — Implikationen und ein Abrücken von traditionellen Bildungsvorstellungen. Eine erhöhte Sicherheit des Menschen ist nicht dadurch erreichbar, daß die Unterhaltungsmittel eliminiert werden, welche die Unsicherheit des heutigen Menschen auszugleichen versuchen, sondern allein durch erhöhte Bildung als mündiges, rationales Verhalten.

Zum Schluß noch eine ergänzende Erläuterung. Unsere Zeit leidet unter einem Schwund an Autorität und Leitbildern (Mitscherlich hat das als „Vaterlosigkeit" beschrieben und daraus die Forderung nach größerer Ich-Autonomie abgeleitet). Die Medien stellen Surrogate zum Ausgleich der Unsicherheiten zur Verfügung. Eine vermehrte allgemeine Bildung könnte den Surrogaten einen Teil ihres Nährbodens entziehen. Nur einen Teil deswegen, weil der Mensch — nach Freud (vgl. „Das Unbehagen in der Kultur") — nie völlig mit der von ihm hervorgebrachten Kultur zur Deckung zu bringen ist (unsere Zeit experimentiert allerdings über Freud hinaus mit Möglichkeiten einer verringerten Lustunterdrückung). Es bleibt ein Rest im Menschen, der so oder so beansprucht und gelebt sein will. Das soll nicht heißen, daß sich nichts zu ändern brauchte. Die Mädchenliteratur sollte stärker als bisher dem Mädchen seine Aufgaben in unserer Gesellschaft klären helfen. Die Selbstrücknahme dieser Literatur wäre eine unrealistische und unbillige Forderung, ihre permanente Erweiterung und Differenzierung aber eine Notwendigkeit. Lesestimulierende und unterhaltende Funktionen der Mädchenliteratur bleiben jedoch weiterhin wichtig. Mädchenliteratur sollte nicht als Herausforderung zu administrativen und entmündigenden Maßnahmen zu verstehen sein, sondern als Herausforderung zu pädagogischer Aktivität. Nur indem das permanente Ärgernis Mädchenbuch zur Bewährungsprobe für die Mündigkeit gemacht wird, läßt es sich ins Positive kehren. Verachtung und Verdammung aber erreichen eher das Gegenteil.

Anmerkungen

1 E. Meise 1967, R. Tetzner 1967, K. Theuermeister 1963 ff.
2 Y. de Brulliard 1967, M. Haller 1932–1954, E. Blyton 1965 ff.
3 C. Prenzel 1967, L. Betke 1967, F. de Cesco 1967 u. v. a.
4 H. Colman 1967, M. L' Engle 1967, M. Staub 1967, B. Willard 1967, Sansan 1967.
5 Besonders die Mädchenromane der Amerikanerin M. Stolz.
6 E. Jansen-Runge 1961, H. Romberg 1964, A. Fromme-Bechem 1961.
7 (Ansätze zur Darstellung „echter" Verantwortung). I. Brattström 1967, I. Jurgielewicz 1968, G. Rasp-Nuri 1968, G. Seuberlich 1966, A. Sommerfelt 1968.
8 Viele Titel mit dem Begriff des Wartens oder seiner Umschreibung deuten das Thema an: Jahre des Wartens (M. Stolz), Denn Warten ist schwer (M. van Amstel), . . . und ich warte (S. Hornemann), Vielleicht in fünf, sechs Jahren (O. F. Lang).
9 So besonders in den Romanen von M. Stolz (Liebe hat Zeit, Jahre des Wartens), ferner: L. Dickinson-Rich 1963, C. France 1963.
10 I. Brender 1961 und 1963, R. Lampel 1965, E. Gallwitz 1963.
11 I. Ott 1966, I. Demmler o. J., L. Summers 1961, M. Robert 1967.
12 Y. de Brulliard (s. o.), R. Tetzner (s. o.).
13 E. Byström 1967, B. Bratt 1966, L. Wüst 1967.
14 Zacharias, in: L. Engle, Der Mond über den Hügeln; Janek, in: Jurgielewicz, Ich warte, Ninka.
15 M. Schlinkert 1967, I. Demmler (s. o.), Boylston 1954.
16 I. von Wedemeyer 1967.
17 I. Teuber-Kwasnik 1959, H. Romberg (s. o.), H. Erb o. J.

18 B. Bratt 1967.
19 G. Landwehrmann 1967.
20 I. Theissen o. J., M. Gröblinghoff 1959.
21 H. Hempe 1961, Streit 1964, J. Dale 1962.
22 H. Hempe 1965.
23 H. Huth 1960, I. Byers 1967; D. G. Butters 1969. Positiv zu beurteilen
   sind: T. Stocker 1963, D. Rüsse 1960, I. Wiegand 1963.
24 D. Sterling 1965, C. Marshall 1960. Günstiger schneiden ab: M. Helbling
   1965, M. Thöger 1965.
25 S. Roberts 1969, C. Chung-Cheng 1957. Als positives Beispiel der Darstellung einer emanzipierten Frau sei noch herausgestellt: K. Lütgen 1962.
26 L. Beyer 1960, Wüst (s. o.), Tetzner (s. o.), M. Lobe 1967.

3. Mädchenbücher der DDR*

(1) Die Untersuchung der Mädchenliteratur einer Gesellschaft ist wie kaum eine andere geeignet, Widersprüche und Sozialkonflikte der betreffenden Gesellschaft aufzudecken. Der Verfasser hat das in einer kürzlich erschienenen Veröffentlichung über das Mädchenbuch der Bundesrepublik versucht[1], er hat ihr ein soziales Kategorienschema zugrunde gelegt, das er − in leichter Abwandlung − auch in der folgenden Untersuchung anwendet. Untersuchungsmaterial sind 21 Bücher mit insgesamt 27 Erzählungen aus den Jahren 1953 bis 1969. Es soll nicht behauptet werden, die 27 Erzählungen seien repräsentativ für die Mädchenliteratur der DDR, doch zeigen sich in ihnen einige auffällige Konstanten, die gewisse, auf unterschiedliche gesellschaftliche Funktionen der Mädchenliteratur hüben und drüben aufmerksam machende Schlußfolgerungen nahelegen. Aufschlußreich ist bereits, daß der Anteil der Mädchenliteratur an der jugendliterarischen Gesamtproduktion in der DDR erheblich unter dem der BR liegt (etwa 12 % gegen 5 %). Die stärkere Erstauflagen-Orientierung der Mädchenbücher in der BR verglichen mit der DDR ist jedoch nicht typisch für die Mädchenliteratur, sondern für die Jugendliteratur und wahrscheinlich für die Literatur überhaupt.

(2) Da in der DDR das Mädchenbuch bewußt der entsprechenden Literatur in der BR entgegengesetzt wird, ist eine kurze Erörterung der DDR-Kritik am westdeutschen Mädchenbuch als Einstieg in unser Problem nützlich.

Das Mädchenbuch der BR wird interpretiert als ein Instrument der kapitalistischen Gesellschaft, die bestehenden Sozial- und Herrschaftsverhältnisse gegen revolutionäre Kritik und Veränderung abzusichern, besonders was die Rolle und Aufgabe der Frau in der Gesellschaft betrifft (vgl. Cowjdrak 1966, Lange 1966). Das Mädchen werde durch das Mädchenbuch frühzeitig auf seine untergeordnete Rolle als Ehefrau und Abhängige eingeschworen, auf die bürgerliche Familienordnung festgelegt, von Politik und Kritik abgelenkt und damit auf sein Funktionieren als Ausbeutungsobjekt vorbereitet

---

* In: Bertelsmann Briefe, H. 71/1971, S. 13−19.

Anmerkungen und Quellenangaben zu diesem Beitrag auf S. 187−188.

(Cwojdrak 1966, S. 195; Lange 1966, S. 21). Daher würden als nachahmenswerte Tugenden in den Büchern immer wieder Sanftmut und
Zufriedenheit angepriesen. Es wird betont, es sei kein Zufall, daß
diese Literatur, im Gegensatz zur DDR, auch heute noch in Westdeutschland erscheine. Das sei ein Beweis für die fortschrittsfeind-
liche, chauvinistische Politik dieses Staates (Cwojdrak 1966, S. 201);
entwicklungsbedingte Schwierigkeiten der Mädchen würden von
geschäftstüchtigen „Schreiberlingen" und Verlegern ausgenutzt
(Hormann 1965, S. 11)[2].

Im Unterschied zur Theorie der Mädchenliteratur in der BR[3]
finden wir in den Aussagen der DDR-Theoretiker ein hohes Maß
an Übereinstimmung. Das ist bereits an allen theoretischen Aussagen zur „Jugendliteratur" allgemein feststellbar; daher wird eine
Diskussion im wesentlichen über Detailfragen und Gestaltungskon-
sequenzen geführt. Übereinstimmend wird auch für die Jugendliteratur die Bindung an die Methode des sozialistischen Realismus gefordert. Damit sind die Prinzipien der Volksverbundenheit und
„Lebensnähe", des Optimismus im Hinblick auf den Aufbau des
Sozialismus und einer neuen, humanen Gesellschaft, der Parteilichkeit als Anerkennung der führenden Rolle der Partei und ihrer Ziele
der Befreiung von Ausbeutung und als Abwehr aller „Verbrüderungs-
versuche" von seiten des kapitalistischen Westens und schließlich
der Aufdeckung zukünftiger Entwicklungen in der Gegenwart gemeint (vgl. Hager 1969, Autorenkollektiv 1965, S. 974, 985 ff.,
Rühle 1964, Lingenberg 1968, S. 82 ff., Hormann 1965, S. 5, 19;
Dreher 1967, S. 56; Schmidt 1969, S. 116; Lewerenz 1969, S. 41;
Lange 1966, S. 5, 17 f.).

(3) Die Jugendliteratur wird zwar als „Teil der Nationalliteratur"
aufgefaßt (Dreher 1967, S. 60; Lewerenz 1969, S. 42; Lange 1966,
S. 20; Schmidt 1969, S. 112; Hormann 1965, S. 6) und eine scharfe Abgrenzung von der allgemeinen Literatur abgelehnt, sie hat aber,
bedingt durch die entwicklungspsychologische und gesellschaftliche
Situation der Jugend, bestimmte Aufgaben zu erfüllen. Sie ist ein
Mittel der Beeinflussung und soll dazu anregen, am gesellschaftlichen
Prozeß aktiv teilzunehmen (Dreher 1967, S. 58; Hormann 1965,
S. 6; Lewerenz 1969, S. 46; Hager 1969, S. 230 ff.), indem sie Men-
schen darstellt, welche diese Aufgabe vorbildlich bewältigen (Hager
1969, S. 241 f. u. a.). Mit Befriedigung wird die Aufhebung und
Vermeidung eines Generationskonflikts, der als Relikt der bürgerli-
chen Epoche gilt, in der sozialistischen Jugendliteratur festgestellt
(Lewerenz 1969, S. 45; Dreher 1967, S. 58; vgl. dazu Hager 1969,
S. 248, 254; Stolz 1967, S. 39 ff.), da die Revolution erstmalig ein
solidarisches Miteinander der Generationen im gemeinsamen Aufbau

des Sozialismus ermögliche, desgleichen die Aufhebung des „leidigen", für den Kapitalismus typischen Antagonismus von Schule und Wirklichkeit und der in der Literatur gespiegelten Wirklichkeit konstatiert (Hormann 1965, S. 6; Hagemann 1958, S. 30). Damit wird die Geschlossenheit des Erziehungs- und Kommunikationssystems in der sozialistischen Gesellschaft auch von der Jugendliteratur bestätigt (vgl. Lingenberg 1968, S. 264). Um die Geschlossenheit durchzusetzen oder, soweit sie bereits hergestellt ist, zu erhalten, werden die westlichen Einflüsse (Literatur, elektronische Medien) propagandistisch als Instrumente imperialistischer Bestrebungen hingestellt, den Sozialismus zu schädigen, ihn innerlich aufzuweichen mit dem Ziel der „Eroberung . . . des anderen deutschen Staates, unserer Republik" (Stolz 1967, S. 49). Entsprechend wird die freie außerschulische Lektüre „in enger Verbindung des Literaturunterrichts mit der Pionierarbeit, der Arbeit im Hort und der Arbeit mit den Eltern" (Präzisierter Lehrplan 1968, Kl. 5, S. 63) gelenkt, sind die Schüler „entsprechend den Zielen unserer sozialistischen Kulturpolitik zur zunehmend selbständigen Auswahl ihrer individuellen Lektüre . . . zu befähigen" (Präzisierter Lehrplan 1968, Kl. 8, S. 45) und sollen sie daran gewöhnt werden, „ihren Lehrer und ihre Mitschüler darüber zu informieren, welche Bücher sie in ihrer Freizeit lesen" (Präzisierter Lehrplan 1968, Kl. 6, S. 60). Solche Anweisungen und Maßnahmen dienen dazu, die „geheimen Miterzieher", die nach Lage der Dinge nur aus dem Westen kommen können, möglichst fernzuhalten. Jedoch wird die geschlossene Medienstruktur als ein bedeutender Fortschritt gegenüber dem Pluralismus westlicher Gesellschaften gepriesen.

„Gut" sind diejenigen Sendungen (auch Bücher), welche die Wirklichkeit aus marxistisch-leninistischer Perspektive betrachten: „Grundlage für die Lösung der neuen Schaffensfragen ist . . . die Klarheit in den politisch-ideologischen Grundfragen" (Hager 1969, S. 259). Das theoretische System wird — gestützt durch die Behauptung eindeutiger Wirkungen — auf den schlichten Satz gebracht: „Bücher machen besser oder schlechter" (Hagemann 1958, S. 4; vgl. Lange 1966, S. 6).

(4) Das Mädchenbuch wird unter der Voraussetzung grundsätzlich bejaht, daß der Begriff mit einem neuen Inhalt gefüllt wird und nicht die traditionellen, in Westdeutschland noch verbreiteten Formen darunter verstanden werden (Hormann 1965, S. 72; Lange 1966, S. 22). Hervorgehoben wird, daß Mädchen zwar die gleichen gesellschaftlichen Probleme haben wie Jungen, sie aber anders lösen, wodurch abweichende Leseinteressen eine gewisse Berechtigung erlangen. Wichtige Aufgabe des Mädchenbuches sei es — in Übereinstim-

mung mit dem sozialistischen Realismus und den allgemeinen Funktionen der sozialistischen Jugendliteratur –, die Leserin zum Nachdenken über ihre gesellschaftlichen Verpflichtungen anzuregen, zur Überwindung von Vorurteilen beizutragen, das Mädchen als Gleichberechtigte und Gleichbefähigte zu behandeln, es zu aktivieren und sein Selbstbewußtsein zu stärken (Lange 1966, S. 22). Das Mädchenbuch solle das Mädchen nicht von seiner gesellschaftlichen Aufgabe ablenken, sondern sie ihm gerade bewußt machen und ihm beweisen, daß man im privaten Leben nur glücklich werden kann, wenn man „zugleich für ein besseres Leben aller Menschen" kämpft (Hormann 1965, S. 73; vgl. Hager 1969, S. 241).

(5) Stellen wir die Theorie der Praxis gegenüber! Wir bemerken sogleich eine bewußte und oft auch thematisierte Distanzierung von spezifischen Rollen-Erwartungen „der Frau" im Sinne traditioneller bürgerlicher Vorstellungen. Die Mehrzahl propagierter Eigenschaften hat das Mädchen mit dem Jungen gemeinsam: Aktivität, Sportlichkeit, Ehrlichkeit und Offenheit, Treue und Bekenntnis zu Partei und Staat, gesellschaftspositives Verhalten und Verantwortung für den Nächsten, schließlich, falls noch erforderlich, Emanzipation vom bürgerlichen Denken, worunter Konkurrenz- und Ichstreben und unpolitisches Verhalten verstanden werden. Einige dieser Merkmale werden dem Mädchen in bewußter Entgegensetzung bürgerlicher Traditionen zugeschrieben: so Aktivität gegen passive Schicksalsergebenheit, politische Mitverantwortung und gesellschaftliches Bewußtsein gegen apolitisches persönliches Glücksverlangen. Auf derselben Ebene liegen eine allgemeine Berufsorientierung des Mädchens – nicht mit dem Ziel einer „romantisierten" beruflichen Totalverwirklichung, sondern aus gesellschaftlicher Verantwortung, zur Gleichstellung mit dem Mann und zur Anhebung des weiblichen Selbstbewußtseins – sowie Selbständigkeit und Lerneifer. Die Lösung vom bürgerlichen Denken zeigt sich besonders eindrucksvoll in der Durchsetzung unkonventioneller Berufswünsche wie Technikerin und Ingenieurin und in der Bereitschaft zu Weiterbildung und Studium auch bei Mädchen, die herkömmlich von einer höheren Bildung ausgeschlossen waren. Emanzipatorischen Charakter hat auch das Streben nach Unabhängigkeit von Mann und Familie, insbesondere dann, wenn diese noch vom bürgerlichen Denken geprägt sind (vgl. XX, VIII und IX[4]). Die Mädchen sind im allgemeinen nüchtern und zielstrebig, mißtrauen ihren Gefühlen oder scheuen sich, sie zu äußern. Bezeichnend dafür ist der programmatische Titel ‚Die unromantische Annerose'. Aber auch Recha (XVIII) und Andrea (XII) unterdrücken ihre Gefühle. Es ist jedoch interessant, daß sie zugleich darunter leiden – ein Konflikt, der in den Büchern zwar nicht ver-

schleiert, aber zugunsten nüchterner Rationalität entschieden wird.

Als romantische Träumerinnen erscheinen sie nur ausnahmsweise, jedoch stets so, daß sie durch ihre Erfahrungen gezwungen werden, das Träumen zugunsten eines stärkeren Realitätsbewußtseins zu überwinden. So wartet „Blümchen" Herta (XXI a) auf den Star, mit dem sie ein Rendezvous verabredet hat, jedoch vergeblich, da sie ihrem Bruder etwas vom Besuch eines Klassenkameraden vorgelogen hat, den der Bruder dann tatsächlich herbeischafft. Jeanette (IV) fällt auf die Hochstapeleien eines angeblichen Piloten herein und beschließt daraufhin, Stewardeß zu werden; doch stellt sich der „Pilot" als bloßer Einweiser auf einem Flugplatz heraus. — Es lohnt sich also nicht, seinen Träumen nachzugehen.

(6) Pubertätsprobleme werden in den Mädchenbüchern der DDR viel seltener als in denen der BR angesprochen, es sei denn in der Form der Emanzipation vom bürgerlichen Denken der Elterngeneration. In 8 der 21 untersuchten Bücher gilt es, sich von bürgerlicher Rückständigkeit der Eltern zu distanzieren oder diese im Sinne der neuen Gesellschaft umzuerziehen (IV, V, VIII, XVIII, XIX, XX u. a.). Das zeigt, daß nach Auffassung der DDR-Autoren die Pubertätskrise weniger entwicklungspsychologisch als gesellschaftsbedingt ist. Der Sozialismus erscheint als eine Gesellschaftsform, die eine Autonomisierung der Person durch Emanzipation von den Autoritäten unnötig macht, da die Autoritäten in Übereinstimmung mit den allgemeinen Gesetzmäßigkeiten menschlichen Lebens handeln. Da dies im Kapitalismus nicht der Fall sei, ist die Pubertätskrise nach kommunistischer Auffassung typisch für die kapitalistischen Gesellschaften und innerhalb des Sozialismus nur dort zu erwarten, wo es um die Überwindung von Resten kapitalistisch-bürgerlichen Denkens geht. Spannungen mit am Hergebrachten hängenden konservativen Eltern stehen daher stets den harmonischen Autoritätsbeziehungen zu außerfamiliären Funktionären und Gruppenführern, zu Lehrern, Pionierleitern oder Berufsvorgesetzten gegenüber (die Lehrerin in XI, Direktor und Lehrer in XII, die Lehrerin in XV, Meister Hamann in XVIII, Direktor Sauerzapfe in XIX). Eine solche Fassung des Generationsproblems ist zugleich Bestandteil der Erziehungstheorie: „Einen Gegensatz oder gar eine Feindschaft zwischen den Generationen kann es unter unseren gesellschaftlichen Verhältnissen nicht geben . . . " (Stolz 1967, S. 43), und es ist dann nur logisch, daß „Eltern, die sich von traditionellen oder gar reaktionären Auffassungen nicht frei machen können . . . , ihre Autorität aufs Spiel setzen (Stolz 1967, S. 42).

Das Problem des „Wartens" spielt im Gegensatz zur BR[5] in der

Mädchenliteratur eine weit geringere Rolle, da es sich hier um ein spezifisches Problem offener, pluralistischer Gesellschaften handelt, das dort durch das noch verbreitete Bildungsdefizit besonders der Mädchen aus den unteren Sozialschichten zusätzlich an Schärfe gewinnt. Vor zu früher Liebesbindung wird gewarnt, weil das zu Lasten der menschlichen und gesellschaftlichen Verpflichtungen gehe und von der gesellschaftlichen Verantwortung ablenke, es sei denn, man finde den rechten Mann, der das Mädchen nicht für sich selber beansprucht, sondern gemeinsam mit ihm für die Sache des Sozialismus, das heißt für das „Glück aller", kämpft (vgl. XIX). Jegliche Liebes- und Ehebindung habe sich zur Gesellschaft hin offenzuhalten und den Charakter des Bürgerlich-Privaten zu meiden (vgl. ‚In welchem Alter darf man einen Freund haben?' in XXI). Als „negative Verhältnisse", weil ablenkend und gesellschaftlich unproduktiv, werden alle Beziehungen, welche die sozialistische Gesellschaft nicht zugleich stärken helfen könnten, diskriminiert.

Die Eliminierung des Generationskonfliktes wird jedoch ganz eindeutig zur Unterdrückung jeglicher Kritik an den Autoritäten, welche die Macht innehaben, verwendet. Es wird dem Sinne nach gesagt: Du brauchst uns nicht zu kritisieren, denn wir wollen ja nur dein Bestes, und wir haben eine gesellschaftliche Ordnung, in der du auf optimale Weise zu deinem Recht kommst. – So endet Andreas „privater Ausrutscher" in einer kleinlauten, zerknirschten Selbstkritik, aus der kein Selbstbewußtsein mehr spricht; man interpretiere daraufhin bereits den Buchtitel mit der inquisitorischen Frage: Zu wem gehst du, Andrea?

(7) Dennoch ist generell feststellbar, daß das Mädchen im Mädchenbuch der DDR dem Mann mit einem verstärkten Selbstbewußtsein gegenübertritt oder dies im Verlaufe der Ereignisse entwickelt (so in V). Die Selbständigkeit findet jedoch, ganz entsprechend der kollektivistischen Grundhaltung der Staatsideologie, in gesellschaftlichen Interessen und Gruppenbelangen ihre Grenze. So vernachlässigt Kerstin die Pioniernachmittage, weil sie zur Zeit nur an Klassenkamerad Oliver interessiert ist, versucht aber vergeblich, die Wahrheit zu vertuschen. Dabei ist aufschlußreich, daß Oliver gerne Twist tanzt – ein zarter Hinweis darauf, daß die Versuchung, der Kerstin hier erliegt, auf westlichen „Ungeist" zurückzuführen ist. Unübersehbar werden ethische Postulate wie Treue, Ehrlichkeit und Offenheit im repressiven Sinne verwendet (außer in XV auch in IV, XI und XII).

Ein beliebtes Verfahren ist es, das Mädchen zwischen zwei junge Männer zu stellen, von denen der eine ein individualistischer, skeptischer Zyniker und der andere ein sozial eingestellter, selbstbeherrscht-vernünftiger Optimist im Sinne des gesellschaftlichen Aufbaus ist (XII, XVIII, s. a. XIX). Die jungen Zyniker gehen entweder nach dem Westen, wo sie eigentlich ,,hingehören", oder sie kommen zur Besinnung, und die von ihnen zeitweilig faszinierten Mädchen erkennen am Ende, auf wessen Seite die wahren Werte zu finden sind.

Die Typologie ist handfest: Wir finden erstens die selbstsüchtigen Verführer, für welche die Mädchen lediglich Genußobjekt sind und zu denen es nur ,,inselhaft" gegen die Gesellschaft sich abschließende Beziehungen gibt. Sie sind meist vom westlichen Geist infiziert, singen westliche Schlager, hören westliche Sendungen. Vor fühllosen Egoisten dieser Art wird gewarnt; zweitens die selbstbeherrscht Vernünftigen und Pflichtbewußten, für die es keine Aufopferung der gesellschaftlichen Verantwortung zugunsten einer egoistischen, von der Umwelt isolierenden Liebesbeziehung gibt. Sie bringen die Mädchen zwar wegen ihrer scheinbaren Kühle oft genug zur Verzweiflung, weisen sie dadurch aber auf die Notwendigkeit der Selbstbeherrschung hin und machen sie darauf aufmerksam, daß individuelles Glück nur über das Glück aller und den Kampf für gemeinsame Ideale zu finden ist. Eine Variante der ersten sind die ,,Antidemokraten", die ihre Überlegenheit gegenüber der Frau behaupten wollen und die Gleichberechtigung der Frau nicht ertragen können, weil sie dadurch ihre Vormachtstellung einbüßen (VIII, XIII b).

Überraschend ist ein deutlicher Parallelismus in der Partner-Typisierung der Mädchenliteratur der DDR und der BR. Die ,,Vernünftigen" im westlichen Mädchenbuch repräsentieren eine − positiv zu verstehende − bürgerliche (altruistische) Moral, im östlichen die sozialistische Moral der gesellschaftlichen Pflicht; die zynischen Egoisten sind dort die Vertreter eines ursprünglich aristokratischen Herrschaftsanspruchs, der sich an keine Moral gebunden fühlt, hier die Vertreter einer ebenfalls überlebten Ordnung, nämlich der bürgerlichen Wettbewerbsgesellschaft. In beiden Literaturen haben die Vernünftigen zugleich die Aufgabe, den das gesellschaftliche Realitätsprinzip bedrohenden Sexualanspruch des Mädchens im Zaum zu halten, was an Figuren wie Hubert (IV), Hardy (XII) und Nikolaus (XVIII) unschwer aufweisbar ist. Es gibt auch eine Unterdrückung im Namen des Guten.

Dennoch zeigt sich gegenüber den Mädchen der westlichen Jugendliteratur insgesamt ein Fortschritt an innerer Sicherheit, Ausgeglichenheit und Selbstbewußtsein. Auffällig ist auch der größere Freimut in der Darstellung der Beziehungen zwischen Jungen und Mädchen als in der durch beschränkende Tabus belasteten Mädchenliteratur der BR. Doch mag das zum Teil daran liegen, daß das Lesealter der ,,Jugendliteratur" in der DDR-Theorie und -Praxis im allgemeinen von

14 bis 18 angesetzt wird, während die obere Grenze in der BRD
bei den 14/15jährigen liegt (vgl. Hormann 1965, S. 5).

(8) Die Familie verliert im Sozialismus ihren Privatcharakter als
Vor-Raum der Gesellschaft oder Insel inmitten der Gesellschaft.
Sie gewinnt ihren inneren Zusammenhalt erst durch die gemeinsame Mitarbeit am Aufbau der neuen sozialistischen Ordnung. In-
folgedessen hört in den Mädchenbüchern die Familie auf, Zentral-
wert der Mädchen zu sein, und behält nur dann eine relative Bedeutung, wenn sie sich zur Gesellschaft hin öffnet, wodurch sie zugleich durch diese kontrollierbar wird. Keine der Mädchen-Haupt-
figuren der untersuchten Literatur träumt von Familienglück und
Ehe. Entweder strebt das Mädchen einen selbständigen beruflichen
Status an (IV, V), oder die Familie muß einen Teil ihres Einflusses
an eine Jugendgruppe abgeben (I, XII, XX), wenn sie nicht von vornherein dem Ideal des Sozialismus entspricht und daraus eine überlegene Autorität bezieht (XI, XV, XVI, XXI b). Um eine stärkere
Vorbildwirkung zu erzielen, werden die Jugendlichen vorzugsweise
so dargestellt, daß sie bereits als von der neuen Gesellschaft geprägt
erscheinen: Das Verhältnis zu den Eltern ist harmonisch, wenn diese ebenfalls fest auf dem Boden der Gesellschaft stehen, oder es ist
gestört, wenn das nicht der Fall ist. Dann wenden sich die Mädchen
regelmäßig gegen ihre Eltern (I, IV, V, XIX). Vor allem Mütter stehen den modernen Berufswünschen der Mädchen im Wege, geben
aber, beeindruckt durch die Beharrlichkeit ihrer Töchter, klein bei.
Wilma verläßt ihre Eltern, als diese in Litauen 1941 begeistert ihrem
,,Führer'' entgegenziehen, und schließt sich den nach Osten ziehen-
den Flüchtlingen an (II), während Vera sich aus ihrem bourgeoisen
Elternhaus löst und eine eifrige Kommunistin wird, die später sogar
für ihre als Wahrheit schlechthin erkannte Weltanschauung die von
ihr selbst gegründete Familie aufs Spiel setzt (XX).

Im Gegensatz dazu kommt es kaum zu Konflikten zwischen den
Mädchen und den Repräsentanten des Staates, die überwiegend von
erdrückend-überlegener Menschlichkeit sind, es sei denn, sie entsprechen noch nicht ganz dem Idealbild des sozialistischen Menschen, so daß man sie zurechtbiegen muß. An Stelle der Geborgenheit gewährenden Familie ist die Gruppe, das Kollektiv und damit
die Gesellschaft getreten. So erlebt Brigitte die Hausgemeinschaft in
ihrer Notsituation — uneheliche Mutter — als Familienersatz (IX).
Insofern kann sich die Öffnung der Familie zur Gesellschaft hin nur
beschränkt im Sinne einer objektiven Verselbständigung des Mädchens auswirken (vgl. Pross 1969, S. 89).

(9) Am deutlichsten wird das gewandelte Bild vom Mädchen im

Mädchenbuch der DDR durch seine stärkere Berufsbezogenheit. Von den 27 untersuchten Geschichten zeigen 14 die Mädchen in starkem Maße interessengebunden, berufsorientiert oder mit der Hand arbeitend; damit gelangen genau diejenigen Lebensphasen des Mädchens ins Bild, die im westlichen Mädchenbuch entweder romantisiert oder ganz ausgespart werden[6]. Unter den Interessenschwerpunkten spielt das politische Interesse die weitaus größte Rolle, sei es von vornherein, sei es in Reaktion auf bestimmte, auf das Mädchen einwirkende Ereignisse (II, VI, VII, VIII, XIII a, XIII b, XIII c, XIV, XVI, XVIII, XX, XXI c). An zweiter Stelle folgt das Interesse für Technik und Naturwissenschaften, wobei die Mädchen oft gegen eine technik-feindliche Erziehung durch konservative Eltern anzukämpfen haben (I, IV, XIX, XX). Um das Berufsziel der Ärztin geht es in drei Fällen (XIII a, XIII c, VIII), zweimal steht der Sport an der Spitze des Interesses (III, XII). Zwei der Hauptfiguren sind in der Industrie oder beim Straßenbau beschäftigt (II, XVIII). Man kann demnach sagen, daß das Mädchen im Mädchenbuch der DDR sich weitgehend von denjenigen „mädchentypischen" Zielen gelöst hat, die für den größten Teil der westdeutschen Mädchenliteratur noch Vorrang haben. Da das Jugendbuch im Sozialismus zugleich ein Mittel der Veränderung von Mensch und Gesellschaft ist und daher mehr die Ziele der Partei spiegelt als das vorhandene Bewußtsein, besagt das Ergebnis noch nicht unmittelbar etwas über die tatsächlichen Denkweisen und Interessen der Mädchen in der DDR, wenn auch durch die Geschlossenheit des Erziehungs- und Kommunikationssystems mit der Zeit Veränderungen im allgemeinen Denken sicher zu erwarten und auch bereits eingetreten sind (vgl. Pross 1969, S. 76 ff., Lingenberg 1968, S. 265).

(10) Durch die Gleichstellung und den Einsatz von Politik und Medien für die Befreiung der Frau gewinnen die Frauen und Mädchen nicht nur ein erhöhtes Selbstbewußtsein, sondern beantworten ihre Besserstellung in den Mädchenbüchern auch mit einem verstärkten politischen Interesse (s. vorigen Abschnitt). Beliebt sind in der DDR außerdem Darstellungen aus der Geschichte der Arbeiterbewegung und vom kommunistischen Widerstand, die besonders auch der Frau eine bedeutende Rolle zuweisen (VI, VII, XIII a, XIII b, XIII c, XIV, XV und XXI b). Unter den Erzählungen befaßten sich zwei mit dem Thema des Vorurteils aus rassischen Gründen (XII c, XIV), in zwei weiteren bildet das Thema ein Randproblem (XVIII, XX). Eine größere Rolle spielt unter den Mädchenbüchern naturgemäß jedoch das zu überwindende Vorurteil gegenüber der Frau und die aus ihm resultierende falsche

Erziehung. Als westlicher Beobachter muß man eingestehen, daß dieses Problem im Mädchenbuch der DDR einen beachtlichen Grad von Reflexion erreicht hat, der wohltuend absticht von der fast systematischen Eliminierung des Sozialkonflikts im westlichen Mädchenbuch[7].

Das Vorurteilsproblem der DDR-Mädchenbücher und wohl der DDR-Jugendliteratur insgesamt liegt aber darin, daß in ihnen ein Freund-Feind-Denken verbreitet ist, durch das neue Vorurteile sich breitmachen. Haß und Aggressivität konzentrieren sich auf die sog. imperialistischen und chauvinistischen Klassengegner, und da dieser holzschnittartig vereinfacht wird und alle gegenteiligen Informationen systematisch unterdrückt werden, liegt hier ein eindrucksvoller Fall von offizieller Vorurteilshaftigkeit vor. Er straft die offizielle propagandistische These, in der DDR werde zur Völkerfreundschaft und zur Überwindung von Vorurteilen erzogen, Lügen. Der Feind ist nur im ,,Westen", und er ist nur ,,draußen"; ist er im eigenen Lande, so kann es sich nur um Helfershelfer jenes äußeren Feindes handeln. Um die Haßgefühle zu stimulieren − Erziehung zum Haß gegen den Klassenfeind ist staatlich sanktioniertes Erziehungsziel −, wird auf eine dümmlich-versimpelnde Weise schwarzgemalt, so daß der Verdacht entsteht, die übertriebene Schwarzmalerei diene der sozialpsychologischen Projektion des eigenen Schattens zwecks Stärkung des Zusammenhalts der eigenen, noch ungefestigten Gesellschaft. Es gibt fast nichts Schlechtes, Böses, Befremdliches, mit der Gesellschaft Unvereinbares, was nicht auf westlichkapitalistische Einflüsse oder Restbestände bürgerlich-kapitalistischen Denkens zurückgeführt wird. Wir haben hier die entscheidend schwache Stelle der DDR-Jugendliteratur vor uns − die Verteufelung des kapitalistischen Westens zum bösen Widersacher (wie bei Lingenberg 1966 nachzulesen, beherrscht das Prinzip jedoch die Medien insgesamt). Das läßt sich an allen Geschichten nachweisen, in denen mangelhaft in die sozialistische Gesellschaft Integrierte eine Rolle spielen, in denen es zur Flucht in den Westen kommt oder auf andere Art zu Begegnungen mit Vertretern dieser Welt (III, VIII, XIX, XX). Die Leute im Westen und die mit ihnen sympathisierenden Bewohner der DDR sind entweder dumm oder bösartig, Opfer oder Nutznießer des dort herrschenden und immer unmenschlichen Systems. Annerose ist begeistert darüber, im ,,richtigen Weltlager" zu stehen, und zugleich haßt sie den bösen Westen, der Lumumba umgebracht habe (XIX). Bei Vera wird der Haß handgreiflich, indem sie als Widerständlerin Züge in die Luft sprengt und bereit ist, mit der Pistole in der Hand für das ,,allermenschlichste System der Welt" zu kämpfen. Die Wurzel ihres Verhaltens ist die Überzeugung von der absoluten Gültigkeit und wissenschaftlichen

Unangreifbarkeit des Sozialismus als Wahrheit. Auch nur die leisesten Ansätze zu einem pluralistischen Denken sind ihr fremd (XX). Sie sind allen Leitbildfiguren der DDR-Jugendliteratur fremd; „Pluralismus" gilt in dieser Welt als Schimpfwort und unmittelbare Bedrohung der eigenen Ziele. Klar denkende Westreisende oder zur Flucht Verführte kommen daher zur Einsicht und kehren dem „Miststaat"[8] BRD den Rücken. Die blind machende parteiische Einstellung bestätigt sich selbst an Beiläufigkeiten der Handlung, so wenn Kerstin die Gründe erfährt, warum das Mädchen Anke mit seiner Familie in die DDR gegangen ist (XV) oder wenn ein Besuch aus dem Westen vorgeführt wird (IX). Die Leute aus dem Westen sind arrogant und von einem schwachsinnigen Konsumstolz erfüllt, aber leer, oberflächlich und dumm. Es ist bemerkenswert, wie bei aller Erziehung zu kritischer Betrachtung gesellschaftlicher Zusammenhänge letztlich die Klischierung der eigenen und der „feindlichen" Welt völlig unreflektiert bleibt und durch ihre Verallgemeinerungen ein fugenlos geschlossenes Weltbild geboten wird, das jeden Ansatz zur Kritik erstickt. Die Trivialisierung der DDR-Jugendliteratur liegt, so scheint es, nur auf einer anderen Ebene als in der Jugendliteratur des Westens. Bei allem politischen Gehalt der Mädchenbücher der DDR werden diese durch die naive Geschlossenheit ihres Weltbildes und ihre Unfähigkeit zur Differenzierung letztlich wieder entpolitisiert.

(11) Zuletzt noch ein Blick auf die Gestaltung der Freizeitwelt im Mädchenbuch der DDR. Das Mädchenbuch der BR ist sowohl durch seine Thematik als durch seine Darstellungsweise eindeutig „freizeitorientiert". Es stellt vorzugsweise außergesellschaftliche Gegenwelten dar und dient in erster Linie dem kompensatorischen Genuß. Im Mädchenbuch der DDR dagegen wird einem privaten Streben nach Ausgleich und Ablenkung kaum ein Spielraum gelassen. Es wird ganz offen als Instrument der Gesellschaft zur Erfassung und Beeinflussung der weiblichen Jugend eingesetzt. „Freizeit" soll in der DDR als wichtiger Teil des sozialistischen Lebens verstanden und „sinnvoll" im eigenen und im Interesse der Gesellschaft genutzt werden; nichts davon dürfe dem „Klassengegner" überlassen werden (vgl. Wittig 1964: „Kommuniqué des Politbüros des ZK der SED zu Problemen der Jugend in der DDR" vom September 1963). Das gilt selbst (oder gerade) für die leichte Muse; entsprechend werden Versuche zur Repolitisierung von Tanz und Schlager unternommen, denn Schlager sind „Mittel ideologischer Diversion der imperialistischen Propaganda" (Wittig 1964, S. 169). Daher wird, worauf oben bereits hingewiesen wurde, zur Offenlegung der Privatlektüre angehalten und diese „gelenkt", und die Schüler sollen sich „frei" im Sinne der von der Partei gesetzten Ziele entscheiden.

Die „Freizeit" gilt demnach als gefährliches Loch im Kommunikationssystem der DDR. Das erklärt auch die bissige Propaganda gegen Westfunk und -fernsehen, sogar noch innerhalb der Mädchenbücher (so in III und XIX).

Unter den analysierten Büchern stellen drei Freizeitsituationen dar, nämlich Ferienreisen. Zwei der Reisen führen jedoch in den Westen und gewinnen dadurch politischen Charakter. Sie dienen dazu, den naiven und anfangs noch gutgläubig-neugierigen Mädchen die Augen zu öffnen (III, VIII). Da man Bärbel die Rückkehr in ihre geliebte Heimat unter allerlei Vorwänden und unter Einsatz von Lug und Gewalt verwehrt, bahnt sie sich eigenmächtig bei Nacht und Nebel über die Berliner Mauer einen Weg zurück; und Karla bleibt nicht nur nicht im Westen bei Bruder und Vater, sondern bringt auch noch den Bruder, der endlich „die Nase voll hat", mit herüber. Nur in der atmosphärisch eindringlichen, aus der Ichperspektive des Jungen erzählten Liebesgeschichte ,Haik und Paul' von Benno Pludra geht es einmal nicht um politische Programmatik, obwohl das jungenhafte, naiv-leichtfertige „Sprottchen" aus Blankenese stammt.

(12) Der Gesamteindruck der Mädchenbücher aus der DDR ist, soweit ein Urteil wegen der geringen Zahl der analysierten Bücher möglich ist, zweispältig. Das Jugendbuch wie das Buch überhaupt unterliegt in der DDR nicht Marktgesetzen, es kommt nicht auf sozial- und kulturbedingte Interessen zu, sondern ist bewußt in Kongruenz gehalten zu den ideologischen Zielen der Staatspartei. Es handelt sich um Bücher, die zu Staatstreue, Integration in die sozialistische Gesellschaft und Übernahme ihrer Werte erziehen und zugleich der Abwehr als gefährlich empfundener fremder Ideologie dienen sollen. Die dargestellten Konflikte sind bedingt durch die nicht restlos herstellbare Geschlossenheit des sozialistischen Kommunikationssystems, das heißt durch die nicht völlig vermeidbare Konfrontation mit dem „imperialistischen" Westen sowie durch die Restbestände bürgerlicher Ideologie im eigenen Lande. Im Blick nach innen offenbaren sie eine konfliktlose, idealisierte, heile Gesellschaft, in der alle anstoßerregenden Probleme durch den Aufbau des Sozialismus entweder beiseite geräumt sind oder — entsprechend der optimistischen Grundhaltung des Sozialismus — mit Mut und Tatkraft überwunden werden. Es wird aber bereits ganz ernsthaft die Frage gestellt, woher die Literatur in Zukunft, wenn alle Relikte bürgerlichen Denkens und Verhaltens einmal überwunden sind, ihre Konflikte nehmen soll (Autorenkollektiv 1965, S. 998). Es handelt sich um eine zu Optimismus stimulierende Leitbildliteratur, in der „Wirklichkeit" nicht als Projektion individualistischer und kompensatorischer Träume

(so im Westen), sondern als Vorgriff auf eine humanere Gesellschaft nach den Grundsätzen des Marxismus-Leninismus zu verstehen ist. Als positiv zu werten sind die auch in den Mädchenbüchern zum Ausdruck kommenden Bemühungen des Staates um die Gleichstellung der Frau und die Aufhebung der Bildungsprivilegien, wovon vor allem die Frau profitiert. Die Frau wird jedoch nicht in einem dem westlichen Verständnis nahen Sinne zur Mündigkeit geführt, sondern findet das Glück in der Gemeinschaft und in der Annahme der von der Gesellschaft gesetzten sozialen Werte wie Hilfsbereitschaft, Verantwortung für den anderen und das Wohlergehen der Gesamtheit, Ehrlichkeit, Offenheit und Treue, Aktivität und Optimismus und berufliche Bewährung unter Hervorhebung der traditionell am Mädchen verpönten Interessen und Berufsziele. Sie übernimmt damit auch den von der Gesellschaft gesetzten „Feind", schon deshalb, da dieser ihr die Errungenschaft der Gleichberechtigung bei erster Gelegenheit wieder nehmen wolle. Das Mädchenbuch ist einbezogen in die homogene Kommunikationsstruktur und unterstützt die Ziele der sozialistischen Erziehung und der von der „Partei der Arbeiterklasse" geführten sozialistischen Gesellschaft zur Veränderung des Menschen mit der Gesellschaft. Dadurch erlangt das Buch, wie auch jeder andere Teil des kommunikativen Systems, eine Wirkungsmöglichkeit, wie sie in der heterogenen pluralistischen Gesellschaft mit ihrer Offenheit und der Widersprüchlichkeit ihrer Angebote nicht erreichbar ist. Innerhalb des geschlossenen Mediensystems wird dem Buch eine mit allen übrigen Medien korrespondierende Funktion zugeordnet. Daher kann das Mädchenbuch generell „antiautoritär" sein – wenn auch nur gegen die bürgerlich-kapitalistischen Autoritäten, und wird ein progressives Bild von der Frau entworfen, die als Gleichberechtigte neben dem Mann steht und in ihrer Berufs- und Gesellschaftsorientierung ein neues Selbstbewußtsein entwickelt.

Insofern der Anspruch jedoch „total" ist und mit einem autoritären Dogmatismus auftritt und die Neuentscheidung des Mädchens inhaltlich auf die eine, vom Sozialismus verkündete Wahrheit festgelegt wird, wird die soeben gewonnene Freiheit wieder in Frage gestellt. In der untersuchten Literatur konnten verschiedene Beispiele dafür gefunden werden, daß das Mädchen mit repressiven Sanktionen rechnen muß, wenn es einmal aus dem geschlossenen System auszubrechen versucht. Aus Bevormundung und Gängelung kann jedoch keine personale Autonomie entstehen, zumal wenn die Gesellschaft zwecks Herbeiführung einer gesellschaftlichen Solidarität auf Übernahme wirklichkeitsverfälschender Fremdstereotypen durch den einzelnen besteht. Das sozialistische Ethos der von ökonomischen Zwängen freien sozial eingestellten Persönlichkeit wird durch den Zwangscharakter eines sehr simplen, schwarzweiß-malenden Weltbildes korrumpiert. Das Prinzip der Parteilichkeit führt zu einer Haßerziehung, die den Menschen denaturiert. Evasorische Unterhaltung wird ersetzt durch staatlich organisierte Projektion auf den Klassenfeind. So entwickelt der Sozialismus im System der DDR lediglich eine andere Form der Ablenkung und deckt damit zugleich den Bedarf an spannungssteigernden Negativ-Klischees (vgl. Lingenberg 1968, S. 252).

Das Fazit eines Vergleichs der Mädchenliteraturen in Ost und West besagt, daß beide nicht befriedigen können. Beide operieren mit der Suggestion einer „heilen Welt” und flunkern den Leserinnen etwas vor, im Westen, um sie zu unterhalten, im Osten zwecks Politisierung. Während in der BR das Problem darin zu suchen ist, daß die Massenunterhaltungsmittel, wozu weitgehend auch die Mädchenliteratur zu zählen ist, möglicherweise den Gesellschaftsprozeß behindern, wird in der DDR ein ausgleichendes Lesen nicht mehr zugelassen unter dem Vorwand, es sei nicht mehr nötig, da nur unter den Bedingungen des Kapitalismus Veranlassung dazu bestehe. Statt dessen hat es der Staat übernommen, durch Organisation von Massenprojektionen für Kompensation zu sorgen. Die beiderseitigen Ergebnisse liegen nicht allzu weit voneinander entfernt. Was an Unterschieden bleibt, ist die farbige Ausgestaltung der Freizeitwelt und die liberale Behandlung des Schrifttumproblems im Westen – zugestanden mit einigen nicht unbedenklichen Implikationen –, die progressive Behandlung der Frauenfrage und die stärkere Gesellschaftsorientierung des Mädchens im Osten, desgleichen mit einigen zu Kritik herausfordernden Aspekten. Da jedoch Literatur wie Gesellschaft nichts Unveränderliches sind, sind in beiden Teilen Deutschlands Fortschritte durchaus vorstellbar: im Westen durch die Verbesserung der Sozialstruktur, der Erziehung und des Bildungssystems, im Osten mit zunehmender, durch unübersehbare Erfolge bedingte Selbstsicherheit des Staates, aus der heraus eine Verteufelung des Gegners nicht mehr nötig erscheint.

Anmerkungen

1   Dahrendorf 1970 (c).
2   Vgl. die ganz ähnlich gerichtete Kritik an den Massen-Unterhaltungsmitteln durch die kritische Gesellschaftstheorie des Westens (Habermas, H. Marcuse, Adorno, Reimut Reiche).
3   Vgl. Dahrendorf, a. a. O., S. 39 ff.
4   Die römischen Ziffern beziehen sich auf die am Schluß aufgeführten Quellen.

5   Vgl. Dahrendorf, a. a. O., S. 66 ff.
6   Vgl. Dahrendorf, a. a. O., S. 83.
7   Auf Ausnahmen wurde bei Dahrendorf, a. a. O., S. 99, 148 ff., hingewiesen (Bücher von Chung-Cheng, Lütgen, Roberts, Brender, Gallwitz u. a.).
8   Zitat aus G. Hardels Buch „Treffen mit Paolo", Der Kinderbuchverlag, Berlin 1967 (ausgezeichnet mit einem Preis vom Ministerium für Kultur 1966), wo ein mit seiner irregeführten Mutter in den Westen gegangener Junge dort nur einem einzigen gerechten Menschen begegnet, und der ist Kommunist.

Mädchenbücher der DDR

I	W. Bauer, Ulla, Der Kinderbuchverlag 1962.
II	A. Bieliauskas, Wir sehen uns wieder, Wilma, Neues Leben 1966 (aus dem Litauischen).
III	B. Birnbaum, Reise in den August, Der Kinderbuchverlag [2]1969.
IV	P. Brock, Spiel doch Klavier, Jeanette, Der Kinderbuchverlag 1966.
V	K. Hallacz, Kurz gesagt – Lottchen, Knabe 1966.
VI	G. Hardel, Marie und ihr großer Bruder, Der Kinderbuchverlag [3]1967.
VII	G. Hardel, Jenny, Der Kinderbuchverlag [4]1964.
VIII	L. Hardel, Karlas große Reise, Der Kinderbuchverlag [2]1958.
IX	R. Holland-Moritz, Das Durchgangszimmer, Aufbau-Verlag 1967.
X	E. Klatt, Djiyin, ein Indianermädchen, Der Kinderbuchverlag 1967.
XI	H.-G. Krack, Das Mädchen mit den zwei Gesichtern, Knabe 1966.
XII	H.-G. Krack, Zu wem gehst du, Andrea?, Neues Leben [5]1969.
XIII	A. Lazar, Kampf um Kathi. Vier Mädchen – vier Schicksale, Der Kinderbuchverlag [2]1968.
	a) Kampf um Kathi
	b) Das Glück der Annette Martin
	c) Dr. med. Ruth
	d) Was Reni in der Dresdener Brandnacht 1945 erlebte
XIV	L. Ludwig, Annette und ich, Knabe 1968.
XV	L. Ludwig, Kein Glück mit Heimlichkeiten, Knabe 1966.
XVI	K. Neumann, Das Mädchen hieß Gesine . . . , Der Kinderbuchverlag [2]1969.
XVII	B. Pludra, Haik und Paul, Neues Leben [5]1966.
XVIII	B. Reimann, Ankunft im Alltag, Neues Leben [6]1968.
XIX	K. Veken und K. Kammer, Die unromantische Annerose. Tagebuch einer Achtzehnjährigen, Neues Leben [4]1968.
XX	R. Werner, Ein ungewöhnliches Mädchen, Neues Leben [10]1968.
XXI	Die Zaubertruhe, Bd. XII. Ein Almanach für junge Mädchen, Der Kinderbuchverlag 1966.
	a) P. Brock, Blümchens blaue Stunde
	b) L. Thoms, Margot
	c) G. Karau, Das Mädchen und der Straßenbahnprinz
	d) L. Hardel, Der verschwundene Edgar

4. Kinderliteratur, Rezeption und Rezeptionsbeeinflussung als interdisziplinärer Forschungszusammenhang*

1. Schwerpunkt des Referats, Forschungssituation

Gegen westdeutsche Untersuchungen zur Kinderliteratur ist mit Recht gelegentlich eingewandt worden, sie beschränkten sich allzusehr auf die im ganzen doch recht eindrucksvolle Oberfläche, die polierte Schaufensterseite der Kinderliteratur, über deren Repräsentativwert und tatsächliche gesellschaftliche Wirkung man sich aber wenig Gedanken mache. Wir erleben daher seit einigen Jahren ein verstärktes Bemühen, die Gesamtheit der für Kinder relevanten Publikationen in den Blick zu bekommen, und zwar einmal — was durchaus nicht selbstverständlich ist — im engeren Bereich der sog. Kinder- und Jugendliteratur (der Referent hat dazu eine Untersuchung vorgelegt[1]) und einmal durch Ausgreifen auf die neuen Medien der Kinderliteratur, die vielfach — wie die Comic strips — gar nicht mehr so neu sind.

Im folgenden soll von vornherein ein denkbar weiter Begriff von Kinderliteratur zugrundegelegt werden, der sowohl das, was bei uns als „Jugendliteratur" firmiert, mit einschließt als auch die Aussagen der übrigen Medien. Auf eine das Material einengende Vorauswahl aufgrund bestimmter, nicht weiter reflektierter Wertungen soll verzichtet werden. Wir reagieren damit auf die prinzipielle Erweiterung des Literaturbegriffs in unserer Gesellschaft, die selbstverständlich auch die Kinderliteratur erfaßt hat. Eine enge Auslegung des Begriffs würde notgedrungen elitär sein und den Blick auf die tatsächlichen Vorgänge der Kommunikation verstellen, die es zu untersuchen gilt.

Das Referat soll auch nicht primär der Ausbreitung bisheriger Forschungsergebnisse dienen, sondern den Blick vor allem auf das noch zu Leistende lenken. Es sollen mehr Fragen gestellt als Antworten gegeben werden. Eine weitere Einschränkung ergibt sich dadurch, daß die Probleme vorzugsweise aus westdeutscher Sicht behandelt werden sollen. Es kommt dem internationalen Gespräch zugute, wenn der Referent sich bewußt als Angehöriger des deutschen

*   In: K. Doderer (Hrsg.), Internationales Symposium für Kinder- und Jugendliteratur, Frankfurt/M.: Institut für Jugendbuchforschung, 1972, S. 13–42.

Anmerkungen und Quellenangaben zu diesem Beitrag auf S. 210–211.

Sprachraums und als Angehöriger der westdeutschen Gesellschaft äußert.

Um sogleich einen Schwerpunkt meiner Überlegungen anzudeuten, möchte ich hervorheben, daß ich es zwar für nützlich halte, Kinderliteratur als eine besondere Art von Textorganisation zu betrachten, dies aber in Verbindung mit der Gesellschaft, aus der sie hervorgegangen ist, und im Hinblick auf die Adressaten, die wiederum innerhalb dieser Gesellschaft sozialisiert wurden und werden. Für ziemlich nutzlos hielte ich es, die Forschung auf eine Beschreibung einer Poetik der Kinderliteratur zu konzentrieren. Dies liefe auf eine Anerkennung bestehender Literaturverhältnisse hinaus und würde die gesellschaftliche Funktion der Kinderliteratur eher verdecken helfen, statt sie – wie ich es für vordringlich halte – sichtbar zu machen. Es käme sonst nur die Bestätigung der Prämisse heraus, daß die ästhetische Ordnung der Kinderliteratur keine andere als die der Literatur überhaupt sei – eine Binsenwahrheit, die zu erbringen kein übermäßiger Aufwand nötig ist. Das betrifft z. B. die Gattungspoetik und die sog. ,,Bauformen" des Erzählens. Man hätte damit die Kinderliteratur zwar in die allgemeine Literatur integriert, ihre spezifischen Probleme aber, die sie zweifellos hat, würde man dadurch nicht in den Griff bekommen, besonders die noch zu untersuchende Funktion der Kinderliteratur als eines gesellschaftlichen Instruments der Sozialisation.

Eine entscheidende Voraussetzung meiner Überlegungen liegt demnach darin, daß ich die Kinderliteratur nicht immanent, nicht gegenstandsorientiert abhandeln möchte, sondern ich werde Fragen der Funktion und Rezeption in den Vordergrund stellen; erst von hieraus werden Formprobleme wieder für mich relevant.

Es kann hier auch nicht um eine wertfrei-positivistische Bestandsaufnahme aller möglichen, gegenwärtigen und zukünftig notwendigen Fragen an die Kinderliteratur gehen. Sie bedürfen einer Begründung. Was bezwecken wir eigentlich, wenn wir uns der Kinderliteratur als Forschungsobjekt zuwenden? Die Beschäftigung mit Kinderliteratur ,,um ihrer selbst willen" halte ich für fragwürdig, weil das nur unter Verzicht auf eine Erörterung ihrer historisch-geschichtlichen und ihrer politischen Dimensionen möglich wäre. Was wäre die Alternative? Sie läge in der Herstellung eines didaktischen Bezuges, die sich wiederum an gesellschaftlichen Erfordernissen orientiert. Das heißt für mich zugleich, daß Kinderliteratur wie nie zuvor ein Gegenstand wissenschaftlichen Bemühens zu sein hat und daß es nicht genügt, konkretistisch an Strategien zur Vermittlung von Kinderliteratur an junge Leser zu arbeiten.

Literatur ist gesellschaftlich nicht isolierbar, sie ist auf Rezeption angewiesen, ja für Rezeption gemacht und stößt hierbei auf einen nicht leicht auflösbaren Komplex von gesellschaftlichen Bedingungen der Aufnahme, wie bereits im Prozeß der Herstellung eine Vielzahl von Bedingungen gegeben ist. Dies gilt ganz besonders für die Kinderliteratur als einer von Erwachsenen, also Sozialisierenden, für Kinder als die zu Sozialisierenden gemachten Literatur. Der Text an sich ist ein Sprachgebilde bloßer Intentionalität, der erst durch Rezeption in die Lebenspraxis integriert wird. Vor allem diese halte ich für wichtig. Daher wird die Rezeption, werden die Chancen und Möglichkeiten einer pädagogischen Beeinflussung von Rezeption für mich zu einem vordringlichen Problem auch der Kinderliteraturforschung.

Dies zu untersuchen, ist nur noch in interdisziplinärer Zusammenarbeit sinnvoll möglich. Im Bereich der Kinderliteratur hat sich, wie bekannt, seit je die Pädagogik, oder genauer: haben sich seit je Pädagogen stärker engagiert als die Vertreter der übrigen Wissenschaften, nicht immer zum Vorteil dieser Literatur und ihres öffentlichen Ansehens. Die Gründe dafür können hier nicht im einzelnen diskutiert werden. Hinzu kam im 20. Jahrhundert die Psychologie. Gegen die Aufgeschlossenheit von Pädagogik und Psychologie für Kinderliteratur ist an sich nichts einzuwenden; entscheidend ist nur, aus welchen Voraussetzungen und mit welchem Selbstverständnis sie das tun. Bisher lief pädagogisches Engagement für Kinderliteratur darauf hinaus, daß geprüft wurde, wieweit Kinderliteratur mit dem Wertsystem der Gesellschaft übereinstimmte — sie sollte „pädagogisch wertvoll" sein. Die Funktionalisierung der Kinderliteratur ist prinzipiell zu begrüßen, aber man nahm die Werte letztlich unhistorisch und als ein überzeitliches System, das von der jeweiligen Gesellschaft abhebbar sei, und erkannte nicht, daß man lediglich auf einer Durchsetzung des sekundären Tugendsystems bestand und die auf diesem Wege produzierte „Lebenshilfe" vor allem der bestehenden Gesellschaft zugute kam. Die Funktion der Kinderliteratur wurde auf die Vermittlung tradierter Rollenmuster beschränkt. Die Psychologie fügte dann das — heute ebenfalls fragwürdig gewordene — Kriterium der „Kindgemäßheit" hinzu[2], nicht erkennend, daß Kindgemäßheit ebenfalls historisch-gesellschaftlich bestimmt wird.

Wir müssen deutlich sehen, daß die Bindung der Literatur an das gesellschaftliche Wertsystem nur ein Alibi ist für die Unfähigkeit der Gesellschaft, eine Literatur hervorzubringen, die den Kindern wirklich nützt — im Sinne der Herstellung einer menschenfreundlichen Umwelt. Sie verhalf nur zur Anpassung und zur Selbstreproduktion der Gesellschaft in ihren Widersprüchen, das heißt sie konnte sich nur als eine Spielart der in der Gesellschaft ohnehin vorhandenen und wirksamen Sozialisation verstehen. Was damit in keiner Weise tangiert wurde, war der gesellschaftliche Widerspruch zwischen der ökonomisch-materiellen Basis und einem Idealismus des guten Willens, der nicht zu einer Verbesserung der Basis taugte, sondern diese als etwas Naturgegebenes hinnahm, ja heiligte. Wo Pädagogik sich bei der Aufstellung literarischer Kriterien einmischte, tat sie das unter der stillschweigenden Voraussetzung der Unveränderbarkeit der gesellschaftlichen Verhältnisse, alles andere verbot ihr ein bürgerliches Selbstverständnis. Es war eine Funktion der Pädagogik wie auch der anderen Überbauphänomene, z. B. der Ästhetik und der Literaturwissenschaft, letztlich Geist und Leben auseinanderzudividieren. Die klassisch-idealistische Bildung hatte mit ihrer Aversion gegen Lebenspraxis und mit ihrer apolitischen, ja antipolitischen Haltung[3] durchaus etwas zu tun mit „Lebenshilfe" als Arrangement mit dem Bestehenden.

Erst neuerdings beginnen die Humanwissenschaften ein politisches und gesellschaftskritisches Element zu integrieren. Ein Beispiel, wie dadurch Pädagogik wieder an Kompetenz zur Beurteilung von Kinderliteratur gewinnt, ist Beutlers Kästner-Monographie.[4] Entsprechend müßten Sozialisations- und Lernforschung, Kommunikationswissenschaft und Soziolinguistik zunehmend teilhaben an der Aufarbeitung der Kinderliteratur als Funktion. Wenn es auch ein Skandal ist, wie die Literaturwissenschaft bisher sich für Kinderliteratur unzuständig erklärt hat[5], so darf ihr auch als reformierter Wissenschaft die Aufgabe der Kinderliteraturforschung keineswegs allein überlassen bleiben. Sie dürfte ihre Aufgabe aber nicht mehr darin sehen, Rationalisierungsmodelle für den herrschenden Geschmack zu erstellen, sondern müßte sich verstärkt mit den psychischen und gesellschaftlichen Auswirkungen der Literatur beschäftigen und die Funktion der Literatur als gesellschaftlicher Kommunikation in das Zentrum ihres Fragens stellen.[6] Das müßte geschehen aufgrund einer ebenso intensiven wie selbstkritischen Reflexion ihrer gesellschaftlichen Interessen.

Die Erforschung der Kinderliteratur und ihrer gesellschaftlichen Funktion ist eine interdisziplinäre Aufgabe, an der alle Kommunikationswissenschaften zu beteiligen sind. Daraus folgt, daß jeder Betrachtende zugleich über die Kriterien und Arbeitsmethoden der Nachbarwissenschaften verfügen muß und daß außerdem Fachleute aus den übrigen Wissenschaftsgebieten für die Aufgabe gewonnen werden müssen. Auch die im folgenden zu diskutierenden Forschungsprojekte können nur in Zusammenarbeit von Literaturwissenschaftlern, Erziehungswissenschaftlern, Sozialisationsforschern, von Psychologen, Sozialpsychologen und Soziologen verwirklicht werden. –

Die mir vordringlich erscheinenden Aufgaben habe ich unter folgenden Stichworten zu ordnen versucht: Aufgaben innerhalb des Gegenstandsbereichs Kinderliteratur – zum Kind als Rezipienten – zur

Kinderliteratur als Sozialisationsfaktor – zur Formulierung einer neuen Ästhetik der Kinderliteratur und zur Entwicklung didaktischer Modelle zwecks Realisierung der neuen Ästhetik.

2. Gegenstandsbereich Kinderliteratur

Daß Texte Bestandteile von Kommunikationsprozessen sind, braucht uns nicht daran zu hindern, sie auch einmal isoliert zu betrachten; man muß sich nur der Abstraktion bewußt sein, die man hierbei vornimmt.

Kinderliteratur in ihrem Verhältnis zur gleichzeitig übrigen Literatur zu untersuchen, könnte eine lohnende Aufgabe sein, insbesondere seit immer mehr Autoren der etablierten Erwachsenen-Belletristik auch Kinderbücher schreiben (Heckmann, Fuchs, Schnurre, Valentin, Bichsel u. a.). Wie wirkt sich das die moderne Literatur beherrschende Prinzip der Verfremdung, der Gesellschaftskritik, des negativen Helden, der offenen Form auf die Kinderliteratur aus, wieweit fordert das Prinzip eine Reduktion im Hinblick auf den literarisch unerfahrenen Leserkreis? Das betrifft auch den Kanon der Aussageweisen und Erzählformen und das Ansehen, das das naive Darstellen mit seiner Einsträhnigkeit, seiner Chronologie, seinem abrundenden optimistischen Schluß und seinem Realismus immer noch hat, sowie die Funktion der offenen Form, z. B. in Parabel und Kurzgeschichte, im Zusammenhang mit der Erziehung zur Kritikfähigkeit und zur Bereitschaft für neue Erfahrung und Abbau von Vorurteilen. Die Kongruenz der traditionellen Formen mit der bestehenden Gesellschaft ist eindeutig. Wenn auch Sozialisation als Integration in das Bestehende immer notwendig sein wird, so erhebt sich doch zugleich die Frage, wie bereits durch Erziehung einer Erstarrung und Fixierung vorgebeugt werden kann. Die Literaturverhältnisse bringen zum Ausdruck, wie eine Gesellschaft ihre Mitglieder vor allem wünscht.

Endlich muß auch die Aufgabe systematisch in Angriff genommen werden, die neuen Spielarten der Kinderliteratur einschließlich ihrer Medien in die Untersuchung einzubeziehen. Das Buch hat einen Teil seiner Funktionen längst an andere Medien abgegeben; die meisten Menschen sind Literatur-Verbraucher heute nicht mehr als Buchleser, und das Buch steht in Gefahr, in eine esoterische Randstellung abgedrängt zu werden. Sich diesem Prozeß kulturkritisch zu verweigern, geht nicht an und würde dazu führen, die Menschen den neuen Medien hilflos auszuliefern.[7] Dem Buch könnte dadurch ein gewisses Terrain gesichert werden, daß man ihm seine schichtenspezifischen Bewertungen nimmt und es dem Leser in seiner Funktion als Kommunikation und Informationsträger nahebringt und es viel stärker als bisher im Praktisch-Nützlichen verankert. Es müßte versucht werden, die Rezeption der literarischen Stoffe und Inhalte in ihren jeweiligen medienspezifischen Ausprägungen zu untersuchen. Dadurch könnte sich die Kinderbuchforschung als ein Zweig der Kommunikationsforschung qualifizieren, wie ja Klaus Doderer bereits anläßlich der Begründung seines Instituts eine eigenständige Methodologie der Jugendliteratur-Forschung für nicht gut möglich gehalten hat.[8]

Unterstützung verdienen auch die Neuansätze im Bereich des in der BR seit Jahrzehnten brachliegenden Kindertheaters (Theater in Würzburg, Frankfurt und Hamburg, Verlags-Aktivitäten bei Thienemann, Oetinger und Ellermann, Kinderstücke wie ‚Maximilian Pfefferling' von Ludwig). Da sich Theater unmittelbar an Zuschauer und Hörer wendet und diese zunehmend auch zu Mitspielenden gemacht werden, wird hier besonders auffällig, daß Kinderliteratur nur in Verbindung mit ihrer Leserschaft verständlich wird. Auch von den sog. „antiautoritären Kinderbüchern" sind wesentliche Impulse zur Aktivierung der Rezipienten ausgegangen. Eine Verkürzung der Betrachtung durch Isolierung der Texte wird daher der Situation kaum gerecht.

An dieser Stelle, wo wir noch über den Gegenstand Kinderliteratur sprechen, ist auch eine verstärkte Anwendung der Methode der „systematischen Inhaltsanalyse" bei der Erforschung der Kinderliteratur zu fordern. Einzelerscheinungen mögen interessant und richtungsweisend sein – Rückschlüsse auf mögliche soziale Funktionen und auf Merkmale der Gesellschaft sind aber erst erlaubt, wenn generelle Haltungen in verbreitet tatsächlich rezipierten Literaturen aufgehellt sind. Dabei geht es vor allem um eine Analyse der sozialen Rollen, der Normen und Werte, der im Rahmen der Texte gültigen Haltungen und Verhaltensweisen – zusammengefaßt um das „Gesellschaftsbild", das sich in den Texten niederschlägt und das sowohl im Explizierten als auch in dem nicht weiter reflektierten Implizierten zum Ausdruck kommt. Das Verfahren empfiehlt sich deshalb, weil von den generellen Verhaltensmustern der Literaturen die stärksten Lernwirkungen zu erwarten sind.

Die Gefahr der Inhaltsanalyse beschriebener Art liegt in der Außerachtlassung der Form – diese in einem weiteren Sinn verstanden als das, was den Inhalt trägt und an den Leser vermittelt und ihn dadurch erst zur Wirkung bringt. Die Form beeinflußt die Rezeption in erheblichem Maße. Darum müssen Inhaltsanalysen so angelegt sein, daß z. B. deutlich wird, in welchem Sinne ein Inhalt dem Publikum vermittelt wird. Insofern leitet die Forderung nach systematischen Inhaltsanalysen wieder zu Rezeptionsproblemen hinüber: Sie sind sinnvoll, wenn sie zur Konsequenz von Rezeptions- und Wirkungshypothesen führen, die dann auch tatsächlich überprüft werden, und sie sollten verstärkt die Form als denjenigen Faktor mit einbeziehen, der als Inhaltsträger die Information der Texte erst eigentlich konstituiert. Darüber hinaus ließe sich denken, die systematische Inhaltsanalyse nicht auf bestimmte Genres und Unterarten (etwa: Mädchenbuch, Kinderbuch, bestimmte Unterhaltungssendungen des Fernsehens usw.) zu beschränken, sondern einmal alle von bestimmten Kommunikantengruppen angenommenen Literaturen zu untersuchen, die durch Befragung und Beobachtung der Gruppen zu ermitteln wären. Das böte die Chance, generelles Kommunikationsverhalten und damit den Prozeß der sozialen Kontrolle, soweit er über Medien erfolgt, in den Griff zu bekommen.

Solche Vorhaben sind nur noch in Teamarbeit, interdisziplinär und unter Einsatz erheblicher personeller, finanzieller und organisatorischer Mittel zu realisieren. Sie erfordern die Zusammenarbeit aller an Erziehung und Kinderliteraturforschung interessierten Personen und Institutionen. Vielleicht ist gerade die Internationale Forschungs-Gesellschaft der rechte Ort für solche Projekte.

3. Beziehungen zwischen Sozialisation und literarischer Kommunikation

Wir kommen damit zu den Zusammenhängen von Literatur und Gesellschaft. Man kann sie grob unter zwei Gesichtspunkten betrachten: im Hinblick auf das, was Literatur ausdrückt und wie sie das tut (Rückbezug auf Gesellschaft, Literatur als Spiegelung), und im Hinblick auf die Wirkung in der Leserschaft. Gehen wir zuerst auf das Problem der Wirkung ein und betrachten wir das Kind als Rezipienten.

3.1. Das Kind als Rezipient

Trotz eines halben Jahrhunderts Vorarbeit (Ch. Bühler, Rumpf, Schliebe-Lippert, Beinlich, Giehrl, Hartmann-Winkler) muß man sagen, daß das Kind als Rezipient immer noch ein verhältnismäßig unbekanntes Wesen ist. Was geht in Lesern tatsächlich bei Rezeption vor? Wie wird rezipiert? Welche objektiven, in der Textstruktur gegebenen Bedingungen beeinflussen Rezeption, welche subjektiven, in der Persönlichkeit, in der biologisch-anthropologischen Ausstattung und in der sozialen Umwelt begründeten Faktoren wirken determinierend ein auf Rezeption? Was bisher vorliegt, sind weitgehend Spekulationen aufgrund persönlicher Wertentscheidungen, deren Ideologie durch Wirkungsbehauptungen nur schwach verdeckt wird. Das hinter der Kritischen Theorie eines Adorno und Marcuse sichtbare System von Wirkungsspekulationen übt ja bekanntlich eine erhebliche Faszination auf die Zeitgenossen aus, wird dadurch aber nicht konkreter. Aufgrund ihrer begrifflichen Vorarbeit und der Einbeziehung des Strukturalismus liegen eine Reihe von Wirkungsanalysen vor, die sich freilich fast ausschließlich auf massenhaft verbreitete Textsorten konzentrieren.[9] Beinlichs zwar gereinigte, aber immer noch zur Idealtypik im Sinne bürgerlicher Wertvorstellungen neigende Beschreibung der literarischen Entwicklung Heranwachsender und Hartmann-Winklers psychologisch-anthropologisch ausgearbeitete Funktionsanalyse von Kinderbüchern und Märchen markieren sozusagen die Gegenseite: eine Apologie überkommener Wertvorstellungen.[10]

Alle Aussagen, die über eine Analyse von Texten und Textsorten nicht hinauskommen, bleiben, soweit Wirkungen und Funktionen zur Sprache kommen, hypothetisch. Es müßten Untersuchungen vorgenommen werden z. B. der Wirkung von Comics verschiedener Art und Struktur auf Kinder verschiedener Altersstufen und Milieus, von Kinderbüchern verschiedener Erzählhaltungen auf Kinder, die sie tatsächlich auch lesen, um zu erkennen, welche Funktion sie in den verschiedenen Sozialsituationen haben. Welche Art von Literatur wird in welchen Gruppen gelesen und — möglicherweise — warum? Aus welchen Gründen welche nicht? Die Untersuchung dieser Frage könnte helfen, den Stellenwert von bisher vielleicht allzu hoch eingeschätzten Genres der Kinderliteratur im Lesehaushalt unserer Kinder zu fixieren und zu erkennen, welche Interessen von welchen Genres vor allem angesprochen und damit gefördert werden und welche nicht. Keinen Aufschub duldet die Untersuchung von Krimi-Stoffen in medienspezifischer Ausprägung: welche Funktion hat der Held, der Kommissar, der Außenseiter und Kriminelle, wobei die Art der psychischen Verarbeitung auch gesellschaftliche Wirkungen vermuten läßt. Aufschlußreich sind Hartmann-Winklers Untersuchungen der psychischen Prozesse der Identifikation und Projektion, die freilich noch an den Lesern selber zu überprüfen wären und deren hochgradig gesellschaftliche Relevanz mit zu überlegen wäre.[11]

Dabei ist vorzuschlagen, mit dem sozial diskriminierenden Verfahren Schluß zu machen, als habe nur „Triviales" (der Begriff schon verrät Voreingenommenheit), nur sog. „Konsumschrifttum" eine bestätigende, beschwichtigende Funktion. Was solche Untersuchungen so schwierig macht, ist nicht nur durch die Fragwürdigkeit und Unsicherheit der Methoden bedingt, sondern auch dadurch, daß die mit gesellschaftlichen Interessen gekoppelten Bewertungen der Untersuchenden die Ergebnisse oft verfälschen. Subjektive pädagogische Zielvorstellungen mischen sich schon dadurch ein, daß der literarischen Kommunikation neben den übrigen Kommunikationen ein überragender Wert beigemessen wird. Das belastet zum Beispiel die Diskussion über die Comics.

Es müßte auch versucht werden, die sich stark entwickelnde Lernforschung für die Erforschung von Textrezeptionen fruchtbar zu machen.[12]

Als „literarisch Gebildete" laufen wir immer wieder Gefahr, unsere Art zu rezipieren, unsere Wertvorstellungen zu verallgemeinern und zu vergessen, daß es nur wenige Kinder gibt, die unseren Erwartungen zu entsprechen vermögen, daß aber alle ohne Ausnahme in einem weiten Sinne literarisch kommunizieren, sei es über Comics, den Rundfunk oder das Fernsehen. Orientiere ich mich als Forschender am Gegenstand, so argumentiere ich leicht an den Rezipienten vorbei und setze einfach voraus, was noch zu untersuchen wäre: wer kommt warum eigentlich mit dem Gegenstand in Berührung?[13] Welche Kinder setzen sich aufgrund welcher persönlichen und sozialen Voraussetzungen mit welcher Wirkung welchen Textsorten aus?

Die empirische Soziologie und Wirkungsforschung hat den Begriff der Selektivität geprägt, um anzudeuten, daß sozialisierende Einflüsse, auch bereits durch Texte, zu einem auswählenden Verhalten gegenüber Texten führen, einmal als Auswahl unter der Fülle der Angebote, einmal als „selektive Wahrnehmung" gegenüber ein und demselben Text. Daraus ist die Forderung abzuleiten, Rezeption nicht nur an den rezipierten Texten, sondern durch Einbeziehung des möglichst vollständigen "reader's background" zu untersuchen. Nur wenn wir verstehen, wie der Leser erzogen wurde und wird, in welcher sozialen Umwelt er lebt, wie zu Hause gesprochen wird und wie seine Eltern sich ihr Brot verdienen, werden wir auch verstehen können, wie er sich als Rezipient verhält. Die wertvollen und wichtigen Ansätze dazu, die H. Bödecker hat erarbeiten lassen, sind leider weitgehend unbekannt geblieben und nicht veröffentlicht worden.[14]

Texte oder wiederkehrende Textstrukturen sowie ihre Leser und Lesergruppen stehen einander nicht als feststehende Größen gegenüber, sondern infolge des Kommunikationsprozesses kommt es zu einer Wechselwirkung; Texte beeinflussen, d. h. schwächen oder stärken die Wirkungen der übrigen Sozialisationsagenten (wie Familie, Schule, subkulturelle Gruppen), und Sozialisation wirkt sich wiederum auf Textrezeption aus. Es wäre daher falsch, von Texten Wunderwirkungen zu erwarten, sie sind immer nur ein zusätzlicher Wirkfaktor.

Bei der Rezeption spielt der Komplex der Bedürfnisse und Interessen, der „Motivationen" eine erhebliche Rolle. Sie bilden ein Antriebssystem zur Kommunikation und determinieren die Art der

Auseinandersetzung mit Texten. Sie lassen sich vom anthropologischen Fundus, von Persönlichkeitsmerkmalen und Sozialerfahrungen herleiten. Bisher wurden Leseinteressen v. a. psychologisch-anthropologisch begründet (Giehrl, Hartmann-Winkler), wobei das Problem der Entsprechung von Literatur und Leser gern enthistorisiert und damit der Veränderbarkeit entzogen wird. Auf der anderen Seite ist ein leichtfertiger pädagogischer Optimismus, was die Stimulierung von Leseinteressen angeht, abzulehnen, zumal wenn man das Verhältnis von Literatur und Leser gesellschaftlich isoliert und auf nichts abzielt als auf einen Leser mit „gehobenen Ansprüchen". Wir sind in unseren kommunikativen Interessen wahrscheinlich weitgehend abhängig von gesellschaftlich-kulturellen Bedingungen – das ist besonders auffällig bei den Mädchen, deren geschlechtsspezifische Sozialisation zu bestimmten kommunikativen Verhaltensweisen führt, die wiederum durch eine entsprechende Lektüre verstärkt werden. Auch altersspezifische Verhaltensweisen scheinen überwiegend von generellen Vorstellungen vom „Kind", das heißt von Stereotypen abhängig zu sein, die verinnerlicht werden und entsprechende Verhaltensmuster prägen. Die Kinderliteratur im engeren Sinne ist ein ergiebiges Feld zur Untersuchung der Rollen-Zumutungen, denen unsere Kinder in der Gesellschaft ausgesetzt sind (s. dar. 3.2.).

Von besonderer Bedeutung in der augenblicklichen Diskussion sind schichtenspezifische Verhaltensschemata und Selektionsmuster.[15] Sie steuern die Rezeption und führen in einer „marktgerechten" Literaturgesellschaft zu einem die soziale Schichtung verfestigenden Literaturangebot, das freilich selber für die Schichtung nicht verantwortlich gemacht werden kann und das – nebenbei gesagt – durch literaturpolitische Regulative (Jugendbuchpreis etc.) in keiner Weise beeinflußbar ist.

Unter diesem Aspekt ist auch die sog. „Schmutz- und Schund"-Diskussion wieder aufzunehmen, da sie im wesentlichen von bestimmten Rezeptionsvorstellungen lebt. Dabei sind die den Sachverhalt verdunkelnden Kampfbegriffe zu vermeiden. Wir erkennen ja heute den Hintergrund der jahrzehntelangen emotionalen Auseinandersetzung: „Schmutz und Schund" wurde als störendes Element einer Literaturpädagogik der „Lebenshilfe" empfunden. Eine mit irrationalen Kampfbegriffen geführte Diskussion unterstellt, daß Untersuchungen über tatsächliche Funktionen gar nicht mehr nötig sind, und sie wird im Namen einer Pädagogik der reibungslosen Anpassung geführt.

Lichtenstein-Rother hat nach der Wirkung der triebansprechenden, leicht zugänglichen Literatur gefragt: ist sie nur Durchgangsphase oder nicht? Für wen aus welchen Gründen, für wen nicht?[16]

Man könnte die Frage rhetorisch dahingehend erweitern, ob nicht gerade die Tatsache, daß diese Literatur für einige nur Durchgangsphase ist, für andere aber nicht, eine vorzügliche Bestätigung der These ist, daß sich die binnengesellschaftlichen Verhältnisse durch Schrifttum gar nicht verändern, sondern im Sinne bestehender Strukturen immer wieder regulieren!?

Die eigenen Untersuchungen des Referenten am Mädchenbuch und seiner Leserin können das bestätigen. Sie konnten wahrscheinlich machen, daß sich in den Lesebahnen der Mädchen soziale Vorgaben weitgehend durchsetzen, zusätzlich gestützt durch ein Schulsystem, das soziale Differenzen spiegelt und nicht ausgleicht. Ohne daß es möglich war, im Bereich der Haltungen und Handlungen konkrete Wirkungen aufzuweisen, wurde immerhin deutlich, daß Literaturverhalten eine Funktion bestehender Sozialstruktur ist. Unterstützt durch Lektüre, prägt sich ein Bewußtsein aus, das die tradierte Frauenrolle übernimmt.

Aus dem Voranstehenden könnten vorläufig einige Aufgaben formuliert werden, an denen zukünftig gearbeitet werden müßte: Untersuchung der Vorgänge bei der Rezeption bestimmter Textsorten; situative, individuelle und soziale Bedingungen von Lernprozessen, die sich an Texten vollziehen; Erarbeitung eines Systems der Motivationen, aus denen heraus literarische Kommunikation bei Kindern stattfindet, ihre Entstehung, Auswirkung auf das literarische Verhalten sowie Möglichkeiten zu ihrer Beeinflussung; Erforschung des Rezeptionsverhaltens bestimmter, nach sozialen Bedingungen, Alter, Reife und Geschlecht differenzierter Lesergruppen; Überprüfung von Rezeptions- und Wirkungshypothesen, die durch systematische Inhaltsanalysen entweder einzelner Textsorten (Genres) oder aller von bestimmten Lesergruppen bevorzugten Textsorten gewonnen wurden; Untersuchung der Frage, welche Art von Kinderliteratur (im weitesten Sinne genommen) von welchen Lesergruppen angenommen wird und warum? Welche Arten aus welchen Gründen nicht?

3.2. Sozialisation und Rezeption

Es war unvermeidlich, daß wir bereits bei Erörterung der Rezeptionsprobleme immer wieder auf die Bedeutung der Sozialisation für die Rezeption stießen. Die Gefahr einer rein psychologisch vorgehenden Rezeptionsforschung liegt in der Personalisierung der Rezeptionsprobleme, die im Extremfall zu einer Herausarbeitung lauter Entsprechungen, mithin einer „prästabilierten Harmonie" von Text und Rezipienten führt. Das Erkenntnis-Interesse eines solchen Forschungsansatzes liegt darin, die bestehenden Verhaltensweisen als zeitlos gültig zu sanktionieren. Darauf läuft das Prinzip: jedem Kind in seiner

Situation das passende Buch hinaus. Daß sich dieses Verfahren einer erheblichen Verkürzung der Zusammenhänge schuldig macht und einige gefährliche Konsequenzen nicht bedenkt, soll im folgenden näher begründet werden.

Dazu kann ein Schema-Modell behilflich sein, das Gesellschaft, Sozialisation, Motivation und Lektüre in einen Zusammenhang bringt:

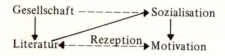

Das Kind erfährt Gesellschaft durch Sozialisation, die sein Wertverhalten, das System seiner Einstellungen und Verhaltensweisen, seiner kulturellen Bedürfnisse und die Selektionsmuster und Interpretationsweisen formt, mit denen primäre und über Medien vermittelte sekundäre Wirklichkeit aufgenommen und verarbeitet werden. Daraus gehen nun auch die Motivationen hervor, aus denen heraus literarische Kommunikation gesucht wird. Wenn also gefragt wird, was Kinder lesen wollen, so wird dadurch eine sozialisationskonforme Literatur produziert. Sie kann aber ebenso gut dadurch entstehen, daß ein Autor sich seiner eigenen Kindheit erinnert und „für dieses Kind" produziert. So kommt es zu einem Kreislauf Sozialisation – Motivation – Literatur – Sozialisation, der sich in der Kommunikation einspielt und verfestigt. Eine auf bestehende Interessen zukommende Lektüre verstärkt daher die sozialisierenden Einflüsse, deren Produkt die Interessen sind. Die Sozialisationsweisen einer Gesellschaft sind jedoch von dem Zustand, von den in der Gesellschaft und ihren Teilen gültigen Werten und Normen abhängig, und zwar nicht nur die bewußten und verbalisierten, sondern auch die lediglich systembedingt wirksamen Normen. Wir kennen alle den Wert sozialen Verhaltens, der Kooperation, der Rücksichtnahme und Verantwortung, er entstammt der bürgerlich-antifeudalistischen Aufklärung des 18. Jahrhunderts, ist längst kodifiziert, steht aber einem oft abweichenden tatsächlichen Verhalten gegenüber, das durch die Organisation der Arbeit bedingt ist. In ihr ist entgegen der die intentionale Erziehung leitenden Wertlehre ein Konkurrenz- und Leistungsdenken dominant. Diese expliziten und impliziten Werte lenken und bestimmen die Sozialisation, die zu bestimmten Verhaltensweisen Texten gegenüber führt. Schichtenspezifische Formen der Sozialisation liegen vor, wenn einmal mehr verbal und erklärend und einmal mehr non-verbal und handgreiflich sozialisiert wird, einmal mehr gegenwarts- und einmal mehr zukunftsbezogen, einmal mehr individualisierend und einmal mehr protektiv, einmal mehr in Richtung kritischer

Selbständigkeit und einmal mehr in Richtung Fügsamkeit und unkritischer Rollen-Übernahme. Auch das beeinflußt die kommunikativen Interessen, welche die Sozialerfahrungen gern bestätigt finden möchten.

Der Kreislauf hat etwas beängstigend Determinierendes, er könnte sich leicht „kurzschließen", so daß über Texte praktisch lediglich die Reproduktion des Bestehenden gesichert wäre (so beschreibt Baumgärtner etwa die Wirkung der Tarzan-Comics als „Teufelskreis"[17]). Wie wären dann noch Verbesserungen in der Sozialstruktur denkbar, wenn sich der Kreislauf der Kommunikation durch Sozialisation und selektives Verhalten derart kurzschließt und über Texte lediglich soziale Kontrolle ausgeübt wird? Aufgrund des Modells könnten nur gleichartige Texte konsumiert werden, und abweichende Texte würden selektiv verändert. Die zugrundeliegenden Bedürfnisse würden dann eine Abhängigkeit erzeugen, die dem Ziel der Emanzipation stracks zuwiderläuft. Das subjektive Erlebnis der stabilisierenden Funktion schlägt um in einen gesellschaftsstabilisierenden Effekt, und die Abhängigkeit wird für Erzeuger und Verteiler der Produkte außerordentlich profitabel.

Das ist der Gehalt der im Umkreis der Kritischen Theorie entstandenen Begriffe der „Populärkultur", „Kulturindustrie", „Bewußtseinsindustrie" usw.

Der Kreislauf könnte sich jedoch dadurch lockern, daß Motivationen nicht ausschließlich sozialisationsbedingt sind, sondern durch Kommunikation beeinflußt werden können. Dabei würde der von der Sozialpsychologie erforschte Zusammenhang der „Beeinflußbarkeit" eine Rolle spielen, der hier jedoch nicht dargestellt werden kann.[18] Auch dieser Faktor hängt wieder mit gewissen sozialen, situativen und personalen Bedingungen zusammen. Für uns ist im Augenblick wichtig, daß Lektüre nicht nur von Motivationen abhängt, sondern Motivationen durch Lektüre veränderbar sind (natürlich nur innerhalb eines gewissen Rahmens). Es würde jedoch den „Kurzschluß" nicht aufheben, wenn die Kommunikationen den sozialisierenden Einflüssen voll entsprächen. Man muß sagen, daß dies in unserer vom Konsum und von Profitinteressen bestimmten Gesellschaft weitgehend der Fall ist, wo alle Produkte zu verkäuflichen und auf vorgegebene oder stimulierte Interessen zukommende Waren werden. Hier greift das ökonomische System der kapitalistischen Profitgesellschaft unmittelbar in den Umlauf geistiger Produkte ein. Es scheint im Moment noch keine praktikable Strategie in Sicht, wie in einer Gesellschaft, die nur in einer endlosen Konsumsteigerung lebensfähig zu sein scheint, progressive Erfordernisse durchschlagen können, etwa daß der Reichtum der Gesellschaft stärker der Gesamtheit zugute kommt. (Das Problem wird dadurch nicht einfacher, daß die Alternative einer Bedürfnislenkung durch gesellschaftliche Instanzen leicht in eine illiberale Bevormundung und in eine Indoktrination von der anderen Seite umschlägt.)

So wird der gelegentlich von Kl. Doderer geäußerte Unmut über die fatale Rolle der Eltern im Prozeß der Vermittlung von Kinderliteratur verständlich — weil die Eltern dazu neigen, immer nur das ihren Kindern zu geben, was sie selber als bekömmlich und interessant in ihrer Erinnerung haben, aber nicht eigentlich das, wessen die Kinder, in eine ganz andere Zeit hineinwachsend, bedürfen.[19] Nur: das Buch kann für sich neben der Sozialisation, die ja die Eltern ebenfalls in der Hand haben, keine eigene Funktion beanspruchen. Man kann die Eltern ebensowenig als Buchvermittler wie als Sozialisationsinstanzen ausschließen. Wollte man die Eltern übergehen, so würde das kaum etwas ändern, da die potentiellen Leser ja bereits in einer fortgeschrittenen Phase ihrer Sozialisierung stehen und diese sich längst zu Selektionsmustern verfestigt hat.

Was der Gedankengang verdeutlichen soll, ist folgendes: Es scheint mir ziemlich müßig und wirkungslos, wenn man den Faktor Literatur von der Gesellschaft isoliert und an ihm nur als einem Symptom herumdoktert. Alles, was in der BR für die Kinderliteratur getan wird: ob nun über Auswahlverzeichnisse und Empfehlungslisten, in öffentlichen und Schul-Büchereien, durch Rezensionen in Zeitungen, durch Preisverleihungen oder öffentliche Aufrufe, bleibt folgenlos, wenn nicht endlich die gesellschaftlichen Bedingungen, unter denen die unbefriedigenden Zustände gedeihen, mit zur Sprache kommen und ernsthafte Schritte zur Überwindung der Kluft zwischen Literatur und Leben unternommen werden. Auch wenn man zur Unterstützung des Prozesses eine neue Ästhetik der Kinderliteratur ins Auge faßt (was hier geschehen soll), bedarf das eines Rückbezuges auf die Gesellschaft und ihre materielle Basis.

Das Problem spitzt sich für mich damit auf ein didaktisches zu. Die Frage lautet: Wie ist der „Teufelskreis", von dem Baumgärtner sprach und der zweifellos nicht nur an der Comic-Rezeption zu beobachten ist, aufbrechbar? Kann im Erziehungsprozeß so auf ihn Einfluß genommen werden, daß die allgemeinen Motivationen zur Kommunikation sich ändern und die Gesellschaft sich gezwungen sieht, ihr kulturelles Angebot zu überdenken? Mithin: Kann auf Rezeption (durch Schule z. B.) Einfluß genommen werden, kann der „Mensch als Leser" geändert werden?

Um nicht falsch verstanden zu werden: Es kann natürlich wiederum nicht darum gehen, nur den Leser und nicht zugleich auch den Menschen und die Gesellschaft zu ändern. Das Ziel ist nicht, einzelnen eine Aufstiegschance zu geben, sondern eine gerechte Gesellschaft von der alle etwas haben. Das Kommunizieren ist eine Funktion der daran beteiligten Menschen.

Betrachten wir deshalb eine, wie ich meine, „undichte" Stelle in unserem Kreislauf-Modell: Die Gesellschaft determiniert nicht nur die Sozialisationsweisen, sondern in einem bisher wenig geklärten Prozeßt die literarischen Produktionen, so daß sich in diesen die gesellschaftlichen Wertsysteme und Tendenzen spiegeln. Hier können auch Entwicklungen sich literarisch niederschlagen, die abweichen von verbreiteten Stereotypen und üblichen Sozialisationsprinzipien. Anders wäre beispielsweise die sog. „antiautoritäre Kinderliteratur" nicht verstehbar, die immerhin auf dem Boden unserer Gesellschaft entstanden ist. Innerhalb der Gesellschaft können also von bestimmten, wenn auch nicht einflußreichen Gruppen Impulse für neue literarische Kommunikationen ausgehen, deren Wirkung bisher allerdings kaum zureichend untersucht wurde. Es ist aufschlußreich, daß sie im Falle der antiautoritären Literatur in engster Verbindung mit subkultureller Sozialisation (Kinderladen-Erziehung) entstanden ist.

Die Befürchtung liegt nahe, daß die „literarische Bewegung" der antiautoritären Kinderliteratur, nicht nur wegen einiger mitlaufender Mißverständnisse (Infragestellung von Autorität überhaupt), gesellschaftlich folgenlos bleibt, weil auch das Normabweichende dem Warengesetz, d. h. dem Prinzip der Nachfrage unterworfen ist — ein Grund wahrscheinlich dafür, daß sich die Produzenten dieser Literatur wenig um Verbreitung und Ausnutzung des etablierten Verteilungsapparates bemühen.

Ähnlich ist es auch anderen kritischen und progressiven Ansätzen in der Kinderliteratur ergangen. Sie erreichten ihre Adressaten nicht, einfach weil sie von den verbreiteten Sozialisationsweisen abwichen, so daß weder die Eltern noch die Kinder etwas damit anfangen konnten. Überdies ging ihre Wirkung in der Fülle des Konfektionierten unter. Texte mit aufklärerischem und politischem Gehalt erreichen bei uns meistens die 2. Auflage nicht — und wenn, dann vermutlich (was zu untersuchen wäre) deshalb, weil die Adressaten die Texte durch selektive Wahrnehmung im Sinne der gewohnten, mit der Sozialisation konform gehenden Texte umwandeln. Was wunder, daß die im Wettbewerb stehenden Verlage immer nur vereinzelte und daher aufs ganze gesehen unwirksame Versuche zu einer emanzipatorischen Literatur riskieren! Leider mischt sich in die gesellschaftsreformerische Intention oft noch eine elitäre Sprechhaltung, welche die Wirkungsmöglichkeiten weiter einschränkt. Hier scheint sich die Auffassung Adornos auszuwirken, daß „moderne Kunst" identisch sei mit Unverständlichkeit, da sich die Kunst nur dadurch den gesellschaftlich sanktionierten Kommunikationsweisen entziehen könne.[20] Die antiautoritäre Kinderliteratur experimentiert dagegen mit neuen, nicht hochsprachlichen und mit der etablierten Kultur nicht konformgehenden Formen, sei es in der Sprache, sei es in Illustrationen und äußerer Aufmachung. Hier werden gezielt die Kriterien des „guten Jugendbuches", die in unserer Gesellschaft gültig sind, angegriffen und infrage gestellt, weil wohl zu Recht angenommen wird, daß sie mit einem Interesse an der Erhaltung der bestehenden Ordnung zusammenhängen.

Solange „Verbesserungen" nicht parallel laufen mit gesellschaftsreformerischen Intentionen, sind sie von zweifelhaftem Wert. Das betrifft auch die gesellschaftliche Folgenlosigkeit einer unpolitischen Organisation des Deutschen Jugendbuchpreises und ähnlicher isolierter Maßnahmen, die letztlich den ohnehin privilegierten Lesern zugute kommen, an den Voraussetzungen für das Vorhandensein verschiedener Literaturen aber nichts ändern.

Das ist auch das Dilemma der in Werkkreisen produzierten „Literatur der Arbeitswelt", die jetzt auf eine zehnjährige Geschichte zurückblicken kann, ohne daß man sagen kann, daß sie ihr Publikum heute eher erreicht als vor zehn Jahren. Ihren Promotoren ist der Konflikt durchaus bewußt, wie das Vorwort zu ‚Lauter Arbeitgeber' ausweist: Was in bestimmten Schichten zur Politisierung und Aktivierung beitragen sollte, diente in anderen lediglich der Erweiterung literarischer Konsumgewohnheiten. Da die Arbeiter bei uns kein literarisches Publikum darstellen, werden sie auch von der Rezeption der Literatur ihrer Kollegen über ihre eigenen Probleme ausgeschlossen. Die von privilegierten Intellektuellen getragene „bürgerliche Öffentlichkeit" sei zwar gut für distanzierende Kritik, nicht aber zur Veränderung, die erst durch „Basis-Öffentlichkeit" erreichbar sei.[21]

Solange die Kinder in unseren Schulen die Rezeptionsweisen der „bürgerlichen Öffentlichkeit" lernen — das heißt: distanzierten Umgang, Formalisierung, Eliminierung der Sozialfunktion, Beschränkung der literarischen Wirkung auf ein isoliertes Bewußtsein —, wird sich daran kaum etwas ändern.

Die Frage ist natürlich, wie jene „Basis-Öffentlichkeit" in einer von bürgerlichen Literatur- und Rezeptionsnormen beherrschten Öffentlichkeit herstellbar wäre. Das setzt ein völlig neues Verhältnis zum Literarischen und damit eine veränderte Rezeption voraus, die sich mit distanzierter Kritik nicht mehr begnügt. Damit ist zugleich die Stelle im Kommunikationszirkel angegeben, für die ich mich als Didaktiker primär verantwortlich fühle. Hier wird die m. E. heute vordringliche Aufgabe der Forschung, die nach Lage der Dinge in erster Linie eine didaktische zu sein hätte, deutlich: Einfluß zu nehmen auf die Rezeption, auf das Bewußtsein und die Einstellung, mit denen Rezeption sich vollzieht. Es müssen Strategien zur Veränderung der sozialvermittelten Rezeptionsweisen entwickelt werden, die den Kreislauf dadurch aufbrechen, daß das Lesen nicht mehr bloß Reflex und Echo des Gelesenen ist. Aus der bei uns noch verbreiteten Pflege des bejahenden, zustimmenden, hinnehmenden Lesens muß die Einübung in ein kritisches „gegen-den-Strich-Lesen" gemacht werden, das eine unmittelbar emanzipatorische Funktion hat.

Das bedeutet zugleich, daß wir abkommen müssen von der schlichten Gleichung: Text gleich Rezeption. Gewiß ist in jedem Text eine bestimmte Art der Rezeption angelegt, sie gilt jedoch nur für den, der nicht in der Lage ist, die Absichten des Texten zu durchschauen, nur für den naiv konsumierenden Leser. Nicht zu konsumieren, ist an Hand von Konsumtexten nicht etwa leichter als an Hand von anderen, etwa poetischen oder kritischen Texten. Die Kritik eines kritischen Textes einfach zu übernehmen, ist eine andere Art von Konsum. Das heißt: nur dann gelange ich über ein konsumierendes Lesen hinaus, wenn ich die Intentionen des Textes wahrnehme und zu kritisieren in der Lage bin. Alle auf einer bestimmten, einseitigen Textauswahl basierenden literaturdidaktischen Konzeptionen übernehmen letztlich die Gleichung Text gleich Rezeption.[22] Wenn es aber nicht gelingt, die Determination der Rezeption durch den Text aufzuheben oder wenigstens zu lockern, oder nicht gelingen kann, hätte für mich der Didaktiker zu resignieren und keine rechte Aufgabe mehr.

Wir brauchen daher dringend Modelle zur Entwicklung kritischer Rezeption, die allein Selbstbestimmung in der von einer unübersehbaren Menge von Information und Werbung beherrschten Gesellschaft sicherstellt. Das setzt ein verändertes Verhältnis zu Texten voraus, wozu vielleicht eine neue Ästhetik der Kinderliteratur verhelfen kann. Davon soll im nächsten Abschnitt die Rede sein.

4. Eine neue Ästhetik der Kinderliteratur

Die bisherige Ästhetik der Kinderliteratur ist als Zweig der klassisch-idealistischen Ästhetik in ihrer bürgerlichen Verkümmerungsform anzusehen, wie sie im Laufe des 19. Jahrhunderts entstanden ist. Eine ihrer Spielarten ist die noch nicht überwundene Auffassung der Kinderliteratur als spezifischer „Lebenshilfe".

Die Wurzeln einer neuen Ästhetik der Kinderliteratur reichen ebenfalls ins 19. Jahrhundert zurück, sie sind ansatzweise beim Jungen Deutschland, bei Büchner, bei Heine erkennbar.[23] Daran knüpfen Persönlichkeiten wie Heinrich Mann, Tucholsky, Kästner und vor allem Brecht an; auch Krüss mag als Kronzeuge dienen.

Die neue Ästhetik besagt, daß die Kunst kein gesondertes Dasein

als eine Art von „höherem Leben" neben der Wirklichkeit repräsentiert, das diese nur „scheinhaft" ergänzt, sondern daß sie als
Wirklichkeit, als Wirkung ernstgenommen werden muß. Sie zieht
eine andere Grenze zwischen „Gut" und „Schlecht" als bisher.
Diese Kategorien ließen sich in der alten Ästhetik aufgrund der
geschmacklichen Wertvorstellungen bestimmter Sozialschichten
voneinander abgrenzen — die soziale Nützlichkeit von Texten war
geradezu Kriterium des Unkünstlerischen. Sie sollen dem Leser
gerade nicht dazu behilflich sein, seine Situation zu erkennen und
dadurch womöglich zu verändern. Sie war Ideologie, insofern sie
eine Rechtfertigung gesellschaftlicher Hierarchie enthielt.

Ästhetik — hier nicht als geschlossenes philosophisches System
gemeint, sondern als Inbegriff verbreitet geteilter Auffassungen
über Kunst und ihre gesellschaftliche Funktion — Ästhetik beeinfluß auch immer die Art, in der Kunst aufgenommen wird, sie legt
Erwartung und Einstellung gegenüber Kunst fest. Die bürgerliche
Ästhetik machte die Literatur zum Vehikel, die eigene Lebenssituation zu vergessen und zu kompensieren. Die Erwartung, Literatur könne zur Klärung der eigenen, auch gesellschaftlichen Situation
beitragen, würde Literatur auf neue Weise dem Leben vermitteln.
Nur eine neue Ästhetik der Kinderliteratur kann eine didaktische
Strategie zur Veränderung des Leseverhaltens begründen helfen.
Sie würde ihre Kriterien sozusagen „quer" zu den Ordnungsprinzipien der vergangenen Ästhetik setzen und könnte daher ebenso
auf „restringierter" Ebene (Comics) wie auf „elaborierter" Ebene
praktiziert werden.

Die bisher verbreitete und wirksame Ästhetik hat „Wirkung"
von Texten letztlich auf Kompensation beschränkt.[24] Innerhalb
der Jugendliteratur ist das bisher vornehmlich an der Mädchen-
und Kinderliteratur, auch an der Abenteuerliteratur untersucht
worden.[25] Diese Literaturen könnten so, wie sie sind, nicht entstehen, wenn ihnen nicht eine bestimmte ästhetische Erwartung
entgegenkäme. Wirkung im Sinne von unmittelbarem Praxisbezug
war nicht eingeplant. Das bedingt die mangelnde Wirksamkeit z. B.
der sog. zeitgeschichtlichen Jugendliteratur und auch der antiautoritären Literatur, daher das Desinteresse der Adressaten und das
Zurückschrecken der Autoren und Verlage vor der Produktion solcher Texte. Es scheint so, als könnte man bei uns nur dann den
Menschen zu einem interessierten Leser formen — in jedem Falle
eine eminent wichtige Aufgabe —, wenn man ihm Literatur als das
„ganz andere", als das gesellschaftlich Unnütze nahebringt, das
seinen Wert „in sich selber" hat, nicht aber dadurch, daß man sie
ihm als etwas Brauchbares, als etwas In-Gebrauch-zu-Nehmendes
empfiehlt und ihm zeigt, wie das zu bewerkstelligen ist. Alle Lehrer,

die das in ihren Klassen einmal versucht haben, können ein Lied davon singen, wie schwer es ist, gegen die verbreiteten Formen der Rezeption an zu unterrichten. Die Kinder reagieren mit Gleichgültigkeit oder einem: ,,Das wollen wir nicht hören, wir wollen unsere Wirklichkeit nicht noch einmal als Literatur, die Wirklichkeit genügt uns schon; wenn wir lesen oder fernsehen, dann interessiert uns vor allem das Nichtwirkliche, Nichtpraktizierbare", wenn sie auch oft ein schlechtes Gewissen dabei haben und deshalb wenigstens den Schein von Wirklichkeit brauchen. Sie wollen ,,ästhetische Distanz" als Erlebnismöglichkeit, die ihnen der Alltag versagt.[26]

Die Gefahr einer neuen Ästhetik der Distanzlosigkeit soll nicht verschwiegen werden: sie ist auch wieder einseitig und scheint wieder nur einerlei Rezeption zuzulassen; sie ist möglicherweise wenig kindgemäß, wenn Kindgemäßheit auch ein sehr fragwürdiger Begriff ist. Es geht auch nicht darum, sozusagen über Nacht eine neue Ästhetik an den Platz der alten zu setzen. Prozessuale Übergänge sind zu erwarten und zu befürworten. Die Ästhetik der Kinderliteratur holt damit aber nur nach, was — wie v. Kahler, Jauss u. a. dargestellt haben — die Ästhetik der modernen Literatur längst dabei ist, zu vollziehen. Ein energischer Vorstoß war Härtlings Würzburger Rede aus dem Jahre 1969 und sein exemplarisches Kinderbuch ,Und das ist die ganze Familie'.[27]

Es wäre natürlich ganz unsinnig, Unterhaltung und erlebnishafte Rezeption abschaffen zu wollen. Auch das muß es geben: Entspannung, Abschalten, Ausbruch aus dem System, und das kann nun einmal am wirksamsten durch das ganz ,,andere", der Gesellschaft Entgegengesetzte geschehen. Eine ,,Pädagogisierung" der Informationsmittel[28], wie sie verschiedentlich gefordert wurde, ist mit der neuen Ästhetik auch nicht gemeint, die mehr eine ,,Rezeptionsästhetik" ist (und auch nur sein kann) als eine pädagogisierende Reglementierung des literarischen Angebots. Es wäre falsch, die totale Erfassung des Menschen durch den kulturellen Apparat, wie wir sie heute erleben, durch eine Erfassung anderer Art zu ersetzen. Das Bedenken, man opfere damit die Gegenwart des Menschen nur einer ungewissen, utopischen Zukunft auf, ist durchaus ernstzunehmen. Nur muß deutlich werden, daß die traditionelle Ästhetik und eine sich an ihr orientierende Didaktik an dem Verfügtwerden des Menschen durch die Gesellschaft nichts zu ändern vermögen, sondern nur dem Schein nach etwas ändern. Sie gestattet dem Menschen Ausbruch aus dem System, den er subjektiv auch so erleben mag, ohne aber etwas an den Bedingungen, die zum Ausbruch motivieren, zu ändern. Sie verschafft ihm lediglich einen Raum, in den er vorübergehend wie in eine ,,milde Narkose" aus der vom Realitätsprinzip beherrschten Wirklichkeit entweichen kann (Freud[28]). Diese von Freud verteidigte und in den

Rang der Allgemeingültigkeit erhobene spätbürgerliche Ästhetik, die das Leben erträglich machen, in seine Abläufe aber nicht eingreifen will, taugt jedoch nur noch zur Begründung von Trivialunterhaltung und mag als solche auch ihr Recht behalten[30], wenn man Freuds Prämisse akzeptiert, daß die anthropologische Ausstattung des Menschen nie mit seiner Gesellschaftlichkeit völlig zur Deckung zu bringen ist. Er habe sich selber nicht völlig der Gesellschaft zu verdanken, sondern bringe Ansprüche und Bedürfnisse mit auf die Welt, die von der Gesellschaft notwendig frustriert werden müssen. Indem Freud nun aber wieder die Gesellschaftlichkeit des Menschen unterschätzte, zeigt sich bei ihm kein Weg, eben diese Gesellschaft zu verändern, so zu verändern, daß dem Menschen ein höheres Maß an Selbstentfaltung zugestanden werden kann.[31] Daher bedarf die Ästhetik der Kompensation einer Weiterentwicklung in eine nachbürgerliche Ästhetik der Kunst als wirklichkeitsverändernder Impuls. H. Marcuse hat sie im Begriff der „ästhetischen Reduktion" als notwendiger Aufgabe der Kunst in einer „eindimensionalen Gesellschaft" zu fassen versucht. Jedoch müßte, abweichend von Marcuse, die gesellschaftliche Begründung einer Literatur des „Ausweichens" und einer entsprechenden Rezeption innerhalb der neuen Ästhetik, die Texte einem Ingebrauchnehmen überantwortet, theoretisch noch geleistet werden — eine, vielleicht *die* entscheidende Aufgabe einer neuen Ästhetik, die sich weder mit einer ideologischen Absicherung des Bestehenden noch mit ausschließlicher Gesellschaftskritik begnügt.

Skeptiker könnten gegen eine Ästhetik der Reduktion und der Distanzlosigkeit einwenden, daß nicht ersichtlich ist, wie sie auf dem Boden einer sich als „formiert" verstehenden Gesellschaft überhaupt in Erscheinung treten kann. Wie ist eine Ästhetik vorstellbar innerhalb einer Gesellschaft gegen die Gesellschaft? Wenn es im Interesse dieser Gesellschaft liegt, daß bloß konsumiert wird, wird daran eine Ästhetik des Abweichenden nicht viel ändern können, da sie sogleich als Ware wieder zur Stützung der Gesellschaft konsumierbar wird. Oder mit dem Begriff der Verfremdung gesagt: wie kann einer Literatur der Verfremdung in einer auf kompensatorischen Genuß eingestellten Gesellschaft Breitenwirkung gesichert werden, wie kann verhindert werden, daß sie wieder zu einem bloß esoterischen Spiel privilegierter Gruppen verkommt? Darauf kann auch R. Geißler keine Antwort geben, der sich in seiner ‚Prolegomena zu einer Theorie der Literaturdidaktik' zu einem beredten Fürsprecher einer gesellschaftskritischen Funktion der Literatur macht, die er freilich ausschließlich der poetischen Literatur vorbehält.[32] In der Konzeption einer Ästhetik der Verfremdung heben sich zwei Ideen gegenseitig auf: die der Verfremdung zum Zwecke der Befreiung vom Zwang gesellschaftlicher Realität und die des Ästhetischen im Sinne der idealistischen Ästhetik mit ihrer gesellschaftlichen Attitüde. Dieser Widerspruch wird auch deutlich an Marcuses Konzeption, die damit Gefahr läuft, letztlich wieder systemimmanent zu wirken, worauf neuerdings Werckmeister in seiner Schrift ‚Ende der Ästhetik' hingewiesen hat.[33]

Halten wir das Ergebnis fest, daß sich die Kinderliteratur-Forschung, wenn sie ihre ungesellschaftliche Haltung überwinden will, um die Neuformulierung einer Ästhetik als Wahrnehmungsmethode und als System von Verfahrensweisen zur Umsetzung von Literatur in die Praxis bemühen muß. Die Aporie liegt jedoch darin, daß diese nachbürgerliche Ästhetik nur eine Funktion hat in einer tatsächlich offenen, mobilen Gesellschaft, die sich nicht mehr ängstlich an überkommene Verhaltensschemata klammert. Innerhalb diese Ästhetik müßten die Funktionen der realistischen und der phantastischen Kindergeschichte, der Kinderlyrik und der unterhaltenden und spannenden Angebote der verschiedenen Medien neu definiert werden.

5. Kinderliteratur als Forschungsobjekt der Didaktik

Ich komme zum Schluß. Unsere Beschäftigung mit dem Problem Kinderliteratur als Forschungsobjekt führte uns schließlich zum Konzept einer neuen Ästhetik der Kinderliteratur, ohne daß es uns möglich war, mehr als nur Umrisse zu liefern und alle damit gegebenen Aporien aufzulösen. Da wir auch im Zustand der Ungewißheit lernen müssen, die Praxis zu bewältigen, bleibt uns v. a. die pädagogische Einwirkung auf die Rezeptionsprozesse. Ästhetik bliebe abstrakt und funktionslos, wenn sie sich nicht auf die Rezeption auswirkte. Das tat sie bisher schon immer, und das muß sie auch in der Konsequenz auf eine neue Ästhetik leisten. Die Haltung, aus der heraus rezipiert wird, unterliegt nicht nur der unbewußten Steuerung durch Sozialisation, sondern auch pädagogischer Einwirkung.

Es gilt daher eine neue Ästhetik zu entwickeln, die von der Voraussetzung ausgeht, daß Literatur eine gesellschaftliche Wurzel und Funktion hat. Zugleich müßte es an die Ausarbeitung didaktisch-methodischer Modelle zur Rezeptionsformung gehen. Es wäre müßig, die Rezeptionsformung dem Gelesenen oder Rezipierten allein zu überlassen, einfach deshalb, weil in einer offenen Informationsgesellschaft Texte nicht kanalisiert werden können und von Texten nicht abgeschirmt werden kann.[34] Rezeption ist an allen Textsorten der Kinderliteratur, und vor allem an bisher wenig erprobten

Textsorten zu trainieren, nicht die Rezeption bloßen Verstehens und Akzeptierens, sondern der Kritik und der Konfrontation mit der eigenen Realität des Lesers zur Beeinflussung der gesellschaftlichen Praxis. Nur dann fördern wir nicht subjektive Bildung zwecks Erträglichmachen der bejammernswerten Lebensumstände, sondern gesellschaftlichen Fortschritt in Richtung auf eine humane Umwelt und eine Gerechtigkeit für alle.

Anmerkungen

1 Dahrendorf 1970 (c).
2 Geißler 1966.
3 Vgl. Einleitung zu Strzelewicz/Raapke/Schulenberg 1966.
4 Beutler 1967 (b).
5 Doderer 1964, S. 5.
6 Jauss (1970) fordert eine Synopsis von allgemein-politischer und Literatur-Geschichte. Vgl. dazu auch Kolbe 1969, S. 37, 57 f., 99 u. a.
7 Schlotthaus 1971, S. 18.
8 Doderer, a. a. O., S. 6.
9 Vgl. Baumgärtner 1970, Hoffmann 1970 (dazu: Dahrendorf 1971 (e)), Adorno 1963, bes. Fernsehen als Ideologie.
10 Beinlich 1963, Hartmann-Winkler 1970.
11 A. a. O., vgl. Rezension d. Verfassers, in: Bulletin Jugend und Literatur 1971, H. 1, S. 38–39.
12 Skowronek 1969, S. 62 f.
13 Hartmann-Winkler kümmert sich in ihrer in Anm. 10 genannten Untersuchung nicht um die Frage, welche Teile der Kinderliteratur in welchen Lesergruppen eine tatsächliche Funktion haben; sie stellt lediglich überwiegend Übereinstimmung zwischen Buchwelt und *der* Lesepsyche fest.
14 Vgl. die Reihe: Der Mensch als Leser, monographische Fallstudien zur Leseentwicklung einzelner Kinder, durchgeführt an der PH Hannover; siehe dazu auch Bödecker, in: Dahrendorf/v. Schack 1969, S. 39–57.
15 Vgl. die bekannten Arbeiten von Bernstein, Oevermann, Habermas sowie Niepold 1970, Fend 1971 u. a.
16 Lichtenstein-Rother 1967, S. 12.
17 Baumgärtner, a. a. O., S. 78.
18 Vgl. Bessler/Bledjian 1967, S. 58, Dröge/Weißenborn/Haft 1969, S. 74 ff., 168; Silbermann/Luthe, in: Handbuch der empirischen Sozialforschung II, hrsg. v. König, 1969, S. 675–734.
19 Doderer 1969, S. 13 f.
20 Werckmeister 1971.
21 Werkkreis Literatur der Arbeitswelt. Lauter Arbeitgeber. Lohnabhängige sehen ihre Chefs. Hrsg. v. d. Werkstatt Tübingen. Alberts, Scherer, Tscheliesnig 1971.
22 Z. B. Geißler 1970 (a).

23 Vgl. Jauss 1970.
24 Werckmeister, a. a. O., S. 30.
25 Dahrendorf, a. a. O., Suhr 1970. Vom Referenten sind in nächster Zeit verschiedene kleinere Untersuchungen zum Gesellschaftsbild des westdeutschen Kinderbuches vorgesehen.
26 Zum Problem der „ästhetischen Distanz" vgl. Werckmeister, a. a. O., S. 109.
27 Härtling 1969, 1970.
28 Eine solche Pädagogisierung fordern Becker 1963 und Ipfling 1965.
29 Freud 1953.
30 L. Marcuse 1964, S. 324 ff.
31 H. Marcuse 1967.
32 Geißler 1970 (a).
33 Werckmeister, a. a. O., S. 93 ff.
34 Ein weiterer schwacher Punkt in der Geißlerschen Argumentation! Vgl. dazu Schorb 1968.

5. Zur Situation der Jugendbuchkritik heute*

Ein neues, auf die gesellschaftlichen Veränderungen reagierendes literaturdidaktisches Modell[1] verlangt auch eine Veränderung literaturwissenschaftlicher und literaturkritischer Analyse. Überwog bis vor kurzem noch die Auffassung, daß man in der Literaturdidaktik Konsequenzen aus literaturwissenschaftlichen Methoden und Haltungen zu ziehen habe − oft schon deshalb, weil die Schule und ihre Wissenschaften stärkeren Beharrungswiderständen ausgesetzt waren −, so scheint sich heute auf vielen Gebieten das Verhältnis, wenn auch nicht umzukehren, so doch den Charakter einer Wechselbeziehung anzunehmen. Der Wechselprozeß zwischen Fachwissenschaft und Didaktik ist erfreulicherweise in Gang gekommen, da einerseits den Wissenschaftsvertretern immer deutlicher wird, daß sie die Konsequenzen ihres Tuns zu bedenken haben, die unter anderem eben im Didaktischen liegen, andererseits die Didaktiker sich nicht einfach unkritisch mehr mit dem begnügen können, was ihnen die Wissenschaft an Methoden und Ergebnissen liefert.

In den folgenden Überlegungen zur Buchkritik wird ausgegangen von einer literaturdidaktischen Konzeption und erst von dieser Position aus nach den ihr adäquaten analytischen Methoden gefragt. Zu der erwähnten Konzeption, die der Verfasser über mehrere Veröffentlichungen hin entwickelt hat[2], seien hier vier Thesen aufgestellt:

1. *Ein erweiterter Literaturbegriff ist zugrunde zu legen[3];*
2. *Verzicht auf vorschreibend-vorbewertendes Unterrichtsverfahren[4];*
3. *Ziel ist nicht Vermittlung bestimmter Literaturen, sondern Vermittlung von Kriterien der Bearbeitung[5];*
4. *als Bearbeitungsmethode steht das „kritische Lesen" im Vordergrund[6].*

* In: Westermanns Pädagogische Beiträge, 24 (1972), H. 7/1972, S. 365−376.

Anmerkungen zu diesem Beitrag auf S. 232−233.

1. Vorüberlegungen

Kriterien der Buchbeurteilung zielen auf mehr als bloße Feststellung von Buchqualitäten. Ihre Aufstellung und Geltung gehen über den Rahmen des Nur-Literarischen weit hinaus, da sie an subjektive und gesellschaftliche Voraussetzungen gebunden sind und in sie literarische Funktionserwartungen eingehen, die wiederum die Aneignung der Literatur – die Rezeption – beeinflussen. Daher sind literarische Kriterien ein politischer Faktor von erheblichem Gewicht.

Das bedeutet zugleich, daß literarische Kriterien immer historisch, mit anderen Worten zeitbedingt sind; sie müssen sich mit dem gesellschaftlichen Prozeß als ihrem Substrat und mit dem Erkenntnisstand der Wissenschaften notgedrungen wandeln. Deshalb ist es erforderlich, immer von neuem die Grundlagen des Beurteilens und Wertens zu bedenken und die vorhandenen in Frage zu stellen bzw. zu überlegen, an welche Voraussetzungen die zur Zeit geltenden Kriterien gebunden sind und ob diese mit der historischen Situation noch im Einklang stehen. So unabweisbar dies ist, so groß sind die Schwierigkeiten, die Aufgabe zu lösen, besonders wenn man die regelmäßig erhobene Forderung nach größerer „Objektivität" oder auch nur „Nachprüfbarkeit" und „Durchsichtigkeit" der literarischen Urteile ernstnimmt. Die historische Relativität aller literarischen Kriterien und Einzelurteile widerspricht jedoch dem Anspruch auf Allgemeingültigkeit und „Objektivität". Alle Bemühungen in der Richtung übersehen, daß literarisches Urteil an Voraussetzungen und Erwartungen gebunden ist, über die niemals allgemeiner Konsensus erreicht werden kann. Wo mit der Attitüde der Objektivität und Allgemeingültigkeit geurteilt wird, zeigt sich überdies der gefährliche Effekt einer Isolierung der Literatur von ihren Lesern und ein bedenkliches Absehen von ihrer funktionalen Seite. (Darauf muß noch eingegangen werden.) Einigung könnte jedoch erreichbar sein in einigen Prämissen, so über

- die Relativität,
- die Voraussetzungen und Folgen des Beurteilens
- sowie über die Komplexhaftigkeit des Beurteilten

und damit des Beurteilungsprozesses.

So muß man sich klarmachen, daß literarische Kriterien immer auch Rezeptionskriterien sind. Kriterien beschreiben bedeutet daher, Rezeption zu beschreiben, genauer: für erforderlich gehaltene Rezeption, und dies nicht nur angesichts des konkreten Textes, der da vor mir liegt, sondern auch angesichts einer für notwendig gehaltenen g·

nen gesellschaftlichen Entwicklung, von der Texte nicht isoliert gedacht werden können.

Die Relativität des literarischen Urteilens liegt nicht nur in der historischen Bedingtheit des Urteilens, sondern auch in der subjektiven Bedingtheit und in der Bezogenheit des Urteilens auf mögliche Leser und mögliche Lesesituationen dieser Leser. Da dieser Bezug bereits, wie noch auszuführen sein wird, im Text selber angelegt ist, kann der Kritiker nicht von ihm absehen, will er den Text nicht auf unzumutbare Weise verkürzen. In diesem Sinne forderte *J. Schulte-Sasse* eine „instrumentale" Handhabung des Wertens, welche Bewertung und Funktion in Einklang zu bringen versuche, eine „relationale Verwendung" von „gut" und „wertvoll"[7].

Der Anspruch auf allgemeingültiges Werten wird weiter in Frage gestellt dadurch, daß literarische Kriterien in Verbindung mit ihrer historischen Relativität „soziale Lagen" spiegeln[8] und damit auch gesellschaftliche Interessen artikulieren. Kriterien sind also nicht nur individuell variabel, sondern auch sozial und haben mehr mit dem vor-wissenschaftlichen Phänomen des „Geschmacks" zu tun, als die Verfechter einer normativ und mit Allgemeingültigkeitsanspruch vorgehenden Ästhetik wahrhaben wollen[9].

Literarisches Urteil wird weiter erschwert durch die Tatsache, daß die ihm zugrundeliegenden Kriterien kaum etwas anderes sein können als ein Produkt der Tradition — sie konnten ja nur an der vorhandenen und überkommenen Literatur gewonnen werden[10]. Mit literarischen Kriterien, wenn man wertend mit ihnen umgeht, mißt man einen Text an vorhandenen, überlieferten Texten, so daß man, um den Literatur- und Rezeptionsprozeß nicht zu behindern, sich um offene, in der Wertung zurückhaltende, leserbezogene Kriterien bemühen muß, die in der Schwebe zu halten sind zwischen dem Gegebenen und möglichen und erhofften zukünftigen Entwicklungen. Denn jede Kritik bringt zugleich Interessen und Bedürfnisse dessen, der da liest und kritisiert, mit zur Sprache, mißt Literatur nicht nur an literarischen, sondern auch an gesellschaftlichen Erwartungen.

Kritisiert man Literatur, so stellt man sich damit in ein kompliziertes Beziehungsgeflecht hinein, das sich zusätzlich dadurch verkompliziert, daß der Kritiker selber schlicht auch Rezipient mit bestimmten Prägungen und Erwartungen ist und seinen persönlichen Kontext, wozu auch seine Bildung gehört, mit einbringt. — Jugendbuchkritik ist in besonderem Maße eine Kritik „für", das heißt im Hinblick auf Leser. In die Kritik gehen, unabhängig von aller literarischen Kennerschaft, Vorentscheidungen ein über das, was nach Auffassung des Kritikers dem Leser als Menschen zukommt — sein Bild vom Leser als Menschen, der sich dieses Stück Literatur aneignen soll. Der Kritiker rezipiert für den Leser, nimmt kritisierend die Rolle des Lesers ein, ohne die eigene Leser-Rolle dabei ablegen zu können.

Ich fasse das Gesagte zu Thesen zusammen:

— Überlegungen zur literarischen Kritik und zur literarischen Wertung müssen von der Prämisse der Relativität des literarischen Urteils ausgehen.
— Das liegt daran, daß die dem Urteil zugrundeliegenden Kriterien historisch, das heißt zeitbedingt sind, daß sie sozial und gesellschaftlich bedingt, das heißt an soziale Lagen gebunden sind und daß das Moment des Subjektiven aus ihnen nicht eliminierbar ist. Literarisches Urteil ist an das „Geschmacks"-Phänomen gebunden, das wiederum von historischen und gesellschaftlichen Bedingungen nicht abtrennbar ist. Literarische Kriterien können als das Produkt der Bemühung verstanden werden, Geschmacksphänomene zu rationalisieren.
— Literarische Kriterien deuten auf Rezeptionserwartungen hin, die der Kritisierende seiner eigenen Rezeption zugrunde legt. Bei Rezeptionen geht es nicht nur um den Text und ein ihm optimal entsprechendes Verhalten, sondern um Beeinflussung und Veränderung des Menschen durch Textaneignung, das heißt, Lernprozesse, und damit auch der Gesellschaft.
— Literarische Kritik ist instrumental als eine Kritik für Leser zu verstehen; sie aktiviert damit ein Moment jedes Textes selber.
— Wenn literarische Kriterien zugleich als Rezeptionsvorschläge zu verstehen sind, so bringt der sie anwendende Kritiker zugleich sein Bild vom Leser als Menschen und über dieses seine Vorstellungen von der notwendigen gesellschaftlichen Entwicklung mit in die Kritik ein. Das gilt auch und besonders von der Jugendbuch-Kritik.

2. Die bisherigen Grundlagen der Jugendbuch-Kritik

2.1. Die Dreiteilung in ästhetische, psychologische und pädagogische Kriterien und die Mißachtung der Literatur als Kommunikation.

Die maßgeblichen Theoretiker des Jugendbuches im deutschsprachigen Raum (es seien nur *R. Bamberger* und *K. E. Maier* erwähnt) haben die Kriterien in literar-ästhetische, psychologische und pädagogische eingeteilt. Der Dreierschritt der Analyse hatte nicht nur für das Jugendbuch Geltung, sondern entsprach auch dem Prozeß der

„didaktischen Analyse" von Texten im Hinblick auf Unterricht, wie er etwa bei *B. Schulz* und *W. Klafki*[11] normativ beschrieben wird. Für das Jugendbuch haben sich neben den Genannten vor allem *A. Krüger* und *F. Pfeffer* durch ihre – noch zu zitierenden – Beiträge zur Jugendbuchkritik verdient gemacht.

Es ist leicht zu zeigen, daß der traditionelle Dreierschritt der Jugendbuchanalyse auf dem Boden einer heute fragwürdig gewordenen Bildungspädagogik gewachsen ist, die wiederum mit entscheidenden Voraussetzungen der klassisch-idealistischen Ästhetik in Beziehung steht. Der Dreierschritt ging aus von einem durch Analyse präzisierbaren „Bildungsgehalt" des Textes, der für Unterricht oder andere Formen der Vermittlung, zum Beispiel die Rezension, fruchtbar zu machen sei. Der Begriff der „Bildung" und seine Implikate – unverrückbare Normen – wurden selber nicht angezweifelt und diskutiert. Es ging bei der so vorgezeichneten Analyse auch immer darum, zu Auswahlentscheidungen – sei es für Unterricht, sei es für Verzeichnisse – zu kommen. Die Konsequenz war, daß der aufgrund der Kriterien vorbewertete Text, entschied man sich für seine Verwendung, lediglich im Sinne seiner – ja als befürwortenswert erkannten – Intentionen behandelt werden konnte.

Zwei Mängel des Verfahrens fallen primär ins Auge:

1. wurden die Bücher auf ihren Wert als „Lebenshilfe" im Sinne der Vermittlung scheinbar unvergänglicher Normen untersucht, deren Interessengebundenheit nicht in den Blick gelangte;
2. ließ die didaktisch-methodische Umsetzung ein kritisches Lesen nicht mehr zu, da nicht Kriterien der Auseinandersetzung, sondern der Text selber vermittelt werden sollte. Es verblieb dann nur die Aufgabe, dem derart vorbewerteten Text im Sinne der voraufgegangenen Analyse optimal „gerecht zu werden" – eine Forderung, die der von *P. Glotz* an den deutschen musisch-ästhetischen Eliten beobachteten und kritisierten Haltung, wie sie z. B. in der offiziellen Buchkritik zum Ausdruck kommt, genauestens entspricht[12]. Glotz hat nachgewiesen, wie durch diese Haltung – der Kunst in ihrer objektiven Struktur „gerecht" werden – die Aufgabe der Vermittlung an Leser gerade mißachtet wird. Weder ein kritischer noch ein kreativer Umgang mit dem Text ist aber möglich, wenn Texte derart gewichtig, ehrfurchtgebietend und kanalisiert auf den Leser zukommen.

Hinter dieser didaktischen Haltung steht ein Selbstverständnis der Schule – die damit nur repräsentativ für ein ganzes Bildungssystem ist –, das sich selber als eine Institution zur Förderung von Bereitschaften zur Unterordnung und Einordnung und nicht zur Emanzipation verstand. Die Literaturwissenschaft der Hochschulen lieferte für diese Haltung die geeignete Methodik der „werkimmanenten Interpretation".

Neue Ansätze der Literaturwissenschaft[13] sowie Soziologie, Soziolinguistik und Kommunikationswissenschaft legen heute ein verändertes Verhalten gegenüber Texten nahe. Sie werden zunehmend interpretiert als Kommunikation, die freilich im einzelnen Text leicht verdeckt sein kann. Lesen hieße dann, den vorliegenden Text zu „decodieren", das heißt die abstrakte, erstarrte Form, die für jeden gedruckten Text charakteristisch ist, durch Gebrauch wieder in Kommunikation zu überführen, mithin das Statische wieder zu dynamisieren. Ein Text ist demnach potentielle Kommunikation, die durch Lektüre aktualisiert wird. Im Leseprozeß wird ein kommunikativer Zusammenhang von Sprecher S — Nachricht N — Codierung der Nachricht C — Kanal (Medium) K — Hörer H und dessen Decodierung D hergestellt. Texte sind für Leser gemacht und werden durch diese erst „vollständig". Zu diesem Zusammenhang hat *W. Iser* neuerdings Klärendes gesagt: „ein Text (erwacht) überhaupt erst zum Leben . . . , wenn er gelesen wird" — „die scheinbar von jeder Aktualisierung des Textes so unabhängige Bedeutung (ist) ihrerseits vielleicht nichts weiter . . . als eine bestimmte Realisierung des Textes, die nun allerdings mit dem Text überhaupt identifiziert wird" — „Interpretation nichts weiter als . . . nur eine der möglichen Aktualisierungen des Textes" — „Bedeutungen . . . sind das Produkt einer Interaktion von Text und Leser und keine im Text versteckte Größen" — „Generiert der Leser die Bedeutung eines Textes, so ist es nur zwangsläufig, wenn diese in einer je individuellen Gestalt erscheint."[14] Weinrich, Iser und andere zeigen, daß die Literaturwissenschaft zur Zeit dabei ist, herauszuarbeiten, wie der Leser und welcher Leser (bezogen auf seine Situation, seine sozialen Rollen, seine Erwartungen, seine Selektionsmuster usw.) im Text mitgedacht werden. So wird der Leser selbst zum Bestandteil der Literatur als Kommunikation[15], wie es natürlich auch der Autor mit seinen Voraussetzungen ist (soziale und geographische Herkunft, Sprechanlaß, Intention).

Jugendbücher sind „codierte" Nachrichten, die ein Autor an einen Adressatenkreis von gewisser Allgemeinheit — hier durch Alter und Reife spezifiziert — richtet. Nun ist N von C nicht gänzlich abtrennbar: C konstituiert N für einen Leser. Die Form, die der Autor N gibt, ist zugleich die Information. Wenn es überhaupt gerechtfertigt ist, von „Jugendliteratur" zu sprechen, so muß der Tatbestand des jugendlichen Adressaten die Form von C beeinflussen. Der Leser beeinflußt C nicht allein durch die Tatsache seines Alters (und damit seiner sozialen Generationsrolle), sondern auch durch seine Bildung, seine Schichtenzugehörigkeit, seine Kenntnis gleicher, ähnlicher oder abweichender Textsorten und die so vorgeprägten Erwartungen. Nicht nur der Autor mit seinen sozialen und individuellen Prägungen bildet sich also in seinem Text ab, sondern in seine Nachricht gehen, diese strukturierend, seine Vorstellungen von seinem Publikum mit ein, selbstverständlich nicht nur seine Vorstellungen vom Publikum, wie es ist, sondern auch, wie es seiner Meinung nach sein sollte. Kommt es dann zu einer Kommunikation, so muß diese freilich nicht genau den Erwartungen des Autors entsprechen, da dieser seinen Leser ja nicht persönlich kennt und sich der Leser erst nach Vollendung des Textes in das Gespräch einschalten kann.

Hier konnte nur eine knappe Analyse des Kommunikationsprozesses gegeben werden. Den Text im Zusammenhang einer Kommunikation und den Leser als im Text mitgedachten Realisator des Textes betrachten hat aber Folgen für die Besprechung und ihre Kriterien. Vordringlich erscheint vor allem, das Buch stärker als bisher oder überhaupt erst auf den Leser oder die gedachten Lesergruppen zu beziehen und sich Gedanken über die möglichen Leser-Funktionen, die vermuteten oder vielleicht sogar empirisch überprüfbaren Lernprozesse zu machen, die von einem Text ausgehen. „Gut" wird dann seinen fixierenden, vorschreibenden Charakter verlieren und zu einem im wahrsten Sinne „relativer" Begriff, der eine Relation zu einem Publikum herstellt und ein „gut für" ist. Erst dadurch kann die Kritik ihrer Vermittlungsaufgabe gerecht werden — anstatt bloß der Literatur gerecht zu werden.

Aber auch ein „gut für" ist noch nicht unmißverständlich. In ein befürwortendes „gut" gehen immer Entscheidungen und Interessen dessen ein, der es — als Empfehlung — ausspricht, entsprechend beim „nicht gut" als Verdikt. Wir hoben bereits hervor, daß der Rezensent primär einmal selber ein Leser mit seinen Voraussetzungen und Interessen ist. Zugleich soll er aber für eine von ihm durch Reife, Erfahrung, Alter entfernte Gruppe lesen und beurteilen. Das ist gerade beim Jugendbuch besonders problematisch, da der Besprecher sich mit der Adressatengruppe nicht in gleicher Weise identifizieren kann, wie es dem Kritiker von Literatur für Erwachsene möglich ist.

Diese Spannung ist nicht ohne weiteres auflösbar, aber rational zu machen, um ihre denkbaren negativen Konsequenzen zu verringern. Der (erwachsene) Jugendbuch-Rezensent ist immer zugleich auch „Pädagoge", in dem Sinne, daß in seine Tätigkeit Vorstellungen über zu fördernde allgemeine und rezeptive Verhaltensweisen der Adressaten mit eingehen (diesen Gesichtspunkt wird man freilich auch bei Rezensenten von Erwachsenenliteratur nicht ausschalten können). Ohne daß der Rezensent diese seine Situation − Veränderung von Rezipienten-Verhalten − reflektiert und rational zu bewältigen sucht, ist eine fruchtbare Rezensententätigkeit nicht denkbar. Daneben ist er immer auch Kommunikator, Vermittler. Den Aspekt Verhaltensbeeinflussung überbewerten, führt leicht zur autoritären Bevormundung, ihn unterbewerten zum wertfreien Positivismus. Befürwortung als Lese-Empfehlung (mit Konsequenzen für die Kanalisierung von Texten) und Ablehnung als Lese-Warnung (mit restriktiv-abschirmenden Konsequenzen) mißachten die kommunikative Seite und überziehen das pädagogische Moment. Die unvermeidbar pädagogische Seite der Jugendbuch-Rezension birgt überdies die Gefahr der Indoktrination in sich. So sind weit verbreitete Tabus der westdeutschen Jugendliteratur − Konfliktvermeidung, Freihalten der Literatur von sozialer Realität und von Sexualität, Idealisierung von Autoritäten − auf bedenkliche Rückständigkeiten in der Erziehung in unserer Gesellschaft, auf Ideologie als falsches Bewußtsein zurückzuführen.

Das Ziel der Rezension kann nicht darin bestehen, zu einer Befürwortung oder Ablehnung eines Buches zu gelangen[16]. Die Kriterien, die verwendet werden, sollten so angelegt sein, daß sie dem Leser zugleich als mögliche oder notwendige Zugangsweisen zu dem Buch dienen können. Es muß deutlich werden, welche Leseaufgabe das Buch stellt, besser noch: erfordert, nicht um eine „buchadäquate" Aufnahme zu sichern, sondern gerade umgekehrt: um sicherzustellen, daß seine Intentionen auch durchkreuzbar sind. Nicht um die Verwirklichung der Buch-Intention im Leser geht es primär, sondern um die Förderung, Aufklärung, Emanzipation des Lesers. Er ist nicht Objekt des Buches, sondern nimmt es als Subjekt in Gebrauch.

Es bedarf keiner Begründung, warum der Stand der Jugendbuchkritik von erheblicher Bedeutung für die Jugendbuch-Produktion ist. Gerade im Bereich der Kinder- und Jugendliteratur wird aus einsehbaren ökonomischen Gründen überwiegend für die maßgebenden Rezensenten, oft auch nur für den Durchschnitts-Rezensenten produziert, da hier über Erfolg und Mißerfolg eines Buches entschieden wird.

2.2. Kritik und Ergänzung der Besprechungs-Gesichtspunkte

Die nachfolgende Übersicht bezieht sich auf grundlegende Arbeiten der bereits genannten vier Autoren R. Bamberger[17], K. E. Maier[18], F. Pfeffer[19] und A. Krüger[20]. Es geht dabei nicht so sehr um die Herausstellung der individuellen Beiträge der Autoren zu der Diskussion als um die generelle Linie, die sie vertreten.

Bei einer vergleichenden Betrachtung der theoretischen Arbeiten der erwähnten Autoren fällt als erstes die bereits zitierte Dreigliedrigkeit des kritischen Vorgehens auf: einmal nimmt man sich das Buch „als solches" vor, wobei differenziert wird in Form und Inhalt/Gehalt, um dann in eine leser-psychologische und darauf in eine pädagogische Betrachtung einzutreten. So gliedert Maier, nach einer historischen Betrachtung der Jugendliteratur, in seinem systematischen Teil in die drei Abschnitte „Jugendschrift als Literaturgut", „als Lehr- und Erziehungsgut" und „als Kind- und Jugendgut", während Bamberger vom „ästhetischen Grundsatz", „psychologischen Grundsatz" und „pädagogischen Grundsatz" spricht. Im einzelnen kann man immer wieder auf folgende Beurteilungs-Gesichtspunkte stoßen:

1. *Das Äußere des Buches:* Aufmachung, Druck, Illustration usw.
2. *Ästhetisch-literarische Analyse:*
   Form: Sprache, Erzählform, Einheit, (organische) Gestaltganzheit, Gattungszugehörigkeit, Echtheit, Spannung;
   Inhalt/Gehalt: Handlung, Aufbau, Personen und deren Verhältnis zueinander, Stoff, Thema, Weltausschnitt, Gehalt, Aussage.
3. *Psychologische Analyse:* Phasengemäßheit, Kindertümlichkeit.
4. *Pädagogische Analyse:* pädagogische Bedeutung, Wert als „Lebenshilfe", Normengerechtigkeit.

Schon die Übersicht zeigt, daß

1. eine fragwürdige Trennung zwischen dem Buch „als solchem" und den weiteren Aspekten vorgenommen wird, die dadurch als zusätzliche Aspekte, auf die man daher zur Not auch verzichten könnte, in Erscheinung treten,
2. aller Leserbezug lediglich durch das Merkmal der „Phasengemäßheit" abgedeckt wird,
3. die soziologisch-gesellschaftliche Funktion völlig außer Betrachtung bleibt,
4. offenbar an einheitlichen, vorgegebenen ästhetischen und pädagogischen Normen gemessen wird, die selber nicht auf ihren Sinn und ihre Berechtigung hin befragt, folglich als überzeitlich gültig angesehen werden.

Zu 1: Wenn es richtig ist, daß der Leser im Text durch dessen Struktur „enthalten", sozusagen „vorgedacht" ist, ist es nicht möglich und verfehlt die Text-Intention, einmal den Text „an sich" und eigenständiges Gebilde zu betrachten und dann erst seinen Leserbezug zu untersuchen. Als Kommunikation verstanden, organisiert ein Text eine

Nachricht für Leser. Dieser hat, als Vorstellung und Bild, über den Autor bereits die Strukturierung der Nachricht beeinflußt; dieses Bild vom Leser geht als Leserappell in den Text ein. Der Adressat hat, bevor er überhaupt zu lesen beginnt, bereits auf die Formung des Textes eingewirkt. Die formale Struktur dient damit nicht nur der Fassung eines Inhalts, sondern formt diesen zu einer Leserinformation. Diese Verflechtung von Inhalt, Form und Leser wird von einer sukzessiven Behandlung von Text, Leseranspruch und Wirkung nicht erfaßt. Kommunikation ist nicht ein möglicher und zur Not verzichtbarer Zusatz zum Text, sondern ein übergreifender Zusammenhang, den die Besprechung sichtbar machen muß.

Zu 2: Phasengemäßheit und Kindertümlichkeit sind, wie man heute weiß, fragwürdige Kriterien. Ihre naive Verwendung ist nicht mehr zu verantworten. Seit A. Beinlichs Untersuchungen Ende der fünfziger Jahre[21] wissen wir, daß die klassische Lesephasen-Theorie, die auf *Ch. Bühler* und *E. Lippert* zurückgeht, nicht mehr haltbar ist (wenn Beinlich sie auch mehr differenziert als überwunden hat). Die Normen, die hier unreflektiert zugrunde gelegt werden, sind eine „idealtypische" entwicklungsgemäße Abfolge von Lesestufen, die sich bei näherem Hinsehen als auf mittelständische Erwartungen bezogen erweisen. Was infolge Bildungsprivilegien und innerhalb privilegierter Gruppen traditionell als erreichbar und wünschenswert gilt, wird zu einer Norm für alle erhoben, mit der realen Konsequenz, daß diejenigen, welche die Norm aus sozialen Gründen nicht erfüllen können, frustriert und an die ihnen tatsächlich erreichbare Lektüre gerade fixiert werden – von dem auf diesem Wege produzierten schlechten Gewissen, das bekanntlich immer Abhängigkeit bewirkt, gar nicht zu reden. Zugleich wird damit implizit zum Ausdruck gebracht, daß es jedermanns eigene Schuld sei, wenn er die Norm nicht erreicht. Damit wird das den Verhaltensdifferenzen zugrunde liegende soziale Problem personalisiert.

Ebenso schwer wiegt ein zweites Bedenken gegen das Kriterium der Phasengemäßheit: sie reflektiert nicht die historisch-epochale Bedingtheit der Interessen, sondern tut so, als handele es sich hierbei um einen zeitlos-anthropologischen Tatbestand. Aber Interessen sind das Ergebnis der Sozialisation, die gesellschaftlicher Herkunft und deshalb variabel ist. Vielmehr wird mit dem Kriterium der Phasengemäßheit verdeckt ein gesellschaftliches Interesse selber greifbar: die mit dem „Kind" und dem „Heranwachsenden" verbundene gesellschaftliche Erwartung. „Phasengemäßheit" entpuppt sich so, geht man ihr auf den Grund, als ein Moment der sozialen Kontrolle, das heißt der Vermittlung gesellschaftlich vorgegebener Generationsrollen und damit einer Sozialisation entsprechend den generellen sozialen Erwartungen, die mit „Kindsein" und „Jugendlichersein" in unserer Gesellschaft verbunden werden. Hält sich ein Autor, hält sich ein Kritiker an dieses Schema, so macht man damit einen Text nicht nur lesbar und zugänglich „für" die gedachte Gruppe, sondern prägt sie und fixiert sie auch entsprechend diesem Bilde[22]. Auf der anderen Seite ist Jugendliteratur — sollte der Begriff zu Recht bestehen — eine Literatur, die in der Tat den Interessen der Heranwachsenden entgegenkommt, und sie muß diese Aufgabe erfüllen, wenn sie ihre lesestimulierenden Effekte entfalten will. Das ändert nichts daran, daß Interessen — auch Leseinteressen — historisch bedingt und „anerzogen" sind und daß es genau genommen nicht die Interessen der Heranwachsenden sind, die hier bedient werden, sondern die Interessen der Gesellschaft, um die Nachwachsenden nach ihrem Bilde zu sozialisieren. Wir ziehen zwei Folgerungen:

Erstens gilt es zu erkennen, daß es sich bei dem Begriff der „Phasengemäßheit" um ein kaschiertes gesellschaftliches Interesse, also um ein Moment pädagogischer Beeinflussung handelt. Zweitens muß gesehen werden, daß man den Gesichtspunkt der Phasengemäßheit nicht anders denn als Konflikt zwischen einem vorgefaßten Interesse der Leser als Produkt der Sozialisation und der Notwendigkeit, zur Kommunikationsfreudigkeit und -fähigkeit zu erziehen — was legitim und notwendig ist — gerecht werden kann. Der Konflikt wird angesichts einer erforderlichen Erziehung zur Emanzipation deshalb besonders virulent, als Emanzipation auch immer Fähigkeit und Bereitschaft zur Rollendistanz bedeutet.

Zu 3: Über die Herausarbeitung psychologischer Bezüge zwischen Lektüre und Leserschaft kommt die traditionelle Jugendbuch-Kritik nicht einmal ansatzweise hinaus. Das gilt auch noch für neuere Veröffentlichungen zur Funktion der Kinder- und Jugendliteratur. *H. Giehrl*[23] und *W. Hartmann-Winkler*[24] fahnden übereinstimmend nach anthropologisch fundierten Leseinteressen; die gesellschaftlich und sozialisations-bedingte Begründbarkeit der Interessen wird völlig übersehen bzw. sogar — wie bei Giehrl — expressis verbis angefochten. Daß Lektüre ein Instrument der Steuerung von Verhaltensweisen ist und dabei sich aufs engste mit den in der Gesellschaft praktizierten Sozialisationsprinzipien verbündet, kann zum Beispiel eindeutig am Kinderbuch und am Mädchenbuch nachgewiesen werden[25].

Daher sollte es in Zukunft in der Jugendbuchkritik nicht mehr nur darum gehen, ein Buch auf seine Stufengemäßheit und auf die psychologischen Voraussetzungen der Aneignung hin zu untersuchen, sondern um Analyse und Kritik des dem Buch zugrunde liegenden gesellschaftlichen Interesses, vor allem was das Angebot an Rollenmustern betrifft. Will das Buch einen emanzipierten Leser, den Leser emanzipieren, das heißt von Abhängigkeiten befreien und ihn zur Flexibilität gegenüber den normativen Erwartungen der Gesellschaft verhelfen, will es ihn aufklären über die Abhängigkeiten – oder will es ihn, um ihn zum Leser zu machen, gerade in ihnen festhalten, ihm Autoritäten als „nun einmal gegeben" aufschwatzen und ihm die Möglichkeit eines Glückes durch Anpassung und Unterwerfung suggerieren? Bekanntlich ist es gerade die „Unterhaltung", die in unserer Gesellschaft als Vehikel zur Vermittlung von Verhaltensmustern dient[26].

Zu 4: Die Bindung an vorgegebene und nicht weiter hinterfragte Normen, wobei die ästhetischen ethischen entsprechen, erweist sich bei näherer Betrachtung als Identifikation mit einem Interesse an der Erhaltung der bestehenden Gesellschaft. Nicht diese Tatsache an sich ist bedenklich, sondern daß Ästhetik und Ethik als normiert und normativ der Kritik entzogen werden, ist das Entscheidende. Schulte-Sasse hat deutlich gemacht, daß Kriterien wie „Ganzheit", „Echtheit", „Gattungsgemäßheit", „individuell-dichterisch" der überholten und einseitigen klassischen (Genie-)Ästhetik entsprechen, die – wie alle Ästhetiken – auf bestimmte gesellschaftliche Zustände zurückgehen. Das erkenntnis-leitende Interesse einer solchen Ästhetik, die nicht nur die Jugendbuch-Produktion noch weitgehend bestimmt, sondern auch ihre Kritik, ist das der Erhaltung der bestehenden Herrschafts- und Abhängigkeitsverhältnisse. Sie hat die Produktion von Büchern zur Folge, die „positive", glücklichmachende, zur Einpassung einladende Verhältnisse, positive Leitbildfiguren und nachahmenswerte Erwachsenen-Vorbilder, angenehmes Gelingen und stets gute Buchschlüsse zum Inhalt haben.

Eine von der klassischen Ästhetik abhängige Jugendbuchproduktion und -kritik fördern die Entstehung von Büchern, die unsere Welt als „heil" darstellen, die sich mit der sozialen Praxis möglichst wenig einlassen und eine bestimmte Form der Rezeption konditionieren: eskapistischen Genuß, kompensatorisches Vergessen der Realitäten, Unmöglichmachen eines Transfers des Gelesenen in die gesellschaftliche Wirklichkeit des Lesers und daher Erlernen seiner Vermeidung. Eine solche Rezeptionsweise mag Vergnügen bereiten – sie soll auch nicht generell abgewertet werden –, eine tatsächliche Hilfe für Konfliktbewältigung ist sie jedoch nicht. So sind es in der Tat überwiegend weltfremde, „rein literarische" Konflikte, die man im deutschen Jugendbuch seinen Lesern zumutet, und da dies vorzüglich mit der primären Sozialisation der Leser korrespondiert, merken sie es nicht einmal. (Eine Didaktik des Jugendbuches müßte die Leser dazu bringen, daß sie es endlich merken.)

Das ist auch der euphemistische Sinn des Begriffs „Lebenshilfe", den man bei uns zur Kennzeichnung dieser Art von Kommunikation gern verwendet. Es läuft auf ein Sichabfinden mit dem Bestehenden als (nun einmal) nicht veränderbar hinaus und ist damit eindeutig anti-emanzipatorisch. Darum muß die sogenannte „antiautoritäre Kinderliteratur", trotz ihrer Übertreibungen und ihrer neuen Einseitigkeit, grundsätzlich begrüßt werden, da hier mit einer neuen Strategie der literarischen Kommunikation als Emanzipation experimentiert wird.

Zum Zusammenhang von Kritik, Rezeption und Ästhetik noch ein paar ergänzende Bemerkungen: „Ästhetik" wird hier als Antwort auf die Frage verstanden, welche Funktionen und Rezeptionsweisen man der Kunst innerhalb der Gesellschaft allgemein zuweist. Sie schlagen sich in den generell verwendeten Kriterien der Kunstbetrachtung nieder. Deren Verfahrensweisen korrespondieren daher mit der üblichen Verwertungspraxis. Eine die Produkte der Kunst ungesellschaftlich und unpolitisch betrachtende Ästhetik drängt Kunst-Rezeption in einen Raum von der Gesellschaft abgewandter Esoterik. Die Elite der Kunstproduzenten betont damit, unter sich bleiben zu wollen, und Kunstrezeption wird zu einem von der Praxis abgewandten Prozeß, der ihr kompensatorisch als das „ganz andere" zugeordnet ist.

Daß es mit der allgemeinen Ansicht über die gesellschaftliche Funktion der Kunst speziell in der Bundesrepublik seine eigene Bewandtnis hat, da die intellektuell-musischen Eliten sich seit dem 19. Jahrhundert von der Gesellschaft zunehmend abkapseln und ein Syndrom kulturpessimistischer Einstellungen kultiviert haben, ist bekannt und zum Beispiel von der Münchener Publizistik-Schule, vor allem von *W. Langenbucher* und *P. Glotz* immer wieder hervorgehoben worden[27]. Daneben sind Bemühungen feststellbar, die Ästhetik zu wandeln, wobei literaturwissenschaftliche, ideologiekritische (Frankfurter Schule) und marxistische Ansätze zu verzeichnen sind. Für die Jugendbuchkritik sind zwei neuere Arbeiten interessant, die versuchen, die Ästhetik-Diskussion auch für die Jugendliteratur fruchtbar zu machen: P. Härtlings „Rede für Bayreuth" (1969) und *H. Chr. Kirsch*s Würzburger Rede (1971), erschienen unter dem Titel „Aufgaben und Chancen der Kinder- und Jugendbuchautoren in einer sich wandelnden Gesellschaft"[28]. Beide versuchen die gesellschaftliche Bedingtheit der Kunst und ihrer Rezipienten in eine neue Ästhetik der Jugendliteratur umzumünzen, die gängigen Normen der Jugendliteratur in Frage zu stellen und ihr neue Funktionen zuzuweisen. Sie befürworten eine neue gesellschaftliche Offenheit der Jugendliteratur, „die Fragen nach den neuen Normen eines humanen Zusammenlebens" stellt, „die Konfliktbewälti-

gung" einübt, „die auf Mobilität und Offenheit" vorbereitet, „die
zur Schärfung des Sinns für rationale Entscheidungen" führt, „die
das Aushalten der Offenheit" vorstellt und „die Entschleierung
des Überholten und im Hinblick auf die Zukunft Unzweckmäßi-
gen" betreibt, „deren Lektüre dazu führt, daß man Sprache als Mittel der exakten Information einübt und Informationen sozial engagiert umzusetzen lernt, auch Bücher, die die Manipulationen, von
welcher Seite auch immer, durchschauen helfen" (Kirsch, S. 1732).
Eine „heile Welt" und die „phantastische Welt" der „Zwege, Elfen,
Hexen, Zauberer, Wassermänner, Windgeister, Prinzessinnen und
Kasperle" (Kirsch, S. 1734), deren Wuchern in unserer Kinder-
und Jugendliteratur Kirsch mit Recht beanstandet, sind ohne
Schwierigkeiten auf eine Ästhetik zurückführbar, die Rezeption
primär als eine Beschäftigung „neben dem Leben" und zu seiner
bloß kompensatorischen Verschönerung betrachtet, die Welt aber
nicht als eine veränderbare beschreibt und damit keine Hilfen gibt,
um sie zu verändern.

Nun steht diese gewollt abseitige Literatur in einem engen Zusammenhang mit der in unserer Gesellschaft üblichen Sozialisation,
was allerdings zur Folge hat, daß es nicht ausreicht, nur nach anderen Büchern zu rufen, wie Kirsch es tut, ja, nicht einmal nach
einer neuen Ästhetik als dem für die entstehenden Bücher unmittelbar verantwortlichen Bedingungszusammenhang. Man kann nicht
schlicht die Ästhetik verändern, ohne weiter nach der Gesellschaft
zu fragen, deren Produkt sie ist. Aber nur an der gesellschaftlichen
Basis entstehen diejenigen Interessen, die sich auch zu literarischen
Verhaltensweisen mausern. Zugleich mit einer Veränderung der
Ästhetik müssen demnach auch Veränderungen der Lese-Interessen und deren Bedingungen herbeigeführt werden.

Voraussetzung dafür ist erst einmal, daß die Buchbesprechung
ihre Ästhetik überdenkt, daß sie bedenkt, für welche Interessen sie,
daß sie überhaupt für Interessen tätig ist, daß sie ferner ihrer Arbeit
eine Ästhetik zugrunde legt, die auf eine andere, neue Rezeption,
auf eine neue Erwartungshaltung Texten gegenüber zielt. Die Frage
nach der (immanenten) Qualität eines Buches muß deshalb von ihrer Spitzenstellung in der Kriterien-Hierarchie entfernt werden und
einem neuen Stellenwert weichen. Solange man Bücher auch nur
überwiegend im Hinblick auf die ihnen immanente „literarische Leistung" hin untersucht, so lange wird Lektüre funktions- und folgen-
lose Feiertags- und Außenseiter-Beschäftigung bleiben und das Buch
lediglich die Aufgabe erfüllen, in den tristen Alltag „ein wenig Son-
nenschein" zu bringen.

2.3. Beispiele zur bisherigen Ästhetik der Jugendliteratur

Aussagen zu Inhalt und Stoff

„Seine (des Erzählers) Welt und seine Gestalten müssen der Wirklichkeit entsprechen, aber auch über sie hinausweisen; denn er verdichtet die Gegebenheiten des Lebens auf das Wesentliche hin. So wird hinter der dargestellten Welt ein Tieferes sichtbar, das den Sinn des Lebens aufleuchten läßt."[29]

„Die Darstellung muß sich an der Wahrheit, gleichzeitig aber auch am kindlichen Wunschbild von einer liebenswerten und geordneten Welt orientieren."[30]

„Der Jugendschriftsteller muß . . . einen Stoff finden, der an sich ‚jugendtümlich' und ethisch tragend ist."[31]

„Zeichnen wir dem Kind die Welt der Erwachsenen so, daß sie seinem Verlangen nach Schutz, nach Liebe, nach Geborgensein entgegenkommt."[32]

Aussagen zu Form und Sprache

Ich betrachte sie (Erzählungen für Kinder) . . . von Arbeitsansätzen her, die die Literaturwissenschaft entwickelt hat; das sind Motiv, Thematik, Aufbau, Erzählform, künstlerische Gesamtgestalt, Allgemeingültigkeit der Aussagen, Symbolgehalt, humoristische Darstellungsformen. Dabei lasse ich den jugendlichen Leser niemals aus den Augen und prüfe dadurch nach, ob die Erzählformen alterstypisch abgewandelt sind."[33]

„Wir sind erst auf dem Wege, objektive ästhetische Maßstäbe für die Beurteilung von Jugendbüchern zu erarbeiten. Bis heute urteilte man meistens von seinem subjektiven Eindruck her, oder man ließ sich sehr stark von pädagogischen Erwägungen beeinflussen."[34]

„. . . betrachte ich alle Werke auf ihre Gesamtgestalt hin, die durch die Sinnmitte, den Bezug alles Erzählten auf sie und den Spannungsbogen, der das Buch zusammenhält, bestimmt wird. Für wesentlich halte ich weiterhin die Erzählform, die anschaulich, lebendig oder straff sein kann. Die Sprache des Jugendbuchs überzeugt mich, wenn sie bei aller Kindgemäßheit durch ihre Kraft, Echtheit und Fülle deutlich werden läßt, daß der Erzähler von seinem Gegenstand völlig durchdrungen, ja mitgerissen wurde."[35]

„Organische Einheit", „Echtheit" (= „die eigene Innerlichkeit mit dem, was . . . [man] schreibt, in Einklang bringen"), „Spannung".[36]

„Voranstellung des künstlerischen Gesichtspunktes in der Beurteilung"[37], „Der ästhetische Gesichtspunkt ist uns zunächst nur Wegweiser zum Echten und Wertvollen."[38]

Durch „Ganzheit erleben . . . zu einem Wertgefühl gelangen", „echt und unecht".[39]

„Reinheit und Einheit des Sprachtons (verrät) eine saubere und gewissenhafte Arbeit und wird zum Ausdruck einer Persönlichkeit . . ."[40] „den begnadeten Schriftsteller . . . macht . . . der eigene Ton, die eigene sprachliche Woge . . . Die Sprache . . . (ist) der Träger der Stimmung oder Atmosphäre, die von einem Buch ausgeht und den Leser in seiner Ganzheit erfaßt." „Die Qualitätsmerkmale des Kinderbuches sind weniger vom Altersmäßigen als vom Künstlerischen her bestimmt. Die Sprache soll natürlich und lebensecht sein, erhält aber ihren künstlerischen Wert erst durch ihre Eigenart, d. h. durch die Züge, die nur diesem bestimmten Dichter angehören."[41]

Aussagen zur Kind- und Phasengemäßheit

„Es kommt . . . an . . . auf die positive Entsprechung gegenüber den Bedürfnissen der Entwicklungsstufe (Gefühl der Sicherheit, Steigerung des Lebensgefühls, Freude, positives Weltbild u. a.)."[42]

„Das diffuse Streben des Kindes kann nicht uneingeschränkt zum Maßstab der Kindertümlichkeit erhoben werden. Nicht das Kind entscheidet, sondern der kundige und reife Erwachsene; freilich nicht gegen die Natur des Kindes, sondern in Übereinstimmung mit jenen Anlagen, Fähigkeiten und Antrieben, die dem gesunden Wachstum dienlich sind."[43]

„Kindertümlichkeit setzt voraus, daß der junge Mensch in der besonderen Weise seines Daseins, davon die sprachliche Äußerung eine besonders sichtbare und auffällige Seite ist, ernst genommen wird; daß die besondere Weise seines Erlebens, seines Verstehens, seines Wollens mit den wechselnden Zielen im Ablauf der Entwicklung im Blick gehalten wird."[44]

„Der entwicklungspsychologische Gesichtspunkt durchwirkt . . . alle Bereiche des Jugendbuches als differenzierende Kraft. Die Jugendtümlichkeit in der Form der Phasengerechtigkeit gehört zu den Merkmalen des Jugendbuches überhaupt."[45]

Aussagen zur pädagogischen Funktion

„Sie (die Erwachsenengeneration) hat die Pflicht und das Recht zu wachen, daß die Literatur der Jugend den pädagogischen Intentionen entspricht, daß sie pädagogisch wertvoll ist . . . alles Erzählgut . . . (muß) der anerkannten und überlieferungswürdigen sittlichen Lebensordnung gerecht werden."[46] „Zu ihnen (den Grundideen der ‚einfachen Sittlichkeit') soll sich die Jugendschrift unmißverständlich bekennen", diese nützt „der sittlichen Emporbildung."[47] „Jedes Buch wird auf seinen ideellen Grundgehalt durchleuchtet. Dabei treffe ich zuletzt auf Geist und Herz des Autors, der durch die Wahl und Formung des Stoffes aussagt, welche Werte er für unveräußerlich hält. In seinem Werk gibt er sie unaufdringlich, weil gestaltet, weiter an den jungen Leser."[48]

Bejahung der „gegenwärtig vorherrschenden Auffassung von der Jugendliteratur als Lebenshilfe".[49] „Der . . . Bildungswert der Lektüre liegt in der Entwicklungshilfe, in der Entfaltung, im Training der positiven Anlagen." „Der Schriftsteller muß einen Stoff finden, der schon die bestimmte Erziehungsidee in sich trägt und ausdrückt."[50] „Es ist pädagogische Forderung an das Jugendbuch, wenn von ihm verlangt wird, daß es ein Welt- und Menschenbild vermittelt, in dem wahrhaftig und realistisch ein tragendes Ordnungsgefüge gestaltet sichtbar werden soll . . . Aus sich heraus wird das Jugendbuch Lebensdeutung, Lebenshilfe."[51] „Das Jugendbuch ist Lebenshilfe im umfassenden Sinne."[52]

3. Vorschläge zur Beurteilungspraxis

3.1. Kriterien und ihre Handhabung

Kriterien dienen nicht nur der Erschließung von Texten, sondern auch ihrer Vermittlung, das heißt einer Erschließung für Leser. Sie lassen sich nicht vertikal, sondern nur „horizontal" gliedern, indem die Textmerkmale unter leserpsychologischen, unter funktionalen und unter didaktischen Aspekten zu betrachten sind, wobei in letztere die psychologischen und die funktionalen mit eingehen. Durch diese Verfahrensweise wird zum Ausdruck gebracht, daß Leserbezug, Funktion und methodische Zugangsweisen im Gegenstand angelegt sind.

Die Kriterien und die Art ihrer Handhabung seien in Form einer (horizontal anordnenden) Tabelle wiedergegeben (siehe S. 229).

Das bedeutet: Alles, was das immanente Gefüge des Textes ausmacht, ist in Beziehung zu setzen a) zum Leser und dessen individueller Psyche, b) zu möglichen gesellschaftlichen Funktionen und c) zu daraus resultierenden Leseaufgaben (Lernzielen). Es handelt sich dabei um einen in mehrere methodische Schritte zerlegten Gesamtzusammenhang. Die funktional-didaktische Reflexion ergibt methodische Aspekte der Textbearbeitung, die einerseits vom Text, andererseits von allgemeinen Lernzielen (z. B. Emanzipation) erzwungen werden. Die „Wertung" folgt nicht bereits aus einer Analyse der „literarischen Leistung", sondern erst aus der Einbeziehung funktional-didaktischer Überlegungen im Zusammenhang mit der

Textqualität	(psychologischer) Leser-Bezug	Funktionen, vermutliche Wirkungen, Interesse des Autors	Didaktische Konsequenzen, zu vermittelnde Methoden
Inhalt, Fabel, Handlung Motive, Konflikte, Personen und deren Beziehungen zueinander Gehalt, Werte, Normen Sprache, Erzählhaltung (auch Übersetzung) Komposition, Aufbau Äußeres: Umschlag, Illustration, Textanordnung (Zeilenlänge, Zeilenabstand), Verhältnis von Illustration und Text (auch Menge)	Welcher Leser ist gemeint (Alter, Reife, Geschlecht, soziale Lage, Interessen, Vorbildung, [Lese-]Erfahrung)? Welche Lesehaltung ist intendiert (naiv, kritisch, identifizierend, projektiv, aktiv-passiv)? Auf welche Lese-Situation und Motivation zielend (Unterhaltung = Entlastung, Information, Ablenkung, Zeit- und Gesellschaftskritik).	Emanzipatorisches oder affirmatives Interesse, Lebenshilfe als Anpassung oder als Emanzipation, Schein-Realismus als Illusionismus, Vergnügen, gesellschaftlicher Hintergrund verdeutlicht oder nicht. Rollen-Sicherheit vermittelnd oder zur Flexibilität anregend. Inhalte so dargestellt, daß Leser Stellung nehmen kann oder dazu herausgefordert wird (bzw. nicht).	Mögliche Funktionen bewußtmachen, Unabhängigkeit gegenüber Text herstellen, Anregungen zum Ingebrauchnehmen. Interessen und Absichten des Textes verdeutlichen, Standort des Autors herausarbeiten.

Textanalyse. Dabei sind vor allem die ästhetischen und rezeptiven Normen, denen der Text zugeordnet werden muß, zu identifizieren, dazu gehören: der Bezug des Textes zur Realität, die Verwendbarkeit des Textes für die Leser und für welche Leser.

Unsere Übersicht erhebt nicht den Anspruch, alle möglichen Aspekte des psychologischen Leser-Bezugs, der Funktionen und der zu folgernden Lernziele anzugeben; sie will nur die Richtung angeben, in die nach diesem Vorschlag die kritischen Gesichtspunkte der Jugendbuchanalyse zu gehen haben.

3.2. Anregungen zur Praxis der Beurteilung

Unsere Überlegungen und Vorschläge münden aus in das Problem, wie daraus praktikable Formen der Buchanalyse entwickelt werden können.

Es kommt sicher nicht darauf an, bei jedem Buch auf alle erwähnten (und noch weitere mögliche) Aspekte einzugehen. Jedes Buch wirft eigene Probleme auf und verlangt in der Besprechung andere Akzente, und nicht *die* Besprechung ist automatisch die gelungenste, welche die meisten Gesichtspunkte berücksichtigt, sondern diejenige, welche die für dieses Buch tatsächlich wichtigen herausarbeitet.

Eine neue Beurteilungspraxis ist sicher nicht von heute auf morgen durchsetzbar. Sie bedarf des Trainings, der Schärfung neuer Sinne der Textbeobachtung und -analyse. Was sie sich allerdings nicht mehr leisten kann, ist die naive Einschätzung des Textes lediglich aufgrund des Erfahrungswertes, daß er „ankommt", also „stufengemäß" ist, und aufgrund seiner Übereinstimmung mit irgendwelchen Normen. Das „Ankommen" ist sicher gerade bei Lesestoff, der in die Freizeitwelt seiner Leser zielt, ein conditio sine qua non. Aber wir wissen und stimmen darin wohl überein, daß es zu unseren Aufgaben gehört, die Differenzierung in Schul- und Freizeitlektüre in einem neuen Literaturunterricht mehr und mehr aufzugeben. „Ankommen" ist dann eine Voraussetzung dafür, um neue Formen des methodischen Zugriffs einzuüben und allmählich zu einer Selbstverständlichkeit zu machen. (Daneben wird es immer auch Texte geben, die einer methodischen Vermittlung bedürfen und bei denen „Ankommen" nicht vorausgesetzt werden kann, sondern das Ergebnis der Vermittlung ist.)

Unsere Vorschläge, implizit bereits in unserer Kritik an der überkommenen, zum Teil lückenhaften, zum Teil verfehlten Beurteilungspraxis enthalten, mögen ein Fernziel darstellen; sie mögen auch angreifbar sein und sind sicher modifizierbar, aber erste Versuche, Bücher in der angedeuteten Richtung zu besprechen, müssen gemacht werden. Es sollte sogar ins Auge gefaßt werden, Formen der Besprechung zu entwickeln, die von den Lesern und den Adressaten der Bücher selber erfaßt werden können, um die Abhängigkeit der Leser vom buchvermittelnden und -verwertenden Apparat zu mildern.

In der Beurteilungspraxis wären folgende erste Schritte denkbar (wobei allerdings über die Ziele der Besprechung, die oben dargestellt worden sind, Einigkeit erreicht werden müßte):

1. Herausstellung wesentlicher Merkmale des Textes (Inhalt und Form),
2. Überprüfung dieser Merkmale auf ihren Leserappell und die im Text vorausgedachte Leserschaft hin,
3. Fragen nach mutmaßlichen, auch gesellschaftlichen Funktionen (wird ein Interesse spürbar, und wenn: welches?),
4. Didaktische Folgerungen im Hinblick auf die für den Text notwendige methodische Aneignung und Verwertung, wobei allgemeine Lernziele des Literaturunterrichts zu berücksichtigen wären.

4. Schlußbemerkungen

Es versteht sich, daß jede Besprechung auf eine *Wertung* des Buches zielt. Es kommt aber darauf an, sich der Relativität jeglicher Bewertung bewußt zu sein, das heißt, sich stets ihre Voraussetzungen und Bedingungen gegenwärtig zu halten. Sie ist „relativ" im Verhältnis zum Wertenden, der damit seine Interessen, auch seine gesellschaftlichen, artikuliert, und sie ist „relativ" im Hinblick auf die potentiellen Leser des Buches. Es bedeutet keine Einschränkung des Buchwertes, wenn man ihn „relativiert" – es *gibt* nur relationale Textqualitäten. Legt man in der Besprechung jedoch zugleich solche Relationen offen, so sollte man auch den Mut haben, dem Leser die Entscheidung für oder gegen das Buch zu überlassen. Rezensent und vermittelnde Bezugsperson nehmen die Rolle von Beratern an, die dem Leser helfen, das Buch in seiner Funktion für ihn und seine Lebensumstände zu erkennen. Ob und wie er das nutzt, muß ihm überlassen bleiben. Daher sind die Rezensionen auch so abzufassen, daß buchvermittelnde Erwachsene ihre Wertauffassung dem Rezeptionsprozeß nicht vorgeben, sondern sich darauf beschränken, dem Leser zu einer selbständigen Wertung zu verhelfen.

Macht man Ernst mit dem Grundsatz, daß nicht das Buch der Primärfaktor des Kommunikationsprozesses ist, sondern der Mensch als sein Subjekt, so wären auch Konsequenzen im Hinblick auf die Ziele einer „Buch-Pädagogik" zu ziehen. Es käme dann nicht mehr so sehr auf eine „Anhebung" der Interessen und Fähigkeiten an, sondern darauf, die Texte zwecks Klärung und Verbesserung der Situation des Lesers in Gebrauch zu nehmen und zu verwerten. Eine isolierte Interessendifferenzierung ohne Eingriff in die sozialen Mechanismen, welche die Bedürfnisse der Kommunikation stiften oder zumindest entscheidend beeinflussen, ist keine tatsächliche Hilfe und nicht zu verantworten. Texte dürfen nicht länger zu Prestigezwecken mißbraucht werden und lediglich als Ausweis der Zugehörigkeit zu bestimmten sozialen Gruppen dienen.

*

Dieser Aufsatz möchte eine Änderung der Jugendbuch-Kritik im deutschsprachigen Raum bewirken. Was er außer acht ließ, war die Tatsache, daß das Buch seinen Monopolanspruch als Literaturvermittler längst eingebüßt hat und heute mit anderen Mittlern wie Radio, Fernsehen, Zeitschrift, Comic konkurrieren muß. Er geht jedoch von der unausgesprochenen Voraussetzung aus, daß das Buch neben den übrigen Mittlern seine Bedeutung für den Lesehaushalt der Menschen behalten wird, daß es aber Schritt für Schritt seinen Charakter als Kommunikationsmittel der bürgerlichen Mittelschichten abbauen und durch eine gewandelte Ästhetik auch für Kinder bisher buchfremder Schichten interessant werden muß. Darum wird es wichtig, daß die Rezensenten lernen, die Bücher auch auf ihr gesellschaftliches Interesse hin zu analysieren. Bücher, die die Wertwelt des Mittelstandes transportieren, zielen auf mittelständisches Publikum. Es liegt auf der Hand, daß solche Bücher die Mittelstandswerte zugleich als Kauf- und Lesereiz verwenden und Kritik an ihnen daher vermieden wird. Solange das Buchpublikum unter sich bleibt wie bisher, wird sich daran nic ändern. Es besteht die Hoffnung, daß mit einer gewandelten Ästhetik die Zahl der Bücher zunimmt, deren Lektüre sich auch für Unterschic tenkinder lohnt.

Anmerkungen

1 Schlotthaus 1971, Ivo 1969, Ide 1971, Hain/Schilling 1972.
2 Dahrendorf 1969 (b), 1970 (b), 1970 (d), 1971 (c).
3 Vgl. Schendas Nachwort zu Bayer 1971, S. 199.
4 Vgl. Israel 1969 und Hain/Schilling, a. a. O.
5 Vgl. Ivo, a. a. O., S. 82 ff. u. a.
6 Vgl. Ide 1971; Sprache und Politik, hrsg. v. d. Bundeszentrale für politische Bildung 1971.

7 Schulte-Sasse 1971 (a), S. 56 f.
8 Schulte-Sasse, a. a. O., S. VI, 3.
9 Vgl. dazu bes. Kreuzer 1967.
10 Bohrer 1970, S. 15.
11 Schulz 1961 und 1963; Klafki 1965.
12 Glotz 1968, S. 14, 83 f., 138 u. a.
13 Z. B. Weinrich 1971, Jauss 1970, Iser 1970, einige Aufsätze aus: Kolbe 1969.
14 Iser, a. a. O., S. 6 f.
15 Der Verfasser hat in „Das Mädchenbuch und seine Leserin" (Hamburg 1970) zu zeigen versucht, auf welche Weise das Mädchen als Leserin konstitutiv für seine Lektüre wird.
16 Vgl. Dahrendorf 1970 (d).
17 Bamberger 1965.
18 Maier 1969.
19 Pfeffer, in: Beinlich 1963, Pfeffer 1956.
20 Krüger 1963, Krüger 1957.
21 Beinlich 1963.
22 Das ist der Hintergrund der Sorge, die Schnurre in seiner Würzburger Rede 1967 zum Ausdruck gebracht hat. Vgl. dazu auch Geißler 1966.
23 Giehrl 1968.
24 Hartmann-Winkler 1970.
25 Vgl. Dahrendorf 1970 (a), 1971 (a).
26 Vgl. Knilli 1971.
27 Vgl. Glotz/Langenbucher 1969, Glotz, a. a. O.
28 Kirsch 1971, 1972.
29 Krüger 1957, S. 113.
30 Maier 1969, S. 71.
31 Bamberger 1965, S. 67.
32 Ebenda, S. 168.
33 Krüger 1963, S. 13.
34 Krüger 1957, S. 92.
35 Ebenda, S. 113.
36 Maier 1969, S. 144, 146 f., 149.
37 Bamberger 1965, S. 55.
38 Ebenda.
39 Ebenda, S. 56 f.
40 Ebenda, S. 77.
41 Ebenda, S. 78, 80.
42 Ebenda, S. 59.
43 Maier 1969, S. 199.
44 Pfeffer 1963, S. 856.
45 Pfeffer 1956, S. 128.
46 Maier 1969, S. 185.
47 Ebenda, S. 186.
48 Krüger 1963, S. 13.
49 Bamberger 1965, S. 55.
50 Ebenda, S. 63.
51 Pfeffer 1963, S. 862.
52 Pfeffer 1956, S. 128.

6. Soziologische Aspekte der Kinder- und Jugendliteratur*

Ich gehe aus von der Frage nach der Legitimität der literatursoziologischen Methode der Textanalyse (was kann eine soziologische Hermeneutik literarischer Texte leisten?) und skizziere einige der bisherigen Ansätze. Dabei ist vor allem auf das „gesellschaftliche Interesse" der Methode zu achten. Dann gilt es, die für die Untersuchung von Kinder und Jugendliteratur möglichen und teilweise bereits erprobten Methoden und Ziele literatursoziologischer Betrachtung zu begründen. Bereits vorliegende Ergebnisse sind kurz darzustellen; sie sollen die Ergiebigkeit der Methode im Hinblick auf eine Wirkungstheorie der Kinder- und Jugendliteratur beurteilbar machen. Aufzuzeigen ist die Relevanz der Methode vor allem am Komplex der Vorurteile. Am Schluß wird eine Übersicht über Methoden und inhaltliche Ziele soziologischer Jugendbuchanalyse stehen, die sich bewährt haben.

Überlegungen zur literatursoziologischen Methode

Soziologie und Literatur

Im neueren Schrifttum zur Methodologie der Literaturwissenschaft (Maren-Grisebach, Hermand, Mecklenburg, Vaßen, Gansberg/Völker u. a.[1]) wird teilweise die literatursoziologische Methode als eine neben anderen möglichen literaturwissenschaftlichen Methoden dargestellt, aber auch die Frage gestellt, ob literatursoziologische Analyse nicht auch als integrative Methode verstanden werden kann[2]. Sie müßte dann in der Lage sein, die wertvollen Ansätze der übrigen Methoden mit aufzunehmen, so daß sie nicht nur als notwendige Ergänzung, sondern als Alternative der bisherigen Methoden aufzufassen wäre.

Es gibt jedoch nicht *die* literatursoziologische Methode, ebensowenig wie sie bisher zu einer überzeugenden Konsistenz entwickelt

* In: Jugendliteratur und gesellschaftliche Wirklichkeit, Redaktion: K. E. Maier und K. Dietze, Bad Heilbrunn 1974 (2. Jahrbuch des Arbeitskreises für Jugendliteratur), S. 27–52.

Anmerkungen zu diesem Beitrag auf S. 254–255.

234

werden konnte. Denn letztlich ist mit der literatursoziologischen Betrachtungsweise die Frage nach dem Verhältnis von Literatur und (sozialer) Wirklichkeit gestellt, die durchaus verschieden formuliert und beantwortet werden kann[3]. Jedoch ist erst schon einmal die Haltung einer grundsätzlichen Trennung von ästhetischen Gebilden und Praxis von einer Haltung abzusetzen, für welche die „innerhalb der ästhetischen Welt formal organisierten Inhalte (. . .) aus Prozessen der realen Gesellschaft geschöpft" sind[4].

Da es uns primär um Analysemöglichkeiten gegenüber literarischen Texten geht, können wir auf eine Diskussion des Zusammenhangs *literarisches Leben* als Summe der bei der Produktion, Verteilung und Rezeption von Texten eine Rolle spielenden Institutionen und Prozesse verzichten und sie aus unseren Überlegungen ausklammern (obwohl wir auf den Bereich Rezeption noch eingehen müssen, da die soziologische Methode z. T. durch die Chance, Wirkungsaussagen zu ermöglichen, legitimiert wird). Jedoch kann auch die wertende, gesellschaftskritische Methode auf empirisches Verhalten nicht verzichten und muß deshalb z. T. auf die von der positivistischen Soziologie entwickelten Methoden zurückgreifen[5].

Literatursoziologie als Interpretationsmethode geht von der Voraussetzung aus, daß Texte immer, wenn auch auf je verschiedene Weise, auf soziale Wirklichkeit bezogen und — wie auch immer — von ihr bedingt sind. Daß damit kein einsinnig-kausales Verhältnis gemeint ist, sondern eine Wechselbeziehung mit einer Priorität der Basis materieller Bedürfnisse[6], wie es übereinstimmend von fast allen Vertretern der Methode hervorgehoben wird, soll hier im Augenblick nur festgestellt werden.

Nur kurz sei die Frage nach der Rolle des Autors im Prozeß der Textproduktion gestreift. Nach Goldmann („Soziologie des Romans") z. B. sind die wahren Subjekte des literarischen Schaffens nicht Individuen, sondern soziale Gruppen[7]. Vereinfacht gesagt wäre der Autor dann deren Sprachrohr. Hält man sich das Kommunikationsmodell vor Augen, das die moderne Linguistik ausgearbeitet hat, so wird deutlich, daß die Ideen von der Werk-Autonomie und von einem voraussetzungslos schaffenden Künstler ein Mythos sind[8], der auf bestimmten gesellschaftlichen Voraussetzungen beruht und diese in die Aura einer zeitlosen Struktur umzuschaffen sich bemüht. Der Autor ist bedingt durch seine Herkunft, seine soziale Lage, seine Erziehung, seine Erfahrungen, durch landschaftliche Gebundenheit usw., nicht zuletzt auch durch das „literarische Leben" seiner Zeit, z. B. die Kritik, Formtraditionen, Publikum, die Bezugsgruppe der Mitautoren. Dennoch hat sich der Mythos künstlerischer Autonomie bis heute bei uns gehalten, wie z. B. ein Blick in den von Fohrbeck und Wiesand bearbeiteten „Autorenreport" zeigt[9]. Es gilt immer noch als vornehm, seine Unabhängigkeit und Interesselosigkeit zu betonen, Publikumsbezug und gesellschaftliche Verantwortung abzulehnen. Genau dieses Selbstverständnis bringt bei uns das Wort *Dichter* zum Ausdruck. Damit soll der subjektive Anteil an der Realitätsstellungnahme, die der Autor liefert, nicht geleugnet werden. Doch kann hier auf das Problem nicht weiter eingegangen werden[10]. Festzuhalten ist jedoch, daß Ehrfurcht vor Texten und „Dichtern" nicht ins Konzept literatursoziologischer Analyse paßt. Schon darin liegt ein nicht unwesentliches emanzipatorisches Moment.

Die soziologische Textanalyse untersucht Entsprechungen zwischen Texten, ihren Inhalten und Formen, und der Wirklichkeit; sie fragt, in welcher Weise sich Wirklichkeit in Texten niederschlägt. So kam Goldmann zu seiner „Homologie" von Roman und Gesellschaftsstruktur (kapitalistischer Produktionsweise), Adorno zur Feststellung des subversiven, wirklichkeitstranszendierenden Charakters der poetischen Literatur und des apologetisch-vertuschenden Charakters der Produkte der Kulturindustrie („Trivialliteratur") – Literatur einerseits als Protest und Widerstand gegen gesellschaftlichen Zwang und Literatur als Anpassung und Verteidigung des Bestehenden, wobei entsprechend den verschiedenen Abnehmergruppen die poetische Literatur durch ihren formalen Anspruch, die Trivialliteratur durch ihren inhaltlich-ideologischen Zuschnitt akzentuiert ist[11].

Die Untersuchung der dargestellten Wirklichkeit in ihrem Verhältnis zur außerliterarischen Wirklichkeit hat sich deshalb besonders für die stärker publikumsbezogenen, v. a. massenmedialen Textsorten eingebürgert. Ideologiekritik und Inhaltsanalyse (content analysis) sind die vorherrschenden Methoden dieser Richtung[12]. Sie untersuchen einmal die inhaltlichen Auswahlentscheidungen – die präsenten Fakten – und die vom Autor vorgenommenen Wertungen, zum anderen die publizistischen Absichten des Autors, wobei eine Rückkoppelung der Erwartungshaltungen und der Bewußtseinszustände des Publikums einkalkuliert werden muß. Eine Variante dieser Methode ist die marxistische Literaturbetrachtung (auch die Ästhetik des Sozialistischen Realismus), die man als Theorie der Widerspiegelung der sozialen Realität mit der Absicht ihrer Veränderung im Sinne marxistisch-leninistischer Prognostik bezeichnen könnte[13]. In diesem Zusammenhang muß auch auf die Kontroverse zwischen Widerspiegelungs- und Kontroll-Theorie hingewiesen werden[14], die – obwohl auch anwendbar auf den Sozialistischen Realismus – vor allem auf die Texte der Kulturindustrie bezogen ist und fragt, ob sich das kollektive Bewußtsein (als Überbauphänomen) in den Kulturprodukten mehr ausdrückt oder ob es von ihnen mehr geformt und gesteuert wird (wahrscheinlich geschieht das eine durch das andere: Steuerung durch Abbildung).

Zum Schluß dieses einleitenden Überblicks ein Wort zum *erkennt-*

leitenden Interesse. Man kann die Hauptrichtungen der Literatursoziologie in eine empirisch-positivistische und eine wertend-hermeneutische Methodenrichtung zerlegen. Während die erste, von der amerikanischen positivistischen Soziologie beeinflußte Methode sich nicht als textanalytisch versteht und die Textbetrachtung weiterhin einer „soziologiefreien" Literaturwissenschaft überläßt, um selber die Erscheinungen des „literarischen Lebens" zu untersuchen, versucht die hermeneutische Richtung gerade das methodische Instrumentarium der Textinterpretation zu erweitern. Wenn sie sich auch die Methoden der empirischen Soziologie zunutze machen kann (z. B. Inhaltsanalyse), so ist ihr Interesse jedoch nicht bloß Tatsachenerhebung, sondern gesellschaftlicher Fortschritt und Aufklärung, d. h. Praxis und ihre Veränderung. Allerdings bedeutet hier *Werten* etwas grundsätzlich anderes als in der überkommenen Wertungs-Ästhetik (vgl. die Arbeiten von Müller-Seidel und Hass[15]), gewertet wird gerade nicht textimmanent auf Grund einer normativen Ästhetik, sondern durch systematisches Transzendieren der Texte und Orientierung an gesellschaftlichen Wertvorstellungen. Literatur ist hier kein autonomer Bezirk, keine Wirklichkeit sui generis, sondern abgeleitete Wirklichkeit, die auf eine als primär wichtig gesehene außerliterarische Wirklichkeit bezogen ist[16]. Der Zweck der Textanalyse ist nicht der Text selber, sondern er ist in die Gesellschaft verlegt und hat eine eindeutig sozialkritische Tendenz: das Ziel einer im Ökonomischen begründeten Gerechtigkeit[17].

Das heißt nicht, daß die bloß binnenästhetisch wertende literaturwissenschaftliche Methode frei von gesellschaftlichen Interessen wäre – die Trennung von Kunst und Praxis reflektiert nur eine andere Art von Stellungnahme zur Praxis: sie nimmt diese als unveränderbar hin und begnügt sich mit ihrer bloß ästhetischen Überhöhung. Genauso ist die positivistische, wertfreie Literatursoziologie wiederum deshalb mit gesellschaftlichen Interessen verknüpft, da ihre Dienste von jeglicher Politik beansprucht werden können. So stand die Untersuchung von Textwirkung in der Vergangenheit vor allem im Dienste der Werbung und Propaganda, um dieser zu einer größtmöglichen Wirkung zu verhelfen – Bereitschaft zur Veränderung („Innovation") war vornehmlich die Bereitschaft, neue Produkte der Wirtschaft aufzunehmen[18].

Schwerpunkt der literatursoziologischen Methode, soweit sie engagiert-kritisch ist, ist die Ideologiekritik. Sie ist – wie Maren-Grisebach hervorgehoben hat – „hinterrücks", da sie jene unbewußten Wertungen und ideologisch bedingten Wirklichkeitsausschnitte aufzudecken bemüht ist, die in Texte als „allgemeiner Hintergrund" und nicht weiter kritisiertes Verhalten einfließen und in ihnen als „kulturelle Selbstverständlichkeiten" auftreten, die der Leser nur durch entsprechende Schulung bemerkt[19].

Soziologische Analyse von Jugendliteratur

Im folgenden wollen wir uns vor allem auf zwei Aspekte der Analyse von Jugendliteratur beziehen: auf die Darstellung sozialer Realität al Wiederspiegelung der außerliterarischen Welt, und zwar nicht nur ihr Tatbestände, sondern auch ihrer Wertungen und Verhaltensmuster, und weiterhin auf die Darstellung von Fakten und Werten als soziale Kontrolle, Beeinflussung und Steuerung von Verhaltensweisen und Wertungen des Publikums (hier: der heranwachsenden Leser). Indem wir die Ergebnisse der Literatursoziologie und der Sozialisationsforschung einbeziehen, stellen wir zur Grundlegung unserer weiteren Mitteilungen folgende Ausgangsthese auf:

Jugendliteratur ist eine leserbezogen konzipierte Literatur, die au kommerzielle Verwertbarkeit angewiesen und deshalb genötigt ist, gesellschaftliche Werte, wie sie auch die Sozialisation bestimmen, zu repräsentieren. Aus dieser Sicht wäre die Jugendliteratur als *ein zusätzliches Instrument der Sozialisation,* das heißt der Vermittlung von gesellschaftlich erwünschten Werten und Verhaltensnormen, zu verstehen.

Das Material kann durch Ideologiekritik sowohl einzelner Texte und Themen als auch inhaltsanalytisch bearbeiteter repräsentativer Querschnitte (Jahrgangsanalysen, Analysen von Zufallsauswahlen von Buchgenres der Jugendliteratur) erhoben werden.

Die soziologische Betrachtungsweise von Kinder- und Jugendliteratur ist deshalb wichtig und notwendig, da es sich hierbei um ein Publikum handelt, das noch relativ wenig Erfahrung im Umgang mit Büchern und den Medien allgemein besitzt und, weil kaum geschult, in besonderem Maße beeinflußbar und den Suggestionen der Texte ausgeliefert ist. Leitendes Konzept dieser Analyse ist das Mündigwerden des Rezipienten. Daher hat die Analyse auch eine didaktische Komponente: die Konsumenten müssen befähigt werden, die sozialisierende Funktion der Kinder- und Jugendliteratur zu erkennen[20].

Diese Aussage bezieht sich auch auf das, was traditionell als *psychologischer Bezug* von Text und Leser gilt (eine der drei Grundkriterien der Jugendbuchanalyse[21]) und was auch in einigen Gattungsbezeichnungen, z. B. „Mädchenbuch", zum Ausdruck kommt.

Horst Nickel hat ausgeführt, wie die traditionelle spekulative Entwicklungspsychologie gerade bei Pädagogen besonderen Anklang gefunden hat, und zwar deshalb, weil damit ein leicht anwendbares Schema zur Vermittlung von Wissensstoff und zur altersmäßigen Zuordnung von Lernzielen zur Verfügung stand. Das hat sich auch in der immer von pädagogischen Leitvorstellungen abhängigen Leserpsychologie niedergeschlagen und a) zur Kennzeichnung von Buchtypen der Jugendliteratur geführt und b) zu Vorurteilen über das jeweils Altersgemäße. Nickel kennzeichnet die Folgen so: Die Konzeptionen der Entwicklungspsychologie führen „eher zu einer Einengung und Beschränkung der tatsächlich gegebenen Möglichkeiten ... Einerseits mag es zwar richtig sein, daß die Stufen- und Phasenlehren der Entwicklung durch ihren betonten Hinweis auf die Gefahren der Verfrühung einer Überschätzung pädagogischer Möglichkeiten entgegengewirkt haben; doch andererseits haben sie damit zugleich auch wichtige Hilfen im Sinne einer Anregung und Förderung bestimmter Entwicklungsprozesse durch geeignete pädagogische Maßnahmen behindert, wenn nicht gar blockiert"[22].

Von dieser Beobachtung ist es dann nur noch ein kleiner Schritt bis zu der Feststellung, daß die kurzschlüssige Übertragung der spekulativen Entwicklungspsychologie in die pädagogische (und lesepädagogische) Praxis gerade die an sich bloß vorausgesetzten, als anthropologisch gegeben angenommen „alterstypischen" Verhaltensweisen und Fähigkeiten *geprägt* hat − und siehe da, die Wirklichkeit entsprach der Theorie. Daraus ist zu schließen, daß auch Angaben zur Leserpsychologie der soziologischen Analyse bedürfen, weil sich darin gesellschaftliche Interessen niederschlagen. So muß auch das Konzept einer eigenständigen „Kinderwelt", das immer noch weite Teile des Bilder- und Kinderbuches prägt, als „ideologisch" bezeichnet werden[23].

Einige Ergebnisse soziologischer Analyse von Jugendliteratur

Das Mädchenbuch

Auf Untersuchung der sozialen Funktion von Begriffen wie „Mädchenbuch", „Kinderbuch" und − noch fragwürdiger − „Jungenbuch" möchte ich verzichten und mich auf eine Skizzierung der generellen Inhalte beschränken.

Das Mädchenbuch[24] zielt auf das Interesse der lesenden Mädchen an sich selber, auf ihre Suche nach Identität und Rolle. Die Tatsache des Interesses und sein Inhalt sind vorgeprägt durch die bisherige Sozialisation, auch Lektüre, also Ergebnis von Umwelt-Reizen, die zu einer spezifischen Kanalisierung und Verengung weiblicher Dispositionen geführt haben[25]. Da das spezifische Mädchenbuch durch seine sprachliche und inhaltliche Form auf Leserinnen von etwa 10 Jahren an zielt, kann angenommen werden, daß das sog. Kinderbuch beim Mädchen entsprechende Vorarbeit geleistet hat[26]. Ist so das Primärinteresse der Leser auf Selbstfindung gerichtet − „selbst" als durch Umwelt geprägtes Vorverständnis der eigenen Rolle als Frau in unserer Gesellschaft −, so das der Autoren und Verleger, interessante und lesbare, weil sonst nicht absetzfähige Bücher zu machen. Beide Interessen – das der Konsumenten und das der Produzenten – begegnen sich in einer Textart, die dem Mädchen sein sozialisationsbedingtes Vorverständnis bestätigt und verfestigt. So werden die Mädchenbücher zu einem zusätzlichen Instrument der Gesellschaft zur Einweisung des Mädchens in seine Rolle.

Die Rolle sei mit wenigen Strichen skizziert: Sie ist definierbar als Permanenz eines „sekundären Status", als realisierbar in der Ehe, in einem Ethos der Aufopferung für andere, als Konflikt zwischen Anspruch auf Ausgestaltung der Persönlichkeit und Verwirklichung sozialer Tugenden, als Gefallsucht und Orientierung auf den Mann, als Geschlechtslosigkeit und Verzicht auf berufliche Selbständigkeit und schließlich als Identifizierung mit einer Reihe vermeintlich spezifisch weiblicher Begabungen. Das Mädchenbuch als Gattung spiegelt eine fortwährende Gegenbewegung gegen den Prozeß der Emanzipation, den Zwang zur Reproduktion der tradierten Rolle, die nicht ein Ausfluß anthropologischer Erbbestände, sondern sozioökonomischer Tatsachen sind, die sich zwar mit alten, teils religiösen Überlieferungen verbunden haben, selber aber ein Produkt der Entstehung der bürgerlichen Kleinfamilie mit ihrer patriarchalischen Struktur sind. Die Reproduktion erfolgt allein deshalb, da auf der Stufe der 10–14jährigen Mädchen nicht mit einer genügenden Bereitschaft der weiblichen Konsumenten gerechnet werden kann, sich mit neuen Möglichkeiten weiblicher Selbstverwirklichung auseinanderzusetzen. Denn wenn diese Bereitschaft nicht schon das Ergebnis der bisherigen Sozialisation ist, so bedeutet jede Konfrontation mit einem *neuen Bild vom Mädchen* eine Verunsicherung, die der Lesemotivation entgegenwirkt und daher die Verkaufschancen des Buches erheblich beeinträchtigt. Verleger, die das dennoch versucht haben, wissen ein Lied von den Mißerfolgen solcher Bücher zu singen.

Es wäre daher auch eine Verkürzung der Argumentation, die Tatsache der Existenz der Mädchenliteratur und den konservativen Zuschnitt ihres überwiegenden Teils ausschließlich den Autoren und Verlegern zur Last zu legen; das würde das Problem unzulässig personalisieren. Die Wurzel des Übels liegt in der verbreiteten Sozialisation des Mädchens und in ihren sozio-ökonomischen Grundlagen, in der Hartnäckigkeit, mit der sich die Vorurteile über die Frau halten, weil sie offenbar – wie alle Vorurteile – bequem sind, und zwar für beide Seiten, die Frauen und die Männerwelt.

Eine soziologische Analyse des Mädchenbuches orientiert sich am Interesse der Emanzipation und geht aus von einer Analyse der Bedingungen, die die Mündigkeit der Frau immer wieder verhindern. Ging die Ästhetik der Jugendliteratur vor 10 Jahren – etwa anknüp-

fend an Anna Krüger — von der Möglichkeit einer „ästhetisch ein-
wandfreien" Mädchenliteratur aus[27], so muß aus heutiger Sicht und
in Anwendung der literatursoziologischen Methode der Wertakzent
auf die Frage gelegt werden, ob das Mädchenbuch dem Mädchen zur
Rollendistanz verhelfen kann, das heißt ob es Auseinandersetzung
mit der Rolle thematisiert. Dazu gehört vor allem eine neue Einstellung zur Sexualität.

Ich möchte an dieser Stelle darauf verzichten, die Rollen-Sozio-
logie zu diskutieren, die von neueren Kritikern in ähnlicher Weise
als positivistisch und interesseverschleiernd bezeichnet wird, wie
man es der positivistischen Soziologie überhaupt vorgeworfen hat[28].
Dennoch bleiben Rollen-Analyse und -Kritik ein wichtiges Mittel
soziologischer Textinterpretation, das sich auch an Comics bewährt
hat[29].

Eine soziologische Betrachtung der Mädchenliteratur — so fassen
wir diesen Abschnitt zusammen — geht mit folgenden Kriterien an
das Mädchenbuch heran:

— Welche Interessens-Schwerpunkte hat das Mädchen?
— Welche Wertvorstellungen und Einstellungen hat es?
— Welche Zukunftserwartungen entwickelt es?
— Verhältnis zum anderen Geschlecht, zur Sexualität
— Verhältnis zur Familie
— Verhältnis zum Raum der Öffentlichkeit und zum Politischen
— Typisierung der Partner
— Verhältnis zu Vater und Mutter
— Einstellung zum Beruf
— Fixierung auf Bewahrung der „Gemütskräfte"?

Das Kinderbuch

Wie das Mädchenbuch nur kraft eines bestimmten Bildes vom Mädchen „Mädchenbuch" sein kann, so schlägt, der Name sei's geklagt,
im Kinderbuch ein *Bild vom Kinde* durch — denn das erstlesende
Kind soll sich in der Welt, der es da begegnet, und in den handelnden Kindern ja wiedererkennen. Das ist bis zu einem gewissen Gra-
de legitim, da es eine Grundfunktion des Buches ist, dem Leser seine Erfahrungen zu verbalisieren. Also hängen auch hier der Zuschnitt
des Buches und die im Buch Sprache gewordenen Erfahrungen von
den vorgegebenen Erfahrungen des kindlichen Lesers ab, die wiederum aufs engste mit seiner Sozialisation zusammenhängen. Da das
Kind kein geschlechtsloses Wesen ist, wie seit der Psychoanalyse bekannt, und die Geschlechtererziehung buchstäblich in der Wiege be-

ginnt, werden auch die Geschlechtsrollen bereits im Kinderbuch mit-
geprägt. Einen ersten Versuch, die erzählende Kinderliteratur der
Bundesrepublik auf ihre Rollenmuster hin zu analysieren, hat der
Referent in einem Vortrag auf der Autorentagung des Bödecker-
Kreises in Hannover 1970 unternommen[30]. Im Jahre 1971 begann
dann im Rahmen eines Seminars an der Pädagogischen Hochschule
Kiel ein systematische Untersuchung des Kinderbuch-Jahrgangs
1970, die von einer Studentengruppe weitergeführt wurde und deren erste Ergebnisse jetzt vorliegen[31]. Der Untersuchung lag ein Kriterien-Katalog zugrunde, der die sozialen Komponenten des Kinderbuches zu erfassen versuchte (s. Anlage 1). In der jetzigen Fassung
ist er das Ergebnis einer langjährigen Diskussion, die in dem Semi-
nar begann und in der Studentengruppe fortgesetzt wurde (womit
nicht gesagt werden soll, daß er nicht noch verbesserungsbedürftig
sei).

Die systematisch-inhaltsanalytische Untersuchung ging von der
Hypothese aus, daß die Kinderliteratur als eine bewußt leserbezogene organisierte Literatur in einer marktwirtschaftlich funktionierenden Gesellschaft wie der unseren nicht umhin kann, auf die sozialisierenden Prinzipien und Praktiken dieser Gesellschaft Bezug zu
nehmen, so daß sie zu einem Instrument der sekundären Sozialisation wird, das an die Primärsozialisation anknüpft.

Im folgenden seien einige Ergebnisse der Untersuchung, in die
schließlich etwa 100 Bücher einbezogen wurden, mitgeteilt (die
Bücher wurden entsprechend dem Kriterien-Katalog kategorisiert):

Die Bücher wiesen kaum manifeste Tatbestände auf, die auf die
Realität der Bundesrepublik bezogen sind, abgesehen von 10 %,
bei denen es sich überwiegend um Bücher der ,,antiautoritären Wel-
le'' handelt, die 1970 ihren Höhepunkt erreicht hatte. Selbst wenn
man hier die phantastischen Erzählungen abzieht, die einen vorder-
gründigen Realitätsbezug gar nicht beabsichtigen, stimmt dieses Ergebnis nachdenklich.

Mehr als 75 % der Geschichten spielten auf dem Lande, an Fe-
rienorten und in anderen außergesellschaftlichen Inselsituationen.
So wird die tatsächliche Erfahrung der Lesermehrzahl übergangen,
das heißt eine eskapistische Lesehaltung entweder vorausgesetzt
oder stimuliert, wobei das Ausweichen vor großstädtischen Um-
weltproblemen in indyllisierte Feriensituationen eindeutig das Verhaltensmuster der Kulturkritik erkennen läßt.

Dem entspricht auch das Ausweichen vor der sozialen Problematik. Die geschilderten sozialen Verhältnisse sind überwiegend gut-
bürgerlich, man hat ein hübsches Häuschen vor der Stadt und propagiert so die Eigenheim-Ideologie der Bundesrepublik, die zur Fa-
milien-Isolierung und zur Zersiedelung der Landschaft beiträgt. In

den meisten der Bücher jedoch waren überhaupt keine Anhaltspunkte über wirtschaftliche Verhältnisse zu finden; indem man sie den Kindern vorenthält oder sie vor ihnen geheimhält, trägt man zugleich zur Verfestigung der Vorstellung bei, das Kind lebe in einer *eigenen Welt*, die von anderen Gesetzen als denen der Erwachsenen regiert wird[32]. Das Nichtaussprechen zentraler Probleme unserer Welt erzieht jedoch zu deren Verdrängung und zu einer Haltung der Hinnahme des Gegebenen.

Hauptsächlicher Bezugsraum der Kinder war immer noch die Familie, und zwar in ihrer bürgerlichen Kleinstruktur als hermetisch gegen die Öffentlichkeit abschirmender Intimbezirk. Aufschlußreich ist auch eine Betrachtung der Handlungsträger. Individuelle Schicksale oder Zweierbeziehungen standen mit 75 % aller Erzählungen weit im Vordergrund, wobei das Tier unter den dualen Beziehungen − neben den Geschwistern, Freunden und Erwachsenen − weit überrepräsentiert ist. Das Tier hat hier eindeutig die Funktion, die Isolierung des Menschen und das Fehlen menschlicher Kontakte als Ergebnis hermetischer Familiendarstellung zu kompensieren; denn Familienorientiertheit und Individualdarstellung isolieren den Menschen in der Gesellschaft, erschweren Kooperation und Solidarität und sind daher zugleich ein Mittel zur Entpolitisierung. Den Lesern werden viel zu wenig Möglichkeiten angeboten, sich mit Gruppenaktivitäten zu identifizieren.

Wie schon der Handlungsraum, so zeigt auch die Art der dargestellten Konflikte ein mehr eskapistisches Verhältnis zur Realität: zwei Drittel aller dargestellten Konflikte waren entweder irreal oder sonst nicht auf die Praxis der Leser bezogen (fast 20 % der Bücher waren überhaupt frei von jeglichem Konflikt). Nun besagt das Vorhandensein von Konflikten allein noch nicht alles, da erst die Art ihrer Lösung die entscheidende Leser-Information enthält. Knapp 10 % der Konflikte wurden so gelöst, daß die Leser davon für ihre eigenen Konflikte profitieren können; bei etwa zwei Dritteln waren die Lösungen irreal, phantastisch oder durch Zufälle herbeigeführt, was das Problemlösungsverhalten der Leser nicht gerade fördert. 25 % der Geschichten verzichteten ganz auf Lösungen, was den Leser immerhin zu eigenen Lösungsvorschlägen veranlassen kann oder ihm ein realitätsgerechteres Bild vermittelt als die Zufalls- oder phantastische Lösung. Entsprechend der Gesamthaltung der Kinderbücher blieben sowohl die Konflikte wie ihre Lösungen im Bereich des Privat-Psychologischen; ihre Induzierung durch gesellschaftliche Bedingungen blieb überwiegend außerhalb der Betrachtung.

Zu den auffälligsten Defiziten der Bücher gehören − was nach alledem nicht überraschen kann − Berufswelt und Technik, da sie keinen Platz haben in einer „heilen Kinderwelt". Dasselbe gilt für Anspielungen auf politische Sachverhalte (10 % der Bücher).

Ein schwieriges Problem war die Klassifizierung der Verhaltensweisen, die durch Sympathielenkung den Lesern empfohlen wurden (vgl. Anlage 2). Hier nur eine Zusammenfassung der Ergebnisse. Von den insgesamt 272 ausgewerteten Fällen (einschl. Mehrfachnennungen und Nebenpersonen) wurden 114 Verhaltensweisen als „Sekundärtugenden" klassifiziert (gehorsam 22, ordentlich und sauber 15, nett, artig, lieb, anständig 13, fleißig und arbeitsam 10, verantwortungsbewußt und zuverlässig 9, höflich 7, mutig und tapfer 5 — um nur die häufigsten Nennungen zu erwähnen). Zu dieser Gruppe zählen auch private Interessen und Eigenschaften wie „naturverbunden" und „fromm".

An zweiter Stelle folgen mit 112 Nennungen die sozialen Tugenden (hilfsbereit und fürsorglich 40, freundlich und rücksichtsvoll 40, solidarisch und gesellig 14, tierlieb 6), an dritter mit nur 46 Nennungen Tugenden und Verhaltensformen, die gerade heute als besonders wichtig gelten müssen: kritisches, selbstbewußtes, selbständiges, realitätsbewußtes und kreatives Verhalten. Eine Aufteilung der Tugenden auf die beiden Handlungsräume „Primärgruppe" (bes. Familie) und „Sekundärgruppe" (Öffentlichkeit) ergab, daß 85 % der Verhaltensweisen in Intimgruppen und 15 % im Raum der Öffentlichkeit praktiziert wurden.

Man müßte nun weiter untersuchen, welche Kombinationen von Verhaltensweisen vorkommen und wie sie im einzelnen mit den eingangs verwendeten sozialen Kategorien zusammenhängen, um ⌐ schließlich vielleicht zur Kennzeichnung von Grundhaltungen, Grundtendenzen von Kinderbüchern zu kommen, die Rückschlüsse auf ihren Wert in einer fortschrittlichen Erziehungspraxis zulassen.

Die Gesamttendenz der untersuchten 100 Bücher kann so umrissen werden: Das Kinderbuch ist auf Zentralwerte unserer Gesellschaft geeicht, und zwar dadurch, daß das Private gegen das Öffentliche, Leistungs- und Konkurrenzdenken gegen Kooperation und Solidarität, Anpassungs- und Wohlverhalten gegen Kritikbereitschaft und Couragiertheit eindeutig bevorzugt werden. Es überwiegen eine autoritäre Moral und die Propagierung von Verhaltensweisen, die den einzelnen vor den Interessen der Gesamtheit bevorzugen. Genau dies ist die Mentalität, um deren Überwindung es z. Z. auch in der Innenpolitik der Bundesrepublik geht. Weiterhin ist ein Festhalten an der Ideologie einer eigenständigen, von allgemeinen Konflikten und Problemen abzuschirmenden Kinderwelt noch weit verbreitet.

Diese Schlußfolgerungen sind das Ergebnis einer Untersuchung der Kinderbücher 1970. An späteren Jahrgängen wäre zu überprüfen, ob sich mit dem allmählichen politischen Wandel auch die Sozialisation (und damit das von ihr abhängige Kinderbuch) wandelt und in welchem Sinne das geschieht.

Soziologische Aspekte weiterer Erzähltypen der Jugendliteratur

Es fehlt bisher an einer systematischen soziologischen Aufarbeitung der Jugendliteratur insgesamt. So wäre es beispielsweise auch interessant, einmal die Ideologie der Sachliteratur zu untersuchen, da deren gesellschaftlicher Ursprung vom Anspruch her, Sachinformationen zu liefern, bereits auf der Hand liegt. Worüber wird informiert, worüber nicht? Wird der Blick durch Einseitigkeiten und perspektivische Verkürzungen eingeengt? Welche gesellschaftliche Interessen liegen den Verkürzungen zugrunde?

Im folgenden seien ein paar Aspekte genannt, die an der erzählenden Jugendliteratur allgemein und insbesondere an der Abenteuerliteratur untersuchungswürdig sind:

– Soziale Funktion des Helden (als Identifikationsfigur, Folgen einer permanenten Identifikation mit Siegern durch Korrespondenz mit dem gesellschaftlichen Leistungs- und Erfolgsprinzip).
– Soziale Funktion des „Gegners" (als Feindbild, Funktion von Projektionen, Rechtfertigung von Aggression, Möglichkeiten des Abbaus von Projektionsbedürfnis).
– Soziale Funktion der Aktionalität (als Ersatz für den Mangel an Aktionsmöglichkeiten des Lesers; Erprobung von Handlungsmöglichkeiten, die in die Realität des Lesers transferierbar sind).
– Soziale Funktion außergesellschaftlicher Handlungsräume oder von solchen ohne klare lokale und zeitliche Fixierung (als Ablenkung und Ersatzbefriedigung; Möglichkeit einer begrenzten Legitimierung infolge der Situation der Heranwachsenden).
– Soziale Funktion angsterzeugenden Materials (als Mittel zum Abhängigwerden von „Heilsbringern" und potenten Führergestalten, wenn ein Appell an Solidarisierung und demokratische Lösungsformen ausbleibt; Verstärkung von Abhängigkeit und autoritärem Verhalten).
– Soziale Funktion eines naiven Begabungsbegriffes oder eines Begriffes von „angeborenem" und damit unveränderbarem Verhalten (als Erziehung zur Ergebenheit in die „Tatsachen"; gesellschaftliche Ordnung als nicht antastbar vermittelt, da Ergebnis „natürlicher" Ursachen).
– Soziale Funktion der Darstellung geschlossener Ordnung (,,heile Welt") und glücklicher Lösungen um jeden Preis (als Förderung von Konsumhaltung und Passivität).

Mit dem Fragekatalog soll nicht unterstellt werden, daß z. B. die Abenteuerliteratur generell diesem Bild entspricht (Gegenbeispiele: lokale und zeitliche Fixierung sowie Thematisierung des Abenteuerlichen als gefährliche Möglichkeit der Sucht und des antigesellschaftlichen Selbstgenusses in Lütgens „Kein Winter für Wölfe"; Differenzierung des „Feindbildes" in Irene Rodrians „Der Mann im Schatten"; Verbindung von Spannung und Abenteuer mit ökonomischer Begründung ausbeuterischer Unterdrückung in Martin Selbers „Das Klippergespenst").

Soziologische Betrachtung ist pädagogisch von hochgradiger Relevanz, da sie uns hilft, die Funktionalität von Texten empirischer Analyse zugänglich zu machen. Die verbreitete Haltung der Kritik, über Wirkung von Lektüre seien Voraussagen kaum möglich[33], muß daher als defätistisch bezeichnet werden und ist Ergebnis einer nichtsoziologischen Haltung gegenüber dem Buch. Das Erkennen von Übereinstimmungen bzw. Nichtübereinstimmungen zwischen Lektüre und in der Gesellschaft vorhandenen Einstellungen und Verhaltensmustern ist von fundamentaler Bedeutung für die Wirkungstheorie, das zwar erst einen, aber einen außerordentlich wichtigen Wirkungsfaktor erfaßt, zumal wenn es mit einer Gesellschafts- und Publikums-Analyse einhergeht und sich die Ergebnisse der Sozialisationsforschung und die Gesetzmäßigkeiten des sozialen Lernens zunutze macht[34]. Gelernt wird durch Vorbildwirkung, Nachahmung und Identifikation — Voraussetzungen, die auch die Wirksamkeit von Lektüre mitbestimmen. Soziologische Analyse von Kinder- und Jugendliteratur ist daher kein Selbstzweck, sondern kann mithelfen, eine Antwort auf die schwierige Frage der literarischen Wirkung zu finden.

Das Vorurteils-Problem als Beispiel für die Relevanz der soziologischen Methode

Die Erziehung zum vorurteilslosen Verhalten hat eine Zentralstellung nicht nur in der politischen Bildung heute, sondern in modernen Erziehungskonzepten überhaupt. Die soziologische Methode gibt uns eine Handhabe zur Isolierung des Vorurteils-Komplexes im Kinder- und Jugendbuch.

Das Vorurteil gehört — nach Horkheimer und Adorno — zum Syndrom der „autoritären Persönlichkeit". Es steht im Zusammenhang mit Ethnozentrismus und Fremdenfeindlichkeit, Sexualangst und Prüderie und Intoleranz, die von der Kritischen Theorie der Gesellschaft auf autoritäre Erziehungsmuster und vor allem die bürgerliche Familienerziehung zurückgeführt werden[35]. So ist anzunehmen, daß die Behandlung des Vorurteils-Problems Signalwert für die gesellschaftliche Funktion der Kinder- und Jugendliteratur hat.

Dabei sind die wenigen Bücher, welche vorurteilshaftes Verhalten thematisieren, um es der Reflexion zugänglich zu machen und dadurch abbauen zu helfen, weniger relevant als die Vielzahl derjenigen Bücher, in denen Nichtintegrierte (kindliche Außenseiter und Einzelgänger, rassische Minderheiten, Unterprivilegierte jeglicher Art, Landstreicher und Kriminelle und die im Kinderbuch wie schon im Kasperlspiel so beliebten Räuber) eine Rolle spielen. Es wäre zu fragen, wie Nichtintegrierte dargestellt und wie die aus dem Vorhandensein von Nichtintegrierten sich ergebenden Probleme gelöst werden. Wir betrachten zuerst nichtintegrierte Kinder und dann nichtintegrierte Erwachsene.

In vielen Büchern wird bereits die Sozialisation von Kindern als Integrationsprozeß dargestellt. Der Zustand des Nichtintegriertseins erscheint dabei als unvollkommen und defizitär und ist daher vermittels Übernahme der in der Gesellschaft geltenden Verhaltensnormen zu überwinden (z. B. in Bernhard-von Luttitz' ,,Nina, das kleingroße Mädchen", Nordens ,,Franziska Struwwelkopf" und Dörres ,,Mit viel Faulheit fing es an"). Sicher ist in jedem Leben eine Reihe von notwendigen Anpassungsleistungen zu vollbringen; bedenklich ist aber, wenn Integration = Anpassung als einzig erstrebenswertes Ziel erscheint und Nichtintegration als grundsätzlicher Mangel dargestellt wird, ohne die Möglichkeit einer sinnvollen oder gar notwendigen Nichtintegration (oder Opposition) in Erwägung zu ziehen. Mangelnde Integration wird in den gemeinten Fällen regelmäßig auf das noch geringe Alter der Figuren zurückgeführt, so daß den Lesern das sehr aufschlußreiche Bild eines leisetretende Erwachsenen vor Augen gehalten wird.

Andere Bücher stellen Kinder als Außenseiter im engeren Sinne dar, das heißt im Verhältnis zu gleichaltrigen Bezugsgruppen. Sie wollen und können sich aus bestimmten Gründen nicht einordnen und stehen der Gemeinschaft oft feindselig gegenüber. Hier wird meist verschwiegen, daß außenseiterische Aggressivität häufig mit Vorurteilen und falschem Verhalten der Gruppe erklärbar ist. Wird das Problem jedoch als das des Außenseiters dargestellt und auf psychologisch-individuelle Weise gelöst, so wird seine gesellschaftliche Ursache verschleiert (Wölfel: ,,Feuerschuh und Windsandale", Fährmann: ,,Die Stunde der Puppen"). In Marders ,,Diogenes und der ganz schwarze Tom" wird dagegen die Außenseiterstellung der Hauptperson auf die vorurteilshaften Abwehrreaktionen der Majoritäten zurückgeführt, also nicht Anpassung von dem Außenseiter, sondern ein Lernprozeß von der Majorität verlangt. Ursula Wölfel interessiert sich in ,,Der rote Rächer" und ,,Joschis Garten" ebenfalls mehr für die Bedingungen, unter denen es zur Vereinzelung von Kindern kommen kann; sie erklärt sie mit dem Versagen der Familien, was immerhin ein erster Schritt der Aufklärung ist, da Verhalten überhaupt auf soziale Ursachen zurückgeführt wird. Ähnlich erklärt Katherine Allfrey die Lage ihrer Kinder-Helden in „Delphinensommer" und „Dimitri".

Als dritte Spielart der Darstellung kindlicher Außenseiter ist das „unartige", „freche" und seine Umwelt durch Streiche oder naive Norm-Verletzung herausfordernde Kind zu erwähnen. Ihre Zahl ist Legion; ihre Funktion kann sowohl die spielerische Erprobung abweichenden Verhaltens als die listige Vermittlung der Normalität einfach durch ihre Umkehrung und damit zugleich Entlastung vom Sozialisationsdruck sein. *Lachen* wäre dann ein Mittel, um zu lernen, sich mit den Gegebenheiten abzufinden. Ähnlich verfahren „Pippi Langstrumpf" und die nach diesem Muster verfaßten Geschichten, wo die Kinder in der Gestalt phantastisch überhöhter Figuren oder in Tiergestalt oder in Gestalt von Kobolden munter und letztlich folgenlos nichtintegriert sein dürfen, ohne daß daraus ernsthafte Konflikte entstehen, welche die eine oder andere Seite zu einem Lernprozeß veranlassen könnten (Kauts „Pumuckl"-Geschichten, Bonds „Paddington"-Geschichten). Auch sie dienen primär der Entlastung als dem Abbau von Vorurteilen, wenn auch grundsätzlich die Möglichkeit der Norm-Relativierung besteht.

Als fragwürdig muß die immer wieder angebotene „Lösung" bezeichnet werden, daß Außenseiter und Angehörige von Minderheiten erst durch hervorragende Leistungen die Mehrheit von ihrem Wert überzeugen müssen (Marshall: „Kein Platz für Eva", Sterling: „. . . ihre dunkle Haut", Schuster: „Yoko und Tadashi", Topsch: „Die leiseste Klasse der Welt", Korschunow: „Niki und der Junge aus Italien", in der Sammlung „Die Kinderfähre"). Um eine Scheinlösung handelt es sich auch, wenn Minderheiten-Angehörige mit Anpassungsschwierigkeiten *romantisiert* werden, indem sie mit der Exotik des Zirkus in Verbindung gebracht werden. In Wirklichkeit handelt es sich hier um eine schlecht kaschierte Ausstoßung aus der Gruppe (Rasp-Nuri: „Das Mädchen Rose Pon-Pon", die beiden eben erwähnten Bücher von Schuster und Topsch — eine gesonderte Betrachtung des Buches von Topsch folgt unten). Mit der Verpflanzung der Außenseiter ins Zirkus-Milieu wird offenbar ein schlechtes Gewissen kompensiert: der Fremdkörper wird eliminiert, aber fortgelobt.

Bei der Darstellung erwachsener Außenseiter liegt das Problem naturgemäß anders bzw. wird durch entsprechende perspektivische Darstellung dafür gesorgt, daß der Leser ungestraft aggressiv sein darf. Das geschieht z. B. in der überwiegenden Zahl der Jugend-Krimis (besonders in denen von Heiner Gross), aber auch — wenn auch auf anderer Ebene — in Preußlers „Hotzenplotz"-Büchern. Hotzenplotz bleibt immer Räuber; er ist dazu verdammt, Räuber zu sein, und dient damit als stereotypisiertes Aggressionsobjekt für seine Umwelt und über diese für die sich amüsierenden Leser. In den meisten Fällen werden jedoch die Räuber romantisiert; sie beweisen, daß sie im Grunde „ein gutes Herz" haben, und integrieren sich schließlich (Wiemer: „Der gute Räuber Willibald", Kalinke: „Die Räuber vom Turia-Wald", Götz: „Ben und seine drei Väter"). Die Verantwortung fürs Räubersein wird so allemal den Räubern selber aufgebürdet und damit in den Lesern jene vorurteilshafte Haltung erzeugt, die dann zum Law-and-order-Denken und zum Ruf nach hartem Durchgreifen und nach der Todesstrafe führt. Hier wird keine Aufklärung geleistet, ganz abgesehen davon, daß man durch die Figur des Räubers ein probates Mittel in der Hand hat, den Wert von Besitz und Eigentum in ein rechtes Licht zu rücken. Es wird nicht sensibilisiert für den anderen, sondern Feindseligkeit und Mißtrauen erzeugt.

Ein besonders anschauliches Beispiel dafür ist die Erfahrung, die Annemarie Norden ihre Heldin in den Geschichten „Franziska fängt beinahe einen Dieb" und „Franziska macht belegte Brote" (in „Mehr von Franziska Struwwelkopf") machen läßt. In der ersten Geschichte erliegt Franziska einer Täuschung und glaubt, ein Dieb sei im Haus, obwohl nur ein Fenster offen war und der Vorhang gewackelt hat. Der Vater wirft ihr vor, bei den Nachbarn nicht Hilfe geholt zu haben: „Franziska drehte sich beleidigt zur Wand. ‚Ich paß mitten in der Nacht auf unser Geld auf, und du meckerst bloß mit mir!'

‚Aber Franziska!' Der Vater legte seine Hand auf Franziskas Schulter. ‚Ich bin dir sehr, sehr dankbar, daß du auf unser Geld aufpassen wolltest. Aber ich muß dir doch auch sagen dürfen, daß du es falsch angefangen und dich in Gefahr gebracht hast. . . . Du bist uns nämlich millionenmal wichtiger als das Geld!' " (S. 58)

Offener kann man bürgerliche Ideologie nicht propagieren: der Vater als Geldverdiener und ökonomisch bedingter Familienregent, Warnung vor Dieben und damit Ansprechen von Besitzdenken, aus dem der Vater seine Vormachtstellung bezieht, und schließlich und deutlich genug die Erzeugung von Sexualangst — das verdinglichende Interesse an der Erhaltung der töchterlichen Reinheit in unmittelbarer Nachbarschaft mit der Furcht vor dem Geldverlust ist ein gefundenes Fressen für Kapitalismuskritik.

In der zweiten Geschichte, auf die die erwähnte vorbereitet, es noch schlimmer und wird es dann ernst: Franziska läßt einen sich krank stellenden Mann herein, gibt ihm zu essen und auf seine Bitte hin sogar Alkohol und muß erleben, daß er mit Wertgegenständen und einer Geldkassette mit 650 Mark verschwunden ist . . .

„Schließlich hielt Franziska die Stille nicht mehr aus. ‚Du hast neulich gesagt, daß ich euch millionenmal wichtiger bin als das Geld!' stieß sie hervor ‚Das stimmt auch', nickte der Vater. ‚Glaubst du, wir regen uns wegen der gestohlenen Sachen so auf?'

Franziska sah ihn verständnislos an. ‚Nicht deswegen?' ‚Nein.' Der Vater schüttelt den Kopf. ‚Der Mann hätte dir etwas antun können.'
Er sagte es so ernst, wie Franziska ihn noch nie hatte sprechen hören." (S. 87)

Räuber und Einbrecher als literarische Mittel, die Wichtigkeit von Besitz und Eigentum zu demonstrieren, der Fetisch Geld regelt alle Beziehungen einschließlich der Sexualität, die als eine Form des Eigentums zu bewahren ist. Das notdürftig kaschierte Sexualverbot und die Vater-Autorität als Ausfluß der Besitzverhältnisse.... Das Vorurteil gegen Nichtintegrierte erweist sich so als Produkt eines durch die gesellschaftlichen Verhältnisse geschaffenen *falschen Bewußtseins.*

Dagegen kommt es in Ruck-Pauquets „Floh im Sauerkraut" zu einer Integration des Außenseiters, ohne daß der Seiltänzer seine Eigenart aufzugeben braucht – das Seiltanzen immerhin aber auch hier ein Mittel zur Romantisierung, die den Konflikt nicht löst.

Wir ziehen das Fazit, daß Nichtintegration im Kinderbuch überwiegend entweder als „Schwächezustand", der zu überwinden ist, als selbst zu verantwortendes „Schicksal" oder als nicht weiter begründeter und von Bedingungen nicht abhängiger Zustand dargestellt wird. Weder wird ausreichend begründet, noch wird der Leser genügend zur Auseinandersetzung mit dem Element des Fremden und zu entsprechenden neuen Erfahrungen gezwungen. Die Folge ist, daß die Bücher Vorurteile und Konformismus – als eine Bedingung der Entstehung von Vorurteilen – eher begünstigen als im Sinne einer notwendigen politischen Aufklärung abbauen helfen. Die Kinderliteratur der Bundesrepublik zeigt insgesamt einen niedrigen Grad kritischer Reflexion gegenüber der Vorurteilsproblematik, um nicht bewußte Manipulation zu unterstellen[36].

Drei Buch-Beispiele

Wilhelm Topsch: Die leiseste Klasse der Welt

Den Lehrer Fröhlich haben alle Kinder der Klasse gern, denn er ist so, wie er heißt. Da kommt Jan Sarabimbosinelli, der Sohn eines Zirkusbesitzers, in die Klasse. Die Kinder sind wie verwandelt, sie lärmen und lachen, ärgern Jan und nennen ihn „Zirkusaffe". Herr Fröhlich ist gar nicht mehr fröhlich, denn aus der leisesten ist die ungezogenste und lauteste Klasse der Welt geworden. Da lädt Jans Vater die Kinder zu einer Vorstellung ein. Sie sehen Elefanten, Löwen, Jans seiltanzende Mutter und den „kleinsten Clown der Welt", das ist natürlich Jan. Die Klasse wird ganz, ganz leise vor Staunen und

Scham; sie ist von jetzt an wieder die alte, brave, und Herr Fröhlich ist nicht mehr traurig. Die Kinder schreiben Jan einen Brief, sie wollen wiedergutmachen und laden Jan ein, später wieder in ihre Klasse zu kommen. Nach langer Zeit trifft der Antwortbrief ein, in dem Jan nicht nur seinen Besuch, sondern eine „tolle Sensation" ankündigt. Auf einem Elefanten reitet er in die Stadt ein und vollführt vor den begeisterten Kindern auf dem Tier allerlei akrobatische Kunststücke. Anschließend lädt er die Klasse wieder zu einer Zirkusvorstellung ein.

Wir greifen im folgenden das Vorurteilsproblem heraus und gehen auf das fragwürdige Leitbild des Leise- und Bravseins nicht ein. Der Zirkus ist im Kinderbuch beliebt, denn die fremdartig-exotische Welt fasziniert und gestattet die Begegnung mit dem Außeralltäglichen und das Erlebnis zauberhafter Erhöhung. Daher eignet sie sich auch vorzüglich zu einer verharmlosenden Verarbeitung des Außenseiter- und Vorurteils-Motivs. Der Zirkus wird zu einem Mittel den Außenseiter so zu erhöhen, daß er akzeptierbar wird. Das erspart eine Auseinandersetzung mit dem „Fremden" und eine realistische Konfliktlösung, und zwar sowohl den Kindern des Buches als auch den Lesern. Ein Lernprozeß wird nicht in Gang gesetzt, vielmehr kann man sich konsumierend beruhigen.

Ebba Schwimann-Pichler: Lausbub Matz

Das neunjährige, bei seiner Tante Helene wohnende Mädchen Matz geht als Junge verkleidet auf Suche nach seinem Vater, lernt unterwegs freundliche Menschen kennen, die ihm weiterhelfen und es beschützen, u. a. einen Taxichauffeur und einen landstreichenden Lumpensammler. Matz nimmt eine Stelle als Laufbursche bei einem amerikanischen Unternehmer-Ehepaar, Mr. und Mrs. Godfrey, an, das es nagelneu einkleidet und bei dem es den Lumpensammler als seinen Vater ausgibt. Mr. Godfrey ist gerührt über das harte Schicksal des armen Mannes und schenkt ihm spontan einen Lastwagen, den er sogar behalten darf, als sich herausstellt, daß der Mann nicht Matz' Vater ist, und der richtige Vater gefunden wird. Matz' Vater verspricht, sich von jetzt an mehr um seine Tochter zu kümmern, die zufrieden zu ihrer ungeliebten Tante zurückkehrt.

Zwar hat Matz keine Vorurteile gegen Unterprivilegierte und auch keine Angst vor ihnen, aber sie moralisiert an ihnen wegen ihres unsteten Lebenswandels und weil sie fremdes Eigentum nicht genügend respektieren herum. Vorbild ist dagegen Mr. Godfrey, der es zu etwas gebracht hat, ein selfmade-Typ, wie er im Buche steht, dabei freigebig und wohltätig. Das soziale Problem erscheint auf privater Basis lösbar. An den Verhältnissen, die zu einer Trennung von Vater und

Tochter und zu den sozialen Differenzen z. B. zwischen Lumpensammler und Unternehmer geführt haben, wird keinerlei Kritik geübt. Matz' Weigerung zu stehlen und ihre Verteidigung von Besitz
und Eigentum wirken auf den Leser um so stärker, als sie selber ja
in einer schwierigen Lage ist, und schaffen im Verein mit der sympa-
thischen Darstellung des Amerikaners eine Eindeutigkeit der Werte
im Sinne einer Apologie bestehender Unterschiede. Sentimentale
Verbrüderung und schicksalhafte Fügung schaffen eine Schein-Reali-
tät, die mühelos konsumierbar ist. Nicht günstige Bedingungen, sondern Zufall, Schicksal und Leistung begründen den Erfolg. Mit der
dargestellten Welt verinnerlicht der Leser die Werte, die diese Welt
regieren: Besitz, Geld, Erfolg, ein gesellschaftliches Oben und Unten
All das ist als gegeben hinzunehmen, man hat an seiner Stelle seine
Pflicht zu tun und zufrieden zu sein. Das ist eine Ideologie, die einseitig im Interesse der Besitzenden liegt und diese vor Veränderungen auf ihre Kosten beschützen soll. Textbeispiel:

,, ,Was haben du gewollt hier?' fragt Mister Godfrey. Matz schluck
,Ich wollte Laufjunge werden!' antwortete sie. Mister Godfrey
scheint das großartig zu finden.
,Heaven!' sagt er. ,Du sein eine clever boy! Du müssen kommen
nach Amerika. Eine boy wie du machen sein Glück dort und werden
noch president!' " (S. 76)

Gina Ruck-Pauquet: Wolfsnase

Diese ,,Geschichte eines kleinen Indianerjungen" gehört zu jenen
Indianergeschichten, die den deutschen Lesern weniger Indianer-
leben nahebringen wollen, als daß sie Projektionen vermeintlicher
Kinderwünsche ins Indianische darstellen. Sie geben Gelegenheit,
vom Erwachsenwerden von Tapferkeit und Bewährung zu erzählen.
So bleibt der Realismus der Geschichte ein Schein und für den Leser unüberprüfbar.
    Der Inhalt ist schnell erzählt: Wolfsnase soll Nachfolger seines Va-
ters, des Häuptlings Wilder Bär werden. Die Mutter versucht des Vaters Ehrgeiz zu bremsen, jedoch ohne Erfolg. Ein neidischer Nach-
barstamm schafft Gefahren, die Chance zur Bewährung und zum Beweis eigener friedlicher Absichten. Gleichzeitig gilt es, sich der hä-
mischen Intrigen eines eigenen Stammesangehörigen zu erwehren.
Schließlich erfüllt sich eine alte Prophezeiung, und Wolfsnase steht
am Ende als bewunderter Retter und Friedensbringer da.
    An dieser Geschichte fällt vor allem die klare Rollenzuweisung
auf: Mädchen sind schwächlich und kichern, Mütter drängen auf Be-
scheidung, als Mann muß man jagen können, handeln, tapfer sein

252

und den Verlust eines Freundes ohne Tränen ertragen können. Entsprechend werden Eigen- und Fremdgruppe, Freund und Feind stereotypisiert: in der Eigengruppe „Schnelle Jäger" gibt es den hinterhältigen „Flinke Lippe", der immer redete und „dessen Blicke wie huschende Mäuse" sind, während ein Mann doch „handeln und schweigen" muß. Und es gibt die räuberische Fremdgruppe, die „Beißende Ameisen" heißt.

Die Botschaft des Buches an den Leser ist archaisch: man ist zu etwas geboren, das Blut treibt einen zum Handeln, der Traum hat prophetische Kraft. Der Mythos des großen Einzelnen, der Frieden „bringt" und „gebietet", wird einmal mehr reaktiviert, ein Vorbote Perry Rhodans. Frieden ist nicht etwa das Ergebnis problemlösenden Verhaltens und eines demokratischen Prozesses. Warum fällt eigentlich das Kinderbuch immer wieder (unter dem Vorwand der Kulturstufen-Theorie?) ins Archaische zurück? Warum muß das Streben nach Vereinfachung der Lebenstatsachen, gegen die im Kinderbuch im Prinzip nichts einzuwenden ist, ein reaktionäres Weltbild mit autoritären Tendenzen hervorgehen?

Eine mit der soziologischen Methode operierende Ideologiekritik des Kinderbuches bewährt sich, wie gezeigt werden konnte, besonders auch am Komplex des Vorurteils. Als Fazit können wir folgende Manifestationen vorurteilshafter Darstellung im Kinder- und Jugendbuch herausstellen:

– Außenseiter und Nichtintegrierte haben selber Schuld;
– soziale Differenzen sind nicht historisch bedingt, sondern naturgegeben oder natürliches Ergebnis unterschiedlicher Tüchtigkeit;
– Kriminelle werden benötigt, um den Wert von Besitz und Eigentum gebührend ins Licht zu setzen;
– Schicksal und individuelle Wohltätigkeit lösen soziale Konflikte;
– die Naturgegebenheit von Sachverhalten überhaupt, z. B. Fähigkeiten als „Begabung" und Verhaltensweisen als feste „Rollen", die aber als solche nicht durchschaubar gemacht werden;
– die Einzigartigkeit und Unabhängigkeit des Individuums, der große Einzelne als der entscheidende Bewirker.

Schlußüberlegung

Ziel des Referats war es, Kinder- und Jugendliteratur unter soziologischem Aspekt zu betrachten. Dabei haben wir uns darauf beschränkt, die Ergiebigkeit der soziologischen Methode der Textanalyse nachzuweisen. Die Darstellung der Methoden und ihrer Ergebnisse konnte hoffentlich zeigen, daß das soziologische Verfahren nicht nur ergiebig, sondern auch notwendig ist, weil anders bestimmte Textstrukturen und -funktionen nicht greifbar werden.

Um einigen Mißverständnissen vorzubeugen: es geht hier nicht um das Ziel, eine einheitliche Literatur zu erreichen. Was der Vortrag auch nicht deutlich machen konnte, ist das Ziel einer integrativen neuen Ästhetik der Kinder- und Jugendliteratur, die auch die Momente der Sprachform, der Spannung und des Humors einbeziehen muß. Aber um den Stellenwert der Form, d. h. auch der Spannung, der Sprache und des Humoristischen zu verdeutlichen: diese sind nicht Selbstzweck, sondern müssen sich erst dadurch beglaubigen, daß sie annehmbaren Inhalten dienstbar gemacht sind.

Ungeklärt ist auch das Moment des Phantastischen. Es darf hier nicht der Eindruck entstehen, als hätte in einer neuen Ästhetik der Kinderliteratur nur noch das sozialkritisch Realistische einen Platz. Daß das phantastische Moment auch eine aufklärerische Funktion haben kann, zeigen im übrigen Bücher wie Herburgers „Birne"-Geschichten und Nöstlingers „Wir pfeifen auf den Gurkenkönig". Aber auch das — im Sinne Adornos — Nichtverwertbare, das Poetische oder der „Nonsense" beanspruchen ihren Platz. Darüber sind ganz neue Untersuchungen nötig, zu denen hier nur angeregt werden kann

Am Schluß eine Übersicht über die Methoden und Ziele der soziologischen Kinder- und Jugendbuchanalyse:

1. Methoden
   − systematische Inhaltsanalyse (manifeste Motiv-Inhalte);
   − Ideologiekritik (auch verbunden mit der Inhaltsanalyse);
   − Funktionsanalyse (Wirkungsaussagen auf Grund einer Gesellschafts- und Publikumsanalyse).
2. Ziele
   − Herausarbeitung sozialer Kategorien und der Häufigkeit ihres Vorkommens in Quer- und Längsschnittanalysen, besonders an Buchtypen;
   − Erkennen der Festigkeit sozialer Rollen;
   − Schärfung des Blicks für gesellschaftliche Werte und Handlungs muster;
   − Einsicht in Wirkungsprozesse auf Grund ihrer Vorstrukturieru durch bestimmte Textmerkmale („soziale Kontrolle");
   − Eruierung der Leser-Rolle.

Anmerkungen

1 Maren-Grisebach 1972; Hermand 1969; Mecklenburg 1972; Vaßen 1972; Gansberg/Völker 1970.
2 Vgl. Maren-Grisebach, a. a. O., S. 83.
3 Vgl. Metscher 1971, S. 47, und Maren-Grisebach, a. a. O., S. 91.

4 Metscher, a. a. O., S. 47.
5 Vgl. Göbel 1972, S. 220, und Ritsert 1972, S. 99.
6 Maren-Grisebach, a. a. O., S. 91.
7 Vgl. Goldmann 1970.
8 Vgl. Bourdieu 1970, S. 83 ff. u. a.
9 Forbeck/Wiesand 1972, S. 370.   9 Fohbeck/Wiesand 1972, S. 370.
10 Vgl. Maren-Grisebach, a. a. O., S. 92 f.
11 Vgl. Adorno, Rede über Lyrik und Gesellschaft, in: Th. W. A. 1958; Horkheimer/Adorno 1971.
12 Vgl. Ritsert, a. a. O.
13 Vgl. die in Anm. 1 und 3 genannten Arbeiten sowie Raddatz 1969; Gallas 1971; Pracht/Neubert 1970.
14 Vgl. Inglis 1968; Dahrendorf 1973 (d), S. 333 ff.
15 Müller-Seidel 1965; Hass 1959; vgl. dazu Schulte-Sasse 1971 (a).
16 Vgl. Anm. 3.
17 Vgl. Maren-Grisebach, a. a. O., S. 95.
18 Vgl. Liebhart 1973; Dahrendorf 1973 (d), S. 315 ff.
19 Maren-Grisebach, a. a. O., S' 85 f.
20 Vgl. Dahrendorf 1972 (a).
21 Vgl. Maier 1973; dazu: Dahrendorf 1972 (a).
22 Nickel 1971, S. 51.
23 Vgl. Richter 1971, 1972, bes. H. 4, S. 6.
24 Vgl. Dahrendorf 1973 (b).
25 Vgl. Oerter 1970, S. 20 ff.; Schenk-Danzinger 1970, S. 14.
26 Vgl. Dahrendorf 1971 (a), S. 6.
27 Krüger 1957.
28 Vgl. Haug 1972 und Krockow 1971, S. 105 ff.
29 Hoffmann 1970.
30 Präzisiert zu: Gesellschaftliche Probleme im Kinderbuch (Dahrendorf 1971 a).
31 Vgl. Dahrendorf 1973 (c).
32 Vgl. Anm. 23 und Dahrendorf 1971 (a), S. 3.
33 Vgl. Kropatsch 1971; Maier, Fragen zur Wirkungslehre der Kinderliteratur, in: Maier 1972.
34 Vgl. Skowronek 1969; Bandura/Walters 1969.
35 Vgl. Horkheimer 1970; Liebhart, a. a. O., S. 286 ff.
36 Vgl. Strzelewicz 1965; Rattner 1971; A. und M. Mitscherlich 1967.

Anlage 1

Soziologische Auswertungskategorien für Kinderbücher

1. Bibliographie und Kurzinhalt
2. a) realistisch, b) phantastisch

   a_1 bzw. b_1: ohne Bezug zur sozialen und gesellsch. Realität

   a_2 bzw. b_2: mit Bezug zur sozialen und gesellsch. Realität

   a a_3 bzw. b_3: traditionelles Bild vom Kind (artig, willig etc.)

   a_4 bzw. b_4: mindestens Ansätze zu einem modernen Bild v. Kd.
3. a) Umwelt Stadt oder Großstadt

   b) Land, Dorf

   c) Ferienort, Inselsituation

   d) nicht einzuordnen, nicht relevant

4. a) Mittelschicht oder höher
   b) Unterschicht
   c) keine Anhaltspunkte
   d) Problem der Armut oder Abhängigkeit angesprochen
   d_1 unkritisch (etwa im Sinne: es wird immer arm und reich geb.)
   d_2 kritisch (Armut und Abhängigkeit als veränderbare Fakt.)
5. a) vorwiegend innerfamiliäre Beziehungen (einschl. Geschwister)
   b) sekundäre Gruppen bzw. Beziehung d. Helden dazu spielt Rolle
   c) nicht einzuordnen
6. a) vorwiegend Einzelerleben
   b) Zweierbeziehungen (zu anderen Kindern, Tieren, Erwachsenen)
   c) Gruppe als Handlungsträger
7. Ziele und Interessen der Hauptfiguren
   a) Geborgenheit finden oder erfahren
   b) Bewährung (im Zusammenhang mit Normen, vgl. Pkt. 9)
   c) Bravsein (Ordentlich-, Nett-, Freundlich-, Liebsein etc.)
   d) Anerkennung finden bei anderen, Kindern, Erwachsenen
   e) Befriedigung von Bedürfnissen (Welchen? Z. B. Spiel, Phantasie, Freiraum, ungestörte Entfaltung)
   f) Selbständigkeit, eigene Entscheidung, selbst. Problemlösen
   g) Erkennen der Wirklichkeit, Denken
8. Welche Bereiche der Wirklichkeit sind angesprochen?
   a) Politik und Gesellschaft (u. a. Vorurteile)
   b) Beruf und Wirtschaft
   c) Technik und Wissenschaft
   d) über das Familiäre hinausgehende Sozialprozesse (z. B. Sexualität)
   e) ohne Hinweise
9. Werte, Tugenden, Verhaltensnormen
   a) im Bereich der Öffentlichkeit, b) im Privatbereich und innerhalb von Primärgruppen
   a_1 bzw. b_1: soziales Verhalten in den Bereichen
   a_2 bzw. b_2: Sekundärtugenden, dressiertes Wohlverhalten
   a_3 bzw. b_3: unabhängiges, selbständiges, kritisches, couragiertes Verhalten in beiden Bereichen
10. a) eigene Interessen und Ziele der Erwachsenen
    b) Interaktionsformen und Erziehungspraktiken gegenüber den Kindern (Ziele und Stile)
    c) entfällt
11. geschlechtsspezifische Differenzen
    a_1 Helden: Jungen, a_2 Helden: Mädchen, a_3 Jungen und Mädchen
    b_1, b_2 bzw. b_3: spezifische Interessen, Ziele, Merkmale
    c_1, c_2 bzw. c_3: Abweichungen vom Stereotyp
12. a_1 Konflikte real, wirklichkeitsnah, a_2 phantast., a_3 „literarisch".
    b_1 privat-psychologisch, b_2 gesellschaftlicher Ursprung der Konflikte verdeutlicht
    c) ohne Konflikte
    Lösungen:
    d) real u. auf eigene Wirklichkeit d. Kd. übertragbar
    e) irreal, zufällig, d. äußere Einwirkg., phantastisch
    f) ohne Lösung (offen)

13. Abschließende, zusammenfassende Stellungnahme zu Wirklichkeitsgehalt, -bezug, zur Art der Konflikte und Bedeutung d. Buches für den kindlichen Leser.

Anlage 2

Auswertung von 100 Kinderbüchern des Jahrgangs 1970: Übersicht über die durch Sympathielenkung propagierten Tugenden und Verhaltensweisen:

Rangfolge	Häufigkeit d. Auftretens
1. hilfsbereit, fürsorglich, kameradschaftlich	40mal
2. freundlich, liebe-, rücksichts- u. verständnisvoll	40mal
3. gehorsam, sich unterordnen	22mal
4. unabhängig, selbständig, couragiert	16mal
5. ordentlich, sauber	15mal
6. solidarisch, gesellig, kooperativ	14mal
7. nett, artig, lieb, anständig	13mal
8. Bereitschaft zur Veränderung, Dinge nicht so hinnehmen, wie sie sind	10mal
9. fleißig, tüchtig, arbeitsam	10mal
10. fröhlich, froh	10mal
11. verantwortungs- u. pflichtbewußt, zuverlässig	9mal
12. höflich	7mal
13. tierlieb	6mal
14. realitätsbewußt, wissensdurstig, neugierig	5mal
15. klug, rationales Verhalten, denken u. abwägen	5mal
16. mutig, tapfer	5mal
17. diszipliniert	4mal
18. respektvoll gegen Erwachsene	4mal
19. unternehmend, abenteuerlustig	4mal
20. ehrlich, offen	4mal
21. spielfreudig, phantasievoll, kreativ	4mal
22. selbstlos	4mal
23. individuelle Wünsche und Interessen	3mal
24.–29. geschäftstüchtig / selbstbewußt / dankbar / einfühlsam / zufrieden / naturverbunden je	2mal
30.–35. Kritik ertragen können / stark und mächtig sein / fair / geduldig / fromm / vertrauensvoll je	1mal

Diese Eigenschaften, Verhaltensweisen und Tugenden wurden insgesamt 42mal (= 15,4 % aller Fälle) in außerfamiliären, öffentlichen Situationen praktiziert und insgesamt 230 mal (= 84,6 % aller Fälle) in Primär- (Familien-) Gruppen.

Kategorisierung:

1. „Sekundärtugenden", Wohlverhalten, Privatinteressen
   (Nr. 3, 5, 7, 9, 10, 11, 12, 16, 17, 18, 19, 24, 28, 29, 31, 33, 34)   112mal
2. Soziales Verhalten, soziale Einstellung
   (Nr. 1, 2, 6, 13, 20, 22, 27, 32, 35)   114mal
3. Kritisches, selbstbewußtes, selbständiges, realitätsbewußtes,
   kreatives Verhalten (Nr. 4, 8, 14, 15, 21, 23, 25, 30)   46mal

7. Anmerkungen zum gegenwärtigen Stand der Kinder- und Jugendliteratur in der BRD*

Die Behandlung des Themas setzt erstens die Kenntnis früherer Entwicklungsstufen der Kinder- und Jugendliteratur und zweitens umfassende Kenntnisse der Literatur dieser Jahre voraus, wobei die mit der Produktion, Verbreitung und Bewertung und schließlich Rezeption befaßten Institutionen der Gesellschaft zum Verständnis der Texte mit einzubeziehen wären.

Es versteht sich, daß der Verfasser diese Erwartungen nicht erfüllen kann. Seine Anmerkungen beruhen auf Beobachtungen, die teilweise sicher den Charakter des Zufälligen tragen, und sind sicher, auch infolge ihrer Standortgebundenheit subjektiv. Auch die historische Perspektive kann nicht systematisch-gründlich mit einbezogen werden. Zudem empfindet der Verfasser die Aufgabe, Veränderungen und Tendenzen darzustellen, als kaum lösbar, bedingt durch die unmittelbare Gegenwärtigkeit des Darzustellenden. Einerseits neigt man dazu, das geschichtlich Neue überzubewerten; andererseits weiß man oft erst später, was tatsächlich „Geschichte gemacht" hat.

Schließlich sei das Material noch eingegrenzt. Jugendliteratur erscheint heute bei weitem nicht mehr nur als Buch in Buchverlagen, sondern über alle entwickelten Medien. Argumentiert man darüber hinaus noch von den Literatur-Verbrauchern, den Kindern und Jugendlichen her, so relativiert sich der Bereich des Buches noch mehr. Dennoch soll das der Arbeit zugrundeliegende Material auf das Kinder- und Jugendbuch eingegrenzt werden, und zwar auf das Prosabuch, darüber hinaus auf das auch mit bildlichen Mitteln arbeitende Erzählbuch. Zum methodischen Vorgehen sei vorausgeschickt, daß zuerst auf das „literarische Leben" bzw. einige seiner Aspekte einzugehen ist, soweit es für das Jugendbuch wichtig ist, da Texte nie nur Produkte einzelner Autoren für einzelne, individuelle Leser sind, sondern ihre Produktion, Distribution und Rezeption durch den Zustand der gesellschaftlichen Kommunikation bestimmt wird. (Natürlich reicht es nicht aus, nur auf den Zustand der gesellschaftlichen Kommunikation zurückzugehen, da dieser vom Zustand der Gesellschaft bis hin zu ihrer Sozialstruktur und ihren Produktions- und Eigentumsverhältnissen abhängig ist. Auf diesen Zusammenhang kann hier nur

---

* Anmerkungen zu diesem Beitrag auf S. 278–279.

verwiesen werden.) Den Anmerkungen zum „literarischen Leben"
schließen sich in einem 2. Teil Beobachtungen an, die der Verfasser an den Kinder- und Jugendbuchtexten selber anzustellen Gelegenheit hatte. Sie werden nach formalen und inhaltlichen Aspekten geordnet. Zum Schluß sei die Frage gestellt, ob wir auf dem
Wege zu einer neuen Ästhetik der Kinder- und Jugendliteratur sind.

1. Anmerkungen zum „literarischen Leben"

Autoren

Auf die Frage, wer eigentlich in der BRD Jugendbücher schreibt,
gibt es immer noch keine sichere Antwort. Betrachtet man die letzten Jahre, so ist festzustellen, daß es offenbar zunehmend attraktiver wird für Autoren, auch für Kinder zu schreiben. Für deutsche
Verhältnisse ist das historisch neu. „Attraktiver" heiß hier nicht
„wirtschaftlich attraktiv", da die Honorare für Jugendbücher immer
noch − z. T. sogar weit − unter dem sonst üblichen Niveau liegen.
Gemeint ist das mit der Kinderschriftstellerei verbundene gesellschaftliche Prestige. Man vergibt sich heute nichts mehr, wenn man
für Kinder schreibt. Damit beginnt sich die Kinderschriftstellerei
vom Makel der Zweitrangigkeit zu lösen. Es hat sich sogar herumgesprochen, daß es besonders reizvoll ist und seine eigenen Schwierigkeiten hat. Ein Anfang in der Richtung liegt offenbar in dem 1966
erschienenen Band „Dichter erzählen Kindern" (Middelhauve). Die
darin enthaltenen Namen sind repräsentativ für die gehobene Belletristik der Erwachsenen in den 60er Jahren (u. a. Bichsel, Bobrowski,
Fuchs, Gregor-Dellin, Heckmann, Herburger, Kaschnitz, Kreuder,
Lenz, Meckel, Piontek, Reinig, Seuren, Valentin, Weyrauch, Woh-
mann; Böll schrieb das Nachwort). Freilich zeigt der Band zugleich,
daß das Für-Kinder-Schreiben problematischer ist, als es sich einige
der Autoren vorgestellt haben mögen. Jedenfalls läßt sich die Ästhetik der stark von der Gruppe 47 geprägten 60er Jahre nicht ohne
weiteres auf das Kinderbuch übertragen. Für eine Reihe der Autoren
war es ein einmaliger Ausflug, immerhin haben sich aber seitdem Autoren wie Heckmann, Herburger, Schnurre, Härtling, Jägersberg, Valentin und Frischmuth einen Namen als ernstzunehmende Kinder-
Schriftsteller gemacht.
   Es wäre jedoch falsch, diese Erscheinung bereits als Diagnose einer grundsätzlichen Wandlung im Selbstverständnis und in der gesellschaftlichen Bedeutung und Stellung des Jugendschriftstellers zu verwenden. Die Kinder- und Jugendschriftstellerei ist in Deutschland seit
je eine Domäne schreibender Laien, außerdem oft ultima ratio litera-

risch sonst Gescheiterter. Sie sind, weil sie ihre eigenen Produkte offenbar selber nicht als allzu hochwertig einschätzen, nur zu bereit, ihre Manuskripte für ein Taschengeld zu verkaufen, glücklich, wenn sie überhaupt veröffentlicht werden.[1] Sie lassen sich teilweise mit winzigen Pauschalhonoraren abfinden für Bücher, die dann in 10–20.000 Exemplaren herauskommen.[2] Der skandalöse Umstand, der zumindest mitverantwortlich ist für den schlechten Zustand überwiegender Teile der Jugendliteratur der BRD, ist zurückzuführen auf den Umsatzhunger vieler Verlage, auf die Novitätensucht und die harte Konkurrenz der ca. 80 Jugendbuchverlage in der BRD, auf das Bestreben, um jeden Preis „am Markt" zu bleiben. Selbst beim besten Willen lassen sich für 80 Verlage nicht so viele brauchbare Manuskripte auftreiben, daß die Existenz der Verlage gesichert ist. Finsterer Machenschaften bedarf es da gar nicht. Hier zeigt sich der unmittelbare Zusammenhang von Wirtschaftssystem und Literaturproduktion, an dem auch Jugendbuchpreise, Auswahl- und Prüfungs-Ausschüsse und eine Kriterien-Diskussion nichts ändern, wahrscheinlich nicht einmal die Gründung einer Autoren-Gewerkschaft, wenn sich ihr nicht alle Autoren anschließen und sich gemeinsam an die Mindesthonorar-Forderungen halten. Da die meisten Jugendbuchautoren sich aber gar nicht primär als Autoren verstehen, sondern das Schreiben als Feierabendhobby betreiben, wird es schon schwer sein, auch nur einen nennenswerten Teil von ihnen überhaupt in einen Autoren-Verband hineinzuziehen. (Die Ostblockländer haben es in diesem Punkt leichter; sie können weniger Bücher in weniger Verlagen, aber in ungleich höheren und mehr Auflagen machen, so daß die Autoren nicht unter dem hierzulande üblichen Produktionszwang stehen und die Verlage nicht auf Biegen und Brechen um Erhaltung und Erweiterung ihrer Marktanteile kämpfen müssen. Freilich geraten dort die Autoren wieder in Abhängigkeit vom Staatsapparat – die Verlage sind entweder Staatsverlage, so die Kinderbuchverlage in Ostberlin und Prag, oder werden vom Staat kontrolliert – und einer direkten oder – z. B. durch Papierzuteilung – indirekten Zensur unterworfen.)

Dennoch läßt sich sagen, daß nicht zuletzt auch durch das wacher gewordene öffentliche Bewußtsein und das zunehmende Interesse für die Erziehung das Bild des Jugendschriftstellers in der BR sich zu wandeln beginnt. Auch vom Jugendbuchautor erwartet man mehr und mehr, daß er sein Handwerk versteht, daß er sich Gedanken macht über die Folgen seines Tuns, daß er aus dem Stadium naiver Produktion heraustritt. Es genügt heute nicht mehr, daß er einfach aufschreibt, was ihm einfällt, daß er nur unterhalten will, ohne zu reflektieren, welchen Inhalten die Unterhaltung dient, in wessen „Dienst" sie steht. Ohne ein Mindestmaß an Reflexion ist Jugendschriftstellerei nicht mehr zu verantworten.

Es war bereits unter dem Stichwort „Autoren" notwendig, von
Verlagen zu sprechen. Darin drückt sich die Abhängigkeit der Autoren vom Wirtschaftsprozeß aus. Vielfach werden die Mängel in
Kauf genommen, weil das System auch einige Vorteile bietet, von
denen aber mehr die bereits Erfolgreichen profitieren, denen man
nicht mehr so leicht diktieren kann, die aber oft durch Kompro-
misse und Anpassung an das Gewünschte erst zum Erfolg gekommen sind.

Entsprechend der Beobachtung, daß die Gruppe der Jugendschriftsteller ihre Sonder- und Abseitsstellung allmählich verliert,
läßt sich auch an den Verlagen eine Lockerung der Gruppierungen
– hier Jugendbuchverlage, hier Erwachsenenverlage – beobachten.
Luchterhand, S. Fischer und Rowohlt bringen auch Jugendbücher heraus (freilich erst, seit auch das Progressive ein gutes Geschäft verspricht). Doch blieb das bisher eine Einzelerscheinung. Wichtiger ist,
daß einige Jugendbuchverlage systematisch versuchen, ihr Image,
„nur" Jugendbuchverlage zu sein, nach oben hin aufbrechen (z. B.
Signal und Anrich). Das ist deshalb eine wichtige und der Unterstützung würdige Aufgabe, da das Jugendbuch in seinen guten Beispielen eine Literaturart vertritt, die es in der Erwachsenenliteratur
in ihrer Spannung zwischen authentisch-experimentell und trivial
kaum gibt: eine Art seriöser, realistischer Unterhaltung. Es sei auf
Autoren wie Lütgen, Kaufmann und Ingeborg Bayer verwiesen
(1972 und 1973). Ähnlich liegen Tilman Röhrig (1973), Rud. Herfurtner (1973) und Wolfgang Gabel (1972). Auch einige Beispiele
der sog. Mädchenliteratur wären hier erwähnenswert (so Chung-
Chengs „Kleine Sampan", 1957). Im Bereich des realistisch, pro-
blembewußt, aber spannend und unterhaltsam geschriebenen Buches, das auf Klischees und Sensationen à la Simmel verzichtet und
dennoch den durch Arbeit Erschöpften noch erreicht, liegt die Chance eines Jugendbuches, das nicht mehr „Jugend"-buch ist. –

Der letzte Jugendbuchpreis hat vor allem drei Verlage ins Ram-
penlicht gerückt: Beltz und Gelberg, Anrich und Signal. Es sind,
aufschlußreich genug, allesamt verhältnismäßig junge oder ganz
junge Verlage. Hier wird die z. Z. als fortschrittlich geltende Kinder-
und Jugendliteratur gemacht, die aber über den tatsächlichen, generellen Zustand der Jugendliteratur in der BRD hinwegtäuscht. Anschluß zu halten versuchen O. Maier mit seiner „Ravensburger jungen Reihe", Rowohlt mit seiner Rotfuchs-Reihe und Middelhauve
mit seiner „Kinderbücherei". Zu erwähnen sind ferner Georg Bitter
und Ellermann mit seiner Reihe beachtenswerter Bücher.

Natürlich muß man auch auf die „linken" Verlage eingehen (ob-

wohl sehr vieles aus den eben genannten Verlagen ebenfalls „links"
ist), u. a. auf Weismann und Basis („März" – vgl. die Kinderbücher
von Doktor Gormander – ist jetzt zusammengebrochen). Hier wird
mit neuen Formen der Produktion experimentiert (Kollektiv, vor-
heriges Einholen von Rückmeldungen, Veränderungen von Neuauf-
lagen aufgrund von Erfahrungen). Diese Verlage haben ein betont
marxistisch-sozialistisches Programm und knüpfen z. T. an die proletarische Kinderliteratur der 20er Jahre an. Ihre Zielgruppen sind
u. a. die Kinderläden. Jedoch ist von dorther das beispielhafte neue
proletarische Kinderbuch noch nicht gekommen. Vieles ist in einer
nur notdürftig versinnlichten Kapitalismus-Kritik steckengeblieben,
die die Adressaten nicht erreicht. Erwähnenswert ist Wernströms
„Der Schatz im Dorf der Armen" (Basis), wo der Widerspruch zwischen gefälligem Abenteuer der Exotik und der Wirklichkeit der
Dritten Welt dadurch sinnfällig wird, daß ein schwedisches Team in
Guatemala in einem rückständigen Dorf filmt.

Die neuen Ansätze sollten nicht davon ablenken, daß das Gros
der Verlage die Linie ihrer Produktion nicht verlassen hat, abgesehen von Einzelerscheinungen etwa im Arena- und Oetinger-Verlag.
Es wäre jedoch falsch, das den Verlagen vorzuwerfen. Sie müssen
produzieren, was sich auch verkaufen läßt, und sind deshalb abhängig von der Kritik, dem Geschmack der kaufenden Eltern, Tanten,
Großeltern.

Problem Taschenbuch

Ich habe diese Kapitelüberschrift gewählt, um mir Gelegenheit zu
verschaffen, über das Taschenbuch und billige Reihen sprechen zu
können. Der Jugend-Taschenbuch-Markt hat in den letzten Jahren
eine erhebliche Ausweitung erfahren. Es laufen inzwischen acht
Reihen (O. Maier, Benziger, Trio, Arena, dtv junior, Goldmann,
Heyne, Rowohlt-Rotfuchs), die flexiblen Bilderbuch Dünnausgaben
des O. Maier-Verlages (Ravensburger Spiel- und Spaßbücher) und die
neue Bilderbuch-Reihe von Beltz und Gelberg nicht gerechnet. Von
den erwähnten 10 Reihen fallen die Rotfuchs- und die Bilderbuch-
Reihe von Beltz und Gelberg insofern aus dem Rahmen, als sie ganz
bzw. überwiegend Originaltitel enthalten.

Seit es den Taschenbuch-Boom gibt, diskutiert man die Frage, ob
es das Kaufverhalten der Verbraucher verändert habe und ob es dadurch gelungen sei, neue Käuferschichten zu erreichen. Tatsächlich
hat sich der Kreis der Taschenbuch-Käufer auf dem flachen Land, das
als besonders buchfremd gilt, und bei den Volksschulgebildeten in
den 60er Jahren überproportional erhöht.[4] Da der Rückstand in den

unterprivilegierten Schichten jedoch erheblich ist, besagen diese Ergebnisse noch nicht viel. Leider fehlt es m. W. jedoch an Untersuchungen zur Verbreitung des Jugend-Taschenbuches und über das Ausmaß, in dem es von Kindern selber gekauft wird. Es ist zu vermuten, daß es u. a. den ohnehin bereits buchaufgeschlossenen Schichten zugute gekommen ist.

Betrachtet man die Inhalte, so empfiehlt sich Skepsis. Eine einmal gestartete Reihe muß, um am Markt zu bleiben, regelmäßig mit neuen Titeln aufwarten, unter denen dann nur noch selten Lohnendes auftaucht. Der kommerzielle Gesichtspunkt hat hier eindeutig Vorrang. Für viele Taschenbuch-Verlage ist es überhaupt schwierig, noch Lizenzen zu bekommen — bei acht Reihen nicht verwunderlich; folglich nimmt man, was man bekommen kann; irgendein Rest von pädagogischer Verantwortung ist dann schnell dahin. Kein Kenner der Materie Jugendbuch kann erwarten, daß auch nur ein nennenswerter Bruchteil der jetzt über 270 Titel der „Ravensburger Taschenbücher", der 120 Titel von „dtv junior" und der 100 Goldmann-Titel eine Wiederauflage verdient hat. Das Jugendbuch ist eine Ware, die schnell verdirbt; das wird an der überwiegenden Zahl der Jugendtaschenbücher nur allzu deutlich. Gerade die Umbruch-Situation, in der wir seit etwa vier Jahren stehen, geht am Taschenbuch, das auf die ältere Produktion zurückgreifen muß, spurlos vorüber.

Eine Ausnahme können da nur die u. a. Originalwerke herausbringenden Verlage Rowohlt und Beltz und Gelberg (mit seinen Bilderbüchern) bilden. Da das Bilderbuch unten in anderem Zusammenhang noch behandelt werden soll, hier nur eine Bemerkung zur Rotfuchs-Reihe. Sie tritt mit dem Anspruch auf, gesellschaftliche Aufklärung zu leisten und zur Emanzipation der Kinder beizutragen. Offenbar ist es jedoch kaum möglich, jeden Monat zwei progressive Kinderbücher vorzulegen (daß es monatlich zwei sein müssen, bestimmt der Verlag). Eine Examensarbeit, die in der PH Kiel jetzt geschrieben wurde, kam zu dem Ergebnis, daß die Rotfuchs-Reihe ihren Anspruch bisher gerade zu einem Drittel erfüllt; ein weiteres Drittel wurde unter „teils-teils" eingestuft, das letzte unter „nicht erfüllt". Ein besseres Ergebnis wird einfach durch die Produktionsauflage des Verlages verhindert. Kein Verlag kann es sich leisten (bis auf einige ganz wenige idealistische Klein-Verlage), nur dann Bücher herauszubringen, wenn sie allen guten Vorsätzen entsprechen, und so lange zu warten, bis sie die bekommen.

Das Problem Taschenbücher für Kinder ist im ganzen kein sehr erfreuliches. Eine wissenschaftliche Gesamtuntersuchung des Problems einschließlich seiner kommerziellen Seite wäre unbedingt notwendig.

Vermittlung, Kritik, Wissenschaft

Zu diesem Zusammenhang sind hier aus Raumgründen nur Andeutungen möglich. Dazu ein paar Vorbemerkungen.

Es ist heute schon kaum mehr originell, darauf hinzuweisen, daß die Öffentlichkeit des Buches in der BRD eine „bürgerliche" ist. Die authentische Kultur, in der wir leben, ist bei weitem keine allgemeine. Wer kauft in unserer Gesellschaft Bücher, wer liest sie, wer besucht die Theater und benutzt die öffentlichen Büchereien und Museen? Die Verbraucher der authentischen Kultur entstammen den gebildeten, privilegierten Mittelschichten. Im Namen einer Demokratie, in der jedem selber überlassen wird, ob und wie er seine Chancen wahrnimmt, und einer permanenten „Abstimmung am Kiosk" werden die unterprivilegierten Schichten mit einer Kultur aus zweiter Hand abgespeist, die sie zugleich daran hindert, ihr Unterprivilegiertsein wahrzunehmen. Da die Kritik auf bestehende Abnehmergruppen bezogen ist, formuliert sie entweder die Interessen und ästhetischen Erwartungen dieser Gruppen, oder die Kritik wird so kanalisiert, daß sie andere Gruppen einfach nicht erreicht. Da wiederum unserer Wirtschaft liberal organisiert ist und sich am Markt orientiert, ist zwangsläufig auch die Buchproduktion auf die Bedürfnisse und Gewohnheiten der mittleren Schichten ausgerichtet. Ein Rezept, wie man mit dem Buch auch die Unterprivilegierten erreichen könnte, wurde noch nicht gefunden (das ist übrigens auch ein Problem der Literatur der Arbeitswelt). Zwar könnte die Schule etwas zur Überbrückung tun, und sie tut es auch an einigen Stellen, aber was nicht zugleich Unterstützung durch das Elternhaus findet, bleibt meist folgenlos. So kann man zwar sagen, daß das Konzept einer kompensatorischen Erziehung das Buchangebot in gewisser Weise verändert hat, jedoch nicht tatsächlich vorhandene Benachteiligung zu kompensieren vermochte, da das Buch die notwendigen Zielgruppen offenbar nicht erreicht hat. Im Gegenteil, da die neuen Bücher in besonderem Maße auf die Vermittlung durch aufgeklärte Erwachsene angewiesen sind, mit solchen aber in den unterprivilegierten Gruppen im allgemeinen nicht zu rechnen ist, hat sich der Abstand eher vergrößert.

Was aber durch die öffentliche Diskussion von Erziehungsfragen, Chancengleichheit und Bildungsreform gefördert worden ist, ist die Einsicht, daß auch das Buch eine sozialisierende Funktion hat, ja daß es — aus dieser Sicht — als ein Instrument der Gesellschaft interpretiert werden kann, sozialisierenden Einfluß auf die nachwachsende Generation zu nehmen. Um herauszuarbeiten, in welcher Weise das funktioniert, werden seit einigen Jahren systematisch Analysen von Teilbereichen oder von Zufallsauswahlen der Jugendliteratur angestellt.[5] Zunehmend beschäftigen sich an Hochschulen und Universitäten Seminare mit dem Problem, bei dem es letztlich um Klärung der Frage geht, wie die Gesellschaft vermittels Literatur ihre Kinder- und Jugendlichen beeinflußt.[6] Es wird eine Analyse der Inhalte, der Wertungen, der Erziehungsstile vorgenommen und die Art der Vermittlung an die Leser untersucht. Die Methoden sind vorzugsweise soziologische, das leitende Interesse ein gesellschaftspolitisches. Dahinter steht die Frage, von der auch U. Wandrey bei der Konzeption seiner Rotfuchs-Reihe ausgegangen ist: kann das Kinder- und Jugendbuch gesellschaftliche Aufklärung leisten, Vorurteile abbauen helfen und dadurch zum gesellschaftlichen Fortschritt beitragen? Um diese schwierige Frage beantworten zu können, muß jedoch endlich mit einer systematischen Rezeptionsforschung begonnen werden, die nicht mehr von der Frage ausgeht, wie die Texte beschaffen sein müssen, damit sie auch „ankommen", sondern von der Frage, ob und wie durch Bücher Einstellungen und Verhaltensweisen verändert werden können (das dann freilich unter Einschluß auch der ersten Frage, da die Bücher interessant genug sein müssen, damit sie auch gelesen werden). Damit komme ich zum Thema

Publikum, Leser

Das Problem, daß das Kinderbuch bei uns kaum einmal direkt an das Kind herankommt, sondern fast immer nur über Vermittlungsinstanzen (Eltern, Lehrer usw.), soll hier nur erwähnt werden, um sogleich die Frage nach den Motivationen zu stellen.

Die psychologische Phasenlehre, die auch zur Herausarbeitung von literarischen Entwicklungsphasen geführt hat, ist heute ad acta gelegt. Das bedeutet auch: die Begründung von literarischen Interessen aus entwicklungstypischen Verhaltensweisen. Die Stützung auf die Phasenlehre wird heute ersetzt durch die Frage nach den Ursachen de Interessen.[7] Hier tauchen einige schwierige Probleme auf. Denn wohe auch immer die Bedürfnisse kommen: sie sind da und beherrschen die Aufmerksamkeit und die Interessen der Kinder. In einer Art Euphorie, die mit der Entdeckung neuer Zusammenhänge meist einhergeht, hat man die Interessen der Kinder seit einigen Jahren manchmal vernachlässigt, die Kinder mit für sie unverdaulicher Sozialkritik gefütter Vergnügen, Spaß, Spannung wurden zeitweilig als bloße Technik, um zur Anpassung zu verleiten, diskriminiert. Neuerdings neigt man eher dazu, zu fragen, wie man die Kinder dazu bringen könnte, an etwas anderem Spaß zu haben als bisher. Nur wenn es gelingt, ihnen neue In halte so zu vermitteln, daß sie an ihnen Gefallen finden, können die Inhalte auch wirksam werden. Vielleicht liegt die Leistung Chr. Nöstlingers (1972 und 1973) gerade darin, daß ihr das gelungen ist.

Die Abwendung vom Konzept des „Kindertümlichen" und der „eigenen Kinderwelt" war notwendig, weil es nur der Ablenkung diente und „Heile-Welt-Darstellung" zur Haltung unreflektierter Zustimmung erzieht. Auch darüber wurde leicht vergessen, daß Kinder immerhin noch nicht über die Erfahrungen und die Urteilsfähigkeit verfügen, um sich gegen die Literatur zur Wehr setzen zu können. Der kritische Leser ist noch nicht von vornherein da, sondern das Ergebnis eines Erziehungsprozesses. Die Kinder ernstnehmen ist notwendig, aber man muß sie auch ernstnehmen als das, was sie sind und zu leisten vermögen.

Aus dem Gesagten ist zu folgern, daß man Identifikation nicht in Bausch und Bogen verdammen sollte − schließlich erfolgt Lernen überwiegend durch Identifikation und Nachahmung von Vorbildern. Vielmehr kommt es darauf an, es langsam abzubauen bzw. es zu ergänzen durch Schulung der Kritikfähigkeit und des „abwehrenden Lesens". Ob und inwieweit Texte durch ihre Struktur selber zu diesem Prozeß beitragen können, muß im Moment noch als offen angesehen werden. Auch das harmlos Unterhaltende ist wichtig und hat seine legitime Funktion; man will nicht immer voll in Anspruch genommen sein, auch nicht immer den vermittelnden Erwachsenen nötig haben. Die Erfahrung, es selber und aus eigenen Kräften schaffen zu können, ist wichtig, um eine Motivation aufzubauen und schließlich ein mündiger Leser zu werden.

2. Beobachtungen zu Kinder- und Jugendbüchern

2.1. Zu einigen Formtypen und Publikationsformen

„Comic" und Bildgeschichte

Ein beachtenswerter Vorgang der letzten Jahre ist, daß die Kinderliteratur allmählich ihren Widerstand gegen die Aufnahme und Verarbeitung von Comic-Elementen aufgegeben hat. Das ist sicher nicht zuletzt darauf zurückzuführen, daß die Kritik von den in den 50er und 60er Jahren üblichen Pauschalurteilen und Verdikten abgerückt ist und die Ästhetik sich verändert hat. Der Comic repräsentiert offenbar, entsprechend den Fortschritten in den Produktionstechniken und sicher auch angetrieben von handfesten kommerziellen Interessen, gewisse Verbildlichungstendenzen unseres Zeitalters, die von den Massenmedien erheblich gefördert wurden. Comic heißt: Verbildlichung, Visualisierung von Information, heißt Umsetzung von Film ins Druckmedium, heißt schnelle und durch Zeichenverinnerlichung mühelose Aufnahme. Er signalisiert die Schnellebigkeit und Rastlosigkeit unserer Zeit und ist zugleich Reaktion darauf, indem er vorfabrizierte Schemata bietet, die Erholung und „Abschalten" ermöglichen. Ob man das nun gutheißt oder nicht: Fest steht, daß man von den durch die Massenmedien, auch den Comics geprägten neuen literarischen Konsumgewohnheiten nicht einfach absehen kann, ohne schließlich das Publikum zu vergraulen und ganz zu verlieren. Vielmehr gilt es, die neuen Möglichkeiten aufzugreifen und mit ihnen im Hinblick auf Vermittlung neuer Inhalte zu experimentieren. In diesem Stadium stehen wir heute.

Legitim ist daher die Bildgeschichte in der Nachfolge Wilhelm Buschs und E. O. Plauens, wie es etwa die Rettichs (z. B. 1973) und L. Fromm (1972) versuchen. Comic-Elemente wurden für das Bilderbuch und die Kinderbuch-Illustration zuerst von L. Lionni (1969) und M. Sendak (1969) adaptiert. Comic-Geschichten erschienen dann in Gelbergs „Geh und spiel mit dem Riesen" (1971, s. a. das jetzt vorliegende zweite Jahrbuch für Kinderliteratur „Am Montag fängt die Woche an", 1973), deren Comics z. T. auch bewußt durch den Verzicht auf die eingespielte, glatt konsumierbare Routine der marktgängigen Comics als „Gegen-Comics" zu bezeichnen sind. Auf dieser Linie lagen auch W. Schlotes „Superdaniel" und B. Anrich-Wölfels „Superschwein" (1972), die den Superman-Mythos durch Umkehrung einiger seiner Elemente in sein Gegenteil zu verkehren suchten. Gelberg (als Herausgeber von „Bilderbuch 1" seiner neuen Reihe) und Janosch (mit den „Globeriks", 1973) versuchen neuerdings, die Entwicklung zum anspruchsvolleren Kinder-Comic weiter voranzutreiben. Auch F. K. Waechter verwendet in „Brülle ich zum Fenster raus" (1973) und „Die Kronenklauer" (1973) auf eigenständige Weise Comic-Elemten, wobei der „Comic" sich wieder auf das „Komische" besinnt.

Alle bisherigen Versuche, den Comic mit anspruchsvoller Kunst zu verbinden (Pravda, Barbarella u. a.) mißachten, indem sie den Comic zugleich ästhetisieren und verteuern, den Verbrauchscharakter der Art. Es ist vielleicht der Haupteinwand gegen gewisse Entwicklungen des Bilderbuchs der Nachkriegszeit, daß es sich immer stärker vom Kind entfernt und seinen Charakter als Gebrauchsgegenstand aufgegeben hat. Ein künstlerisch hohes Niveau wurde erkauft durch abnehmenden Gebrauchswert, der das Buch eher vom Alltag entfernte und dadurch auch nicht in seinen selbstverständlichen Umgang mit der Gattung einüben helfen konnte, am wenigsten in buchfremden Gruppen. In diesem Zusammenhang muß nun auch von Inhalten die Rede sein. Bedingt durch die Priorität des Bildes im Bilderbuch der BRD haben sich die Inhalte immer mehr ins Unverbindliche verflüchtigt. Die Bildidee verselbständigte sich und prägte ihren eigenen Inhalt, nicht ein Inhalt das Bild. Bilderbuchmacher verstehen sich bei uns primär als Maler und Zeichner. Nur selten trifft man auf eine Ausgewogenheit von für das Kind relevanten Inhalten und Bild (so vielleicht bei einigen Büchern Lionnis und R. Stoyes, z. B. jetzt wieder „In der Dachkammer brennt noch Licht", 1973, vorher auch „Der Dieb XY", 1972). Überwiegend waren und sind Bilderbücher bei uns zum Bestaunen da, aber nicht zum Suchen und Anfassen, geschweige denn zum Weitermalen. Es sind eher Bücher, die der ästhetisch versierte Erwachsene für sich beansprucht. W. Schnurre hat diese Entwicklung bedauert und sie mit folgenden Worten kritisiert:

„Ich bedaure von Herzen, aber weder Grieders Spitzenhöschen, noch Lilo Fromms gesticktes Tauperlengeschmeide, ja nicht mal Janoschs doch so verläßliche Raben tragen auch nur einen Deut zu . . . (einer) Umweltentschleierung bei."
„Und vielleicht auch, Kollegen Bilderbuchproduzenten, vielleicht auch nicht mehr ganz so anspruchsvoll in der Aufmachung und im Formalen. Niemals die große Konkurrenz, die Sand- und Mainzelmännchen, die Supermarktplakate, das Kriegsspielzeug, die Plastikpuppe mit dem Tonband im Bauch, den Neckermann-Katalog, die Comic-Stripes-Hefte verdammen. Nein, den Spieß umdrehen. Die Konkurrenz und ihre verblüffende, beneidenswerte Wirkung auf Kinder studieren. Einkalkulieren. Anleihen machen. Lernen. Verarbeiten."
„Und raus aus der Gediegenheit . . . Nicht die Aufmachung, nicht die Ausstattung ist wichtig, sondern die Qualität der gezeigten, erzählten Geschichte, und deren Glaubwürdigkeit. Bilderbücher sind Verschleißartikel. Ein Bilderbuch ist für heute bestimmt. Morgen braucht das Kind längst schon ein neues. Es gibt zu viel Realität, zuviel Veränderung, zuviel unerklärte Umweltfaktoren, als daß man es dem Kind zumuten dürfte, bei einem Bilderbuch − nur weil das Ding vierzehn achtzig gekostet hat − stehenzubleiben und wieder und wieder von vorn zu beginnen. Es ist der Seriositätsfimmel der Bilderbuchmacher, der einen wechselnden Bilderbuchbestand für das Durchschnittskind unmöglich macht."[8]

Das ist deutlich genug und treffend. Schnurre greift hier mit Recht den „bürgerlichen" Zuschnitt des Bilderbuches an, die sich in ihm darstellende Ästhetik der „Zeitlosigkeit", seine Alltagsferne, seine Prototypik für die Differenz zwischen Kunst und Leben. Gelbergs Bilderbuch-Reihe scheint mir ein bewußter Angriff auf diese Ästhetik zu sein (womit sich die Kritik am Einzelprodukt allerdings nicht erübrigt).

Phantasie, Spaß, Spannung

Davon war bereits kurz die Rede. Die Phantasie ist in unserer Kinderliteratur viel zu stark durch das Abwegige, im wahrsten Sinne Welt-

fremde in Anspruch genommen, aber viel zu wenig durch das, was
H. Chr. Kirsch „soziale Phantasie"[9] genannt und Schnurre so um-
schrieben hat:

> „Ich gestatte mir, dafür zu plädieren, das Kind auf der Erde zu lassen, es auf
> den Boden der Tatsachen zu stellen. Diese Tatsachen sind phantastisch, sind
> erschreckend und zauberhaft und verwirrend genug. Zugegeben allerdings,
> daß ich jetzt eine Menge Phantasie nötig habe, auf jenem schwankenden Bo-
> den der Tatsachen stehend, aus eben diesen Tatsachen eine spannende, ein-
> leuchtende, wahrhaftige und kindgerechte Bild- und Textgeschichte zu destil-
> lieren.
>
> Also Phantasie als Handwerkssparte verstanden, nicht privilegierte Sonder-
> domäne."[10]

Es gilt, den berechtigten Erlebnishunger auf die Wirklichkeit zu lenken. Gewisse Entwicklungen in der industriellen Gesellschaft und
das Vorherrschen kommerzieller Interessen haben den Erfahrungs-
und Spielraum der Kinder immer mehr eingeengt. Es ist daher verständlich und zu begrüßen, daß immer mehr Bücher das Thema Spiel
unter den einschränkenden Bedingungen der Industriegesellschaft
darstellen (Fr. Hetmann, 1972 und 1973; Friese/v. Hanxleben, 1973
Es entwickelt sich eine Kinderliteratur, die zugleich mit der Darstellung von Spielentfaltung, Abenteuer und Spaß die Widerstände mit
einbezieht, die dieser Entfaltung entgegenstehen. Sie funktioniert
nicht mehr als Ablenkung und Realitätsflucht, auch nicht als Ersatzbefriedigung, sondern sie will aktivieren, will darauf aufmerksam ma
chen, was dennoch möglich ist und wie es verwirklicht werden kann
Freilich werden den Kindern in den Büchern oft Chancen gegeben,
die sie in der gesellschaftlichen Realität kaum haben dürften: „Ein
Hauch von Utopie".

Wie problembewußter Realismus mit Spaß verbunden werden
kann, zeigen beispielhaft Waechter (Die Kronenklauer) und Nöstlinger. Damit soll jedoch die Berechtigung eines weniger realitätsnahen
aber kreativen Spaßes, wie P. Maar ihn zu machen versteht (1968
und 1973) und wie er auch bei A. Bröger (1973) zu finden ist, nicht
in Frage gestellt werden, wenn auch jeweils zu untersuchen ist, welche Realitäten (z. B. Verhaltensmuster) dennoch transportiert werden, vielleicht nur etwas verdeckter.

Offene Form

Die offene Form ist auch für das Kinder- und Jugendbuch nicht me
tabu. Nach einer gewissen Ästhetik ist „Realismus" sogar gleichbede
tend mit Unabgeschlossenheit der Darstellung[11], da diese ein Merkn

270

von Realität ist und damit offene Textstruktur in ganz anderer Weise aufnahmefähig für Realität als eine geschlossene, durch die Kunst sich prinzipiell abhebt von Leben. Freilich meint Offenheit hier nicht listig-trickreiches Weglassen eines Schlusses, den dann der Leser nur noch zu ergänzen braucht; es müßte eine „innere", in jedem Moment des Ablaufs präsente Offenheit sein, allerdings im Kinderbuch wohl kaum die totale Ausweglosigkeit, die für das Publikum kaum lesbar sein dürfte und außerdem zu einer frühreifen Resignation und/oder zum Zynismus führen würde. Es müßte eine Offenheit sein, die Mut macht und zu eigenen Lösungen animiert, die beunruhigt und aufweckt. (Ob die von R. Boldt und U. Wandrey herausgegebene Sammlung „Da kommt ein Mann mit großen Füßen", 1973, die sie „Weckbuch für Kinder" nennen und bewußt den — einschläfernden — traditionellen „Gutenachtgeschichten" entgegenstellen, tatsächlich in diesem Sinne auf Kinder wirkt, müßte noch erprobt werden.)

Die Ästhetik der Offenheit hat wichtige Impulse von B. Brechts Epischem Theater und seiner Begründung erhalten; sie hat ferner als eigenständige Form die der Kurzgeschichte hervorgebracht, die z. B. von H. P. Richter (1967) und U. Wölfel (1970) für die Kinderliteratur fruchtbar gemacht wurde.

Sicher wäre es falsch, nun die offene Form ihrerseits zum Dogma zu erheben, nachdem es vorher der freundliche Optimismus der „heilen Welt" gewesen ist. Und sicher hängt die Bereitschaft zur Auseinandersetzung und zum Problemlösen nicht nur von der Textstruktur ab, sondern bedarf der Schulung und muß gelernt werden.[12] Sie setzt auch voraus, daß das Bedürfnis nach der geschlossenen Aussage herabgesetzt ist durch eine befriedigende Lebenssituation des Lesers. Die offene Form bedarf in besonderem Maße der Vermittlung und Hilfestellung durch den Erwachsenen. Eine neue Ästhetik der Kinderliteratur müßte die offene Form und ihre Wirkungsweise mit berücksichtigen.

2.2. Inhaltliche Aspekte

Im folgenden seien einige Beobachtungen zu inhaltlichen Veränderungen des Kinder- und Jugendbuches wiedergegeben, wobei Verallgemeinerungen und ein unreflektierter Optimismus sicher verfrüht sind.[13] Einige dem Verfasser wichtig erscheinende Punkte sollen, pars pro toto stehend, herausgegriffen werden.

Gruppenleben

Das traditionelle Kinderbuch erzählt gern von Einzelkindern. So ergab

271

z. B. eine repräsentative Untersuchung von Kinderbüchern des Jahrgangs 1970 ein erdrückendes Übergewicht von 75 % Einzelkind-Darstellungen[14]; wären nicht die damals so genannten „antiautoritären" Kinderbücher der linken Verlage dabei gewesen, so wäre die Zahl noch ungünstiger ausgefallen. Die Tatsache, daß das Kinderbuch vorzugsweise die einzelne Person in den Vordergrund und Mittelpunkt stellt, ist nicht etwa nur bedingt durch die leserpsychologische Begründung, der junge Leser brauche nun einmal eine Identifikationsfigur, sondern auch durch die schon fast unbewußte Anpassung an die Entwicklung der Familie in der bürgerlichen Gesellschaft zur isolierten Kleinfamilie. Die Familiensoziologie hat seit Horkheimers Untersuchungen[15] gezeigt, daß nichts so gut geeignet ist, die Verhältnisse zu reproduzieren, wie die Kleinfamilie mit ihrer traditionellen Funktionsverteilung und ihrer Eignung, durch Betonung ihrer „Gemütswerte" Mißstände in den Arbeitsverhältnissen kompensieren zu helfen. Unter dem Vorwand, die Rechte des Individuums hochzuhalten, wird der Einzelne gesellschaftlich isoliert. –

Wenn nun – etwa seit 1970 und besonders im „linken" Kinderbuch (und von ihm angeregt) auch die (Kinder-) Gruppe hervortritt[16] so deutet sich darin eine Wandlung im generellen Erziehungsverhalten an. Es entstand die sog. „Interaktionspädagogik". Nur in solidarischen Gruppen, die ihre Bedürfnisse erkennen und gemeinsam ihre Interessen durchzusetzen versuchen, kann sich eine gesellschaftsverändernde Energie entfalten. Die „antiautoritäre" Literatur enthielt Beispiele wie „Zwei Korken für Schlienz" (o. J., etwa 1970), „Krach auf Kohls Spielplatz" (1972), „Kinderstreik in Santa Nicola" (von G. Feustel, 1970; das Buch ist zuerst 1965 unter dem Titel „Nino Däumling" in der DDR erschienen), und „Als die Kinder die Macht ergriffen (von Doktor Gormander, 1971, aus dem Schwedischen). Aus der jüngsten Zeit wären zu erwähnen „Das Kindergasthaus" von O. Jägersberg (1973), „ . . . und damit basta!" von dem Team Friese v. Hanxleden (1973) sowie einige Geschichten aus „Bitte nicht spukken" von Fr. Hetmann (1972). Die Kritik, daß hier Erwachsene ihre Erwartungen und Hoffnungen in die Kinder-Generation projizieren, anstatt sich selber an die Arbeit zu machen, soll freilich nicht verschwiegen werden.

Sozialisation

An keinem Symptom zeigt sich die gewandelte Situation so auffällig wie an der Thematisierung von Sozialisationsprozessen im Kinderbuch. Hier scheint ein neuer Kinderbuch-Typ im Entstehen begriffen der die Leser freilich vor erhebliche Anforderungen stellt. Er beabsichtigt nicht   weniger, als den Kindern die Ziele, Normen und Werte zu verdeutlichen, von denen ihre Erziehungsumwelt sich leiten läßt, und dies, um zur Emanzipation der Kinder beizutragen. Hier wird nicht mehr bloß Verhalten erzählt, vielleicht gar um nachahmenswerte Verhaltensmuster schmackhaft zu machen, sondern es wird nach den Gründen für Verhalten gefragt oder zu entsprechendem Fragen herausgefordert. In S. Kilians „Na und" (1972) wird ebenso wie in Chr. Nöstlingers „Wir pfeifen auf den Gurkenkönig" autoritäres Verhalten der Väter auf unbefriedigende Arbeitssituationen zurückgeführt. In Kilians „Nein-Buch für Kinder" (1972) wird der Versuch gemacht, den Kindern zu zeigen, wie sie z. B. durch Werbung manipuliert werden (man muß jedoch abwarten, wie Kinder auf die subtile Ironie der Werbegeschichten reagieren, in denen die Versprechungen der Werbung beim Wort genommen und dadurch ad absurdum geführt werden). Eine fast unlösbare Aufgabe hat sich E. A. Rauter gestellt, wenn er in „Du sollst mich mal kennenlernen" (1972) die Steuerfunktion der Sprache durch Vermenschlichungen und Vergegenständlichungen sprachlicher Phänomene sinnfällig zu machen versucht. Der Versuch ist zwar mißlungen, da es kaum ein Kind geben dürfte, das die Handlung verstehend nachvollziehen kann; er ist immerhin bezeichnend für das moderne Kinderbuch, das dem Kind helfen möchte, ihm die gesellschaftlichen Zwänge, denen es ausgeliefert ist, durchschaubar zu machen.

Die Kinderrolle verstehen lehren wollen E. Janikovsky und L. Reber in „Große dürfen alles" und „Ob du's glaubst oder nicht" (beide 1972). Der vielleicht interessanteste Versuch dieser Richtung stammt von H. Lange und hat den Titel „Rätselgeschichten" (1973). Die von den Geschichten aufgegebenen und auch ausdrücklich formulierten „Rätsel" sind die Gründe und Ursachen für Verhalten von Kindern, etwa Aggressivität, Angst, Lügen, Faulheit. Hier wird nicht gepredigt, etwa: sei lieb, du sollst nicht schlagen, lügen usw., sondern es wird in Modellsituationen vorgeführt, warum Kinder z. B. aggressiv sind (etwa weil sie Schweinchen Dick gezeigt bekommen haben). Gewiß werden manchmal Antworten nahegelegt, die die Wirklichkeit etwas vereinfachen (sie läßt nicht immer einfache Antworten zu); immerhin kann das Buch eine Hilfe sein, die Kinder darüber aufzuklären, wie sehr Verhalten durch Erfahrung geprägt wird und jeder von uns für das Verhalten der anderen mitverantwortlich ist.

Auch Schul-, Heim- und Internatsgeschichten gewinnen unter dem Gesichtspunkt „Sozialisation" wieder an Interesse, nicht um − wie bei Enid Blyton und ihren deutschen Nachfolgerinnen M. L. Fischer & Co. − ein unbeschwertes „Gemeinschafts"-leben vorzuführen, sondern weil hier exemplarisch Sozialisationsbedingungen durchleuchtet werden können (T. Röhrig 1973, W. Gabel 1973, R. Herfurtner 1973,

P. Härtling 1973, H.-G. Noack 1971 und 1972). Hier müssen auch die Struwwelpeter-Paraphrasen genannt werden, die F. K. Waechter 1969 mit seinem schon berühmt gewordenen „Anti-Struwwelpeter" eingeleitet und P. Stein/C. Lapointe 1972 mit „Peter Struwwel" fortgesetzt haben[17]. Die im alten Hoffmannschen Struwwelpeter vorgegebenen Situationen werden aufgegriffen, aber durch Reflexion und Umkehrung zersetzt.

Wendung zum Realismus, Dokumentarik, Arbeitswelt, Sexualität

Von einer verstärkten Hinwendung zur sozialen Realität war schon verschiedentlich die Rede. Bücher dieser Richtung wollen den Kindern ihre Welt nicht nur aufschließen und verständlich machen, sondern sie ihnen als eine hergestellte und veränderbare — im Sinne Brechts — vor Augen führen. „Realität" ist ein sehr vieldeutiger Begriff, der durch die verschiedenen „Realismen" der Literatur- und Kunstgeschichte in Verruf gekommen ist. Man faßt zu kurz, wenn man unter „Realismus" etwa nur „Lebensnähe" und Übersetzbarkeit in die Wirklichkeit versteht („genau so hätte sich die Geschichte tatsächlich zutragen können"). Realismus meint hier: Abspiegelung von sozialer Realität mit dem Ziel, ihre Mechanismen durchschaubar zu machen. Realismus in diesem Sinne beglaubigt sich erst durch eine bestimmte Leserfunktion (etwa: Kreativierung, Aktivierung, Problemlösung).

Daß die „dokumentarische Methode" auf die Jugendliteratur durchschlagen würde, war zu erwarten (wie weit sie mit dem eben skizzierten Realismus-Begriff faßbar ist, ist allerdings fraglich). Die Dokumentarik will nicht primär „kreativieren", als ein Stück der „unterschlagenen Wirklichkeit" der Öffentlichkeit und der allgemeinen Diskussion zugänglich machen. In der Dramatik ist sie vertreten durch Namen wie Weiss, Enzensberger, Hochhuth, Kroetz und Henkel („Eisenwichser"). Alltag und Arbeitswelt dokumentieren mit den Mitteln des Protokolls und der Reportage (Runge und Wallraff). Als erster forderte dies Verfahren H. Chr. Kirsch auch für die Jugendliteratur.[18] Mit S. Kilians „Na und" lag 1972 der erste Versuch dieser Art vor, vier exakt abgeschilderte Tagesläufe von Kindern aus vorwiegend kleinbürgerlichem Milieu. Was jedoch kritisch zur Dokumentarliteratur gesagt wurde, gilt hier — angesichts der Textadressaten — verstärkt: Abschilderung gibt noch keine Hilfe (es sei denn, man erblickt sie bereits darin, daß Alltagserfahrungen versprachlicht werden), zeigt die Zwänge und Konflikte bloß auf, aber keinen Ausweg, keine Interpretation. Das ist dann doch mehr etwas für denkende Erwachsene als für Kinder, die an ihrer Lage ja nichts ändern können und ihrer Umwelt ausgeliefert sind. Auch die „Kindsein ist mies" — Lehre von „Nein-Buch für Kinder" macht die Kinder eher ratlos. Der Verzicht auf ästhetische Umsetzung der Erfahrung (die Chr. Nöstlinger gelingt, die aber S. Kilian auch gar nicht beabsichtigt) bedeutet Verzicht nicht nur auf Spannung und Identifikationsmöglichkeiten, sondern auch auf Verarbeitungshilfe. Interessant ist, daß S. Kilians Berichte vor allem dort auf Ablehnung und Unverständnis stoßen, wo die Wirklichkeit der Leser derjenigen des Buches entspricht, also gerade bei denen, die Hilfe besonders nötig haben, hingegen dort auf Interesse, wo das „Mehr" bereits in der Sozialwelt des Lesers vorhanden ist, wo Buch- und Leser-Welt einander also gerade nicht entsprechen. Ob die im Nachwort zu „Na und" für sinnvoll gehaltene Erfahrung des Lesers, daß es anderen genau so ergehe wie ihm, mehr als nur ein wenig Trost zu spenden vermag, sei bezweifelt.

Erfreulich ist, daß die „realistische Wende" auch zu ernsthafteren und problembewußteren Einbeziehung der Arbeitsrealität geführt hat. Hier bestand noch vor zwei Jahren ein erheblicher Nachholbedarf. Nach einigen Vorläufern aus sozialistischen Verlagen (Martin der Mars(x)mensch, Die Fabrik gehört uns) trat 1972 der von Gruppe 61 her bekannte K. E. Ewerwyn mit seinem Jugendroman „Die Entscheidung des Lehrlings Werner Blom" hervor. Arbeitssituationen schildern realistisch auch K. Henning in „Ein Mädchen aus geordneten Verhältnissen" (1973) und A. Kutsch in „Man kriegt nichts geschenkt" (1973). Mit realistischem Anspruch schildern Gastarbeiterprobleme H.-G. Noack in „Benvenuto heißt Willkommen" (1973) und R. Welsh in „Ülkü das fremde Mädchen" (1973; in diesem Verlag sind auch die ersten zweisprachigen Bücher für Gastarbeiterkinder herausgekommen).

Im engeren Sinne politische Problematik spielte bereits Anfang der 60er Jahre in der damals relativ verbreiteten Jugendliteratur zur Zeitgeschichte und jüngsten Vergangenheit eine Rolle (Autoren: H. P. Richter, H. G. Noack, Plate, Fährmann, K. Bruckner, W. Bruckner u. a.).[19] Soweit Gegenwartsprobleme aufgegriffen wurden, lag ihnen überwiegend das in der politischen Bildung heute überwundene sog. Totalitarismus-Modell zugrunde. Es ist in der Jugendliteratur noch nicht überwunden. Herrschaft und Unterdrückung werden gern personalisiert und mit einer offenen Ein-Mann- oder Ein-Parteien-Diktatur identifiziert. Damit wird zum einen die sozialpsychologische Abhängigkeit des „Helden" von dem ihn tragenden Massen vernachlässigt, zum anderen werden die ökonomisch bedingten, sehr viel indirekter funktionierenden Herrschaftsformen übergangen. Indem die Aufmerksamkeit des Lesers immer wieder auf die Unterdrückung durch mächtige Einzelne gelenkt wird, kann man sich zugleich „de-

mokratisch" geben und von den verbreiteten indirekteren Formen
der Herrschaft ablenken. Dies geschieht z. B. in „Kaninchen Kasimir"
von Dumas (1968), „Rebelleninsel" von R. Armstrong (1972), „Der
Untergang der dreibeinigen Monster" von J. Christopher (1972) und
„Atlas Schattenboxer" von U. Weise (1973). Das Thema Revolution
greifen C. Wethekam („Tignasse. Kind der Revolution", 1972: unbefriedigend deshalb, weil ein Sich-heraushalten empfohlen und unter
dem Vorwand eines Bekenntnisses für die Menschlichkeit letztlich
ein unpolitisches Verhalten nahegelegt wird) und I. Bayer auf („Natascha" und „Boris und Natascha", 1972 und 1973: überzeugender,
da sich die Hauptfigur trotz Widerstrebens und herkunftbedingter
Hemmungen entscheidet).

Ein neuer Realismus dürfte auch an der Sexualität nicht länger
vorübergehen. Die fast totale Aussparung und Verdrängung des
Sexuellen ist eines der traurigsten Kapitel der westdeutschen Jugendliteratur, an Hunderten von Beispielen belegbar. Die gesellschaftlich bedingten Erziehungstabus wirken sich bis heute aus und schaffen einen teilweise grotesken Widerspruch zwischen Sexualisierung
des öffentlichen Lebens und einer peinlich-reinlichen Asexualität der
Jugendliteratur. Die Verklemmtheit beispielsweise der Mädchenbücher nimmt oft neurotische Züge an.[20] Immer noch wehrt das Mädchen stolz sexuelle Wünsche pubertierender Jünglinge oder rücksichts-
loser Playboys ab und findet sein Glück vorzugsweise an der Seite
sehr beherrschter, überlegener junger Männer, die eher wie abgeklär-
te Väter wirken. Selber Wünsche hat das Mädchen kaum einmal; es
ist asexuell und passiv und akzeptiert ohne tiefere Konflikte die ihm
zugedachte „Rolle". So noch in L. Heiss: Röttger, Wohnblock D
5. Stock (1972) und I. v. Heyst: Myra (1973), Bücher im übrigen,
die in der Erfassung sozialen Konfliktstoffes und aktueller politischer Problematik einen gewissen Fortschritt darstellen. Verdrängung
vermindert die Erfahrungsmöglichkeiten und umgeht die Auseinandersetzung. Das überlieferte, seit Trotzkopf bekannte Schema wird
von zwei neueren Büchern durchbrochen: „Ole nennt mich Lise"
von Lundgren (1972, aus dem Schwedischen) und „Ein Mädchen
aus geordneten Verhältnissen" von K. Henning (1973). Sehr kunst-
voll verarbeitet Jan Procházka (verstorben 1971) das Problem eines
pubertierenden Mädchens in „Milena spielt nicht mit" (1973).

3. Auf dem Wege zu einer neuen Ästhetik der Kinder- und Jugend-
literatur?

Aus den Beobachtungen zum Stand der Kinder- und Jugendliteratur
in der BRD eine neue Ästhetik der Kinder- und Jugendliteratur abzu-

leiten, ist verfrüht, zumal sicher ist, daß unterhalb auffälliger Veränderungen das Gros, wie Stichproben immer wieder erweisen, unverändert geblieben ist. Wir haben auch bewußt überwiegend auf Texte hingewiesen, in denen sich Ansätze dieser neuen Ästhetik zeigen; zum herkömmlichen Typ ist genug gesagt worden, so daß man jetzt dazu übergehen sollte, die neuen Ansätze zu pflegen und zu fördern. Das öffentliche Bewußtsein ist kritischer und wacher geworden, die Maßstäbe der Kritik sind im Umbruch.[21] Das zeigt schon der diesjährige Jugendbuchpreis, das zeigen viele neue Buch- und Presseveröffentlichungen zur Jugendliteratur.

Die neue Ästhetik hat entscheidende Anstöße von der Brecht-Rezeption in der BRD erfahren. Der auf Brecht zurückgehende V-Effekt läuft auf eine Aktivierung des Publikums hinaus, das zur Einsicht in die Unabgeschlossenheit der Prozesse geführt werden soll, ohne ihm das Vergnügen zu nehmen. Wir stellen zwei uns wesentlich erscheinende Merkmale der neuen Ästhetik des Kinder- und Jugendbuches heraus:

Erstens eine zum Fragen und Problemlösungsverhalten herausfordernde Offenheit der Darstellung. Dem Leser werden die Dinge nicht zum Zwecke ästhetischen Konsums verschönt, sondern ihm werden die Konflikte dieser Welt erfahrbar gemacht, und zwar so, daß er ermutigt wird, an ihrer Lösung mitzuarbeiten. Damit holt die Kinderliteratur nach, was sich in der Literaturgeschichte mit den Namen Büchner, Heine, Junges Deutschland, Weerth und Brecht verbindet: der Abschied von der klassischen Ästhetik der „Kunstperiode" — Kunst verstanden als das der Realität entgegengesetzte ganz andere und als Gegensatz zum Leben, der dieses dadurch erst erträglich macht. Dagegen hieße Kunst jetzt das, was für Erfahrung sensibilisiert, auch für die Erfahrung des nächsten, was Wirklichkeit erkennbar und veränderbar macht. Auch Adornos Frankfurter Schule mit ihrer Ästhetik wirkt sich hier aus, allerdings mit der Einschränkung, daß „Verfremdung" in der Kinderliteratur nicht bis zur absoluten Fremdheit und Verweigerung von Kommunikation als Mittel zur Befreiung geführt werden kann (aber dieses Prinzip ist auch in der Literatur der Erwachsenen widersinnig und verhindert eher Lösungen, als daß es sie fördert). Freilich bedarf es noch der theoretischen und praktischen Ausarbeitung, was eine neue Ästhetik für das Kinder- und Jugendbuch bedeutet.

Zweitens wäre auf Ansätze zu verweisen, die Leser zu ermutigen, Texte stärker in Gebrauch zu nehmen, den Gebrauchs- und Verwendungswert der Texte zu betonen, die Scheu vor der Kunst abzubauen. Das ist nicht nur ein Ergebnis der literarischen Struktur, sondern Funktion ihrer Darbietungsform, ihres „Gewandes", wenn man so will. Es kann helfen, die Literatur als etwas zu vermitteln, das man verändern, in das man auch eingreifen darf und soll, ohne sich zu versündigen. So regt Waechter die Benutzer von „Brülle ich zum Fenster raus" dazu an, im gleichen Sinne weiterzudichten und zu malen. Auch in seinen „Kronenklauern" darf man „arbeiten": Das Buch nicht als Instrument der Herrschaft, sondern als Gebrauchsgegenstand.

Die neue, enge (oder wenigstens erst einmal engere) Verbindung von Kunst und Leben ist weitgehend noch Programm. Wenn man von ihr selber bereits eine Gesellschaftsreform erwartet, so muß vor übereiltem Optimismus gewarnt werden. Sie wird aber den Prozeß sicher unterstützen können und schließlich deutlich machen, daß es letztlich nicht um „Literatur", daß es nicht darum geht, daß alle Menschen zu eifrigen Lesern und Buchkonsumenten werden, sondern daß es um ein lebenswertes Leben für alle geht. An dem Beitrag zu diesem muß sich auch das Kinder- und Jugendbuch messen lassen.

(November 1973)

Anmerkungen

1 Dies ist in den letzten Jahren durch die Aktivitäten und öffentlichen Aussagen etwa Hajo Knebels und Hans-Georg Noacks bekannt geworden. Es wird auch vom „Autorenreport" bestätigt (vgl. Anm. 2).
2 Vgl. Fohrbeck/Wiesand 1972, S. 185 (Beispiel eines Honorars, das auf 0,5 des Ladenpreises hinauslief. Siehe auch S. 192 und 274 des „Autorenreports").
3 Vgl. Peters 1956.
4 Vgl. Gollhardt 1971, S. 131.
5 Vgl. Oestreich 1973, Gmelin 1972, Dahrendorf 1970 (c), 1971 (a), 1973 (b).
6 Vgl. die regelmäßig in Bertelsmann Briefe erscheinenden Informationen über die Hochschulveranstaltungen zur Kinder- und Jugendliteratur.
7 Vgl. Adorno u. a. 1969, S. 99 u. a. (Adorno).
8 Schnurre 1971/72.
9 Kirsch 1972, S. 157.
10 Ebenda.
11 Vgl. Gaede 1972. Siehe auch Klotz 1970.
12 Vgl. Dahrendorf 1971 (a) – hier werden Vorschläge zur „Öffnung" geschlossener Textformen durch eine bestimmte Form des Umgangs gemacht.
13 Vgl. Richter 1973.
14 Vgl. Dahrendorf 1973 (c).
15 Vgl. Horkheimer 1970.
16 Die Kindergruppe im neueren Kinderbuch darf nicht verwechselt werden mit der auch im früheren Jugendbuch – etwa in der Nachfolge von Käst-

ners ,,Emil und die Detektive" — bekannten Jugendbande oder Abenteuergruppe. Vgl. hierzu Scherf 1963.

17 Daneben gibt es freilich auch noch ernstgemeinte Bücher in der direkten Struwwelpeter-Nachfolge, z. B. Reidel 1970, Moritaten für Kinder; Schrader 1970, So ein Struwwelpeter.

18 Kirsch 1972, S. 157.

19 Vgl. Dahrendorf 1963 und Das zeitgeschichtliche Jugendbuch, in: Dahrendorf/v. Schack 1969.

20 Vgl. Dahrendorf 1970 (c), v. a. S. 66 ff.

21 Dahrendorf 1972 (a).

22 Siehe Jauss 1970 und Betz 1971.

Liste der in Teil III genannten Kinder- und Jugendbücher (außer DDR)

K. Allfrey, Delphinensommer, Berlin 1963
–, Dimitri, Berlin 1966
M. v. Amstel, ... denn Warten ist schwer, Bielefeld 1963
B. Anrich-Wölfel, Superschwein, Mülheim 1972
R. Armstrong, Rebelleninsel, Balve 1972
H. Asmodi, Räuber und Gendarm, Köln 1968

I. Bayer, Natascha, Baden-Baden 1972
–, Boris und Natascha, Baden-Baden 1973
M. Bernhard-v. Luttitz, Nina, das kleingroße Mädchen, Bayreuth 1967
L. Betke, Vorhang auf für Mutter, Stuttgart 1967
L. Beyer, Sibylle, Bielefeld 1960
L. M. Blum, Gruselchen, Stuttgart 1971
E. Blyton, Hanni und Nanni (bis 1970: 6 Bde.), München 1965 ff.
H. Bödecker (Hrsg.), Die Kinderfähre, Stuttgart 1972
R. Boldt/U. Wandrey (Hrsg.), Da kommt ein Mann mit großen Füßen,
   Reinbeck 1973
M. Bond, Paddington, unser kleiner Bär, Einsiedeln 1968
H. D. Boylston, Susanne Barden. Hinaus ins Leben, Berlin 1954
B. Bratt, Ein ungewöhnlicher Beruf, Bielefeld 1966
–, Moni träumt vom großen Glück, München 1967
I. Brattström, Seit jener Party, Stuttgart 1967
I. Brender, Noch einmal: Dankeschön, Stuttgart 1961
–, Der dunkle Spiegel oder die nötige Freundlichkeit, Stuttgart 1963
A. Bröger, Der Ausreden-Erfinder, Stuttgart 1973
Y. R. de Brulliard, Warum sind wir Mädchen so?, Kevelaer 1967
D. G. Butters, Schicksal im Schatten, Stuttgart 1959
I. Byers, Jenny und lauter Tiere, Stuttgart 1967
E. Byström, Ellika, Bielefeld 1967

F. de Cesco, Die Klippen von Acapulco, Solothurn 1967
J. Christopher, Der Untergang der dreibeinigen Monster, Aarau 1973
C. Chung-Cheng, Kleine Sampan, Aaarau 1957
H. Colman, Mit siebzehn, Balve 1967

J. Dale, Shirley wird Stewardeß, Stuttgart 1962
I. Demmler, Ein ganzes Jahr, Donauwörth o. J.
L. Dickinson-Rich, Mindy, Stuttgart 1963
M. Dörre, Mit viel Faulheit fing es an, Berlin 1968
Doktor Gormander, Als die Kinder die Macht ergriffen, Frankfurt/M. 1971
G. Dumas, Kaninchen Kasimir, Stuttgart 1968

M. Ende, Jim Knopf und Lukas der Lokomotivführer, Stuttgart 1960
–, Jim Knopf und die Wilde 13, Stuttgart 1962
H. Erb, Edith, Donauwörth o. J.
K. E. Ewerwyn, Die Entscheidung des Lehrlings Werner Blom, Baden-
   Baden 1972

W. Fährmann, Die Stunde der Puppen, Würzburg 1966
–, Ausbruchsversuch, Würzburg 1971
C. France, Kinder, die sich lieben, Stuttgart 1963
Friese/v. Hanxleden, . . . und damit basta! Reinbek 1973
L. Fromm, Muffel und Plums, München 1972
A. Fromme-Bechem, Doch ein Jahr hat viele Tage, Bielefeld 1961

W. Gabel, Orte außerhalb, Mülheim 1973
E. Gallwitz, Unter dem Wetterengel um acht, Freiburg 1963
H. v. Gebhardt, Das Mädchen von irgendwoher, Berlin 1956
H. J. Gelberg (Hrsg.), Geh und spiel mit dem Riesen, Weinheim 1971
– (Hrsg.), Am Montag fängt die Woche an, Weinheim 1973
– (Hrsg.), Bildergeschichten und Comics. Bilder-Buch Nr. 1, Weinheim 1973
B. Götz, Der kleine Ben und seine drei Väter, Bielefeld 1967
–, Der kleine Herr Pamfino, Würzburg 1970
M. Gröblinghoff, Reporterin aus Leidenschaft, Stuttgart 1959
A. Gruszynska, Katinka, Berlin 1970
H. Gross, Der schwarze Jack, Einsiedeln 1971

M. Haller, Gisel und Ursel (4 Bde.), München 1932–1954
P. Härtling, Das war der Hirbel, Weinheim 1973
L. Heiss, Röttger, Wohnblock D, 5. Stock, Stuttgart 1972
M. Helbling, Barbi fliegt nach Afrika, Einsiedeln 1965
H. Hempe, Fräulein Stewardeß, Stuttgart 1961
–, Ich bin gern Stewardeß, Göttingen 1965
K. Henning, Ein Mädchen aus geordneten Verhältnissen, Baden-Baden 1973
G. Herburger, Birne kann alles, Neuwied 1971
–, Birne kann noch mehr, Neuwied 1971
R. Herfurtner, Hinter dem Paradies, Ravensburg 1973
F. Hetmann, Wer bekommt das Opossum, Recklinghausen 1968
–, Bitte nicht spucken, Recklinghausen 1972
–, Ich heiße Pfopf, Ravensburg 1973
I. v. Heyst, Myra, Bayreuth 1973
S. Hornemann, . . . und ich warte, Stuttgart 1963
H. Huth, Der eigene Weg, Stuttgart 1960

I. Ibach, Ich heiße Holle, Reutlingen 1968

O. Jägersberg, Das Kindergasthaus, Köln 1973
E. Janikovsky/L. Réber, Große dürfen alles, Mülheim 1972
–, Ob du's glaubst oder nicht, Mülheim 1972
Janosch, Der Josa mit der Zauberfiedel, München 1967
–, Lukas Kümmel Zauberkünstler, Recklinghausen 1968, [2]1971
–, Die Globeriks (mehrere Bde.), Ravensburg 1973 f.
E. Jansen-Runge, Keine Zeit für Träume, Bielefeld 1961
I. Jurgielewicz, Ich warte, Ninka, Einsiedeln 1968

E. Kaut, Meister Eder und der Pumuckl, Stuttgart 1965
E. Kästner, Der 35. Mai, Berlin 1955
I. Kalinke, Die Räuber vom Turia-Wald, Stuttgart 1965
S. Kilian, Na und . . ., Weinheim 1972
–, Nein-Buch für Kinder, Weinheim 1972
I. Kleberger, Unsere Oma, Berlin 1964

Krach auf Kohls Spielplatz, Berlin 1972
J. Krüss, Mein Urgroßvater, die Helden und ich, Hamburg 1967
A. Kutsch, Man kriegt nichts geschenkt, Stuttgart 1973

R. Lampel, Der Sommer mit Ora, Aarau 1965
G. Landwehrmann, Frohe Zeiten mit Silberherz, Hannover 1967
O. F. Lang, Vielleicht in fünf, sechs Jahren, Wien 1961
H. Lange, Rätselgeschichten, Köln 1973
M. L. Engle, Der Mond über den Hügeln, Wien 1967
E. Lillegg, Vevi, Hamburg 1955
L. Lionni, Frederick, Köln 1969
M. Lobe, Die Bondi-Mädchen, München 1967
M. Lundgren, Ole nennt mich Lise, Hamburg 1972
K. Lütgen, Kein Winter für Wölfe, Braunschweig 1955
–, Die Katzen von Sansibar zählen, Braunschweig 1962

P. Maar, Der tätowierte Hund, Hamburg 1968
–, Summelsarium, Hamburg 1973
E. Marder, Diogenes und der ganz schwarze Tom, Hamburg 1965
C. Marshall, Kein Platz für Eva, Einsiedeln 1960
Martin der Mars(x)mensch, Berlin o. J.
E. Meise, Cornelia (3 Bde.), Göttingen 1967
G. Middelhauve (Hrsg.), Dichter erzählen Kindern, Köln 1966

H.-G. Noack, Rolltreppe abwärts, Baden-Baden 1971
–, Abschlußfeier, Baden-Baden 1972
–, Benvenuto heißt Willkommen, Baden-Baden 1973
A. Norden, Franziska Struwwelkopf, Stuttgart 1967
–, Mehr von Franziska Struwwelkopf, Stuttgart 1971
C. Nöstlinger, Wir pfeifen auf den Gurkenkönig, Weinheim 1972
–, Sim Sala Bim, Wien 1973

I. Ott, Sag ja oder nein, Stuttgart 1966

O. Preußler, Der Räuber Hotzenplotz, Stuttgart 1962
–, Neues vom Räuber Hotzenplotz, Stuttgart 1969
–, Hotzenplotz 3, Stuttgart 1973
C. Prenzel, Toi toi toi Carmen, Hannover 1967
J. Procházka, Milena spielt nicht mit, Recklinghausen 1973

G. Rasp-Nuri, Das Mädchen Rose Pon-Pon, Stuttgart 1968
E. A. Rauter, Du sollst mich mal kennenlernen, Reinbek 1972
K. Recheis, Der kleine Biber und seine Freunde
R. und M. Rettich, Was ist hier los?, Ravensburg 1973
H. P. Richter, Ich war kein braves Kind, Freiburg 1967, Balve [2]1974
M. Robert, Parkhotel, Donauwörth 1967
S. Roberts, Und doch kein Zuhause, Gütersloh 1969
I. Rodrian, Der Mann im Schatten, Würzburg 1972
T. Röhrig, Thoms Bericht, Mülheim 1973
H. Romberg, Abschied von den Träumen, München 1964
G. Ruck-Pauquet, Die bezauberndsten Kinder der Welt, Ravensburg 1969
–, Die drei Nikoläuse, Gütersloh 1970
–, Wolfsnase, Gütersloh 1971
D. Rüsse, Conny wird Verkäuferin, Stuttgart 1960

Sansan, Der achte Mond, Hamburg 1967
M. Schlinkert, Inge (3 Bde.), Göttingen 1967
W. Schlote, Superdaniel, Weinheim 1972
P. Schuster, Yoko und Tadashi, Graz 1969
E. Schwimann-Pichler, Lausbub Matz, Wien 1970
M. Selber, Das Klippergespenst, Reinbek 1972
M. Sendak, Higgelti Pippelti Pop, Zürich 1969
G. Seuberlich, Das Mädchen im Glashaus, Reutlingen 1966
A. Sommerfelt, Martin und Monika, Stuttgart 1968
M. Staub, Das vierzehnte Swissgirl, Luzern 1967
P. Stein/C. Lopointe, Peter Struwwel, Aarau 1972
H. Stempel/M. Ripkens, Auch Kinder haben Geheimnisse, München 1973
—, Bammel, Abenteuer eines Angsthasen, München 1973
D. Sterling, . . . ihre dunkle Haut, Reutlingen 1965
T. Stocker, Ein Drittel des Tages, Würzburg 1963
M. Stolz, Liebe hat Zeit, Stuttgart 1958
—, Jahre des Wartens, Stuttgart 1961
R. Stoye, Der Dieb XY, Reinbek 1972
—, In der Dachkammer brennt noch Licht, Ravensburg 1973
Streit, Renate wird Flugstewardeß, München 1964
J. L. Summers, Die unreifen Früchte, Stuttgart 1961

R. Tetzner, Greta ist 17, Göttingen 1967
—, Greta denkt weiter, Göttingen 1967
I. Teuber-Kwasnik, Was ist mit Ute los?, Nürnberg 1959
I. Theissen, Es ist alles ganz anders, Berlin o. J.
K. Theuermeister, Hummelchen (8 Bde.), Hannover 1963 ff.
M. Thöger, Shanta, Stuttgart 1965
W. Topsch, Die leiseste Klasse der Welt, Stuttgart 1971

U. Valentin, Zigeuner-Joschi, Bayreuth 1969

F. K. Waechter, Anti-Struwwelpeter, Frankfurt/M. 1969
—, Brülle ich zum Fenster raus, Weinheim 1973
—, und B. Eilert, Die Kronenklauer, Reinbek 1973
I. v. Wedemeyer, Also dieser Stern, Frankfurt/M. 1967
H. Weilen, Ein Tag ohne Mutti, München 1967
U. Weise, Atlas Schattenboxer, Aarau 1973
R. Welsh, Ulkü, das fremde Mädchen, Wien 1973
S. Wernström, Die Fabrik gehört uns, Berlin o. J.
—, Der Schatz im Dorf der Armen, Berlin o. J.
C. Wethekam, Tignasse. Kind der Revolution, Stuttgart 1972
I. Wiegand, Eine Handbreit über dem Äquator, Braunschweig 1963
R. O. Wiemer, Der gute Räuber Willibald, Stuttgart 1965
B. Willard, Antwort für Susanne, Köln 1967
U. Wölfel, Der rote Rächer, Düsseldorf 1959, Ravensburg [2]1965
—, Feuerschuh und Windsandale, Düsseldorf 1961
—, Joschis Garten, Düsseldorf 1965
—, Die grauen und die grünen Felder, Mülheim 1970
L. Wüst, Drei aus dem Rabennest, Hannover 1967

Zwei Korken für Schlienz, Berlin o. J.

Nachwort

1. Die Sammlung enthält Aufsätze und Referate des Verfassers, die zwischen 1969 und 1973 entstanden und teils veröffentlicht, teils noch nicht veröffentlicht sind. Es ist nicht übertrieben zu sagen, daß sich in diesem Zeitraum das sprach- und literaturdidaktische Denken grundlegend gewandelt hat, indem es mancherlei Impulse von den übrigen Wissenschaften und nicht zuletzt aus dem gesellschaftlichen Raum aufgenommen und verarbeitet hat. Die vorliegenden Arbeiten sind ein Spiegel des Wandlungsprozesses, auch in dem Sinne, daß sich in ihnen neue Gesichtspunkte und Denkansätze erst allmählich entfalten und durchaus noch nicht als abgeschlossen angesehen werden können. Die Uneinheitlichkeit der Beiträge ist nicht nur bedingt durch die Umstände ihrer Entstehung, den Ort ihrer Veröffentlichung und die Verschiedenartigkeit ihrer jeweiligen Adressaten, sondern dadurch, daß in einer Zeit des Umbruchs der Gegenstand selber nicht fest und eindeutig ist.

Gemeinsame Leitgedanken der Arbeiten sind: die Veränderung des Literaturbegriffs in unserer Gesellschaft und die sich daraus ergebenden Probleme für Unterricht und Schule, der Zusammenhang zwischen neuen Ansätzen literaturwissenschaftlicher Methode und Didaktik und schließlich die Jugendliteratur unter Gesichtspunkten betrachtet, wie sie sich aus der Veränderung des Literaturbegriffs, der wissenschaftlichen Methode und einer neuen, gesellschaftsoffenen Didaktik ergeben.

Der Verfasser ist zu seinen Überlegungen angeregt worden durch eine mehr als zehnjährige Schulpraxis und ein darauf aufbauendes mehrjähriges (zweites) Studium, in dem er sich systematisch mit Soziologie, Literaturwissenschaft, Literaturdidaktik und Erziehungswissenschaft und den Wechselbeziehungen zwischen ihnen beschäftigte. Dieses Studium war zugleich ein Anlaß, die eigenen wissenschaftlichen Grundlagen und Herkünfte zu überdenken und sich in der veränderten gesellschaftlichen Situation Ende der 60er Jahre neu zu orientieren. Die Arbeiten geben z. T. einen Eindruck davon, daß die Neuorientierung für jemanden, der um 1950 herum sein wissenschaftliches Rüstzeug empfangen hat, keine ganz einfache Sache war.

Die Anordnung der Arbeiten versucht den chronologischen mit einem systematischen Gesichtspunkt zu verbinden. Die systematische Gliederung hebt die drei Arbeitsschwerpunkte des Verfassers hervor:

Anmerkungen zu diesem Beitrag auf S. 297–298.

Literaturdidaktik, Trivialliteratur und Jugendliteratur. Die Zuordnung war nicht immer leicht, da die meisten Arbeiten Mehrfachbezüge aufweisen. Innerhalb der Teilbereiche wurden die Arbeiten in der chronologischen Reihenfolge ihrer Veröffentlichung angeordnet, um dem Leser die Einsicht in die Entwicklung der einzelnen Denkansätze von Arbeit zu Arbeit zu erleichtern.

Im Nachwort ist keine Zusammenschau aller Arbeiten und keine „Sprachregelung", wie der Verfasser sie verstanden wissen möchte, vorgesehen. Es soll den Lesern überlassen bleiben, Entwicklung und Wandlung der Denkansätze sowie Veränderungen in den theoretischen Voraussetzungen zu untersuchen. Es soll nur auf einige Probleme eingegangen werden, die in der Diskussion der vom Verfasser vertretenen Auffassungen und Thesen eine Rolle gespielt haben. Dabei treten einige Aspekte besonders hervor, deren Besprechung in folgender Gliederung versucht werden soll:

1.   Veränderung (Erweiterung) des Literaturbegriffs
1.1.   Probleme, die sich daraus für den Unterricht ergeben
1.2.   Probleme, die sich daraus für die Wertung der Texte ergeben
2.   Veränderungen im didaktischen Denken
2.1.   Hinwendung zu einer leserorientierten Didaktik
2.2.   Rückgriff auf (sozial erzeugte) Motivationen
3.   Bedeutung soziologischer und politischer Fragestellungen
3.1.   für die Textanalyse
3.2.   für die Analyse der Schülersituation
3.3.   für die Formulierung der Unterrichtsziele
4.   Anwendung neuer Verfahren zur Untersuchung von Jugendliteratur

1.1. Daß sich der Literaturbegriff in der Gesellschaft und damit auch für eine sich als gesellschaftsoffen verstehende Schule verändert hat, wird von niemandem mehr angefochten. Wohl aber sind die Folgerungen für den Literaturunterricht umstritten. Zwei Fragen stehen dabei im Vordergrund der Diskussion: die Fragen der Auswahl und der Wertung (und damit auch der Ziele des Unterrichts). Kein Didaktiker wehrt heute beispielsweise noch die Aufnahme trivialer Texte in den Unterricht ab (wie weit dies bereits zum praktischen Brauch geworden ist, muß allerdings dahingestellt bleiben). Differenzen ergeben sich bei dem Problem, welchen Anteil der Bereich der „nicht anerkannten" Literatur am Literaturunterricht zu beanspruchen hat. Diese Frage kann sicher nicht ein für allemal und unabhängig von den ganz verschiedenen konkreten Ausgangssituationen an den Schulen, auf den Stufen und in den einzelnen Klassen beantwortet werden. Es wurde jedoch die Gefahr gesehen, daß man durch die Erweiterung des Literaturbegriffs in Richtung auf den gesellschaftlichen den Literaturunterricht leicht literarischen Modetrends ausliefere, der Willkür eines vom Profitstreben gelenkten Marktes.[1] Dieser Interpretation hat der Verfasser einerseits sicher durch eine unpräzise Argumentation Vorschub geleistet; andererseits wollte er mit der Forderung, sich „am Markt" zu orientieren und für eine kompetente Teilnahme am „literarischen Leben" zu befähigen, sich einer verbreiteten kulturpessimistischen Abwehr neuer Medien und Produktions- und Verbreitungstechniken entgegenstellen, die er in der Tat aus vielen Gründen für unangebracht, ja gefährlich hielt und immer noch hält. Wer wollte leugnen, daß es kommerzielle Interessen sind, die den Comic, den modernen Illustrierten- und Magazin-Typ usw. geschaffen haben. Nur haben sich dadurch die literarischen Konsumgewohnheiten in der Tat verändert (wie sich dadurch auch insgesamt „Literatur"-Konsum ausgebreitet hat). An diesen Veränderungen kann die Literaturpädagogik nicht vorbei, ohne sich unglaubwürdig zu machen, ohne die Schüler den Angeboten hilflos und unberaten auszuliefern – und schließlich ohne ihrerseits einen aussichtslosen Kampf gegen den historischen Prozeß zu führen. Der kulturpessimistische Ansatz wird z. B. deutlich, wenn die Relevanz des „literarischen Lebens" für den Literaturunterricht deshalb für fragwürdig gehalten wird, da es heute ja kein „literarisches Leben" (im Sinne eines allgemeinen und öffentlichen Gesprächs über Texte) „mehr" gäbe[2] – wobei offenbar unter „literarisches Leben" stillschweigend und wieder einmal ein Gespräch Eingeweihter verstanden wird (ein allgemeines Gespräch über literarische Texte hat es bekanntlich nie gegeben). Jede moderne Gesellschaft ist jedoch auch eine „Literaturgesellschaft", da die innergesellschaftliche Kommunikation nun einmal über Literatur (im weitesten Sinne) aufrechterhalten wird. Ein „literarisches Leben" heute leugnen, heißt immer noch an einem elitären und engen Literaturbegriff festhalten. Mit dem Begriff „Literaturgesellschaft" ist freilich ein Werturteil über die Qualität der gesellschaftlichen Kommunikation noch gar nicht gesprochen – ihre Analyse muß sicher hinzutreten, um zu angemessenen Zielformulierungen für den Unterricht zu kommen. Nur stellt das die Notwendigkeit, für das „literarische Leben" vermittels eines weiten Literaturbegriffs zu qualifizieren, keineswegs in Frage.

Gegenwärtig ist verbreitet ein Bemühen erkennbar, neue und gesellschaftsbezogene Begründungen für die Berücksichtigung der „poetischen Literatur" in der Schule zu finden.[3] Diese Bemühungen sind Ausdruck der Schwierigkeiten in der Praxis, aber grundsätzlich zu begrüßen, da sie einer Enthistorisierung des Literaturunterrichts entgegenwirken. Man kann jedoch nicht sagen, daß die bisherigen Ansätze das Problem einer Lösung nähergeführt haben.

Die Notwendigkeit der Erhaltung der Poesie für den Literaturunterricht wird vor allem damit begründet, daß (nur) sie in der Lage sei, unterdrückte und verschüttete Bedürfnisse des Menschen zu artikulieren und freizulegen. Sie vermöge das gerade dadurch, daß sie sich Realitätszwängen und gesellschaftlicher Manipulation verweigere, also gerade durch die Alltagsfremdheit ihres Kodes.

Ganz davon abgesehen, daß es bisher kaum gelungen sein dürfte, dieses Programm überzeugend zu operationalisieren, muß gesagt werden, daß es die ambivalente Funktion der „Dichtung" übersieht: von „Befreiung" durch utopisches Denken einerseits und stabilisierender Bestätigung ästhetischer und damit auch sozialer Normen in bestimmten Gruppen andererseits.[4] Es läßt sich nicht übersehen, daß der hier deutlich werdende Begriff des Ästhetischen eine soziale Funktion vor allem bei bildungsprivilegierten Gruppen hat, schon indem er mit den Merkmalen der „Fremdheit" und der „Verweigerung" von Kommunikation ausgestattet ist. Wenn es nicht gelingt, in das ästhetische Programm die Art und Weise der gesellschaftlichen Verwertung der Poesie mit einzubeziehen, bleibt es eben ein Programm, das durch die Wirklichkeit kaum genügend abgedeckt ist.[5]

So wichtig es ist, etwas für die „Erhaltung der Poesie" zu tun (unter Voraussetzung spezifischer Funktionen), so groß ist die Gefahr, daß sich die Praxis dann nur noch an die Poesie, aber nicht mehr an ihre Begründung hält und die inhaltliche Entscheidung zum Anlaß nimmt, alles beim alten zu lassen und vor allem an der immanenten Interpretation festzuhalten. Die „revolutionäre Sprengkraft" wäre dann nur noch Vorwand. Die Zugangsbarriere könnte sich sogar bei bester Absicht schließlich als soziale Differenzierung auswirken, da die poetische Literatur besonderer Erschließungsbemühungen und -verfahren bedarf, gerade weil der gesellschaftliche Stellenwert dieser Texte in ihrer „ungesellschaftlichen" Haltung, in der Fremdheit und Befremdlichkeit ihrer Sprache sowie im Grad ihrer Abweichung von Umgangs- und Alltagssprache liegt.

Es wäre denkbar, in die Diskussion um den Stellenwert des Poetischen im modernen Literaturunterricht die in der Ästhetik des Sozialistischen Realismus verwendete Kategorie der „Verständlichkeit" einzubringen, die bekanntlich auch Brecht zu schaffen gemacht hat. Es wird gern unterstellt, daß die Reduktion der Kunstsprache auf die Alltagssprache Kunst als Verfremdung aufhebe und ihre Chance, neue Erfahrung zu vermitteln, mindere.[6] Nur läßt sich wohl kaum nachweisen, wie dieser Kunstbegriff sich in einer Gesellschaft und für ein Publikum realisieren soll, dem dafür — wodurch auch immer bedingt — die Organe fehlen. Die Behauptung, daß die Kunst selber mithelfe, diese Organe auszubilden, ist zwar schwer von der Hand zu weisen, aber eine ebenso schwer beweisbare Hypothese. Darum ist nach wie vor die Forderung unwiderlegt, daß der Unterricht seine Ziele in erster Linie an und mit denjenigen Textsorten anstreben sollte, die im Erfahrungsbereich und in der Reichweite der Schüler liegen. Damit soll keineswegs einer Rückkehr zu einer Art „volkstümlichen Bildung"[7] der Unterprivilegierten das Wort geredet werden. Die Ziele des Unterrichts sind gewiß dieselben, nur müssen die Wege und die Materialien, an denen die Ziele zu verwirklichen sind, manchmal verschieden sein, eben weil die Gesellschaft nicht lauter gleich und gleich „gut" sozialisierte Kinder der Schule in die Hand gibt. Wo die Voraussetzungen entsprechend sind und die Arbeit mit der poetischen Literatur keine größeren Schwierigkeiten bereitet, käme es dann gerade darauf an, die utopische Funktion der Texte zur Wirkung zu bringen und ihren Prestigewert abzubauen. Es ist jedoch bisher nicht gezeigt worden, wie das zu bewerkstelligen ist, da die Schule nur begrenzte Möglichkeiten hat, einen vom gesellschaftlichen Gebrauch abweichenden Umgang mit Texten durchzusetzen. Unter den Bedingungen unserer historischen Situation scheint dem Verfasser daher mindestens eine Relativierung der poetischen Literatur in der Schule notwendig zu sein.

Eine weitere notwendige Veränderung des Literaturbegriffs liegt — außer im Vertikalen — in der Horizontalen. In der Tat ist heute eine Leseerziehung als isolierte *Lese*erziehung nicht mehr begründbar, da Lesen nur eine der möglichen und praktizierten Aufnahmeweisen von Texten darstellt und Bild und Ton hinzugekommen sind, und zwar in einem Umfang, der das Lesen oft in eine Randstellung verweist. Das zwingt zu einer Besinnung auf das, was am Lesen spezifisch ist — spezifisch nicht als ein qualitativ Höheres, sondern qualitativ anderes verstanden. Die Begründung einer Leseerziehung sollte sich auf eben dies Spezifische beziehen und einen Rückfall in eine kulturpessimistische Propaganda gegen die elektronischen Medien und die ihnen adäquaten Aufnahmeweisen vermeiden.

Sicher ist es richtig, daß die Erweiterung des Literaturbegriffs allein nicht genügt und der Vorwurf einer „bloß technokratischen Schulreform" dann berechtigt wäre. Aber Auswahlprobleme konstituieren eine Didaktik nie allein, da sie sich immer nur im Zusammenhang mit Zielentwürfen und der Analyse der gesellschaftlichen Voraussetzungen und der Schülersituation stellen.[8] Doch da der Technokratie-Vorwurf in der aktuellen Didaktik-Diskussion eine so große Rolle spielt (im Sinne der Frage, wie man den Unterrichtseffekt im Hinblick auf die Erfordernisse von Industrie und Kapital verbessern könnte), sei darauf hier etwas ausführlicher eingegangen. — Die Anprangerung technokratischer Tendenzen in der Schulreform, so berechtigt sie vielfach ist, geschieht oft im Namen einer Haltung, die sich zwar politisch-progressiv gibt, in ihrer Praxisferne und Kompromißlosigkeit aber leicht in unpolitischen Defätismus umschlägt. Es genügt sicher nicht, die Literaturbarrieren nur innerhalb der Schu-

le abzubauen, da sie Ausdruck sozialer Verhältnisse und gesellschaftlicher Widersprüche sind und zugleich die Aufhebung der gesellschaftlichen Ursachen der Barrieren betrieben werden muß[9]; und sicher lös
ein fortschrittlicher Forschungsansatz noch nicht den gesellschaftlichen Konflikt[10] — jedoch: dies ist eine Form der Argumentation, die
ebenso richtig wie gegenüber den konkreten Aufgaben der Praxis hilflos ist, da sie leicht dazu verführt, auf eine Veränderung der Praxis m
der Begründung überhaupt zu verzichten, unter den bestehenden Bedingungen habe es ja doch keinen Zweck. Wenn z. B. Huisken einige
hundert Seiten scharfsinnig auf den Nachweis verwendet, daß innerhalb des vorhandenen System eine wahre Schulreform nicht möglich
sei, und aus dieser Haltung heraus dann vermieden wird zu sagen,
was äußerstenfalls dennoch machbar wäre, so ist das nichts weiter
als ein destruktiver Zynismus, der gar nichts ändert.[11]

1.2. Das Problem der Wertung stellt sich durch die Hereinnahme der
Texte in ihrer Breite, durch einen die „texttypologische Vielfalt"
(J. Vogt) der Gesellschaft spiegelnden Unterricht neu. Dies deshalb,
weil (nach Auffassung des Verfassers) die Erweiterung der Gegenstandsbereiche nur bei „Wertungs-Nachrängigkeit" (W. Israel) einen
Sinn hat und weil die historische Erfahrung und die Erfordernisse
einer „Erziehung nach Auschwitz" uns die Aufgabe stellt, völlig
neue Wertungsverfahren zu entwickeln. Dabei geht es nicht bloß
darum, die Grenze zwischen „gut" und „schlecht", trivial und nicht-
trivial immer wieder neu zu vermessen[12], sondern mit dem Grundsatz ernstzumachen, aus der Bedürfnis- und Interessenslage des Wertenden (auch des Schülers) heraus und nicht von einem vorgegebenen System „Literatur" her werten zu lernen. Der Mensch sollte
nicht Objekt der Literatur sein, angetreten, um ihren „Anruf" zu
vernehmen, sondern umgekehrt die Literatur Gegenstand des Menschen und er ihr gegenüber souveränes Subjekt. Erst aus dieser Sicht
kann die soziale Funktion auch der „authentischen Literatur" in
den Blick gelangen und wird es möglich, die Wertschätzung der Struk
turen und Techniken „um ihrer selbst willen" zu kritisieren — ein
literarischer Wert ist (und war) immer ein Wert für jemanden. Ästhetik wird auf diesem Wege funktional — die einzig sinnvolle Alternative einer Ästhetik, die „Wert" an sich selber und für sich selber mißt
Die funktionale Ästhetik läuft auf eine Wahrnehmung von Textmerk-
malen in ihrer Funktion für die Übermittlung bestimmter Inhalte hin
aus. Daher kann es auch keine absolute Rangordnung ästhetischer
Merkmale geben, denn Inhalte sind nur aus einer bestimmten Interessenslage, von einem Standort aus beurteilbar. Die Rangordnung
„außerästhetischer" Werte ist daher von einer Rangordnung ästhetischer Werte nicht trennbar.

Vielfach Anstoß erregt hat die „Gleichberechtigung", die nach Auffassung des Verfassers Kunst- und Trivialliteratur in einer neuen Didaktik zu beanspruchen habe.[13] Freilich war damit keine Gleichrangigkeit und -wertigkeit überhaupt postuliert, obwohl uns die Tatsache der Ambivalenz authentischer Texte zur Vorsicht mahnen und in unserem Werten zur Zurückhaltung zwingen sollte. Mag sein, daß der Verfasser zur Frage einer trivialtext-adäquaten Methode den Aspekt eines gesellschaftlichen Funktions-Parallelismus ein wenig überzogen und die Chancen einer verfremdenden Textorganisation unterbewertet hat.

Es muß aber als Unsinn zurückgewiesen werden, aus dem Postulat einer (didaktischen, nicht „werthaften") Gleichberechtigung der Literaturen abzuleiten, daß der Verfasser den Leser „vollständig den Lenkungsmechanismen des Marktes überlassen" wolle.[14] Auf derselben Ebene liegt der Vorwurf, durch die Hereinnahme der Literatur in ihrer Breite stütze man nur den status quo und die „Kunstfeindlichkeit des Kapitalismus"[15], da viele Texte es einfach nicht verdienten, ernstgenommen zu werden, und die Abspiegelung der marktgängigen Literatursorten im Unterricht den „Markt" mit seinen kommerziellen Interessen bestätige. — Ganz davon abgesehen, daß das Verdikt der „Kunstfeindlichkeit" so nicht haltbar ist, sondern das Problem in der ästhetischen Dichotomie liegt: dies Argument ist als Rückfall in eine literaturzentrierte (vgl. 2.1.) Denkweise und Didaktik zu bezeichnen, die sich mit der aus der deutschen Literatur- und Sozialgeschichte sattsam bekannten Verachtung der sozial- und situationsbedingten, ach so vulgären literarischen Konsumbedürfnisse des Publikums verbindet.[16] „Bestätigung des Marktes" stimmte ja auch nur, wenn es Ziel wäre, sein Angebot kritiklos hinzunehmen.

Das Problem wird seit Erscheinen der Arbeitswelt-Texte der „Werkstätten" auf eine andere Weise wieder aktuell, und zwar durchaus nicht im Sinne der Verteidiger des V-Effektes um jeden Preis. So hat U. Jaeggi die im Umkreis der Gruppe 47 produzierten Texte als irrelevant für die Bedürfnisse der Arbeiter bezeichnet[17], und M. Walser schreibt:

„Inzwischen fühlt sich einer schon gerechtfertigt, wenn er zur Verdinglichung der Brutalität, zur Verabsolutierung der Verzweiflung, zur Fetischisierung der menschlichen Unmenschlichkeit ein paar neue Zuckungen liefert. Bewußtsein, das von sich keine Arbeit mehr verlangt, sondern sich mit Reaktion begnügt und alle anderen einlädt, die genießbar gemacht Heillosigkeit ebenso reaktiv, so passiv zu genießen, dieses Bewußtsein ist vom Bewußtsein, das den Massen den status quo als heile Welt verkauft, überhaupt nicht verschieden . . . "[18]

Wir stoßen hier auf das Dilemma, daß die Kritik an der Trivialliteratur im Namen einer befreienden Offenheit auch die „Geschlossenheit" der neuen Arbeiterliteratur trifft, die sich ganz bewußt auf die Seite der abhängig Arbeitenden stellt.

Kritisiert wurde die in „Trivialliteratur als Herausforderung für eine literaturdidaktische Konzeption" vorgeschlagene Lösung des Problems Trivialliteratur, die verschiedenen literarischen Schichten durch ein Rollen-Konzept zu legitimieren, das einen Versuch darstellt, den verschiedenen Literatursorten durch eine einheitliche Didaktik gerecht zu werden.[19] Der Versuch ist auf die Sorge des Verfassers zurückzuführen, daß das alte dichotomische Modell der ästhetischen Bewertung der Texte – hie Hoch-, hie Trivialliteratur – bloß durch ein neues, nun aber ideologiekritisches ersetzt wird. Es hängt dies mit der Frage zusammen, ob eine Form der Unterhaltung denkbar ist, die nicht beschwichtigt, sondern sich mit Aufklärung verbindet.[20] Obwohl der Verfasser sich in diesem Punkt gelegentlich skeptisch geäußert hat, verfolgt er selbstverständlich alle Versuche einer solchen Kombination, sei es im Kinderbuch, sei es in den Massenmedien, mit Interesse. Aber in der Diskussion geht es häufig um das Bedürfnis nach Unterhaltung überhaupt, das schlicht als Produkt der unbefriedigenden Arbeits- und Eigentumsverhältnisse bezeichnet wird.[21] Dem muß man nicht unbedingt eine „anthropologische Funktion" der Unterhaltung entgegenstellen[22], insofern sich womöglich gewisse Prozesse der Industriegesellschaften als nicht nur systembedingt erweisen (vgl. S. Freuds „angenehme Tröstungen" in „Unbehagen in der Kultur"). Natürlich muß man die Gefahr sehen, daß man mit einer Rechtfertigung von Trivialliteratur falsch verstanden und als Rechtfertiger des status quo ausgebeutet wird. Der Verfasser sieht sich nicht in der Lage, eine Gesellschaft zu denken, in der es keinerlei Entfremdung mehr gibt und eine allgemeine konfliktlose Glückseligkeit dem Menschen jedes Bedürfnis nach entlastender Unterhaltung ausgetrieben hat.[23] Ganz davon abgesehen, daß utopische Vorstellungen dieser Art wenig über das im Augenblick Erforderliche hinweghelfen. Es ist zu fürchten, daß die Erklärung des Bedürfnisses nach Abenteuer und Spannung ausschließlich durch gesellschaftliche Fehlentwicklungen letztlich wieder auf das traditionelle Mißverhältnis der Intellektuellen zur Unterhaltung und zu den ach so primitiven Bedürfnissen der „Massen" zurückverweist, ein Mißverhältnis, das die Diskussion um die literarische Unterhaltung seit je bestimmt hat und das sich jetzt lediglich mit neuen Argumenten drapiert.[24] Es mag jedoch sein, daß es dem Verfasser noch nicht gelungen ist, das Problem didaktisch schlüssig zu lösen. Einen Vorschlag, in welcher Richtung man vielleicht diesem Ziel beim methodischen Umgang mit trivialen Texten näherkommen könnte, unterbreitet der Verfasser in „Modelle zur Intefpretation trivialer und nicht-trivialer Literatur".

292

Wenn man heute wagt, der Unterhaltungsfunktion der Literatur und den entsprechenden Textarten eine Lanze zu brechen, so setzt man sich leicht dem Verdacht aus, ein Apologet der „Illusionsindustrie" und von kommerziellen Interessen zu sein und sich mit der Ausbreitung der Massenliteratur abgefunden zu haben.[25] Der Verfasser weiß natürlich, daß er bei einer relativen Legitimierung der Trivialliteratur immer mit einem „Beifall von der falschen Seite" rechnen kann und muß[26], und es darf auch nicht übersehen werden, daß Trivialliteratur in unserer Gesellschaft dadurch, daß sie einfach größere Absatzchancen hat und größere Profite verspricht, in bedenklicher Weise „privilegiert" wird.[27] Nur kann mich das nicht daran hindern, auf das berechtigte Unterhaltungsinteresse des Publikums hinzuweisen. Sicher ist damit das Wie seiner Befriedigung noch offen, nur halte ich es nicht für gut und berechtigt, wenn in neueren Veröffentlichungen das Unterhaltungsbedürfnis der Leute ausschließlich den Unzulänglichkeiten des Systems zur Last gelegt wird[28]; das verrät m. E. ein zum Schema erstartes und auf Totalerklärung insistierendes Denken und eine − im Prinzip richtige − Gesellschaftskritik, für welche die Kommunikationsanalyse nur Vorwand ist und die mit zu einfachen Argumenten operiert.

2.1. Aus den Arbeiten des Verfassers ist durchgängig das Bemühen ablesbar, die überkommene literaturzentrierte Didaktik in eine leserorientierte umzuwandeln. Dies mag noch nicht von Anfang an überzeugend gelungen sein[29], und es soll auch nicht geleugnet werden, daß eine solche grundlegende Veränderung des didaktischen Denkens sich auch beim Verfasser gegen starke, herkunfts- und studienbedingte Widerstände durchsetzen mußte. (Doch haben Kompromißformeln sicher auch ihre Funktion für ein noch skeptisches Publikum.) Die „kopernikanische Wende" im literaturdidaktischen Denken besagt, daß sich die Didaktik ihre Ziele und Auswahlentscheidungen nicht von einem vorhandenen und von der Literaturwissenschaft beschriebenen System „Literatur" vorschreiben läßt[30], sondern von den Bedürfnissen der Schüler und von ihren jetzigen und späteren Lebenssituationen her argumentiert. Diese Wendung erst ermöglicht es, den Literaturunterricht auf Lernziele im Sinne von Verhaltenszielen umzustellen und die Herausforderungen der Literatur von ihrer traditionellen Vorzugsstellung im Unterricht zu entlasten. Das setzt allerdings voraus und hat zur Konsequenz eine Neueinschätzung und -bewertung der Texte und die Ablösung einer immanenten durch eine funktionale Ästhetik, wie sie bereits skizziert wurden.

2.2. In diesem Zusammenhang bedarf es einiger Überlegungen zu den „Motivationen", für deren Beachtung und Ernstnehmen sich der Verfasser energisch eingesetzt hat, nicht ohne heftigen Widerspruch der Kritik.[31] Schwankte der Verfasser zuerst noch zwischen einer mehr psychologischen und entwicklungstypischen auf der einen Seite und einer sozialen Begründung der Motivationen auf der anderen, so traten in späteren Arbeiten die sozialen mehr und mehr in den Vordergrund. Die Diskussion entzündete sich an der Frage nach der Relevanz der Motivationen für den Literaturunterricht. Sicher kann es nicht nur darum gehen, den Motivationen entgegenzukommen, und es ist unabweislich, daß die Rücksicht auf die Ausgangslage der Schüler nur schwer mit den weitergehenden Zielen des Unterrichts in Einklang zu bringen ist.[32] Es war jedoch längst überfällig, darauf aufmerksam zu machen, daß die Antriebe nicht nur einfach als unbeachtliche Größe behandelt werden dürfen, zumal sich der Unterricht über sie mit den sozialen Voraussetzungen der Schüler vermittelt. Aus dieser Konfliktsituation entsteht das möglicherweise schwierigste Problem des Literaturunterrichts, nämlich ob er — ungeachtet der ja unveränderten Lage der Schüler — die Interessen der Schüler „anzuheben" versuchen sollte (im Sinne von Zugänglichmachen neuer und „wertvollerer" Objektbereiche). In „Literaturdidaktik und Trivialliteratur" wurde dazu definitiver Stellung genommen, als es vielleicht sinnvoll erscheint. Es muß jedoch die Gefahr einer „literarischen Bildung" fernab von den primären Sozialbeziehungen der Schüler gesehen werden; sie tritt immer dann zwangsläufig ein, wenn eine Literatur vermittelt wird, die für den Schüler sozial funktionslos ist und schließlich lediglich der Kompensation sozialer Benachteiligung dient. Mit Nachdruck sei noch einmal die These vertreten, daß es nicht darauf ankommt, was einer *liest,* sondern darauf, wie einer *lebt,* und daß, wenn der Brückenschlag vom Lesen zum Leben nicht gelingt, ein radikales Umdenken erforderlich ist. Der Verfasser ist davon überzeugt, daß uns dieses Umdenken nicht erspart bleibt. Die vom Verfasser vorgeschlagene Auflösung durch das Konzept der Einübung in Leser-Rollen setzt allerdings — nach Fr. Hassenstein — „einen Grad der Distanz" und eine Rollen-Beweglichkeit voraus, die „nur als souveräne Position eines autonomen Menschen vorstellbar" und damit wieder „mittelschichtenverdächtig" sind.[33] Ja nun — vielleicht wird ja das Konzept einer zukünftigen Bildung auch einige bürgerliche Kategorien in sich aufbewahrt haben, die dann durch ihren neuen Kontext allerdings eine neue Qualität gewonnen haben.

3.1. Die hier veröffentlichten und zusammengefaßten Arbeiten zeigen eine zunehmende Berücksichtigung soziologischer und politischer Fragestellungen. Zuerst seien einige Auswirkungen auf die Analyse der Texte angedeutet. Es soll nicht behauptet werden, daß die Bemühungen um eine Veränderung des methodischen Instrumentariums bereits zu vorzeigbaren Ergebnissen geführt haben.[34] Auch anderorts wird an dem Problem gearbeitet. Vorgeschlagen wird ein mehrstufiges, historisch-gesellschaftliche Bedingungen einbeziehendes, schließlich bis zur Text-„Destruktion" („Eingreifen in den Text vom Standpunkt der Gegenwart aus"[35]) vorstoßendes Verfahren. In abgewandelter Form und in Auseinandersetzung mit den eingespielten Verfahrensweisen der Besprechung von jugendliterarischen Texten hat der Verfasser ein soziologisch orientiertes Modell zur kritischen Analyse von Jugendbüchern vorgelegt („Zur Situation der Jugendbuchkritik heute"). Es bedarf der Weiterentwicklung im Hinblick auf die Formen des Phantastischen und der poetischen Jugendliteratur.

Umstritten ist jedoch, ob es sich hierbei um ein Verfahren neben anderen oder eine Alternative zu den bisher üblichen handelt. Es wurde vorgeschlagen, um bestimmte, bisher nicht faßbare Textqualitäten erfassen zu können. Es müßte jedoch das Ziel sein, das Verfahren derart weiterzuentwickeln und zu differenzieren, daß damit an allen Textsorten gearbeitet werden kann.

3.2. Da Texte nicht unabhängig von Rezipienten zu denken sind und jene über diese mit Gesellschaft verknüpft sind, bedarf es einer gründlichen Analyse der Schülersituation über eine traditionelle psychologische Bestandsaufnahme hinaus in Richtung auf ein Erfassen der sozio-kulturellen und der sozialen Bedingungen der Schüler. Der bloße Hinweis auf die Freizeitsituation des heutigen Menschen, ohne deren Abhängigkeit von der Qualität der Arbeit mitzusehen, genügt sicher heute nicht mehr.[36] (Auf die Beanspruchung des Menschen durch die Freizeitindustrie wurde allerdings von vornherein aufmerksam gemacht, vgl. Eingangsteil der „Leseerziehung oder literarästhetische Bildung?") Nur ist zu bezweifeln, ob ein kompensatorischer und regenerierender Genuß von Freizeitangeboten ausschließlich negativ zu bewerten sei. Unübersehbar ist das hinter den Angeboten stehende kommerzielle Interesse, dessen Produkte eine liberal-marktwirtschaftliche Ordnung kaum verhindern kann und will (der Ruf nach dem Kadi und das Schmutz-und-Schund-Verdikt sind ja ganz hilflos und sind eher geeignet, die Zusammenhänge zu verschleiern). Es steht zu erwarten, daß die Freizeit auf absehbare Zeit eine wichtige ausgleichende und für die Arbeit reproduzierende Funktion behalten wird. Ob dies nur unter den gegenwärtigen Bedingungen gilt, also prinzipiell zu verändern ist, bleibt abzuwarten. Ein haltloser Optimismus ist nicht am Platze. So bleibt im Moment kaum etwas anderes, als den Schülern die Möglichkeiten der Freizeitentfaltung darzustellen und ihre Bereitschaften und Fähigkeiten zu kulturellen Aktivitäten zu entwickeln bei gleichzeitiger Schulung rationalen und kritischen Verhaltens, um die Schüler den unbefriedigenden Arbeitsbedingungen nicht fatalistisch auszuliefern und sie instand zu setzen, ihre Lage zu verbessern.

3.3. So wird für die Formulierung der Unterrichtsziele eine gründliche Analyse der kulturellen und ökonomischen Bedingungen, unter denen die Schüler bzw. ihre Eltern leben, unabdingbar. Die Notwendigkeit der Didaktik, dies zu tun, wird heute von niemandem mehr in Frage gestellt.[37] Unterschiedlich sind aber die Auffassungen, wie Gesellschafts- und Situationsanalyse mit den Zielformulierungen zu vermitteln sind und wie ein Unterricht, in den sie mitstrukturierend eingehen, aussehen müßte. Im gesellschaftlichen Zusammenhang stand Unterricht immer, auch wenn es geleugnet wurde. Beschränkt sich der Literaturunterricht auf „fachspezifische" Ziele (etwa: Verstehen von Texten), hat das immer gesellschaftliche Konsequenzen, da jede „Ideologiefreiheit" ihre eigene Ideologie hat, dadurch, daß sie von jeder Gesellschaft in Dienst genommen werden kann. Deshalb sollte jede Didaktik darüber reflektieren, welches Gesellschaftsbild ihr implizit ist, wenn sie es nicht bereits explizit tut. Wenn die vorliegenden Arbeiten eine Lösung dieser Aufgabe vielleicht noch schuldig bleiben, so lassen sie doch hoffentlich erkennen, wie notwendig sie ist und daß keine Didaktik, am wenigsten eine Sprach- und Literaturdidaktik, in einem außergesellschaftlichen Freiraum mehr konzipierbar ist.

4. Zum Schluß ein paar Anmerkungen zu den Arbeiten dieses Bandes, die sich mit Problemen der Jugendliteratur beschäftigen. Sie versuchen verschiedene Verfahrensweisen für die Untersuchung von Jugendliteratur fruchtbar zu machen, die bisher kaum angewandt wurden, sich aber mehr und mehr durchzusetzen scheinen.[38] Sie experimentieren mit soziologischen Kategorien und sowohl systematisch-inhaltsanalytischen als auch soziologisch orientierten einzeltextbezogenen Analysemethoden. Die Jugendliteratur, bisher überwiegend romantisiert und psychologisch betrachtet, hat sich für die neuen Verfahren als besonders ergiebig, oder besser gesagt: als besonders „anfällig" erwiesen. Das hängt vielleicht damit zusammen, daß sie – als eine bewußt leserbezogen konzipierte Literatur – den Sozialisationspraktiken der Gesellschaft in starkem Maße verpflichtet (oder auch ausgeliefert) war und ist, ein Tatbestand, der durch den Charakter der Jugendliteratur als einer zum Verkauf anstehenden Ware noch verstärkt wird. (Das schließt nicht aus, daß sie oft guten Willens und Gewissens produziert wird.) Ob die vorgeschlagenen Verfahren gene-

ralisierbar sind, muß abgewartet werden; es sollte jedenfalls versucht werden, sie so weiterzuentwickeln, daß sie für alle möglichen jugendliterarischen Texte, und sei es auch in Abwandlung nach Textsorten, verfügbar werden. Möglicherweise sind die Methoden jedoch geeignet, die Besprechungspraxis für Jugendliteratur in der Bundesrepublik zu verändern und, da diese Rückwirkung auf die Produktion hat, damit auch diese. Wenn die Anzeichen nicht trügen, sind wir auf dem Wege. Die Aufgabe allerdings, auch die Motivationsbasis, das heißt die Rezeptionspraxis zu verändern, ist damit noch nicht gelöst, wie überhaupt die Rezeptionsforschung auf dem Gebiet der Jugendliteratur noch ein „dunkler Erdteil" ist, ebenso wie das Problem der Beeinflussung der Rezeptionshaltungen.[39] Hier liegt noch ein weites Feld für Forschung und pädagogische Praxis offen.

Anmerkungen

1 Geißler 1970 (a), S. 83; Arendt 1972, S. 44.
2 Geißler 1970 (a), S. 82 f.; vgl. auch Habermas 1969 und Glotz 1968.
3 Im Anschluß an Adorno, v. a. 1958; H. Marcuse 1967 und 1969 und neuerdings Geißler 1970 (a); Eßbach, in: Richter/Vogt 1974, S. 123 ff.; Bredella 1972; Gidion, in: Schwencke 1970, und Bahrdt, in: Gidion/Bahrdt 1973. Zu Marcuses Ästhetik vgl. Dahrendorf 1973 (d), S. 325 f.; Brackert, in: Brackert/Raitz 1974, S. 149, 151, 163.
4 Vgl. Bourdieu 1970.
5 Werckmeister 1971, S. 9.
6 Vgl. Gorsen 1970/71.
7 So bei Helmers 1974, S. 21 f., und Kreft 1974, S. 47.
8 Vgl. Dingeldey, in: Brackert/Raitz 1974, S. 207.
9 Degenhardt, in: Brackert/Raitz 1974, S. 119.
10 Bürger 1973, S. 10.
11 Vgl. Huisken 1972.
12 Vgl. Bahrdt, in: Gidion/Bahrdt 1973, S. 100.
13 Bahrdt, ebenda, S. 99 f.; Bredella 1972, S. 206 f.
14 Seitz, in: Brackert/Raitz 1974, S. 95.
15 So Helmers 1974, S. 22, und Helmers 1970 (a), S. 244, 251.
16 Vgl. Schulte-Sasse 1971 (a), (b).
17 Jaeggi 1972, S. 118.
18 Walser 1973, S. 137.
19 Bredella 1972, S. 208, vgl. dagegen Waldmann 1973.
20 Vgl. Buch 1972, S. 65.
21 Vgl. Kreft, in: Kreft/Ott 1971, S. 67, und Ueding 1973.
22 Bredella 1972, S. 207.
23 Siehe H. Marcuse 1967 und 1969.
24 Nachweise bei Löwenthal 1964 und Schulte-Sasse 1971 (b).
25 Vgl. Eßbach, in: Richter/Vogt 1974, S. 123.
26 Er hat dazu Stellung genommen, in: Dahrendorf 1973 (b), Nachwort, S. 295.

27 Vgl. Dahrendorf 1972 (c), S. 270.

28 So bei Bürger 1973 und Hollstein 1973, entgegen Waldmann 1973. Aber selbst wenn die „Totalerklärer" recht hätten, wären die Bedürfnisse, die der Triviallektüre zugrundeliegen, legitim, da der Anspruch des Lesers auf Selbststabilisierung aus ethischen Gründen nicht in Zweifel gezogen werden darf. M. W. haben bisher nur Hain und Schilling (1972) diesen Konflikt angemessen reflektiert.

29 Kreft, in: Kreft/Ott 1971, S. 54.

30 Hierauf beruht Helmers' Unwissenschaftlichkeits-Verdikt: Eine Didaktik wie die von ‚Eine neue Lesebuch-Generation' und des Lesebuches ‚Drucksachen', welche die Texte überwiegend (inhaltlichen) Sozialisationsfeldern zuordnet, sei „unwissenschaftlich", weil sie die von der Literaturwissenschaft herausgearbeiteten Gattungsspezifika und Beschreibungssysteme nicht beachte. Dieses Argument stimmte, wenn es nur die von Helmers gemeinte Literaturwissenschaft gäbe.

31 Vgl. Pielow, in: Baumgärtner/Dahrendorf 1970, S. 88 f., und Geißler 1970 (a), S. 84; Seitz, in: Brackert/Raitz 1974, S. 95 ff., Eßbach, a. a. O., S. 123.

32 Vgl. Hassenstein, in: Wolfrum 1972, S. 407, dazu auch Hain/Schilling 1972; Degenhardt, in: Brackert/Raitz 1974, S. 116 ff. D. spricht von einem schwierigen Konzept. Vgl. auch Brackert, a. a. O., S. 162, Anm. 48.

33 Hassenstein, in: Wolfrum 1972, S. 407; Degenhardt, a. a. O., S. 117.

34 Ansätze bei Kreft, in: Kreft/Ott 1971, S. 49; Vogt 1972 (c); Steinbach 1973, und Löffel 1973. Siehe auch die bei Rucktäschel (1973) und Kolbe (1973) gesammelten Arbeiten.

35 Steinbach 1973, S. 39. Vgl. „Soziologische Interpretation ‚hinterrücks' " bei Maren-Grisebach 1972, S. 85.

36 Kreft, in: Kreft/Ott 1971, S. 55 ff.

37 Kreft, in: Kreft/Ott 1971, S. 62; Helmers 1973; Wilkending 1972 (a) und Haupenthal 1973.

38 Vgl. Oestreich 1973; Gmelin 1971, Nauck, in: Merkefka/Nauck 1972.

39 Vgl. Dahrendorf 1972 (b).

Abkürzungen für Zeitschriften:

Bertelsmann-Briefe — BB
betrifft : erziehung — b:e
Börsenblatt für den deutschen Buchhandel — BDB
Bulletin Jugend & Literatur — BJL
Das gute Jugendbuch — GJB
Der Deutschunterricht — DU
Die deutsche Schule — DS
Diskussion Deutsch — DD
Deutsche Vierteljahrsschrift für Literaturwissenschaft und Geistes-
    geschichte — DVS
Jugendliteratur — JL
Jugendschriften-Warte — JSW
Kölner Zeitschrift für Soziologie und Sozialpsychologie — KZfSS
Literaturwissenschaft und Linguistik — LiLi
Pädagogische Rundschau — PR
Zeitschrift für Jugendliteratur — ZJL
Zeitschrift für Pädagogik — ZfP
Westermanns Pädagogische Beiträge — WPB
Wirkendes Wort — WW

Literaturverzeichnis

Th. W. Adorno, Rede über Lyrik und Gesellschaft, in: Th. W. A., Noten zur Literatur I, Frankfurt/M. 1958, S. 73–104.

– (Hrsg.), Eingriffe. Neue kritische Modelle, Frankfurt/M. 1963 (edition suhrkamp 10).

–, u. a., Der Positivismusstreit in der deutschen Soziologie, Neuwied-Berlin 1969 (Soziologische Texte, Bd. 58).

–, Ästhetische Theorie, Ges. Schriften 7, Frankfurt/M. 1970.

J. Alberts, A. Scherer und K. Tscheliesnig (Hrsg., Werkstatt Tübingen), Werkkreis Literatur in der Arbeitswelt. Lauter Arbeitgeber. Lohnabhängige sehen ihre Chefs, München 1971.

D. Arendt, Literaturdidaktische Reflexionen zum kritischen Deutschunterricht, in DD Sonderband Ideologiekritik im Deutschunterricht. Analyse und Modelle, Frankfurt/M. 1972, S. 25–47.

Aristoteles, Über die Dichtkunst, Leipzig 1921 (Bd. 1 der Philosophischen Bibliothek).

H. L. Arnold (Hrsg.), Literaturbetrieb in Deutschland, München 1971 (Edition Text + Kritik).

E. Auerbach, Mimesis. Dargestellte Wirklichkeit in der abendländischen Literatur, Bern 1946.

Autorenkollektiv, Über den sozialistischen Realismus, in:Weimarer Beiträge, H. 6/1965, S. 971–1002.

R. Bamberger, Jugendlektüre, Wien [2]1965.

– (Hrsg.), Probleme des Sachbuchs für die Jugend, Wien 1968.

A. Bandura und R. H. Walters, Social Learning and Personality Development, London 1969.

J. Bark, Trivialliteratur – Überlegungen zur gegenwärtigen Diskussion, in:Sprache im technischen Zeitalter, H. 41/1972, S. 52–65.

G. Bauer, Zum Gebrauchswert der Ware Literatur, in: LiLi 1, 1971, H. 1/2, S. 47–57 (a).

–, Helmers' Literaturunterricht: Zur rechtzeitigen Abfindung mit dem Faktum Literatur, in: DD 2, 1971, H. 5, S. 193–200 (b).

J. Bauer, Literarische Bildung in der Hauptschule, in: JSW 20 (Neue Folge), 1968, H. 3, S. 9–12.

–, Das Literaturpädagogische Lesebuch, in: WPB 21, 1969, H. 5, S. 256–264

–, Begleitschrift zu „schwarz auf weiß", Darmstadt/Hannover o. J.

A. C. Baumgärtner, Jugendbuch und Spracherziehung, in: WPB 20, 1968, H. 3, S. 110–119.

–, Perspektiven der Jugendlektüre, Beiträge zur Leseerziehung, Weinheim 196 (Beltz Monographien, Kinder- und Jugendliteratur).

–, Die Welt der Comics als semiologisches System. Ansätze zur Dekodierung eines Mythos, in: Vom Geist der Superhelden. Comic strips, Berlin 1970, S. 71–78.

– (Hrsg.), Lesen. Ein Handbuch, Hamburg 1973.

–, M. Dahrendorf (Hrsg.), Wozu Literatur in der Schule?, Braunschweig 197C (Westermann Taschenbuch 76).

H. Bausinger, Wege zur Erforschung der trivialen Literatur, in: H. O. Burger 1968, S. 1–33.

D. Bayer, Der triviale Familien- und Liebesroman im 20. Jahrhundert, Tübingen 1963, ²1971.

M. Beaujean, H. N. Fügen u. a., Der Leser als Teil des literarischen Lebens, Bonn 1971 (Forschungsstelle für Buchwissenschaft an der Universitätsbibliothek Bonn, Kleine Schriften 8).

S. de Beauvoir, Das andere Geschlecht. Eine Deutung der Frau, Hamburg 1960 (rde 99).

E. Becker, Das Bild der Frau in der Illustrierten, in: M. Horkheimer (Hrsg.), Zeugnisse, Frankfurt/M. 1963, S. 427–438.

U. Beer, Geheime Miterzieher der Jugend, Düsseldorf ⁶1964.

Behr/Grönwoldt/Nündel/Röseler/Schlotthaus, Grundkurs für Deutschlehrer. Sprachliche Kommunikation, Weinheim 1972.

A. Beinlich (Hrsg.), Handbuch des Deutschunterrichts, I und II, Emsdetten 1963, ⁵1970.

–, Über die Entwicklung der Leseneigungen und des literarischen Verständnisses, in: Handbuch des Deutschunterrichts, II. Bd., Emsdetten 1963, S. 741–796 (⁵1970: Über die literarische Entwicklung in Kindheit und Jugend, S. 885–958).

H. Bender (Hrsg.), Mein Gedicht ist mein Messer. Lyriker zu ihren Gedichten, München 1961 (List Tb. 187).

W. Benjamin, Literaturgeschichte und Literaturwissenschaft, in: W. B., Angelus Novus. Ausgewählte Schriften 2, Frankfurt/M. 1966.

–, Das Kunstwerk im Zeitalter seiner technischen Reproduzierbarkeit, in: W. B.: Illuminationen. Ausgewählte Schriften, Frankfurt/M. 1955, S. 148–184.

B. Bernstein, Sozio-kulturelle Determinanten des Lernens. Mit besonderer Berücksichtigung der Rolle der Sprache, in: KZfSS, Sonderheft 4, „Soziologie der Schule", hrsg. von Peter Heintz 1959, S. 52–79.

–, Sprache und Lernen im Sozialprozeß, in: Einführung in pädagogisches Sehen und Denken, hrsg. von Andreas Flitner und Hans Scheuerl, München ²1968, S. 253–269.

H. Bessler und F. Bledjian, Systematik der Massenkommunikationsforschung, München 1967.

A. Betz, Ästhetik und Politik. Heinrich Heines Prosa, München 1971 (Schriftenreihe Literatur als Kunst).

K. Beutler, Die konservative Pädagogik und ihr Verhältnis zur Politik, in: WPB 19, 1967, H. 2, S. 64–69 (a).

–, E. Kästner. Eine literaturpädagogische Untersuchung, Weinheim 1967 (b).

Bildungsplan für die Oberschulen praktischen Zweiges, Berlin 1957.

G. Bittner, Für und wider die Leitbilder. Idealistische Lebensform in pädagogisch-psychologischer Kritik, Heidelberg 1964 (Anthropologie und Erziehung 8).

H. Blankertz, Theorien und Modelle der Didaktik, München 1969 (Grundfragen der Erziehungswissenschaft, Bd. 6).

H. Bödecker, Die Leseentwicklung in ihrer Abhängigkeit von Umwelt und Erziehungsbedingungen, in: M. Dahrendorf und W. v. Schack (Hrsg.), Das Buch in der Schule, Hannover 1969, S. 39–57.

K. H. Bohrer, Die gefährdete Phantasie oder Surrealismus und Terror, München 1970 (Reihe Hanser 40).

P. Bourdieu, Zur Soziologie der symbolischen Formen, Frankfurt/M. 1970.

H. Brackert und W. Raitz (Hrsg.), Reform des Literaturunterrichts. Eine Zwischenbilanz, Frankfurt/M. 1974 (edition suhrkamp 672).

P. Braun (Hrsg.), Neue Lesebücher – Analyse und Kritik, Düsseldorf 1972.

B. Brecht, Schriften zur Literatur und Kunst I. Gesammelte Werke 18, Frankfurt/M. 1967.

–, Über die Popularität des Kriminalromans, in: Žmegač 1971, S. 97–103.

L. Bredella, Ästhetische und funktionale Kategorien in der Literaturdidaktik, in: DD 3, 1972, H. 9, S. 197–210.

H. Breloer und R. Zimmer, „Kitsch" als Kriterium literarischer Wertung. Überlegungen zur Instrumentalisierung eines beliebten Begriffes der Abqualifizierung, in: J. Vogt 1972 (a), S. 93–112.

D. Breuer, P. Hocks u. a. (Hrsg.), Literaturwissenschaft. Eine Einführung für Germanisten, Frankfurt/M. 1972 (Ullstein-Tb. 2941).

G. Brix, Ästhetische Bildung durch Kinderbücher, in: GJB 19, 1969, H. 3, S. 1–13.

H. Broch, Zum Problem des Kitsches, in: H. B., Die Idee ist ewig. Essays und Briefe, München 1968, S. 117–130.

W. Buch, Lesebücher heute, Dortmund 1971.

Bundeszentrale für politische Bildung (Hrsg.), Sprache und Politik, Bonn 1971

Chr. Bürger, Textanalyse und Ideologiekritik. Zur Rezeption zeitgenössischer Unterhaltungsliteratur, Frankfurt/M. 1973 (Fischer Athenäum Taschenbücher 2063).

H. O. Burger (Hrsg.), Studien zur Trivialliteratur, Frankfurt/M. 1968 (Studien zur Philosophie und Literatur des neunzehnten Jahrhunderts, Bd. 1).

G. K. Chesterton, Verteidigung des Unsinns und anderer mißachteter Dinge, Olten 1945.

K. Chvatik, Strukturalismus und Avantgarde. Aufsätze zu Kunst und Literatur München 1970 (Reihe Hanser 48).

K. O. Conrady, Einführung in die neuere deutsche Literaturwissenschaft, Reinbek 1966 (rde 252/253).

W. Correll, Lernpsychologie. Grundfragen und pädagogische Konsequenzen, Donauwörth [5]1967.

G. Cwojdrak, Von Trotzkopf und Nesthäkchen, in: Die Zaubertruhe XII, Berlin 1966, S. 190–201.

M. Dahrendorf, siehe Bibliographie im Anschluß an dieses Literaturverzeichnis.

R. Dahrendorf, Gesellschaft und Demokratie in Deutschland, München 1971 (dtv 757).

J. U. Davids, Das Wildwest-Romanheft in der Bundesrepublik. Ursprünge und Strukturen. Tübinger Schloß 1969 (Volksleben 24. Bd.).

Deutscher Ausschuß für das Erziehungs- und Bildungswesen. Empfehlungen zum Aufbau der Hauptschule (1964), in: Schulaufbau und Schulorganisation, Bad Heilbrunn 1968.

K. Doderer, Jugendliteratur und Forschung, in: JSW 16 (Neue Folge), 1964, H. 1 und 2, S. 1, 5–7.

–, Literarische Bildung in der Schule von heute, in: Schrifttum in Schule und Freizeit, Frankfurt/M. 1965, S. 5–12.

– (Hrsg.), Klassische Kinder- und Jugendbücher, Weinheim 1969.

I. Dreher, Bemerkungen zu Charakter und Funktion zentraler Motive der sozialistischen Jugendliteratur, in: Beiträge zur Kinder- und Jugendliteratur, H. 12/1969, S. 55–78.

–, Bemerkungen zum Begriff „Jugendliteratur", in: Beiträge zur Kinder- und Jugendliteratur, H. 9/1967, S. 51–62.

302

F. Dröge, R. Weißenborn und H. Haft, Wirkungen der Massenkommunikation, Münster 1969.

W. Emrich, Polemik, Frankfurt/M. 1968.
H. M. Enzensberger, Einzelheiten I. Bewußtsein-Industrie, Frankfurt/M. 1962 (edition suhrkamp 63).
—, Baukasten zu einer Theorie der Medien, in: Kursbuch 20, 1970, S. 159—186.

B. Feldhaus und J. Böhmer, G-Man Jerry Cotton. Untersuchung eines Kriminalromans durch die Schulklasse, in: DU 20, 1968, H. 1, S. 107—112.
H. Fend, Sozialisierung und Erziehung, Weinheim [4]1971.
E. Fischer, Von der Notwendigkeit der Kunst, Hamburg 1967.
J. Floud, Die Schule als selektive Institution, in: KZfSS, Sonderheft 4, „Soziologie der Schule", hrsg. von Peter Heintz 1959, S. 40—52.
K. Fohrbeck und A. J. Wiesand, Der Autorenreport, Reinbek 1972.
H. F. Foltin, Die Erforschung der Unterhaltungs- und Trivialliteratur, insbesondere im Bereich des Romans, In: Burger 1968, S. 242—270.
K. Forstreuter, Geschichte und Technik der deutschen Icherzählung, Diss. Berlin 1923.
S. Freud, Das Unbehagen in der Kultur, Frankfurt/M. 1953 (Fischer Bücherei 47).
R. Fröhner, Das Buch in der Gegenwart, Gütersloh 1961.
L. Froese, Zur Freizeitkunde und -erziehung, in: Freizeit- und Konsumerziehung, hrsg. von H. Giesecke 1968 (b), S. 187—190.
H. N. Fügen (Hrsg.), Hauptrichtungen der Literatursoziologie, Bonn [2]1966.
—, Wege der Literatursoziologie, Neuwied-Berlin 1968.

H. G. Gadamer, Wahrheit und Methode, Tübingen [2]1965.
F. Gaede, Realismus von Brant bis Brecht, München 1972 (UTB 171).
A. J. Gail, Das Lesebuch – ein „Informatorium" der Wirklichkeit?, in: Helmers 1969 (a), S. 192—205.
—, Der Deutschunterricht und die „pragmatische Konstruktion der sittlichen Lebensordnung". Ein kritischer Beitrag zur muttersprachlichen Erziehung der Gegenwart, in: Höffe 1969, S. 26—37 (b).
H. Gallas, Marxistische Literaturtheorie, Neuwied-Berlin 1971 (Sammlung Luchterhand 19).
H. J. Gamm, Aggression und Friedensfähigkeit in Deutschland, München 1968.
M. L. Gansberg und P. G. Völker, Methodenkritik der Germanistik, Stuttgart 1970 (Texte Metzler 16).
H. Geiger/J. Vogt, Literatur in der Schülerschule. Vorläufige Beschreibung eines Lesebuchmodells für die Sekundarstufe, in: Vogt 1972, S. 301—316.
R. Geißler, Für eine literarische Verfrühung, in: Studien zur Jugendliteratur und literarischen Bildung, Ratingen 1962, S. 793—800.
—, Kritische Bemerkungen zu einer verbreiteten Ansicht über die „Kind- und Jugendgemäßheit" von Lesestoffen, in: PR 20, 1966, S. 759—766.
—, Erlebniserzählung zum Beispiel, in: DS 59, 1968, H. 2, S. 102—112 (a).
—, und P. Hasubek, Der Roman im Unterricht, Frankfurt/M. 1968 (b).
—, Prolegomena zu einer Theorie der Literaturdidaktik, Hannover 1970 (a).
—, u. a., Modelle, München [4]1970 (b).
—, Interpretationshilfen zu „Modelle" (hrsg. mit A. C. Baumgärtner, E. Hülse und H. Poser), München 1970 (c).
K. Gerth, Moderne Lyrik in der Hauptschule, in: Moderne Dichtung im Unterricht, hrsg. v. H. Helmers, Braunschweig 1967, S. 91—109 ([2]1972, S. 32—48).

K. Gerth, Die Arbeit mit dem Lesebuch im 7.–9. Schuljahr, Hannover 1966, [2]1968 (a).

–, Die abenteuerliche Flucht der unglücklichen Komteß oder Was haben wir an der Trivialliteratur, in: BB 60/1968, S. 12–22 (b).

–, Trivialliteratur in Vergangenheit und Gegenwart, in: Triviale Jugendliteratur? Das Jugendbuch als Unterhaltungslektüre, Mainau 1969, S. 9–20.

J. Gidion, Einige Überlegungen zum Literaturunterricht, in: O. Schwencke 1970, S. 57–68.

– und H. P. Bahrdt, Praxis des Deutschunterrichts, Göttingen 1973 (Kleine Vandenhoeck-Reihe 3785).

H. E. Giehrl, Der junge Leser. Einführung in Grundfragen der Jungleserkunde und der literarischen Erziehung, Donauwörth 1968, [2]1972.

H. Giesecke, Didaktik der politischen Bildung, München [3]1968 (a).

– (Hrsg.), Freizeit- und Konsumerziehung, Göttingen 1968 (b).

G. Giesenfeld, Methodische Vorüberlegungen zum Umgang mit nicht anerkannter Literatur, in: DD 2, 1971, S. 314–334.

–, Zum Stand der Trivialliteratur-Forschung, in: Das Argument 72/1972, S. 233–242.

L. Giesz, Phänomenologie des Kitsches, Heidelberg 1960.

M.-R. Girardi, L. K. Neffe und H. Steiner, Buch und Leser in Deutschland, Gütersloh 1965 (Schriften zur Buchmarkt-Forschung 4).

H. A. Glaser, P. Hahn u. a., Literaturwissenschaft und Sozialwissenschaften. Grundlagen und Modellanalysen, Stuttgart 1971.

P. Glotz, Buchkritik in deutschen Zeitungen, Hamburg 1968 (Schriften zur Buchmarkt-Forschung 14) (a).

–, Massenkultur, Literatur und Gesellschaft. Eine Auseinandersetzung mit Thesen v. J. Habermas, in: BB 60/1968, S. 23–29 (b).

– und W. Langenbucher (Hrsg.): Versäumte Lektionen. Entwurf eines Lesebuches, Gütersloh 1965 (auch FTB 1163, Frankfurt/M. 1971).

– und W. Langenbucher, Der mißachtete Leser. Zur Kritik der deutschen Presse, Köln-Berlin 1969.

O. F. Gmelin, Böses kommt aus Kinderbüchern. Die verpaßten Möglichkeiten kindlicher Bewußtseinsbildung, München 1972, (Kindler-Paperback).

H.-D. Göbel, Methoden und Ziele der Literatursoziologie, in: DD 3, 1972, H. 9, S. 210–224.

L. Goldmann, Soziologie des Romans, Neuwied-Berlin 1970 (Soziologische Texte 61).

H. Gollhardt, Taschenbücher, in: Arnold 1971, S. 117–134.

H. Grassel, Jugend Sexualität Erziehung. Zur psychologischen Problematik der Geschlechtserziehung, Berlin 1967.

C. F. Graumann, Motivation, Frankfurt/M., Bern 1969 (Einführung in die Psychologie I).

M. Greiner, Die Entstehung der modernen Unterhaltungsliteratur. Studien zur Trivialliteratur des 18. Jahrhunderts, Reinbek 1964 (rde 207).

J. Greven, Wirkungsweise der Literatur, in: BB 61/1969, S. 18–26.

H. J. Grünwaldt, Didaktik des Deutschunterrichts in der Wandlung, in: G. Wilkending 1972 (b), S. 13–28.

H. G. Gutheil, Literarisches Arbeitsbuch oder gesellschaftliche Institution?, in: Braun 1972, S. 162–171.

J. Habermas, Erkenntnis und Interesse, Frankfurt/M. 1968 (Reihe Theorie).

–, Strukturwandel der Öffentlichkeit, Neuwied 1962, Berlin und Neuwied [4]1969 (Politica Bd. 4).

F. Hacker, Aggression, Wien 1971.

P. Härtling, Die Wirklichkeit der Kinder, Rede in Bayreuth 1969 (Sonder-
druck).

W. Hagemann, Das Buch, ein Freund unserer Kinder, Berlin 1958 (Schriftenreihe Elternhaus und Schule).

K. Hager, Parteilichkeit und Volksverbundenheit unserer Literatur und
Kunst, in: Raddatz 1969, Bd. III, S. 228−259.

U. Hain und J. Schilling, Trivialliteratur als Forschungs- und Unterrichtsge-
genstand, in: DS 64, 1972, H. 1, S. 26−34.

K. Hamburger, Die Logik der Dichtung, Stuttgart [2]1968.

W. Hartmann-Winkler, Lebensbewältigung im Kinderbuch, Wien-München
1970.

H. E. Hass, Das Problem der literarischen Wertung, in: Studium Generale,
12/1959, S. 727−756.

J. Hass, Das Lesebuch und seine Kritiker, in: U. Walz 1970, S. 34−52.

F. Hassenstein, ,,Minderwertige" Literatur im Deutschunterricht, in:
Wolfrum 1972, S. 398−408.

P. Hasubek, Das Lesebuch heute, in: Wolfrum 1972, S. 456−472.

J. Hauff, A. Heller u. a., Methodendiskussion. Arbeitsbuch zur Literaturwissenschaft, Bd. II, Frankfurt/M. 1971.

W. F. Haug, Die Rolle des Ästhetischen bei der Scheinlösung von Grund-
widersprüchen der kapitalistischen Gesellschaft, in: Das Argument 64/
1971, S. 190−213.

−, Kritik der Rollentheorie, Frankfurt/M. 1972, (FTB 6508).

R. Haupenthal, Zur Problematik der Lernzielfixierung im Literaturunterricht, in: LiLi 3, 1973, H. 9/10, S. 73−107.

A. Hauser, Sozialgeschichte der Kunst und Literatur, Bd. II, München 1953.

F. Hebel, Versäumte Möglichkeiten des Deutschunterrichts in der Oberstufe
des Gymnasiums. Die Bedeutung der Literatursoziologie für die Didaktik
des Deutschunterrichts, in: DD 1, 1970, H. 1, S. 48−67.

G. W. F. Hegel, Ästhetik, Berlin 1955.

H. Heissenbüttel, Über Literatur. Aufsätze und Frankfurter Vorlesungen,
Frankfurt/M. 1970 (dtv 84 sr).

H. Helmers, Didaktik der deutschen Sprache. Einführung in die Theorie der
muttersprachlichen und literarischen Bildung, Stuttgart 1966, [6]1971,
[7]1972 (a).

− (Hrsg.), Moderne Dichtung im Unterricht, Braunschweig 1967, [2]1972 (b).

− (Hrsg.), Die Diskussion um das deutsche Lesebuch, Darmstadt 1969.

−, Das Lesebuch als literarisches Arbeitsbuch (1966), in: Helmers 1969,
S. 180−191.

−, Geschichte des deutschen Lesebuchs in Grundzügen, Stuttgart 1970 (a).

−, Herstellung und Analyse von Lehrplänen für das Fach Deutsche Sprache
und Literatur, in: DU 22, 1970, H. 2, S. 33−58 (b).

−, Literaturdidaktik als gesellschaftswissenschaftliche Disziplin, in: LiLi 3,
1973, H. 9/10.

−, Reform oder Scheinreform des Deutschunterrichts, in: DU 26, 1974,
H. 3, S. 5−26.

H. v. Hentig, Die Schule im Regelkreis, Ein neues Modell für die Probleme
der Erziehung und Bildung, Stuttgart 1965.

−, Über die ästhetische Erziehung im politischen Zeitalter, in: DS 59, 1967,
H. 10, S. 580−600.

−, Systemzwang und Selbstbestimmung. Über die Bedingungen der Gesamtschule in der Industriegesellschaft, Stuttgart [2]1969.

W. Henze, Poetik und Didaktik. Eine kritische Bestandsaufnahme ihres gegenwärtigen Verhältnisses zueinander, in: WW 13, 1963, H. 6, S. 345−361.

J. Hermand, Synthetisches Interpretieren. Zur Methodik der Literaturwissenschaft, München [2]1969 (Sammlung Dialog 27).

F. Hitzer, Literatur heute, in: Kürbiskern 1/1972, S. 54–68.

A. Höfer und H. K. Linz, Lehrerhandbuch zu Arbeitsbuch Literatur 5, Düsseldorf 1971.

W. L. Höffe (Hrsg.), Sprachpädagogik – Literaturpädagogik. Festschrift für Hans Schorer, Frankfurt/M. 1969.

W. Höllerer, Über Ergebnisse des Arbeitskreises „Untersuchungen zur Trivialliteratur" an der Technischen Universität Berlin, in: Burger 1968, S. 34–56.

M. Hoffmann, Was Kinder durch Micky-Maus-Comics „lernen", in: WPB 22, 1970, H. 12, S. 497–507.

P. R. Hofstätter, Gruppendynamik. Kritik der Massenpsychologie, Hamburg 1957 (rde 38).

P. U. Hohendahl, Literaturkritik und Öffentlichkeit, in: LiLi 1, 1971, H. 1/2, S. 11–46.

W. Hollstein, Der deutsche Illustriertenroman der Gegenwart. Produktionsweise – Inhalte – Ideologie, München 1973 (UTB 214).

H. H. Holz, Vom Kunstwerk zur Ware. Studien zur Funktion des ästhetischen Gegenstands im Spätkapitalismus, Neuwied und Berlin 1972 (Sammlung Luchterhand 65).

H. Holzer, Massenkommunikation und Demokratie in der Bundesrepublik Deutschland, Opladen 1969.

M. Horkheimer, Autorität und Familie, in: M. H., Traditionelle und kritische Theorie, Vier Aufsätze, Frankfurt/M. 1970 (FTB 6015).

– und Th. W. Adorno, Dialektik der Aufklärung, Frankfurt/M. 1971 (FTB 6144).

H. Hormann, Die sozialistische Kinder- und Jugendliteratur in der DDR, Halle/Saale 1965.

F. Huisken, Zur Kritik bürgerlicher Didaktik und Bildungsökonomie, München 1972 (List Taschenbücher der Wissenschaft, Bd. 1663).

R. Ibel, Gestalt und Wirklichkeit des Gedichtes, München 1964.

H. Ide, Zur theoretischen Grundlegung dreier Lesewerke: Lesebuchkritik I für die Realschule, in: Ide 1970, S. 41–50.

– (Hrsg.), Bestandsaufnahme Deutschunterricht, Stuttgart 1970.

– (Hrsg.), Projekt Deutschunterricht 1, Stuttgart 1971.

– (Hrsg.), Projekt Deutschunterricht 3, Stuttgart 1972.

R. Ingarden, Das literarische Kunstwerk, Tübingen [3]1965.

R. A. Inglis, Das Verhältnis von Literatur und Gesellschaft in objektiver Betrachtung, in: H. N. Fügen 1968, S. 163–176.

H.-J. Ipfling, Jugend und Illustrierte, Osnabrück 1965.

W. Iser, Die Apellstruktur der Texte, Konstanz 1970 (Konstanzer Universitätsreden 28).

W. Israel, Literaturpädagogik heute, in: Höffe 1969, S. 101–112.

H. Ivo, Entwurf einer Systematik grundlegender Fragen des Deutschunterrichts, in: DS 57, 1965, H. 9, S. 449–467.

–, Selbstverteidigung eines Lehrstuhlinhabers oder Neue Perspektiven literaturdidaktischen Denkens?, in: DD 1, 1970, H. 1, S. 67–79.

–, Die politische Dimension des Deutschunterrichts, in: Bundeszentrale für politische Bildung 1971, S. 29–59.

– und V. Merkelbach, Abschied vom klassischen Schulfach. Zum Beispiel: Deutsch, Heidelberg 1972.

U. Jaeggi, Literatur und Politik, Frankfurt/M. 1970 (edition suhrkamp 522).

H. R. Jauss, Literaturgeschichte als Provokation, Frankfurt/M. 1970 (edition suhrkamp 418).

M. Jürgens, W. Lepenies u. a., Ästhetik und Gewalt, Gütersloh 1970.

E. v. Kahler, Untergang und Übergang, München 1970 (dtv 638).

W. Kayser, Die Vortragsreise. Studien zur Literatur, Bern 1958.

—, Die Wahrheit der Dichter. Wandlungen eines Begriffs in der deutschen Literatur, Reinbek 1959 (rde 87).

—, Das sprachliche Kunstwerk, Bern [11] 1965.

—, Das literarische Leben der Gegenwart, in: Deutsche Literatur in unserer Zeit, Göttingen [4] 1966 (Kleine Vanderhoeck Reihe 73–74 a).

H. Kellner und I. Horn, Gewalt im Fernsehen. Literaturbericht über Medienwirkungsforschung, Mainz 1971 (Schriftenreihe des ZDF, H. 8).

F. Kemp, Dichtung als Sprache, München 1965.

E. Kerker, Der Literaturbegriff im Lesebuch der gymnasialen Oberstufe, in: Braun 1972, S. 33–44.

W. Killy, Deutscher Kitsch. Ein Versuch mit Beispielen, Göttingen [2] 1962.

—, „Zugelassen zum Gebrauch in Schulen", in: Helmers 1969, S. 14–23.

H. Ch. Kirsch, Aufgaben und Chancen der Kinder- und Jugendbuchautoren in einer sich wandelnden Gesellschaft, in: BDB, Frankfurt/M., Nr. 57 v. 20. 7. 1971 sowie in: Maier 1972, S. 150–160.

W. Klafki, Studien zur Bildungstheorie und Didaktik, Weinheim 1965.

A. Klein, J. Vogt, Methoden der Literaturwissenschaft I: Literaturgeschichte und Interpretation, Düsseldorf 1971 (Grundstudium Bd. 3).

U. Klein, Entdeckendes Lesen, Hannover 1971.

G. Kleinschmidt, Theorie und Praxis des Lesens in der Grund- und Hauptschule, Frankfurt/M. [2] 1971.

V. Klotz, Geschlossene und offene Form im Drama, München [5] 1970 (Schriftenreihe Literatur als Kunst).

F. Knilli (Hrsg.), Die Unterhaltung der deutschen Fernsehfamilie. Ideologiekritische Kurzanalysen von Serien, München 1971 (Reihe Hanser 64).

J. Kob, Literatursoziologische Probleme der Jugendlektüre, in: Triviale Jugendliteratur? Das Jugendbuch als Unterhaltungslektüre, Insel Mainau 1969, S. 23–26.

R. Koch, Phantastische Erzählungen für Kinder, in: Studien zur Jugendliteratur, H. 5/1959, S. 55–84.

J. Kolbe (Hrsg.), Ansichten einer künftigen Germanistik, München 1969 (Reihe Hanser 29).

—, Neue Ansichten einer künftigen Germanistik. Probleme einer Sozial- und Rezeptionsgeschichte der Literatur. Kritik der Linguistik, Literatur- und Kommunikationswissenschaft, München 1973 (Reihe Hanser 122).

R. Krämer-Badoni, Beitrag in: H. P. Richter 1965, S. 158–161.

W. Krauss, Grundprobleme der Literaturwissenschaft. Zur Interpretation literarischer Werke, Reinbek 1968 (rde 290/291).

J. Kreft, Die Diskussion über das neue Lesebuch als literaturdidaktisches Paradigma, in: Kreft/Ott 1971.

—, G. Ott, Lesebuch und Fachcurriculum, Düsseldorf 1971.

—, Literaturbericht zum Thema Literaturdidaktik. Zugleich eine Situationsanalyse, in: WPB 26, 1974, H. 1, S. 46–55 und H. 3, S. 165–173.

H. Kreuzer, Trivialliteratur als Forschungsproblem. Zur Kritik des deutschen Trivialromans seit der Aufklärung, in: DVS 41, 1967, H. 2, S. 173–191.

Ch. Graf v. Krockow, Soziale Kontrolle und autoritäre Gewalt, München 1971 (List Taschenbücher 1606).

O. Kropatsch, Die Wirkung der Lektüre und ihre Voraussetzungen, in: G. Pott (Hrsg.), Voraussetzungen und Grundlagen der Buchwirkung, Wien 1971, S. 1–13.

A. Krüger, Das gute Mädchenbuch, in DU 9, 1957, H. 4, S. 92–113.

–, Kinder- und Jugendbücher als Klassenlektüre, Neuwied-Berlin-Spandau 1963, Weinheim [3]1973.

H. Kupfer, Das fragwürdige Erzieherbild der deutschen Pädagogik, in: DS 61, 1969, H. 4, S. 197–206.

E. Lämmert, W. Killy, K. O. Conrady und P. v. Polenz, Germanistik – eine deutsche Wissenschaft, Frankfurt/M. 1967 (edition suhrkamp 204).

M. Lange, Das richtige Buch für unser Kind, Berlin 1966 (Schriftenreihe Elternhaus und Schule).

W. R. Langenbucher, Der aktuelle Unterhaltungsroman, Bonn 1964 (Bonner Beiträge zur Bibliotheks- und Bücherkunde, Bd. 9).

–, Robert Prutz als Theoretiker und Historiker der Unterhaltungsliteratur. Eine wissenschaftsgeschichtliche Erinnerung, in: Burger 1968, S. 117–136.

W. Lewerenz, Jugend und Literatur heute, in: Beiträge zur Kinder- und Jugendliteratur, H. 12/1969, S. 5–13.

C. S. Lewis, Über das Lesen von Büchern. Literaturkritik ganz anders, Freiburg 1966 (Herder-Bücherei 250).

I. Lichtenstein-Rother (Hrsg.), Jugend und Buch in Europa, Gütersloh 1967 (Schriften zu Buchmarkt-Forschung 9).

E. Liebhart, Wirkungen des Lesens, in: Baumgärtner 1973, S. 231–312.

J. Lingenberg, Das Fernsehspiel in der DDR. Ein Beitrag zur Erforschung künstlerischer Formen marxistisch-leninistischer Publizistik, München-Pullach 1968.

E. Lippert, siehe unter Schliebe-Lippert.

H. Löffel, Skizze einer literarischen Wertung am Anfang der siebziger Jahre, in: DU 25, 1973, H. 1, S. 31–43.

L. Löwenthal, Literatur und Gesellschaft. Das Buch in der Massenkultur, Neuwied und Berlin 1964 (Soziologische Texte 27).

F. Loser, Die Notwendigkeit einer pädagogischen Theorie des Lehrens und Lernens, in: H. Heiland (Hrsg.), Didaktik, Bad Heilbrunn 1968, S. 100–113 (Klinkhardts Pädagogische Quellentexte).

G. Lukács, Probleme der Ästhetik, Neuwied und Berlin 1969 (Werke, Bd. 10).

K. E. Maier (Hrsg.), Jugendschrifttum, Bad Heilbrunn 1965, [3]1969, [7]1973.

–, Fragen zur Wirkungslehre der Kinderliteratur, in: K. E. M. (Hrsg.), Jugendliteratur in einer veränderten Welt, Bad Heilbrunn 1972, S. 44–56.

– (Hrsg.), Jugendliteratur in einer veränderten Welt, Bad Heilbrunn 1972.

– und K. Dietze (Red.), Jugendliteratur und gesellschaftliche Wirklichkeit, Bad Heilbrunn 1974 (2. Jahrbuch des Arbeitskreises für Jugendliteratur).

G. Maletzke, Psychologie der Massenkommunikation. Theorie und Systematik, Hamburg 1963.

H. Marcuse, Der eindimensionale Mensch, Studien zur Ideologie der fortgeschrittenen Industriegesellschaft, Neuwied-Berlin 1967 (Soziologische Texte 40).

–, Triebstruktur und Gesellschaft, Frankfurt/M. 1969.

L. Marcuse, Aus den Papieren eines bejahrten Philosophie-Studenten, München 1964.

M. Maren-Grisebach, Methoden der Literaturwissenschaft, München 1970 (Dalp-Tb. 397), München ²1972 (UTB 121).

M. Markefka, B. Nauck, Zwischen Literatur und Wirklichkeit. Zur Kritik der Literaturdidaktik − Theoretische Probleme eines Fachunterrichts, Neuwied und Berlin 1972 (Luchterhand − Arbeitsmittel für Erziehungswissenschaft und -praxis).

N. Mecklenburg, Kritisches Interpretieren. Untersuchungen zur Theorie der Literaturkritik, München 1972 (Sammlung Dialog 63).

V. Merkelbach, Didaktik als Fachwissenschaft. Zur Wissenschaftstheorie von H. Helmers, in: DD 2, 1971, H. 5, S. 200−215 (a).

−, Sollen Lesebücher nach Gattungen oder nach Themen gegliedert werden?, in: DD 2, 1971, H. 6, S. 372−383 (b).

Th. W. H. Metscher, Hegel und die philosophische Grundlegung der Kunstsoziologie, in: Glaser 1971, S. 13−80.

R. Minder, Soziologie der deutschen und französischen Lesebücher, in: Helmers 1969, S. 1−13.

A. Mitscherlich, Auf dem Wege zur vaterlosen Gesellschaft. Ideen zur Sozialpsychologie, München 1963.

A. und M. Mitscherlich, Die Unfähigkeit zu trauern. Grundlagen kollektiven Verhaltens, München 1967.

K. Mollenhauer, Erziehung und Emanzipation, München 1968.

W. Müller-Seidel, Probleme der literarischen Wertung, Stuttgart 1965.

J. Mukařovský, Kapitel aus der Ästhetik, Frankfurt/M. 1970 (edition suhrkamp 428).

D. Naumann, Kriminalroman und Dichtung, in: Vogt 1971, Bd. II, S. 473−483.

J. Nellen-Piské, Erziehung zum Lesen im Unterricht, Hamburg 1966. (Berichte des Instituts für Buchmarkt-Forschung.)

P. Nentwig, Dichtung im Unterricht, Braunschweig 1962.

H. Nickel, Entwicklungspsychologie des Kindes- und Jugendalters, Bd. 1, Bern 1971.

W. Niepold, Sprache und soziale Schicht, Berlin 1970.

P. Nusser, Romane für die Unterschicht. Groschenhefte und ihre Leser, Stuttgart 1973 (Texte Metzler 27).

M. Nutz, Die affirmative Urteilsfähigkeit. Zur Kritik der Wertungsdidaktik, in: DD 3, 1972, H. 9, S. 275−286.

W. Nutz, Der Trivialroman. Seine Formen und seine Hersteller. Ein Beitrag zur Literatursoziologie, Köln/Opladen 1962.

−, Konformliteratur für die Frau, in: G. Schmidt-Henkel 1964, S. 65−73.

R. Oerter, Moderne Entwicklungspsychologie, Donauwörth ⁶1970.

G. Oestreich, Erziehung zum kritischen Lesen. Kinder- und Jugendliteratur zwischen Leitbild und Klischee, Freiburg 1973 (Herderbücherei 9003).

G. Ott, Konzept eines Arbeitsbuches Literatur als Beitrag zur Curriculum-Revision im Fach Deutsch, in: Kreft/Ott 1971.

M. Pehlke, Aufstieg und Fall der Germanistik − von der Agonie einer bürgerlichen Wissenschaft, in: Kolbe 1969, S. 18−44.

J. Peters, Unterhaltungsliteratur und Kitsch pädagogisch und schrifttumspolitisch gesehen, in: Probleme der Jugendliteratur, Ratingen 1956, S. 276−307.

F. Pfeffer, Gesichtspunkte für die Beurteilung und Bewertung des Jugendbuches, in: Probleme der Jugendliteratur, Ratingen 1956, S. 111−129.

309

F. Pfeffer, Zur Beurteilung des Lesegutes der Jugend, in: A. Beinlich 1963, S. 849–872.

J. Pfeiffer, Über das Dichterische und den Dichter, Beiträge zum Verständnis deutscher Dichter, Hamburg 1956.

–, Wege zur Erzählkunst. Über den Umgang mit dichterischer Prosa, Hamburg [4]1958.

W. Pielow, Das Gedicht im Unterricht, München 1965.

Platon, Der Staat, Leipzig 1944 (Philosophische Bibliothek, Bd. 80).

J. Plamenatz, Ideologie, München 1972 (List-Tb. der Wissenschaften. Politik).

E. Pracht und W. Neubert, Sozialistischer Realismus, Berlin 1970.

Präzisierte Lehrpläne für Deutsche Sprache und Literatur Klasse 5, Klasse 6 und Klasse 8, hrsg. vom Ministerrat der Deutschen Demokratischen Republik, Ministerium für Volksbildung, Berlin 1968.

W. Preisendanz, Nachwort zu Insel Heine, Bd. 2, Frankfurt/M. 1968, S. 859–875.

H. Pross, Über die Bildungschancen von Mädchen in der Bundesrepublik, Frankfurt/M. 1969 (edition suhrkamp 319).

H.-D. Raapke, Vorurteilsbegünstigende Faktoren in Pädagogik und Schulpolitik, in: Strzelewicz 1965, S. 97–129.

F. J. Raddatz (Hrsg.), Marxismus und Literatur, 3 Bde., Reinbek 1969.

D. Rappsilber-Kurth, Verdinglichte Emanzipation im „Projekt Deutschunterricht", in: DD 4, 1973, H. 3, S. 277–283.

J. Rattner, Psychologie des Vorurteils, Zürich 1971.

R. Reiche, Sexualität und Klassenkampf. Zur Abwehr repressiver Entsublimierung, Frankfurt/M. 1968 (Probleme sozialistischer Politik 9).

K. Reumuth und A. O. Schorb, Der muttersprachliche Unterricht, Bad Godesberg [10]1966.

D. Richter, Wendung zum Realismus?, in: b:e 6, 1973, H. 8, S. 62–64.

–, Kinderbuch und politische Erziehung, in: Ästhetik und Kommunikation 2, 1971, H. 4, S. 5–15, 3, 1972, H. 5/6, S. 23–32; auch in: Richter und Vogt 1974, S. 31–63.

–, J. Vogt (Hrsg.), die heimlichen erzieher. kinderbücher und politisches lernen, Reinbek 1974 (rororo Sachbuch 580).

H. P. Richter (Hrsg.), . . . der jungen Leser wegen, Düsseldorf 1965.

H. Riemenschneider, Ansätze zu einem kritischen Literaturunterricht in der Sekundarstufe, Düsseldorf 1972.

D. Riesman, Die einsame Masse, Reinbek 1958 (rde 72/73).

J. Ritsert, Inhaltsanalyse und Ideologiekritik. Ein Versuch über kritische Sozialforschung, Frankfurt/M. 1972 (FAT 4001).

G. Ritz-Fröhlich, Weiterführender Leseunterricht in der Grundschule, Bad Heilbrunn 1972.

P. M. Roeder, Sprache, Sozialstatus und Bildungschancen, in: P. M. Roeder, A. Pasdzierny und W. Wolf, Sozialstatus und Schulerfolg. Bericht über empirische Untersuchungen, Heidelberg 1965, S. 5–32 (Pädagogische Forschungen 32).

–, Sprache, Sozialstatus und Schulerfolg, in: Sprache und Erziehung. Bericht über die Arbeitstagung der Deutschen Gesellschaft für Erziehungswissenschaft vom 7.–10. April 1968 in Göttingen, hrsg. von O. F. Bollnow, Zeitschrift für Pädagogik, 7. Beiheft, S. 53–68.

H.-G. Rolff, Sozialisation und Auslese durch die Schule, Heidelberg 1967 (Pädagogische Forschungen 40).

L. Rosenmayr, E. Köckeis und H. Kreutz, Kulturelle Interessen von Jugendlichen. Eine soziologische Untersuchung an jungen Arbeitern und höheren Schülern, Wien-München 1966.

H. Roth, Pädagogische Anthropologie, Bd. 1, Bildsamkeit und Bestimmung, Hannover 1966, [2]1968.

A. Rucktäschel (Hrsg.), Sprache und Gesellschaft, München 1972 (UTB 131).

H. Rüdiger, Zwischen Interpretation und Geistesgeschichte. Zur gegenwärtigen Situation der deutschen Literaturwissenschaft, in: Conrady 1966, S. 137–154.

J. Rühle, Die Sprache des sozialistischen Realismus, in: Das Aueler Protokoll. Deutsche Sprache im Spannungsfeld zwischen West und Ost, Düsseldorf 1964 (Die Sprache im geteilten Deutschland 1), S. 127–137.

A. Rumpf, Kind und Buch. Das Lieblingsbuch der deutschen Jugend, Berlin 1926, 2. Aufl. 1928.

H. Rumpf, Kreativer Umgang mit Texten, in: ZfP 14, 1968, H. 3, S. 275–294 (a).

–, Domestizierte Literatur? Über gängige Interpretationsmuster im Deutschunterricht, in: Bildung und Erziehung 1968, S. 8–22 (b).

Th. Rutt, Sprachentfaltung und Buch, Ratingen 1961.

R. Sanner, Literarische Bildung im Spannungsfeld von Fachwissenschaft und Fachdidaktik, in: Höffe 1969, S. 133–142.

R. Schenda, Volk ohne Buch. Studien zur Sozialgeschichte der populären Lesestoffe 1770–1910, Frankfurt/M. 1970 (Studien zur Philosophie und Literatur des 19. Jahrh., Bd. 5).

–, Die Lesestoffe der Beherrschten sind die herrschende Literatur. Nachwort zu Bayer 1971, S. 187–211.

L. Schenk-Danzinger, Entwicklungspsychologie, Wien [2]1970.

W. Scherf, Die Kinder- und Jugendbande. Analyse literarischer Zeugnisse kindlichen Gesellungsdranges, in: JL 9, 1963, H. 4, S. 146–168, H. 5, S. 205–220.

E. Schliebe-Lippert, Der Mensch als Leser – Entwicklungsverlauf der literarästhetischen Erlebnisfähigkeit, in: Begegnung mit dem Buch, Ratingen 1950, S. 47–59.

W. Schlotthaus, Lehrziel: Kommunikation, in: b:e 4, 1971, H. 4, S. 15–22.

E. Schmidt, Literatur und Leben, in: Beiträge zur Kinder und Jugendliteratur, H. 12/1969, S. 105–121.

G. Schmidt-Henkel u. a., Trivialliteratur. Aufsätze, Berlin 1964.

A. Schmidt-Mummendey, H. D. Schmidt (Hrsg.), Agressives Verhalten. Neue Ergebnisse der psychologischen Forschung, München 1971.

G. Schmidtchen, Lesekultur in Deutschland. Ergebnisse repräsentativer Buchmarktstudien für den Börsenverein des deutschen Buchhandels, in: BDB, Nr. 70, 1968, Archiv für Soziologie und Wirtschaftsfragen des Buchhandels, S. 1977–2152.

H. Schmitt, Neue Wege zur Dichtung im Leseunterricht der Volksschule, Ratingen 1965.

W. Schnurre, Zur Problematik der Jugendliteratur, in: JL 1967, H. 8, S. 449–462.

–, Die heile Welt des Bilderbuches, in: BJL Nr. 6, 7/1971 und 1–3/1972.

A. O. Schorb, Lehren und Lernen in der Zeit der Massenmedien, in: G. Dohmen und Fr. Maurer (Hrsg.), Unterricht. Aufbau und Kritik, München 1968, S. 140–152.

L. L. Schücking, Soziologie der literarischen Geschmacksbildung, Bern-München [3]1961 (Dalp-Tb. 354).

J. Schulte-Sasse, Literarische Wertung, Stuttgart 1971 (Sammlung Metzler 98 (a)).

–, Die Kritik an der Trivialliteratur seit der Aufklärung. Studien zur Geschichte des modernen Kitschbegriffs, München 1971 (Bochumer Arbeiten zur Sprach- und Literaturwissenschaft, Bd. 6 (b)).

Chr. Schultz-Gerstein, Das Interesse an der Trivialliteratur, in: Akzente, H. 5/1972, S. 409–416.

B. Schulz, Der literarische Unterricht in der Volksschule, Düsseldorf 1961, (Bd. 1) und 1963 (Bd. 2).

–, Lesebuch und Einzelschrift, in: Beinlich 1963, S. 911–944.

–, Probleme des literarischen Unterrichts an Volks- und Realschulen, in: DS 58, 1966, H. 1, S. 22–28.

O. Schwencke (Hrsg.), Literatur im Studium und Schule, Loccum 1970 (Loccumer Protokolle 1).

H. Seidler, Die Dichtung. Wesen – Form – Dasein, Stuttgart [2]1965 (Kröners Taschenausgabe, Bd. 283).

H. Selg (Hrsg.), Zur Agression verdammt?, Stuttgart 1971.

G. Sichelschmidt, Liebe, Mord und Abenteuer. Eine Geschichte der deutschen Unterhaltungsliteratur, Berlin 1969.

A. Silbermann und M. Krüger, Abseits der Wirklichkeit. Das Frauenbild im deutschen Lesebuch, Köln 1971.

– und H. O. Luthe, Massenkommunikation, in: Handbuch der empirischen Sozialforschung, II, hrsg. von R. König, Stuttgart 1969, S. 675–734.

H. Singer, Literatur, Wissenschaft und Bildung, in: Kolbe 1969, S. 45–59.

K. Singer, Lebendige Lese-Erziehung, München o. J.

H. Skowronek, Lernen und Lernfähigkeit, München 1969.

M. Smuda, Variation und Innovation, in: Vogt 1971, Bd. I, S. 33–63.

A. Spieler und N. Thamm, Literaturunterricht im 5.–11. Schuljahr. Grundlagen – Wege – Beispiele, Eßlingen 1968.

W. Spies, Das Gymnasialfach Deutsch als zentrales Bildungsfach. Untergang einer Mythe, in: PR 22, 1968, H. 12, S. 717–724.

E. Staiger, Die Kunst der Interpretation, Studien zur deutschen Literaturgeschichte, Zürich [3]1961.

–, Literatur und Öffentlichkeit, in: Sprache im technischen Zeitalter, H. 22/1967, S. 90–97.

F. K. Stanzel, Typische Formen des Romans, Göttingen [2]1965 (Kleine Vandenhoek-Reihe 187).

D. Steinbach, Die historisch-kritische Sozialtheorie der Literatur, Stuttgart 1973 (Literaturwissenschaft – Gesellschaftswissenschaft. Materialien und Untersuchungen zur Literatursoziologie).

G. Steinkamp, Lehrer voller Vorurteile?, in: DS 60, 1968, H. 12, S. 802–816.

W. Steitz, Das Gedicht in der Schule, Dortmund 1952.

A. Stenzel, Gedanken zur anthropologischen Grundlegung der Didaktik, in: DS 57, 1965, H. 7, S. 399–408.

Stoffpläne für die Volksschulen des Landes Nordrhein-Westfalen, 1966.

H. Stolz, Autorität und Elternliebe, Berlin 1967.

W. Strzelewicz, Das Vorurteil als Bildungsbarriere in der industriellen Gesellschaft, in: Strzelewicz 1965, S. 9–39.

– (Hrsg.), Das Vorurteil als Bildungsbarriere, Göttingen 1965.

–, H.-D. Raapke und W. Schulenberg, Bildung und gesellschaftliches Bewußtsein, Stuttgart 1966.

B. Suhr, Die Rolle der Eltern in deutschsprachigen Kinderbüchern. Eine kritische Analyse der Jahresproduktion von 1968, Examensarbeit (unveröffentlicht), Berlin 1970.

R. Taëni, Literatur als „Kunst": Waffe gegen die Herrschenden, in: Vogt 1972, S. 162–174.

U. Timm, Zwischen Unterhaltung und Aufklärung in: Kürbiskern, H. 1/ 1972, S. 79–90.

Triviale Jugendliteratur? Das Jugendbuch als Unterhaltungslektüre, Insel Mainau 1969.

W. Tröger, Jugend rebelliert, Würzburg 1968.

E. Trunz, Über das Interpretieren deutscher Dichtungen, in: V. Žmegač 1971 (b), S. 216–224.

G. Ueding, Glanzvolles Elend. Versuch über Kitsch und Kolportage, Frankfurt/M. 1973 (edition suhrkamp 622).

F. Vaßen, Methoden der Literaturwissenschaft II: Marxistische Literaturtheorie und Literatursoziologie, Düsseldorf 1972 (Grundstudium Literaturwissenschaft. Hochschuldidaktische Arbeitsmaterialien 4).

J. Vogt (Hrsg.), Der Kriminalroman, 2 Bde., München 1971.

– (Hrsg.), Literaturdidaktik. Aussichten und Aufgaben, Düsseldorf 1972 (a).

–, Literaturdidaktik? Ein Vorwort, in: Vogt 1972, S. 9–13 (b).

–, Werkimmanentes und didaktisches Interpretieren. Zur Methode einer didaktischen Literaturwissenschaft, in: Vogt 1972, S. 5–63 (c).

Vorläufige Arbeitsanweisungen für die Hauptschule Baden-Württemberg, 1967.

K. Wagenbach, Lesebuch. Deutsche Literatur der sechziger Jahre, Berlin 1968.

G. Waldmann, Theorie und Didaktik der Trivialliteratur. Modellanalysen – Didaktikdiskussion – literarische Wertung, München 1973 (Kritische Information 13).

M. Walser, Wie und wovon handelt Literatur. Aufsätze und Reden, Frankfurt/M. 1973 (edition suhrkamp 642).

U. Walz (Hrsg.), Literaturunterricht in der Sekundarstufe, Stuttgart 1970.

E. Weber, Die Verbrauchererziehung in der Konsumgesellschaft, Essen 1967 (Neue Pädagogische Bemühungen 33) (a).

–, Die Freizeitgesellschaft und das Buch, Literaturpädagogische Aufgaben der Schule, München 1967 (Schriften der Pädagogischen Hochschulen Bayerns) (b).

H. Weinrich, Literatur für Leser. Essays und Aufsätze zur Literaturwissenschaft, Stuttgart 1971 (Sprache und Literatur 68).

R. Wellek und A. Warren, Theorie der Literatur, Berlin 1963 (Ullstein-Tb. 420/ 421).

D. Wellershoff, Literatur und Veränderung, Köln 1969.

R. Wenzel, Vom „Gegen-den-Strich-Lesen", in: H. Ide 1972, S. 91–100.

O. K. Werckmeister, Ende der Ästhetik, Frankfurt/M. 1971 (Reihe Fischer 20).

G. Wersig, Inhaltsanalyse. Einführung in ihre Systematik und Literatur, Berlin 1968 (Schriftenreihe zur Publizistikwissenschaft 5).

H. Wetterling, Lügt das Kinderbuch?, in: domino documente 1, München 1968, S. 3–11.

G. Wienold, Textverarbeitung. Überlegungen zur Kategorienbildung in einer strukturalen Literaturgeschichte, in: LiLi 1, 1971, H. 1/2, S. 59–89.

Th. Wilhelm, Pädagogik der Gegenwart, Stuttgart 1967 (a).

–, Theorie der Schule. Hauptschule und Gymnasium im Zeitalter der Wissenschaften, Stuttgart 1967 (b).

G. Wilkending, Ansätze zur Didaktik des Literaturunterrichts. Darstellung –

313

Analyse, Weinheim 1972 (Literatur- und Forschungsberichte zur Pädagogik, Bd. 3) (a).
- (Hrsg.), Literaturunterricht, München 1972 (b).
H. E. Wittig, Schule und Freizeit. Ein Beitrag zum pädagogischen Problem der Jugendkulturhilfe, Bad Harzburg, 2. Aufl., 1964.
K. Wolf, Skizze zu einer Wirkungslehre der Literatur, in: WW 8, 1957/58, H. 3, S. 170–179.
E. Wolfrum (Hrsg.), Taschenbuch des Deutschunterrichts. Grundfragen und Praxis des Sprach- und Literaturunterrichts, Eßlingen 1972.
H. Wolgast, Über Lektüre für Backfische, in: Vom Kinderbuch, Leipzig 1905.
–, Das Elend unserer Jugendliteratur, Worms [7]1950.

K. Ziegler, Vom Recht und Unrecht der Unterhaltungs- und Schundliteratur, in: Die Sammlung 2, 1947, S. 565–574.
K. Ziermann, Romane vom Fließband. Die imperialistische Massenliteratur in Westdeutschland, Berlin 1969.
H. D. Zimmermann, Das Vorurteil über die Trivialliteratur, das ein Vorurteil über die Literatur ist, in: Akzente, H. 5/1972, S. 386–408.
V. Žmegač (Hrsg.), Der wohltemperierte Mord, Frankfurt/M. 1971 (a).
– (Hrsg.), Methoden der deutschen Literaturwissenschaft. Eine Dokumentation, Frankfurt/M. 1971 (b).

Bibliographie des Verfassers

Der Entwicklungsroman bei Hermann Hesse. Dissertation (masch.), Hamburg 1954.

Hermann Hesses ‚Demian' und C. G. Jung, in: GRM. Neue Folge. Bd. VIII, H. 1, Januar 1958, S. 81–97.

Zeitgeschichte im Jugendbuch, in: JL, H. 9/1963, S. 386–401, H. 10/1963, S. 436–445.

Das Leseverhalten Hamburger Volks- und Realschüler und die Ziele der literarischen Bildung, in: Hamburger Lehrerzeitung, H. 10–12/1967 (a).

Dichtung und Jugendliteratur, in: ZJL, H. 7/1967, S. 385–400 (b).

Die Aufgabe des Menschen als Abenteuer. Gedanken zu den Büchern von Kurt Lütgen, Braunschweig 1967 (c).

Die Sacherzählung in der Schule (Hrsg. und Einleitung), Hamburg 1968 (a).

Literarische Bildung und soziale Wirklichkeit, in: JSW 20 (Neue Folge), 1968, H. 5, S. 17 f.(b).

Möglichkeiten der Leseerziehung der Mädchen, in: Wege zum Buch, hrsg. von L. Binder, Wien 1968 (Schriftenreihe zur Jugendlektüre, Bd. X), S. 83–106 (c).

Das Buch in der Schule (Hrsg. mit W. v. Schack), Hannover 1969 (Auswahl Reihe в 25/26) (a).

Literarische Erziehung in der offenen Gesellschaft unter besonderer Berücksichtigung des „Buches", in: Dahrendorf 1969 (a), S. 11–38.

Das Kinderbuch, in: Dahrendorf 1969 (a), S. 73–89.

Das Mädchenbuch, in: Dahrendorf 1969 (a), S. 107–127.

Das zeitgeschichtliche Jugendbuch, in: Dahrendorf 1969 (a), S. 128–157.

Leseerziehung oder literarästhetische Bildung?, in: WPB 21, 1969, H. 5, S. 265–277 (b).

Zeitgeschichte, politische Bildung und Jugendsachbuch, in: Der Evangelische Buchberater 23, 1969, Nr. 4, S. 245–252 (c).

Wozu Literatur in der Schule? (Hrsg. mit A. C. Baumgärtner), Braunschweig 1970 (Westermann Taschenbuch 76) (a).

Voraussetzungen und Umrisse einer gegenwartsbezogenen literarischen Erziehung, in: Dahrendorf 1970 (a), S. 27–50 (b).

Das Mädchenbuch und seine Leserin. Versuch über ein Kapitel ‚trivialer' Jugendlektüre. Mit einem Anhang über Mädchenbücher der DDR, Hamburg 1970 (Schriften zur Buchmarkt-Forschung 21) (c).

Literaturdidaktisches Modell, in: JSW 22 (Neue Folge), 1970, H. 12, S. 41 f. (d).

Das moderne Mädchenbuch in soziologischer und pädagogischer Analyse, in: GJB 20, 1970, H. 2, S. 1–11 (e).

Gesellschaftliche Probleme im Kinderbuch, in: Projekt Deutschunterricht 1, hrsg. von H. Ide, Stuttgart 1971, S. 1–25 (a).

Mädchenbücher der DDR, in: BB 71/1971, S. 13–19 (b).

Trivialliteratur als Herausforderung für eine literaturdidaktische Konzeption, in: DD 2, 1971, H. 6, S. 302–313 (c).

Vorüberlegungen zu einer Didaktik der Comic Strips, in: JSW 23 (Neue Folge), 1971, S. 42 f. (d), (auch in: Literaturdidaktik. Aussichten und Aufgaben, hrsg. von J. Vogt, Düsseldorf 1972, S. 253–257).

Donald Duck als Buhmann, in: WPB 23, 1971, H. 2, S. 85–87 (e).

Zur Situation der Jugendbuchkritik heute, in: WPB 24, 1972, H. 7, S. 365–376 (a).

Kinderliteratur, Rezeption und Rezeptionsbeeinflussung als interdisziplinärer Forschungszusammenhang, in: Internationales Symposium für Kinder- und Jugendliteratur vom 18.–22. Oktober 1971 in Frankfurt/M., hrsg. von K. Doderer, Frankfurt/M. 1972, S. 13–42 (b).

Literaturdidaktik und Trivialliteratur, in: Sprache im technischen Zeitalter, H. 44/1972 (Lesekanon und Trivialliteratur, hrsg. v. D. Pforte und O. Schwencke), S. 269–277 (c).

Der Kriminalroman als didaktisches Problem, in: Sprache im technischen Zeitalter, H. 44/1972 (Lesekanon und Trivialliteratur, hrsg. von D. Pforte und O. Schwencke), S. 310–314 (d).

Das Mädchenbuch als Gesellschafts-Spiegel, in: JSW 24 (Neue Folge), 1972, H. 9, S. 29 f. (e).

Das Taschenbuch im Unterricht, (Hrsg. mit Hans Bödecker, Einleitung), Ravensburg 1972 (f).

Utopie und Wirklichkeit bei Astrid Lindgren, in: Gebt uns Bücher, gebt uns Flügel. Almanach 10, Hamburg 1972, S. 51–58 (g).

Eine neue Lesebuch-Generation, in: BB 78/1973, S. 7–20 (a).

Das Mädchenbuch und seine Leserin . . . Mit einem Nachwort zur 2. Aufl., Hamburg 1973 (b).

Rückblick auf einen noch nicht überholten Kinderbuch-Typ – Ansätze zu einer neuen Ästhetik der Kinderliteratur, in: JSW 25 (Neue Folge), 1973, H. 3, S. 9 f. (c).

Literarische Wirkung und Literaturdidaktik, in: Lesen. Ein Handbuch, hrsg. von A. C. Baumgärtner, Hamburg 1973, S. 313–352 (d).

Lesebuch und Jugendliteratur, in: Leseerziehung und Jugendliteratur, hrsg. von L. Binder, Wien 1973 (Schriften zur Jugendlektüre, Bd. XIX), S. 46–58 (e).

Die politische Funktion der Kinder- und Jugendliteratur, in: DU 26, 1974, H. 5, S. 5–33.

Soziologische Aspekte der Kinder- und Jugendliteratur, in: Jugendliteratur und gesellschaftliche Wirklichkeit, Redaktion: K. E. Maier und K. Dietze, Bad Heilbrunn 1974 (2. Jahrbuch des Arbeitskreises für Jugendliteratur), S. 27–52 (g). (Auch erschienen in: Internationale Zeitschrift für Kommunikationsforschung 1, 1974, H. 1, S. 102–122).

Jugendliteratur im gesellschaftlichen, literarischen und pädagogischen Bezugsfeld, in: Kinder- und Jugendliteratur. Zur Typologie und Funktion einer literarischen Gattung, hrsg. v. G. Haas, Stuttgart 1974, S. 21–60 (h).

Das Mädchenbuch, in: Kinder- und Jugendliteratur, hrsg. von G. Haas, Stuttgart 1974, S. 264–288 (i).

Mitarbeit am Lexikon zur Jugendliteratur, hrsg. vom Institut für Jugendbuchforschung Frankfurt/M., Weinheim und München 1975 ff.

Mitherausgabe von Lesebuch ,Drucksachen', Düsseldorf 1974.

Zum Problem der Wirkungen der Kinderliteratur und ihrer Untersuchung, in: Zum Kinderbuch. Betrachtungen. Kritisches. Praktisches, hrsg. von J. Drews, Frankfurt/M. 1975 (Insel Taschenbuch), S. 131–147.

Namensregister

Adorno, Th. W. 83, 112, 114, 117, 122, 127, 128, 129, 187, 196, 203, 210, 236, 246, 254, 255, 277, 278, 298, 300, 306
Alberts, J. 210, 300
Arendt, D. 298, 300
Aristoteles 300
Arnold, H. L. 300, 304
Auerbach, E. 300

Bahrdt, H. P. 304
Bamberger, R. 26, 51, 156, 215, 219 f., 233, 300
Bandura, A. 255, 300
Bark, J. 26, 127, 300
Barthes, R. 97
Bauer, G. 77, 126, 127, 300
Bauer, J. 13, 26, 27, 28, 52, 76, 77, 300
Baumgärtner, A. C. 26, 27, 29, 48, 201 f., 210, 300, 303, 308, 315, 316
Bausinger, H. 81, 82, 84, 93, 109, 127, 301
Bayer, D. 13, 27, 77, 82, 111, 113, 127, 232, 301, 311
Beaujean, M. 126, 127, 301
de Beauvoir, S. 156, 301
Becker, E. 211, 301
Beer, U. 47, 301
Behr, K. 77, 78, 117, 128, 129, 301
Beinlich, A. 16 ff., 20 f., 27, 28, 167, 195 f., 210, 221, 233, 301, 310, 312
Bender, H. 301
Benjamin, W. 115, 127, 129, 301
Bernstein, B. 47, 48, 91, 210, 301
Bessler, H. 210, 301
Betz, A. 122, 129, 279, 301
Beutler, K. 47, 192, 210, 301
Binder, L. 315, 316
Bittner, G. 33, 47, 301
Blankertz, H. 47, 301
Bledjian, F. 210, 301
Bödecker, H. 197, 210, 301, 316
Böhmer, J. 44, 48, 94, 99, 103, 303
Bohrer, K. H. 233, 301
Bollnow, O. F. 310
Bourdieu, P. 117, 126, 128, 255, 298, 301

Brackert, H. 298, 299, 301
Braun, P. 77, 78, 302, 304, 307
Brecht, B. 115, 117, 122, 128, 205, 271, 277, 288, 302
Bredella, L. 77, 78, 126, 127, 298, 302
Breloer, H. 127, 128, 302
Breuer, D. 127, 128, 302
Brix, G. 156, 302
Broch, H. 118, 128, 302
Buch, W. 77, 298, 302
Büchner, G. 122, 205, 277
Bühler, Ch. 195, 221
Bürger, C. 298, 299, 302
Burger, H. O. 86, 93, 301, 302, 303, 306, 308

Chesterton, G. K. 117, 128, 129, 302
Chvatik, K. 127, 302
Conrady, K. O. 12, 16, 26, 27, 47, 84, 93, 108, 127, 302, 308, 310
Correll, W. 48, 302
Cwojdrak, G. 174 f., 302

Dahrendorf, R. 156, 302
Davids, J. U. 114, 126, 127, 128, 129, 302
Degenhardt, I. 298, 299
Dietze, K. 234, 308, 316
Dilthey, W. 117
Dingeldey, E. 77, 298
Doderer, K. 26, 189, 194, 202, 210, 302, 316
Dohmen, G. 311
Dreher, I. 175, 302
Drews, J. 316
Dröge, F. 210, 302

Emrich, W. 117, 118, 128, 303
Enzensberger, H. M. 77, 115, 127, 303
Eßbach, W. 298, 299

Feldhaus, B. 44, 48, 94, 99, 103, 303

Fend, H. 210, 303
Flitner, A. 301
Floud, J. 48, 303
Fohrbeck, K. 235, 255, 278, 303
Foltin, H. F. 86, 94, 303
Forstreuter, K. 303
Freud, S. 90, 171, 207 f., 211, 292,
   303
Fröhner, R. 26, 303
Froese, L. 48, 303
Fügen, H. N. 127, 301, 303, 306

Gadamer, H. G. 303
Gaede, F. 122, 129, 278, 303
Gail, A. J. 47, 76, 77, 78, 84, 303
Gallas, H. 255, 303
Gamm, H. J. 47, 303
Gansberg, M. L. 93, 234, 254, 303
Geiger, H. 76, 77, 78, 303
Geißler, R. 24, 26, 27, 28, 77, 78, 98,
   99, 100, 103, 208, 210, 211, 233,
   298, 303
Gerth, K. 26, 27, 52, 76, 82, 84, 88,
   103, 111, 115, 127, 303, 304
Gidion, J. 77, 298, 303, 304
Giehrl, H. E. 48, 195, 198, 222, 233,
   304
Giesecke, H. 47, 303, 304
Giesenfeld, G. 112, 127, 304
Giesz, L. 26, 27, 28, 40, 48, 84, 86,
   93, 128, 304
Girardi, M.-R. 26, 48, 304
Glaser, H. A. 304, 308
Glotz, P. 93, 101, 119, 127, 128, 216,
   224, 233, 298, 304
Gmelin, O. F. 278, 299, 304
Göbel, H.-D. 255, 304
Goethe, J. W. 106, 122
Goldmann, L. 235 f., 255, 304
Gollhardt, H. 278, 304
Gorsen, P. 298
Grassel, H. 304
Graumann, C. F. 48, 304
Greiner, M. 26, 106, 118, 127, 128, 304
Greven, J. 47, 304
Grönwoldt, P. 117, 128, 129, 301, 304
Grünwaldt, H. J. 77, 304
Gutheil, H. G. 76, 77, 304

Haas, G. 316
Habermas, J. 83, 93, 112, 114, 127,
   128, 187, 210, 298, 304
Hacker, F. 304
Härtling, P. 156, 207, 211, 224, 305
Haft, H. 210, 302

Hagemann, W. 176, 305
Hager, K. 175 ff., 305
Hahn, P. 304
Hain, U. 64, 78, 100, 103, 232, 299,
   305
Hamburger, K. 82, 305
Hartmann-Winkler, W. 195 f., 198,
   210, 222, 233, 305
Hass, H. E. 117, 128, 237, 255, 305
Hass, J. 305
Hassenstein, F. 299, 305
Hasubek, P. 28, 76, 77, 78, 303,
   305
Hauff, J. 107, 127, 305
Haug, W. F. 128, 255, 305
Haupenthal, R. 299, 305
Hauser, A. 305
Hebel, F. 305
Hegel, G. F. W. 305
Heiland, H. 308
Heimann, P. 89
Heine, H. 122, 205, 277
Heintz, P. 301, 303
Heissenbüttel, H. 127, 129, 305
Heller, A. 107, 127, 305
Helmers, H. 14, 26, 27, 47, 48, 49,
   52, 56, 76, 77, 78, 94, 98, 103,
   298, 299, 303, 305, 307, 309
Hentig, H. v. 47, 77, 92, 94, 125,
   126, 129, 305
Henze, W. 26, 47, 305
Hermand, J. 93, 107, 116, 127,
   128, 234, 254, 306
Hesse, H. 314
Hitzer, F. 97, 123, 127, 129, 306
Hocks, P. 127, 128, 302
Höfer, A. 78, 306
Höffe, W. L. 77, 93, 303, 306, 311
Höllerer, W. 82, 94, 127, 306
Hoffmann, M. 210, 255, 306
Hofstätter, P. R. 48, 82, 93, 306
Hohendahl, P. U. 105, 126, 129, 306
Hollstein, W. 299, 306
Holz, H. H. 128, 306
Holzer, H. 112, 127, 306
Horkheimer, M. 246, 255, 272, 278,
   306
Hormann, H. 175 f., 177, 306
Horn, I. 78, 307
Hülse, E. 303
Huisken, F. 290, 298, 306

Ibel, R. 26, 306
Ide, H. 131, 232, 306, 315
Ingarden, R. 28, 306

Inglis, R. A. 93, 255, 306
Ipfling, H.-J. 168, 211, 306
Iser, W. 108, 127, 217, 233, 306
Israel, W. 48, 76, 78, 84, 232, 290, 306
Ivo, H. 26, 77, 78, 117, 128, 232, 306

Jaeggi, U. 106, 119, 123, 127, 128, 129, 291, 298, 307
Jauss, H. R. 108, 114, 122, 127, 128, 129, 207, 210, 211, 233, 279, 307
Jürgens, M. 307
Jung, C. G. 314

Kästner, E. 205
Kahler, E. v. 207, 307
Kayser, W. 81, 83, 93, 116, 117, 126, 128, 307
Kellner, H. 78, 307
Kemp, F. 26, 307
Kerker, E. 76, 307
Killy, W. 26, 47, 111, 113, 127, 307, 308
Kirsch, H. C. 224 f., 233, 269, 274, 278, 279, 307
Klafki, W. 26, 27, 30, 89, 216, 233, 307
Klein, A. 107, 121, 127, 128, 307
Klein, U. 72, 77, 78, 307
Kleinschmidt, G. 76, 77, 78, 99, 103, 307
Klotz, V. 122, 129, 278, 307
Knilli, F. 233, 307
Kob, J. 37, 48, 307
Koch, R. 140, 156, 307
Köckeis, E. 26, 48, 94, 310
König, R. 210, 312
Kolbe, J. 93, 127, 210, 233, 299, 307, 312
Krämer-Badoni, R. 27, 307
Krauss, W. 26, 47, 307
Kreft, J. 68 f., 77, 298, 299, 307, 309
Kreutz, H. 26, 48, 96, 310
Kreuzer, H. 85, 93, 106, 107, 119, 121, 127, 128, 233, 307
v. Krockow, C. 255, 307
Kropatsch, O. 255, 308
Krüger, A. 24, 28, 216, 219, 233, 241, 255, 308
Krüger, M. 77, 312
Krüss, J. 205
Kupfer, H. 47, 48, 308

Lämmert, E. 47, 84, 127, 308
Lange, M. 174 ff., 308

Langenbucher, W. R. 26, 81, 93, 101, 109, 111 f., 119, 127, 128, 224, 233, 304, 308
Lepenies, W. 307
Lethen, H. 108
Lewerenz, W. 175, 308
Lewis, C. S. 308
Lichtenstein-Rother, I. 198, 210, 308
Liebhart, E. 255, 308
Lingenberg, J. 175 f., 182, 187, 308
Linz, H.-K. 78, 306
Lippert, E. (s. Schliebe-Lippert, E.)
Löffel, H. 299, 308
Löwenthal, L. 101, 118, 119, 127, 128, 298, 308
Loser, F. 47, 48, 308
Lukács, G. 308
Luthe, H. O. 210, 212

Maier, K. E. 26, 156, 215, 219 f., 233, 234, 255, 307, 308, 316
Maletzke, G. 78, 127, 308
Mann, H. 205
Marcuse, H. 90, 94, 187, 196, 208 f., 211, 298, 308
Marcuse, L. 211, 308
Maren-Grisebach, M. 93, 107, 127, 234, 237, 254, 255, 299, 309
Maurer, F. 311
Merkefka, M. 299, 309
Marx, K. 98
Mecklenburg, N. 77, 116 f., 121, 126, 127, 128, 234, 254, 309
Merkelbach, V. 76, 77, 78 f., 105, 126, 306, 309
Metscher, Th. W. H. 254, 255, 309
Minder, R. 309
Mitscherlich, A. 35, 47, 171, 309
Mitscherlich, M. 35, 47, 309
Mollenhauer, K. 35, 47, 48, 77, 309
Müller-Seidel, W. 116, 128, 237, 255, 309
Mukařovský, J. 126, 127, 129, 309

Nauck, B. 299, 309
Naumann, D. 129, 309
Neffe, L. K. 48, 304
Nellen-Piské, J. 94, 99, 103, 309
Nentwig, P. 26, 309
Neubert, W. 310
Nickel, H. 238 f., 255, 309
Niepold, W. 210, 309
Nündel, E. 301
Nusser, P. 126, 128, 129, 309

319

Nutz, M. 77, 78, 126, 309
Nutz, W. 27, 82, 109, 111 f., 127, 309

Oerter, R. 255, 309
Oestreich, G. 278, 299, 309
Oevermann, U. 91, 210
Ott, G. 68 f., 77, 298, 299, 307, 309

Pasdzierny, A. 310
Pehlke, M. 309
Peters, J. 278, 309
Pfeffer, F. 216, 219, 233, 309, 310
Pfeiffer, J. 310
Pforte, D. 95, 316
Pielow, W. 26, 27, 299, 310
Platon 310
Plamenatz, J. 310
Polenz, P. v. 47, 308
Poser, H. 303
Pott, G. 308
Pracht, E. 255, 310
Preisendanz, W. 122, 128, 129, 310
Pross, H. 181 f., 310

Raapke, H. D. 47, 83, 93, 210, 310, 312
Raddatz, F. J. 255, 310
Raitz, W. 298, 299, 301
Rappsilber-Kurth, D. 310
Rattner, J. 255, 310
Reiche, R. 187, 310
Reumuth, K. 26, 310
Richter, D. 255, 278, 298, 310
Richter, H. P. 27, 310
Riemenschneider, H. 310
Riesman, D. 124, 310
Ritsert, J. 128, 129, 255, 310
Ritz-Fröhlich, G. 76, 310
Roeder, P. M. 47, 48, 91, 310
Röseler, R. 301
Rolff, H.-G. 47, 48, 91, 310
Rosenmayr, L. 26, 98, 94, 310
Roth, H. 27, 47, 311
Rousseau, J. J. 139
Rucktäschel, A. 299, 311
Rüdiger, H. 47, 118, 121, 126, 127, 128, 311
Rühle, J. 175, 311
Rumpf, A. 195, 311
Rumpf, H. 48, 104, 126, 311
Rutt, Th. 18, 27, 311

Sanner, R. 84, 311

v. Schack, W. 210, 301, 315
Schenda, R. 77, 101, 106, 112, 117, 121, 126, 128, 232, 311
Schenk-Danzinger, L. 255, 311
Scherer, A. 210, 300
Scherf, W. 279, 311
Scheuerl, H. 301
Schiller, F. 13
Schilling, J. 64, 78, 100, 103, 232, 299, 305
Schliebe-Lippert, E. 16 f., 19, 20, 27, 28, 167, 195, 221, 311
Schlotthaus, W. 210, 232, 301, 311
Schmidt, E. 175, 311
Schmidt, H. D. 78, 311
Schmidt-Henkel, G. 27, 82, 309, 311
Schmidt-Mummendey, A. 78, 311
Schmidtchen, G. 26, 48, 91, 94, 311
Schmitt, H. 26, 311
Schnurre, W. 233, 269, 278, 311
Schorb, A. O. 26, 211, 310, 311
Schücking, L. L. 85, 94, 311
Schulenberg, W. 83, 93, 210, 312
Schulte-Sasse, J. 77, 78, 87, 94, 107, 114, 117, 118, 122, 126, 127, 128, 214, 223, 233, 255, 298, 312
Schultz-Gerstein, C. 119, 125, 128, 129, 312
Schulz, B. 26, 216, 233, 312
Schulz, W. 89
Schwencke, O. 77, 95, 298, 304, 312, 316
Seidler, H. 312
Seitz, D. 298, 299
Selg, H. 78, 312
Sichelschmidt, G. 312
Silbermann, A. 77, 210, 312
Singer, H. 126, 312
Singer, K. 26, 27, 312
Skowronek, H. 210, 255, 312
Smuda, M. 127, 312
Spieler, A. 47, 48, 94, 99, 103, 312
Spies, W. 312
Staiger, E. 116, 117, 128, 312
Stanzel, F. K. 127, 312
Steinbach, D. 299, 312
Steiner, H. 48, 304
Steinkamp, G. 48, 312
Steitz, W. 27, 312
Stenzel, A. 47, 312
Sternsdorff, J. 108
Stolz, H. 175 ff., 312
Strzelewicz, W. 47, 83, 93, 210, 255, 309, 312

Suhr, B. 211, 312

Taëni, R. 77, 313
Thamm, N. 47, 48, 94, 99, 103, 312
Timm, U. 117, 128, 313
Tröger, W. 26, 313
Trunz, E. 126, 313
Tscheliesnig, K. 210, 300
Tucholsky, K. 205

Ueding, G. 112, 127, 128, 298, 313

Vaßen, F. 234, 254, 313
Völker, P. G. 93, 234, 254, 303
Vogt, J. 76, 77, 78, 107, 121, 124,
    127, 128, 129, 290, 298, 299,
    303, 307, 310, 312, 313, 316

Wagenbach, K. 313
Waldmann, G. 298, 299, 313
Walser, M. 291, 298, 313
Walters, R. H. 255, 300
Walz, U. 305, 313
Warren, A. 27, 116, 117, 128, 313
Weber, E. 26, 27, 28, 30, 47, 313
Weerth, G. 277
Weinrich, H. 108, 127, 217, 233, 313

Weißenborn, R. 210, 302
Wellek, R. 27, 116, 117, 128, 313
Wellershoff, D. 93, 118, 123, 127,
    129, 313
Wenzel, R. 77, 313
Werckmeister, O. K. 127, 209, 210,
    211, 298, 313
Wersig, G. 128, 129, 313
Wetterling, H. 156, 313
Wienold, G. 128, 313
Wiesand, A. J. 235, 255, 278, 303
Wilhelm, Th. 27, 34, 47, 48, 83,
    88, 93, 94, 313
Wilkending, G. 76, 77, 299, 304, 313
Wittig, H. E. 184, 314
Wolf, K. 48, 314
Wolf, W. 310
Wolfrum, E. 76, 77, 78, 299, 305, 314
Wolgast, H. 12, 17 f., 21, 26, 27, 28,
    51, 157, 166 f., 314

Ziegler, K. 15, 27, 41, 84, 93, 119, 128,
    314
Ziermann, K. 112 f., 127, 314
Zimmer, R. 127, 128, 302
Zimmermann, H. D. 123, 128, 314
Žmegač, V. 313, 314

Grundstudium Literaturwissenschaft

Hochschuldidaktische Arbeitsmaterialien

Herausgegeben von Heinz Geiger, Albert Klein, Jochen Vogt unter Mitarbeit von Bernhard Asmuth, Horst Belke, Luise Berg-Ehlers, Heinz Hecker und Florian Vaßen

Band 1 *Heinz Geiger / Albert Klein / Jochen Vogt*
Literatur und Literaturwissenschaft —
Materialien zur Einführung

Band 2 *Heinz Geiger / Albert Klein / Jochen Vogt*
Hilfsmittel und Arbeitstechniken der Literaturwissenschaft

Band 3 *Albert Klein / Jochen Vogt*
Methoden der Literaturwissenschaft I:
Literaturgeschichte und Interpretation

Band 4 *Florian Vaßen*
Methoden der Literaturwissenschaft II:
Marxistische Literaturtheorie und Literatursoziologie

Band 5 *Bernhard Asmuth / Luise Berg-Ehlers*
Stilistik

Band 6 *Bernhard Asmuth*
Aspekte der Lyrik
Mit einer Einführung in die Verslehre

Band 7 *Heinz Geiger*
Aspekte des Dramas

Band 8 *Jochen Vogt*
Aspekte erzählender Prosa

Band 9 *Horst Belke*
Literarische Gebrauchsformen

Band 10 *Albert Klein / Heinz Hecker*
Trivialliteratur

BERTELSMANN UNIVERSITÄTSVERLAG

Ingrid Kerkhoff

ANGEWANDTE TEXTWISSENSCHAFT
Literatur unter sozialwissenschaftlichem Aspekt

316 Seiten. Folieneinband

Dieses Studienbuch stellt die Literaturwissenschaft im gesellschaftswissenschaftlichen Bezugsrahmen der Konflikttheorie dar. An achtzehn Textbeispielen werden die Grundzüge literaturwissenschaftlicher Theorie und Praxis ausgeführt: die Interpretationen analysieren unter dem Aspekt des Konflikts die sozialen und politischen Inhalte und Kontexte der Beispiele.

Leo Kofler

ZUR THEORIE DER MODERNEN LITERATUR
Der Avantgardismus in soziologischer Sicht

288 Seiten. Folieneinband

Die Arbeit geht aus soziologischer Sicht zentralen Schwächen der modernen Literatur und der Literaturtheorie nach. Sie untersucht die Prinzipien, durch die erhellt werden soll, was Literatur im allgemeinen und die moderne Literatur im besonderen eigentlich sei.

BERTELSMANN UNIVERSITÄTSVERLAG